Dr. Luis Anunziato

HISTORIA
DE LA
GUERRA
SUBVERSIVA
EN ARGENTINA

1930 a 1983

A mis hijos, con el amor que
se merecen, y con el orgullo
de padre al verlos hoy
"hombres de bien".

Dr. Luis Anunziato

Índice

Introducción.

Después de una sucinta mención de la llamada "Década Infame" período comprendido entre 1930 y 1943, el presente trabajo se enmarca en el impacto que fenómenos de escala internacional, ejercieron sobre las transformaciones del peronismo, en los años sesenta y setenta. Estas transformaciones inician años de enorme violencia en la República Argentina, con génesis en el derrocamiento de la Presidencia de la Nación del Teniente General Juan Domingo Perón, por la llamada Revolución Libertadora.

La consecuencia es la aparición de la Resistencia Peronista, que se construyó en el entendimiento que el estado paternalista se había perdido, y transformado en un estado hostil y represivo.

Los integrantes de la Resistencia Peronista provenían del peronismo de extrema derecha, pero mudarán paulatinamente al terrorismo de inspiración marxista-leninista, al permitir el ingreso de defensores de esa ideología, inicialmente en los sindicatos.

Los contactos entre la izquierda argentina y la Revolución Cubana se remontan a los primeros meses de la revolución, cuando periodistas, escritores, políticos e intelectuales en general comienzan a visitar la isla, para observar de cerca el flamante proceso revolucionario, cuyo prestigio no haría más que acrecentarse.

La Resistencia Peronista es influenciada por Perón, desde el exilio, a través de sus Delegados, siendo John William Cook, primer delegado de Perón, fundador y referente del peronismo revolucionario.

En apenas dos años Cuba comenzaría a recibir los primeros contingentes de argentinos, organizados por John William Cook, para entrenamiento militar y cuyos posteriores recorridos personales culminarían en distintas organizaciones de la izquierda armada en Argentina.

Bajo el impulso personal de Ernesto Che Guevara se inician las primeras agrupaciones subversivas, con el lanzamiento de la guerrilla rural en el monte tucumano, esperando convertirla en la Sierra Maestra Argentina.

Las organizaciones subversivas tomaron inicialmente la forma de guerrilla rural, al fracasar, se incrementó el accionar urbano produciendo robos de armas, asaltos a bancos, secuestros, extorsiones, asesinatos hasta llegar copamiento de ciudades y ataques a bases militares. Se organizaron para fabricar armas, explosivos, falsificación de documentación, crearon las "Cárceles del Pueblo", juzgaron y efectuaron ejecuciones.

Infiltrados en el aparato del estado hace que a partir del 25 de mayo de 1973, con la asunción del gobierno constitucional, los grupos subversivos terroristas abandonaran la clandestinidad y ocuparon posiciones relevantes en el gabinete nacional y en los gobiernos provinciales, en el congreso nacional, en las legislaturas provinciales y en el poder judicial.

La subversión terrorista no reduzco su accionar ni con los gobiernos posteriores de Perón e Isabel Martínez de Perón. En este último gobierno se promulgan los decretos N° 261, 2770, 2771 y 2772/1975 a partir de los cuales comienza a actuar las Fuerzas Armadas.

Se compilan los hechos violentos desde 1930 a 1983, con los conceptos aportados por los autores que se mencionan en la bibliografía, las publicaciones periodísticas y la vivencia del autor durante la época en tratamiento.

Dr. Luis Anunziato
Doctor en Medicina

Capítulo 1.

1.1.- Antecedentes.

El modelo que abogaba por cambios políticos mediante la violencia contra los gobernantes, fue consolidado por la Revolución Francesa en 1789. Luego en el siglo XVIII los movimientos independentistas contra el colonialismo, la Revolución Bolchevique (1917), la Revolución China (1948-1949) la Revolución Cubana (1959) y la consolidación del impulso comunista para hacer pie en Latinoamérica (Shy y Collier, 1991) son algunos ejemplos que van ratificando a la violencia para obtener un objetivo deseado.

Las situaciones entendidas como autoritarias, demagógicas y perjudiciales para el país, llevaron en la República Argentina a situaciones de violencia. Este escenario de produjo desde Mayo de 1810 en adelante.

Entre otros períodos, se destaca la llamada "Década Infame", período comprendido entre 1930 y 1943, que se caracterizó por la ausencia de la participación popular, la persecución a la oposición y la tortura a los detenidos políticos. Período de profunda crisis económica y social, con desocupación, miseria, creciente corrupción y negociados, con origen en el gobierno y sus funcionarios.

Los presidentes que se sucedieron a lo largo de este período fueron:

- General. José Félix Uriburu (1930-1932)

1

- General Agustín Pedro Justo (1931- 1938)
- Roberto Marcelino Ortiz (1938-1940)
- Ramón S. Castillo (1940-1943)

El 3 de julio de 1940, el presidente Roberto Marcelino Ortiz llega a la presidencia en las elecciones de 1937, cedió provisionalmente el mando al vicepresidente Ramón Castillo, por un agravamiento de su estado de salud, producto de un cuadro de diabetes con desprendimiento de retina. A partir de junio de 1942 en forma definitiva. El prestigio académico y profesional de Castillo, como profesor y jurista, habían precedido a su actividad política, su ingreso tardío al Partido Demócrata Nacional; no impidió que se moviese con energía y astucia en la política nacional.

1.1.1.- Fin de la "Década Infame".

Un importante factor de las tensiones era la intención del presidente Ortiz de combatir el fraude en las prácticas políticas, promover procesos electorales limpios, y lograr el funcionamiento transparente de las Instituciones.

Mientras el vicepresidente Castillo apoyaba el recurso del fraude en los actos electorales, favorecía el predominio político de los conservadores, y buscaba evitar el regreso al poder de la Unión Cívica Radical.

El conflicto ideológico que unió al fascismo y al nacional-socialismo contra el comunismo, la crisis de la democracia, del liberalismo y la Segunda Guerra Mundial, influyeron en la ya alterada política interna de Argentina.

Convertido en Presidente de la Nación, el doctor Ramón Castillo aplicó su programa político de neutralidad en la Segunda Guerra Mundial, fraude con la victoria de los conservadores en las futuras elecciones nacionales y frustrar las aspiraciones de la Unión Cívica Radical. Dichas actitudes encontraron resistencias en sectores del Ejército.

1.1.2.- Golpe de Estado del 4 de junio de 1943.

A principios de 1943, parte de los sectores militares contrarios al presidente Castillo, crearon la logia militar *"Grupo de Oficiales Unidos (GOU)"*, que además de motivaciones profesionales, apuntaban a introducir cambios en las bases institucionales del país, sus principios el nacionalismo, el anticomunismo y el ultra catolicismo.

Uno de los inspiradores e ideólogo del GOU fue el entonces coronel Juan Domingo Perón.

Al amanecer del 4 de junio de 1943, iniciaron la marcha hacia la ciudad de Buenos Aires desde la guarnición militar de Campo de Mayo. En tanto, casi toda la Marina de Guerra adhirió al movimiento golpista.

Las fuerzas del Ejército contrarias al presidente Castillo quedaron al mando del general Arturo Rawson, y sumaban unos10.000 hombres.

El presidente Castillo y su gabinete se embarcaron en el rastreador *"Drummond"*, de la Marina de Guerra, internándose en el Rio de la Plata, y convencido que la resistencia era inútil, terminó fondeando en el puerto de Colonia del Sacramento Uruguay. Para poco después, volver al Dock Central del Puerto de La Plata y presentar su renuncia.

El primero en asumir tras el golpe fue el *General Arturo Franklin Rawson*, que no integraba la logia GOU.

Los principales directivos del GOU entre ellos el emergente coronel Juan Domingo Perón no estaban de acuerdo ni en que el General Rawson, cercano a los aliados, ocupara la presidencia, ni con la conformación de su gabinete.

El 7 de junio, alrededor de las 3 de la mañana, el Coronel Elbio Anaya ingresó al despacho del presidente para notificarle que los jefes de Campo de Mayo reclamaban su renuncia. Sin ninguna resistencia Rawson presentó su dimisión.

Asumió la presidencia el Ministro de Guerra de Castillo, general *Pedro Pablo Ramírez*, partidario del Eje.

Cinco meses después, el 29 de noviembre el PEN crea la *Secretaría de Trabajo y Previsión* con rango ministerial y dependiente exclusivamente del Presidente de la República, designando al coronel Juan Domingo Perón como titular

El GOU respalda al general *Edelmiro Julián Farrell*, que reemplaza Ramírez en la presidencia, el 24 de febrero de 1944.

Con Farrell surge el coronel Juan Domingo Perón, que en febrero, es designado Ministro de Guerra y en julio Vicepresidente de la Nación.

1.1.3.- 17 de Octubre de 1945. Día de la Lealtad.

El 9 de octubre de 1945, debido a enfrentamientos en la cúpula militar, Perón es forzado a renunciar y cumple con la orden. Al día siguiente pronuncia un discurso desde la Secretaría de Trabajo y Previsión resaltando las reivindicaciones laborales obtenidas.

El día 13 de octubre, Perón es detenido y llevado a la Isla Martín García. El día 17 de octubre se produce una huelga general exigiendo su libertad. Este hecho hace que lo trasladen al Hospital Militar Central. Pero por la enorme presión popular, el gobierno se ve obligado a que Perón hable desde la Casa de Gobierno a la multitud que colmaba la Plaza de Mayo, y no se movía pidiendo por él.

A las 23:10 horas Perón sale al balcón de la Casa Rosada y se dirigió al pueblo con palabras de un fuerte contenido social, hizo un pedido de paz para que los trabajadores volvieran tranquilos a sus hogares, y dice:

"Esto es pueblo. Esto es el pueblo sufriente que representa el dolor de la tierra madre, que hemos de reivindicar. Es el pueblo de la Patria. Es el mismo pueblo que en esta histórica plaza pidió frente al Congreso que se respetara su voluntad y su derecho. Es el mismo pueblo que ha de ser inmortal, porque no habrá perfidia ni maldad humana que pueda estremecer a este pueblo, grandioso en sentimiento y en número. Esta verdadera fiesta de la democracia, representada por un pueblo que marcha, ahora también, para pedir a sus funcionarios que cumplan con su deber para llegar al derecho del verdadero pueblo".

Perón es liberado. A partir de ese momento el 17 de octubre es el Día de la Lealtad.

* Tomado de: Página 12. Día de la Lealtad: ¿Por qué se festeja el 17 de octubre?; 17-10-2023. https://www.pagina12.com.ar/599049-dia-de-la-lealtad-por-que-se-festeja-el-17-de-octubre

Los militares en el gobierno coincidían en la necesidad de acallar la agitación política y la protesta social: proscribieron a los comunistas, persiguieron a los sindicatos e intervinieron la CGT, que se encontraba dividida en: CGT N° 1 Dirigida por el socialista José Domenech, agrupaba a sindicatos socialistas incluidos los ferroviarios y la CGT N°2, dirigida por el socialista Francisco Pérez Leirós, agrupaba sindicatos comunistas, construcción, carne, gráficos, y algunos socialistas como Empleados de comercio con Ángel Borlenghi y obreros municipales con Pérez Leirós.

Además con la disolución de partidos políticos, la intervención a las universidades, dejando cesantes a profesores de militancia opositora. No le fue difícil a la oposición democrática identificar al gobierno militar de Farrel con el nazismo.

1.2.- Presidencia de Juan Domingo Perón.

Perón se arroga el discurso de la *"Justicia Social"*, de una reforma justa y posible. Esta actitud y práctica social, se venía elaborando desde muchos años antes, con lo cual produjo un impacto popular muy importante. Pero, una considerable oposición en sus adversarios, creando una división en la sociedad entre *"el pueblo"* y la *"oligarquía"*.

Se debe tener en cuenta que el ex embajador de EEUU en Argentina, Spruille Braden, se había dedicado a hostigar al gobierno militar y especialmente a Perón en su cargo de vicepresidente de la Nación, para poder conseguir favores a organizaciones empresarias de EEUU y quería que las empresas alemanas radicadas en el país pasaran a manos determinadas, además un trato especial para petroleras y frigoríficos.

Vastos sectores estadounidenses continuaron empeñados en el asedio al gobierno militar y el combate activo contra una cada vez más cercana candidatura presidencial de Perón. Las actitudes nacionalistas emergieron bruscamente como respuesta a la intempestiva intervención en la elección del embajador norteamericano Spruille Braden. El embajador reanudó el virulento ataque impulsado por el Departamento de Estado contra Perón, quién fue acusado de ser un agente del nazismo, dando respaldo público a los candidatos de la Unión Democrática.

Todo termina con Perón obligado a renunciar y luego arrestado, motivo de la gran movilización del 17 de octubre de 1945, que proyecta a Perón a su candidatura.

Esto llevó a que Perón en su campaña electoral formulase un lema para descalificar, con eficacia, al conjunto de la oposición y demostrar su carácter de defensor de la dignidad nacional frente a una gran potencia altanera y amenazante:

"Sepan quienes voten el 24 por la fórmula del contubernio oligárquico-comunista que con ese acto entregan, sencillamente, su voto al señor Braden, la disyuntiva en esta hora transcendental es esta: o Braden o Perón".

El 24 de febrero de 1946 triunfó Perón por alrededor de 300 000 votos de ventaja, equivalentes a menos del 10% del electorado. Fue un triunfo claro pero no abrumador.

El peronismo surgió entre 1943 y 1945, alrededor de la figura de Juan Domingo Perón y se caracterizó por un fuerte contenido social. Se inicia como Partido Laborista, luego como Partido Peronista y renombrado como Partido Justicialista. Su organización inicial tenía dos ramas: Política, Sindical y a partir de 1949 la Femenina y en 1970 se agregó la Juventud Peronista

Simultáneamente surge el antiperonismo integrado por la mayoría de los particos existentes.

En todo el gobierno de Perón se caracterizó por la confrontación de peronismo antiperonismo. Además, enfrentó una dura oposición, que enfrentó conatos militares a partir de septiembre de 1951 y actos terroristas a partir de abril de 1953.

El segundo gobierno de Juan Domingo Perón, fue entre 1952 hasta 1955, marcado por una serie de eventos y políticas que generaron tensiones y conflictos en la sociedad argentina. Algunas características del segundo gobierno de Perón que motivaron la revolución, fueron:

1. **Populismo y nacionalismo**: Perón continuó promoviendo un modelo de gobierno populista y nacionalista, basado en la consolidación del poder estatal y la intervención en la economía. Implementó políticas proteccionistas, nacionalizó industrias claves y aumentó la participación del Estado en la economía. Esto generó descontento entre sectores empresariales y en la clase media, que veían estas políticas como una limitación a la libertad económica

y una amenaza para el sistema democrático.

2. **Concentración de poder**: Consolidó su poder político y fortaleció el control del gobierno sobre los sindicatos y otras instituciones. Esto llevó a la creación de un sistema político cada vez más autoritario, donde la oposición política era reprimida, se limitaban las libertades individuales y los derechos civiles. Muchos sectores de la sociedad argentina se sintieron amenazados por esta concentración de poder y la erosión de la democracia.

3. **Conflictos con la Iglesia y sectores conservadores**: Durante el gobierno de Perón, se produjo una creciente tensión entre el gobierno y la Iglesia Católica, así como con sectores conservadores de la sociedad. La implementación de políticas secularizadoras, como la aprobación del divorcio y la legalización del juego, generaron descontento entre aquellos que defendían los valores tradicionales y religiosos. La Iglesia y estos sectores vieron estas políticas como una amenaza a su influencia y al orden social establecido.

4. **Corrupción y deterioro económico**: Se produjeron casos de corrupción, con deterioro de la situación económica del país. La falta de transparencia en la gestión gubernamental y el creciente gasto público contribuyeron a un aumento de la deuda externa y la inflación. Estos problemas económicos, combinados con el descontento social y político, generaron un clima propicio para el surgimiento de una fuerte oposición.

Estas características del gobierno de Perón durante su segundo mandato, entre otras, llevaron a la formación de una coalición de fuerzas opositoras, que produjeron intentos de derrocamiento.

1.2.1.- Bombardeo de la Casa Rosada.

El 1° de mayo de 1954, en la Plaza de Mayo, la

Confederación General del Trabajo (CGT) reclamó la separación de la Iglesia del Estado. Alegó que era "un clamor del pueblo". Perón respondió: "*Yo voy a hacer lo que el pueblo quiere*".

Acto seguido por decreto se elimina la Dirección de Enseñanza Religiosa en el Ministerio de Educación, suprimen de la enseñanza religiosa en las escuelas públicas, separando de sus cargos a más de cien docentes. Las medidas legislativas como el divorcio, la separación de la Iglesia y el Estado fueron interpretarlas con una intencionalidad de atacar a la Iglesia y, por extensión, a los católicos. Además, expulsan del país a los monseñores Manuel Tato, Arzobispo de Buenos Aires, y Ramón Novoa ambos de nacionalidad argentina. (Vidal - 01-03-2021)

La Iglesia convoca a una masiva marcha opositora que culminó con enfrentamientos entre peronistas y militantes católicos alrededor de la Catedral de la Ciudad de Buenos Aires.

Pignatelli, A. (16-06-2023) relata que todo ello hace que desde la marina se impulse la idea de convocar a las demás fuerzas, para bombardear la Casa Rorada y matar a Perón un día miércoles, ya que miércoles por medio el primer mandatario se reunía con sus colaboradores más cercanos.

Se decidieron a iniciar la conspiración entre muchos otros los capitanes de fragata Aldo Molinari, Francisco Manrique, Antonio Rivolta, Néstor Noriega y Jorge Bassi, y el capitán de navío Jorge Perren.

Tres generales se comprometieron: Pedro Aramburu, Fortunato Giovannoni y León Justo Bengoa.

Entre otros civiles figuraban los radicales Miguel Ángel Zavala Ortiz y Julio Duró Ameghino, los conservadores Adolfo Vicchi y José Aguirre Cámara y el socialista Francisco Pérez Leirós.

El plan era bombardear la Casa de Gobierno para eliminar a Perón; una vez terminado el bombardeo, comandos civiles al mando del ex capitán Walter Viader, que había participado del alzamiento de 1951, se adueñarían de Plaza de Mayo y ocuparían una radio para emitir la proclama revolucionaria: *"Argentinos, escuchad este anuncio del cielo volcado por fin sobre la tierra argentina. El tirano ha muerto. Nuestra patria, desde hoy, es libre. Dios sea loado"*.

Infantes de marina serían los encargados de tomar la sede de gobierno. Mientras la tercera división de Ejército se dirigiría desde Paraná a Buenos Aires y la flota de mar haría lo propio para apoyar las acciones.

En caso de éxito, una junta militar tomaría el poder, que también sería integrada por el radical Zavala Ortiz, el conservador Adolfo Vicchi y el socialista Américo Ghioldi.

Los planes conspirativos llegaron a oídos del gobierno el jueves 13 de junio, por lo que se decidió adelantar el golpe. La oportunidad la tendrían el 16 cuando se haría un desfile en desagravio al general José de San Martín por los destrozos ocurridos el día 11 en la Catedral de Buenos Aires, durante la conmemoración del Corpus Christi, una celebración religiosa que se había transformado en un clamor opositor al gobierno.

El día 16 de junio el presidente Perón, cerca de las 9:30 horas abandonó la Casa Rosada, en conocimiento del ataque. Mientras tanto, en la plaza se juntaba gente para ver el desfile.

Pero las cosas no saldrían según lo planeado. El general Justo León Bengoa no pudo viajar a Paraná a sublevar al Tercer Cuerpo, por no haberle avisado a tiempo. Además, el día no era el indicado para volar, espesas nubes protegían la plaza de Mayo y alrededores. Los pilotos debían buscar un hueco para no errar a la hora de arrojar las bombas. Como el gobierno estaba al tanto de los planes, rodearon la Escuela de Mecánica de la Armada, cortándoles a los golpistas un apoyo fundamental.

Fue bombardeado la Plaza de Mayo, Casa Rosada, el edificio de la CGT, la Policía Federal y el edificio de Obras

Públicas, la residencia presidencial que se levantaba donde hoy está la Biblioteca Nacional, la sede del Ejército, el ministerio de Hacienda y el Banco Hipotecario.

La gente comenzó a huir en todas direcciones, dado que Plaza de Mayo y alrededores se transformaron en un campo de batalla.

Aumentando la confusión y el aterrador momento, llegan camiones con gremialistas reclutados por Augusto Vandor, Eustaquio Tolosa, Rafael Colace y Héctor Tristán, para defender a su líder. Abandonan la Plaza de Mayo por orden de Perón.

A las 2 pm el presidente Perón emitió un mensaje por Radio del Estado: "*Algunos disturbios se han producido como consecuencia de la sublevación de una parte de la Aviación de la Marina. Las tropas del Ejército accionan contra probables focos de alteración del orden. La Aviación Militar ha derribado un avión y tres han sido obligados a aterrizar. La situación tiende a normalizarse. El resto del país, tranquilo. Fuerzas del Ejército, de la Aviación, firmes en el cumplimiento de su deber*". A la 5 pm vuelve comunicar que si bien quedaban focos mínimos, la situación había sido dominada.

El contralmirante Samuel Toranzo Calderón asumió la responsabilidad del golpe.

Por los hechos, buscaron refugio en Uruguay 122 personas, entre civiles y militares.

Ministerio de Justicia. Secretaría de Recursos Humanos (2010) consigna que como resultado hubo más de 300 muertos y 1.200 heridos.

1.2.2.- Discurso del Presidente J.D. Perón del 31 de agosto de 1955.

El General Juan Domingo Perón habría presentado un escrito de retiro, lo cual trasciende y el 31 de agosto de

1955 una multitud se reúne en la Plaza de Mayo para impedirlo. Hábil maniobra política de Perón, que pone en evidencia una importante demostración de fuerza, con el objeto de desalentar la voluntad golpista de algunos sectores de las fuerzas armadas y de la oposición.

Perón, como era su costumbre, sale al balcón de la Casa Rosada y se dirige a la multitud que lo aclama manifestando:

"...*Hace poco tiempo esta plaza de Mayo ha sido testigo de una infamia más de los enemigos del pueblo. Doscientos inocentes han pagado con su vida la situación de esa infamia. Todavía nuestra inmensa paciencia y nuestra extraordinaria tolerancia, hicieron que no solamente silenciáramos tan tremenda afrenta al pueblo y a la nacionalidad...Después de producidos esos hechos hemos ofrecido a los propios victimarios nuestra mano y nuestra paz... ¿Cuál ha sido su respuesta?... Han contestado los dirigentes políticos con discursos tan superficiales como insolentes. Los instigadores, con su hipocresía de siempre, sus rumores y sus panfletos. Y los ejecutores, tiroteando a los pobres vigilantes en las calles.... Por eso, yo contesto a esta presencia popular...* **aquel que en cualquier lugar intente alterar el orden en contra de las autoridades constituidas, o en contra de la ley o de la Constitución, puede ser muerto por cualquier argentino... Y cuando uno de los nuestros caiga, caerán cinco de los de ellos***...Pero una sola cosa es lo que ellos buscan: retroceder la situación a 1943"... hemos de defender los derechos y las conquistas del pueblo argentino, aunque tengamos que terminar con todos ellos.*

Las palabras del discurso de Perón fueron un llamado a iniciar actos violentos, una verdadera incitación a una guerra civil; se iniciarían actos violentos que se entenderían por muchos años después de su renuncia, e incendió una postura de rebelión en la naciente "*Resistencia Peronista*".

1.2.3.- Golpe de Estado de 16 setiembre de 1955 en Argentina.

La autodenominada *"Revolución Libertadora"* reunió a sectores de distinta ideología, entre los que se encontraban liberales, nacionalistas católicos, radicales, socialistas, tenían como idea de liberar al país de la dictadura fascista de Perón, que pisoteaba las más elementales libertades democráticas.

El día 16 de septiembre de 1955, el gobierno constitucional de Juan Domingo Perón llegó a su fin gracias al Golpe de Estado Cívico-Militar y Eclesiástico con el nombre de "Revolución Libertadora".

Durante la segunda presidencia de Perón la economía del país se empezaba a tambalear, se agregaban los crecientes conflictos con la Sociedad Rural, el estudiantado, con la Iglesia y la complicada relación con ciertos sectores de las Fuerzas Armadas, desde antes de su llegada a la presidencia. Un ejemplo de ello fue el levantamiento del 28 de septiembre de 1951, liderado por Benjamín Andrés Menéndez, que terminó con su arresto junto con otros oficiales involucrados en el evento.

Al anochecer del 16 de junio de 1955, tras el fracaso del bombardeo a la Casa Rosada, un grupo de marinos comienzan a tender lazos para realizar un segundo intento.

El 16 de septiembre de 1955, tres meses después del bombardeo a la Plaza de Mayo, las fuerzas golpistas, bajo el mando del General Eduardo Lonardi, iniciaron el combate en Córdoba contra los legalistas.

La lucha parecía estar a favor del gobierno de turno. Sin embargo, la Armada Argentina, bajo el comando del Almirante Isaac Francisco Rojas, llegó a recurrir a un ultimátum para que Perón renuncie mediante una amenaza de bombardear la Ciudad de Buenos Aires. Estaba el antecedente que para evitar el abastecimiento de combustible de una columna de brindados leales, que se trasladaba a Puerto Belgrano, Rojas ordenó al Crucero 9 de Julio bombardear los depósitos de petróleo de Mar del Plata, previo aviso a la población.

Luego de tres días seguidos de combates violentos, en donde la guerra civil se esparció por todo el país, Perón optó por abandonar su cargo de presidente. Como consecuencia de su decisión, se dirigió a Paraguay, donde comenzaría su largo exilio. Dentro de ese período, Perón residirá en países como Venezuela, República Dominicana y por último España, gobernada por Francisco Franco, donde permanecerá hasta 1973.

Con la renuncia de Perón, el teniente General Eduardo Ernesto Lonardi asumió el cargo de Presidente de la Nación bajo la frase *"Ni Vencedores Ni Vencidos"*.

El general Lonardi, buscó imponer una transición democrática. Representaba a los sectores nacionalistas católicos que renegaban de Perón, pero aceptaban acordar con sus seguidores.

La Revolución Libertadora contó con la colaboración de la Iglesia Católica, la Unión Cívica Radical (UCR), el Partido Socialista Democrático (PSD), el Partido Demócrata Progresista (PDP) y la Democracia Cristiana (DC), que integraron la Junta Consultiva Nacional y aportaron algunos de sus miembros para que ocuparan cargos en el aparato del Estado.

Por Decreto-Ley N°2.011 (27-10-1955) los miembros de la Junta Consultiva Nacional fueron: Alicia Moreau de Justo, José Aguirre Cámara, Oscar Alende, Enrique Eduardo Ariotti, Rodolfo Corominas Segura, Juan José Díaz Arana, Juan Gauna, Américo Ghioldi, Oscar López Serrot, Rodolfo Martínez (h), Luciano Molinas, Adolfo Mujica, Ramón Muñiz, Julio Noble, Manuel V. Ordoñez, Reynaldo Pastor, Nicolás Repeto, Horacio Julio Storni, Horacio Tedhy y Miguel Ángel Zavala Ortizara

A partir de noviembre de 1955 la dirección de la Revolución Libertadora pasó a la presidencia de Pedro Eugenio Aramburu y Vicepresidencia de Isaac Francisco Rojas con ideología liberal, que querían la desaparición del peronismo. Entre las medidas que tomaron fue la proscripción del movimiento peronista, que duró hasta el año 1972, durante el gobierno de Lanusse. Promulgaron los decretos:

- **Decreto 3855 del 12/12/1955**: por el que "Se declaran disueltos los Partidos Peronistas Masculino y Femenino".

- **Decreto 4.161 del 05/03/1956**: que prohíbe entre otras cosas: "La utilización, con fines de afirmación ideológica peronista, por cualquier persona, ya se trate de individuos aislados, grupos de individuos, asociaciones, sindicatos, partidos políticos, sociedades, personas jurídicas públicas o privadas, de las imágenes, símbolos, signos, expresiones significativas, doctrinas, artículos y obras artísticas, que pretendan tal carácter o pudieran ser tenidas por alguien como tales, pertenecientes o empleados por los individuos representativos u organismos del peronismo..." Establece penas por incumplimiento.

- Además de la persecución y proscripción del peronismo, el gobierno de Aramburu reemplazó la Constitución de 1949 por la de 1853. Intervino los sindicatos y la Confederación General del Trabajo (CGT), prohibió el derecho de huelga y suspendió las negociaciones colectivas de trabajo. De esta manera intentó disciplinar a los trabajadores y limitar sus conquistas laborales.

1.2.4.- Sublevación del General Juan José Valle, Contra la Revolución Libertadora.

Valle encabezó un pequeño grupo que estaba convencido de que una acción armada, aunque limitada en un principio, podría convertirse en el disparador de un masivo levantamiento social.

Alertada de la conspiración en curso, Aramburu firmó el decreto 10.362/56, que instalaba la Ley Marcial, y dejó preparados los decretos 10.363/56, de pena de muerte, y el 10.364, sobre fusilamiento de los participantes. Los decretos se publicaron en el Boletín Oficial el 14 de junio de 1956, con posterioridad al fusilamiento del general Valle.

El 9 de junio de 1956, se produce un levantamiento armado encabezado por los generales del Ejército Juan José Valle y Raúl Tanco, en el intento de restituir a Juan Domingo Perón como presidente constitucional de la Argentina, nueve meses después de que hubiera sido derrocado por el golpe de Estado de 1955.

El alzamiento se operó en Campo de Mayo, la Escuela de Mecánica del Ejército, los Regimientos 2 de Palermo, 7 de La Plata, y en Viedma, Rosario, Rafaela y Santa Rosa, La Pampa. Colaboraban varios civiles.

Abortado antes de nacer, el levantamiento fue fácilmente controlado. Hubo algunos enfrentamientos aislados, en los que murieron cinco militares entre ambos bandos.

En la localidad de Florida, Provincia de Buenos Aires se detuvieron a 12 personas, fueron llevados a los basurales de José León Suarez, escapan 7 y los 5 restantes fueron ejecutados por la Policía. Aramburu elaboró una lista de once militares que horas más tarde fueron fusilados.

Valle decide entregarse con la condición que pare la represión. Es conducido al Primer Cuerpo de Ejército, en Palermo, se efectúa un juicio sumario, es condenado a muerte. Valle fue fusilado el 12 de junio de 1956, en la Penitenciaría Nacional de la ciudad de Buenos Aires, actual parque Las Heras (en las calles Coronel Díaz y Las Heras).

Raúl Tanco se refugia en la embajada de Haití y es asilado.

1.3.- La Resistencia Peronista.

El peronismo proscripto se propuso y realizó estrategias defensivas y ofensivas. Las defensivas con el fin de mantener las conquistas y derechos adquiridos. Las estrategias ofensivas fueron diseñadas y ejecutadas con maniobras para conservar la identidad peronista de los trabajadores y en la política, así como lograr el retorno del general Juan Domingo Perón.

La "*Resistencia Peronista*" se construyó en la creencia de una pérdida del proyecto de progreso social, de una movilidad social ascendente, acceso igualitario a las oportunidades. En el entendimiento que el estado paternalista se había perdido, y transformado en un estado hostil y represivo con la llegada de la Revolución Libertadora.

El término de "*Resistencia Peronista*", fue acuñado por John William Cooke, o tuvo que ver en la generalización de su uso por sus escritos y la continua comunicación con Perón.

Luego de ser destituido y fuera de Argentina, Perón mantiene una fluida correspondencia con distintas personas en Argentina y en países limítrofes, para estimular acciones que lleven al derrocamiento de las nuevas autoridades en Argentina.

En una carta enviada el 05/06/1956, a María de la Cruz, dice: "*…el momento actual es para mí uno de los más difíciles, porque puede producirse una caída de los actuales dictadores sin que estemos en condiciones de tomar la situación con elementos seguros y de confianza*".

Para asegurar su liderazgo en el proceso y precipitar la caída del gobierno estimula "*imponer por la resistencia nuestra propia ley, Ellos estarán en nuestras manos mientras la resistencia se haga sentir en todas partes…*". (Amaray Ratliff – 1991)

Perón apuesta que desde el exterior de Argentina debía trazar cursos de acción e implementar sus tácticas de conducción. Para lo cual creó un sistema de *"Delegados y Enviados"*, así negociar con los gobiernos de turno, este sistema le permitió seguir al frente de su agrupación política. Lo que no tuvo en cuenta, fue que el accionar de algunos de esos delegados apoyaba la idea de instalar una *"Patria Socialista en Argentina"*.

Para implementar este sistema utilizó el envío de instrucciones por correo a sus delegados y a países limítrofes de Argentina, estos últimos eran los encargados de transmitir sus mensajes.

El primer delegado de Perón fue John William Cooke, quien fugó de la cárcel de Río Gallegos a comienzos de 1956, donde estaba detenido junto a Cámpora, el futuro presidente, Guillermo Patricio Kelly, Jorge Antonio y otros. Hasta 1959 permanecerá en Chile, desde donde dirige la *Resistencia Peronista* y lo seguirá haciendo desde Cuba, junto a Fidel Castro, después que éste controló la isla, 1º de enero de 1959.

Tanto Cooke como posteriormente Montoneros provienen del peronismo de extrema derecha; nacionalistas en su origen, pero mudarán hacia el marxismo.

En forma mayoritaria pertenecen a la clase media y a la clase media alta, de familias tradicionales En muchos casos pertenecen a grupos sociales con movilidad descendente y pérdida de estatus, lo que incubó resentimientos personales. No es el único factor, entre otros se agrega la crisis de la Iglesia Católica, el tercermundismo, el progresismo, que prende en jóvenes profundamente religiosos.

Perón desde su exilio hasta su retorno al poder en 1973, utilizó estos grupos, los ubicó dentro de su estructura, los llamaría después sus *"formaciones especiales"*. Cursó con ellos numerosa correspondencia, y en particular con Cooke, con la idea que luego podría mantenerlos bajo control o eliminarlos.

En los primeros tiempos *"Los comandos"*, como son llamados los grupos de resistencia, actúan en forma desorganizada y sin una real cadena de mando, aun con los conceptos orientativos de las cartas de Perón.

Los trabajadores comienzan a realizar sabotajes, como trabajo a desgano. Más tarde, como dice Ponte (2017), la forma más usual de organización fue de tipo celular. Cuatro o cinco obreros que trabajaban juntos o se conocían de trabajos anteriores se reunían, discutían y luego pasaban a la acción con los medios más precarios: pólvora común, algodón pólvora, reactivos químicos. Los atentados se orientaban hacia personajes reconocidos como adheridos el nuevo gobierno o que estaban en él, que los llamaban *"Gorilas"*. Un paso más dieron cuando estos grupos se conectaron naciendo nuevas ideas.

Con el transcurso de los meses, y sobre todo a partir de mediados de 1956 y los inicios de 1957 tanto la Resistencia como la estrategia del sabotaje comenzó a ser más organizada e instrumentada con objetivos claros, que iban desde: la incorporación de delegados en la lucha, el apoyo logístico a una huelga o para lograr que fuera más eficaz, hasta el pedido por el retorno del General Perón. En el primer quinquenio posterior a la caída de Perón hubo una instrumentación sistemática de sabotajes, cuyas técnicas fueron variadas: desde ataques contra la maquinaria o la luz de una fábrica, los edificios públicos, los medios de transporte hasta las empresas extranjeras y las casas de los dirigentes gorilas.

Desde el derrocamiento de Perón, en setiembre de 1955, hasta el llamado a elecciones en 1957, se hicieron estallar aproximadamente 7.000 artefactos explosivos en la Argentina

En 1957 el interventor militar de la CGT capitán de navío Alberto Patrón Laplacete llamó a un *"Congreso Normalizador"*, que se realizó entre el 26 de agosto y el 5 de setiembre. Los socialistas y antiperonistas, que eran minoría, se retiraron para conformar los *"32 Gremios*

Democráticos". A su vez, los peronistas formaron las *"62 Organizaciones Gremiales Peronistas"*, órgano que representaba la primera organización legal del peronismo posterior al golpe del 55 que sería utilizada para presionar al gobierno.

En este contexto, surge una disputa entre los sectores que proponían la radicalización del modelo insurreccional y aquellos otros que tendían al encuadre de una semi legalidad, como elemento para viabilizar el retorno del peronismo al poder, encuadre dentro del sistema institucional. Imponiéndose, en estos primeros momentos, esta última postura.

1.4.- Orígenes de la Guerrilla Peronista.

Ñañez refiere que en 1948 llega a la Argentina, un personaje poco conocido, pero un iniciador muy importante de la acción guerrillera, Abraham Guillén Sanz, nacido el 13-03-1913 en Corducente, Guadalajara, España. Economista, Anarquista y un teórico del socialismo de mercado y de la guerrilla urbana. Opositor de Franco se convierte en un veterano de la guerra civil española, detenido condenado a muerte, pena que fue conmutada por 20 años de prisión, de la cual escapa. Entre sus libros figuran: *Estrategia de Guerrilla Urbana*; *El error militar de las izquierdas*; *Economía libertaria*; *Socialismo libertario* y *Economía de autogestión*.

Abraham Guillén Sanz escapa de España pasa a Francia y llegado a la Argentina se relaciona de inmediato con John William Cooke Trabaja como columnista de los diarios peronistas "El Laborista" y "Democracia" y fue el editor de la revista "Economía y Finanzas" bajo el seudónimo de Jaime de las Heras.

En 1954 comenzó a colaborar en "De Frente", la revista que editaba John William Cooke.

Después del bombardeo de Plaza de Mayo del 16 de

junio de 1955, Cooke le pide a Guillén que, teniendo en cuenta su experiencia en la guerra civil española, elaborase un plan para la Resistencia Peronista y así surge el *"Plan Abrahan Guillén-John William Cook"*, que consistía en los siguientes puntos:

1. **Vanguardia popular armada:** Debe haber una vanguardia armada, organizada sobre las bases de los más avanzados cuadros políticos peronistas. Debe ser rigurosamente clandestinas, y no sólo servir para asustar al enemigo.
2. **Ejército y guerrillas:** Un gran ejército represor debe ser derrotado por una resistencia popular con la condición de que la vanguardia armada ponga en acción un movimiento insurreccional apoyado por el pueblo y operando en grandes ciudades, donde las guerrillas cuentan con un mayor apoyo de la población.
3. **Ejército de superficie versus tácticas de frente y línea:** Cuando un enemigo es más fuerte en número y capacidad de fuego, se puede derrotarlo únicamente haciendo lo contrario de lo que él hace.
4. **Espacio y población:** Las guerrillas nunca deben aferrarse o defender un terreno fijo. Enfrentadas con un ejército contrarrevolucionario, deben morderse y desaparecer.
5. **Estrategia de la guerrilla:** Enfrentada con un golpe militar que haya depuesto un gobierno popular, es suficiente con tener grupos de guerrilla urbana que entren en acción en una o en varias grandes ciudades para que el ejército no pueda establecer su propio orden y leyes.
6. **Política, Estrategia y Táctica:** Si "la guerra es la continuación de la política por otros medios" (Clausewitz), entonces un partido popular debe llegar a ella cuando todos los caminos legales están cerrados. Cuando un gobierno popular es amenazado o depuesto por un golpe militar, la única estrategia efectiva es la del pueblo en armas. (Ver Anexo 1)

Ñañez continúa diciendo este Plan Guillén-Cooke, que luego será ofrecido a Manuel Mena (El uturunco) para realizar la primera experiencia guerrillera en la argentina, tiene bastante similitud con el primer *"Manual Guerrillero"* que llega a la guerrilla cubana y es incorporado a sus tácticas. También a los Tupamaros en Uruguay, a la guerrilla brasileña de Marighella y Lamarca, así como para la lucha urbana que se desarrolla en Santo Domingo.

1.5.- Situación Argentina. Contexto interno e Internacional.

Cornut (2022), considera que las primeras acciones causales de los movimientos revolucionarios, son los hechos de junio y setiembre de 1955, y los fusilamientos de civiles y militares como consecuencia del levantamiento armado encabezado por los generales Juan José Valle y Raúl Tanco el 9 de junio de 1956. (Ver punto 1.2)

Estos conceptos de Cornut se pueden considerar para la generalidad de los partidarios de Perón, pero lo relevante es la organización desarrollada por el militante peronista de izquierda John William Cooke (1919-1968), abogado, ex diputado peronista, primer delegado de Perón y apoderado del movimiento a partir de 1955. Consideraba que se debía promover la revolución basándose en el justicialismo y atacando la clase política argentina cómplices del imperialismo norteamericano, camino para la toma del poder, pensando en la "Patria Socialista". Desarrollaba su actividad en compañía de su esposa Alicia Eguren enrolada en el marxismo revolucionario.

Su ideología se comprende en este breve resumen de sus movimientos. Por instigar a la violencia en la Resistencia Peronista, es detenido en 1959, se fuga del penal de Río Gallegos se instaló en Chile y pasa a Cuba para acompañar la revolución de Fidel Castro. En 1960 regresa brevemente a la Argentina para reorganizar la "**Segunda Resistencia Peronista**" y en 1961 vuelve a Cuba, participando en las acciones militares de Bahía de Cochinos. En 1962 será responsable de reclutar 50 ciudadanos argentinos para ser adiestrados militarmente en la isla caribeña con el objetivo de "*iniciar la lucha armada en Argentina*". En 1964 retorna a la Argentina ante la amnistía del presidente Illia. En 1966 será el representante y jefe de la delegación nacional que participará de la *"Primera Conferencia Tricontinental de Solidaridad de los Pueblos de África, Asia y América Latina en La Habana"*. (Yofre 2014) Esta conferencia fue presidida por Raúl Roa (ministro de relaciones Exteriores de Cuba) y contó con la participación de 483 representantes de 82 países. Marcando la influencia ideológica soviética y la facilitación castrista.

Cornut (2022) refiere que John William Cooke despliega una acción revolucionaria y terrorista en todo el país y crea el 4 de junio de 1964 los *"Centros Organizados Nacionales de Orientación Revolucionaria"* (CONDOR) Además, con la colaboración de su esposa y guerrilleros detallada una organización que involucraba a todo el país bajo el título: *"Situación General Subversiva"*, consignando nombres, (nombre de guerra), fabricación de explosivos, robos, sabotajes, propaganda y aspectos políticos, actos de violencia terrorista en Argentina, entre el 1° de mayo de 1958 y el 30 de junio de 1961:

"1022 hechos de colocación de cargas explosivas, bombas y petardos; 104 incendios de establecimientos fabriles, plantas industriales y vagones de ferrocarril, y 440 incidentes varios (obstrucción de vías férreas, pérdidas intencionales de combustible, ataques a los miembros de las Fuerzas de Seguridad, etc.). Todo esto sumaba un total de 1566 sucesos y arrojaba un saldo de 17 muertos y 89 heridos".

La guerra revolucionaria (GR) resulta un fenómeno en escala mundial. Esto hizo que desde 1952 los oficiales del Ejército Argentino adviertan sobre un escenario conflictivo como consecuencia del antagonismo entre Oriente y Occidente (Pagden, 2011)

Falcionelli (1962) menciona que la Guerra Revolucionaria (GR) es:

"El conjunto de empresas elaboradas por el Kremlin fuera del campo estrictamente militar, es decir, esencialmente, en la vida pública de cada pueblo, para

destruir los regímenes de libertad desde adentro e instaurar la hegemonía del poder absolutista y autoritario que se encarna en el comunismo. Sus principales medios son: la propaganda, la infiltración, el pudrimiento, la corrupción, el sabotaje, los levantamientos, la guerrilla; con exclusión de una participación directa de las fuerzas armadas soviéticas en una guerra caliente. El objetivo esencial siempre consiste en capturar o, por lo menos, en torcer a favor de los designios del Kremlin, las posiciones de control de la línea política de las naciones (ministerios y administración, prensa, radio y televisión, escuelas y universidad, partidos y sindicatos, grupos de influencia, organismos internacionales, opinión pública en general), evitando que las fuerzas así capturadas perciban al servicio de qué se las pone".

El accionar de los grupos guerrilleros, hace que en octubre de 1966, durante la presidencia de facto del general Juan Carlos Onganía, se sancione la ley 16.970 de Defensa Nacional. La norma trataba integralmente las dimensiones de la seguridad interior y defensa externa, y ofrecía un instrumento legal para oponerse a la ofensiva revolucionaria Además, colocaba a la República Argentina en el bloque americano liderado por E.E.U.U., y de alineamiento en contra del marxismo internacional, contrarrestando las intenciones de la conferencia Tricontinental de La Habana en enero de ese año.

1.6.- Comando Nacional Peronista.

El gobierno de la Revolución Libertadora ordenó que en todo el país los sindicatos fueran intervenidos.

El coronel Antonio Spagenberg, fue el interventor de la Federación Obrera de la Industria del Azúcar (FOTIA) el sindicato más importante de la Provincia de Tucumán, sus dirigentes fueron removidos. El interventor nombró delegados, no peronistas, en cada uno de los ingenios.

Ante la denuncia de un plan insurreccional, en abril de 1956 se moviliza al ejército. Acto seguido se producen allanamientos y detenciones en San Miguel de Tucumán, en Monteros, Tafí Viejo y Concepción. El número oficial de detenidos fue de 140. El edificio de la FOTIA fue allanado y muchos dirigentes fueron presos.

Mientras los obreros de los ingenios hacían paros, a partir de 1956 los comandos peronistas de la resistencia se organizaron espontáneamente en todo el país, el que se destaca por su importancia es el que dirigía John William Cooke desde 1955 desde su rol de interventor del peronismo en la Capital, fue el "**Comando Nacional Peronista**", que influenció ayudando al que se organizaba en la provincia de Tucumán.

John William Cook líder del "*Comando Nacional Peronista*" en Buenos Aires, también integrado por Cesar Marcos y Raúl Lagomarsino, insta a la formación de los Comandos de la Resistencia en todo el país.

1.6.1.- Los Uturuncos (Hombres Tigres)

En la Provincia de Tucumán Manuel Enrique Mena militante peronista de izquierda, alias "El Gallego" y "Comandante Uturunco", nacido en el barrio de San Telmo, Buenos Aires y residente en Tucumán desde los 17 años, forma un grupo que toma el nombre Comando 17 de Octubre. El comando estaba integrado por Manuel Enrique Mena, Toscanito Pena, Vázquez Guzmán y Florio Buldurini.

Al poco tiempo, se une Félix Francisco Serravalle (Comandante Puma), nacido en la ciudad de La Banda, en la provincia de Santiago del Estero, hijo de un anarco-peronista y militante gremial ferroviario. A los 31 años estando en Tucumán se entera de la existencia de la agrupación al mando de Enrique Mena a la que es introducido por el ex diputado provincial Florio Buldurini.

Desde Buenos Aires, Cooke a través del Comando Nacional Peronista, les enviaba información que recibían por medio de impresos. Los impresos llegaban a Tucumán trasladados por compañeros ferroviarios, que trabajaban en el salón comedor del tren expreso que unía ambas capitales.

De esta forma funcionaban grupos de todo el país: eran militantes peronistas que resistían escuchando la palabra de Perón en discos de pasta, pintaban los muros con consignas a favor del retorno de Perón y en contra la Revolución Libertadora o hacían estallar algunos bombas de fabricación casera.

Mena extendió la acción del comando 17 de Octubre a Santiago del Estero, Salta, Jujuy y Catamarca, en cada barrio de Tucumán había una célula. Por otra parte, Mena había organizado un tráfico de explosivos desde Bolivia, a través de comandos formados por exiliados en países vecinos y creados a instancia de John William Cooke.

Los Explosivos eran colocados debajo de los vagones ferroviarios en Jujuy, al llegar a Tucumán eran retirados y distribuidos en todo el país.

En 1958 Abraham Guillén comenzó a entrenar y a participar en las acciones del "*Movimiento Peronista de Liberación-MPL*" en Tucumán, base de lo que sería Uturuncos, la primera guerrilla urbana y rural.

En 1959 el Comando 17 de Octubre entra en debate acerca de la eficacia de los métodos llevados adelante por la resistencia, que hasta el momento había fracasado. Se concluyó que la semi legalidad abierta con la elección de Frondizi no había obtenido resultado, dado que habían sentido en carne propia la creciente represión y decidieron el camino de la lucha armada.

El debate provocó la escisión de una parte del grupo quiénes en adelante se identificaron con el nombre de "*Comando Insurreccional Perón o muerte (CIPOM)*", mientras el resto optaría por el nombre de "*Movimiento de Liberación Nacional (MLN)*", "*Ejército de Liberación Nacional (ELN)*". Abraham Guillén propone la guerrilla desde el monte y se forma un *"Estado Mayor"* con Manuel MENA y Genaro Carabajal.

Así en 1959 se forma la primera guerrilla rural, con el nombre de los *"Uturuncos - Hombres tigres"* (En quichua). Con la conducción ideológica de John William Cooke, se instalan al norte de la provincia de Tucumán, en el cerro de Cochuna a 80 kilómetros de la capital provincial.

Salas (2006) relata que con una lluvia torrencial en una madrugada de octubre el primer grupo subió al monte Cochuna, casi en el límite con Catamarca, iniciaron el ascenso al mando del grupo, con el grado de comandantes, estaban: Juan Carlos Díaz, Franco Lupi (Tano) y Ángel Reinaldo Castro.

Los integrantes de la tropa eran: Juan Silva, alias Polo; Diógenes Romano, alias Búfalo; Miranda, alias Rulo; Villafañe, alias Azúcar y Santiago Molina, alias el Mejicano, todos tucumanos. Días después subieron León Ibáñez y Pedro Anselmo Gorrita González.

El lugar escogido era propio para la guerrilla, una selva tan tupida que a duras penas se podía distinguir a un compañero a dos metros de distancia

Tenían comida, armamento y experiencia escasa.

El plan era amoldarse al terreno, acostumbrarse a dominar la vegetación y el clima, conocer los caminos secundarios. Las operaciones vendrían después según les habría dicho Guillen con las órdenes del Estado Mayor.

Los primeros tiempos los ocuparon en construir refugios y depósitos para los víveres, y a caminar.

Contradiciendo órdenes comienzan a realizar operaciones, asalto a establecimientos policiales, puestos del ferrocarril, sin mayor éxito y sirvió para atraer a la Policía que realizó un cerco que los dejó aislados y sin víveres.

Una vez inmovilizados, aislados, sin vivires y con incursiones policiales en el monte, el fin proyecto había fracasado, con el agregado de tres guerrilleros presos, Los restantes habían logrado bajar para restablecer el contacto que se había quebrado.

1.6.2.- Asalto a la Comisaria Frías.

El Estado Mayor del Ejército de Liberación Nacional - Movimiento Peronista de Liberación, conocido como Uturuncos, decide en el mes de noviembre de 1969, realizar una acción, asalto a la Comisaria de Frías. Así, pensaban ganar prestigio entre los campesinos y posible apoyo de los dirigentes peronistas que vivían en Uruguay.

Manuel Enrique Mena, Felipe Genaro Carabajal, cuñado de Mena, con un grupo de militantes se unen a Félix Serravalle y sus santiagueños, consiguen reunir un grupo de 22 hombres de entre 15 a 22 años.

El 23 de Diciembre, el grupo se traslada hasta el Puesto del Cielo, a 35 kilómetros de Santiago del Estero y al día siguiente hasta la ciudad de Frías, con unos 25.000 habitantes, a 160 Km de Santiago del Estero, ubicada cerca del límite con la Provincia de Catamarca y a orillas del río Albigasta.

La noche del 24 de diciembre Félix Serravalle con dos hombres se dirigen a los talleres de Obras Sanitarias de La Banda, donde los trabajadores de la repartición, en secreto, les habían preparado un camión. Serravalle y sus compañeros toman el camión, eludiendo al sereno y van en busca del grupo para trasladarlos a Frías. Llegan a la 4 de la mañana y Carabajal, aprovechando los rumores que los militares estaban preparando un golpe militar contra Frondizi, vestido con uniforme de Teniente Coronel y voz marcial, se dirige a la guardia de la comisaría:

-*¡Ha triunfado la revolución, venimos a hacernos cargo!*

Desarman y encierran a los policías. En esta forma toman la comisaria, sin realizar un solo disparo de arma de fuego.

Destruyen las comunicaciones de la comisaría y dan a conocer a los agentes que eran los Uturuncos.

Carreras (2003) refiere que los integrantes del comando se dedicaron a cargar todas las armas y municiones que encontraron en el Jeep y un camión donde habían venido. Se llevaron también la única camioneta que por entonces tenía esa policía. En menos de quince minutos, habían abandonado el lugar. Así se efectuó la primera acción guerrillera del siglo XX en la Argentina.

Salas (2006) dice: "Al día siguiente la noticia conmovió al país y fue tapa de todos los diarios de la Capital: un grupo guerrillero peronista al mando del capitán Uturungo operaba en la provincia de Tucumán. El ministro del Interior, Alfredo Vítolo, en conferencia de prensa identificó a varios de los asaltantes."

1.7.- Presidencia el Arturo Frondizi.

En marzo de 1956, se destaca la figura política del Dr. Arturo Frondizi al ser reelecto presidente del Comité Nacional del partido político Unión Cívica Radical (UCR). Frondizi toma debida nota que en las elecciones para elegir convencionales para la Asamblea Nacional Constituyente del año 1957, el voto en blanco peronista resultó mayoritario. Esto hace que Frondizi plantee como insertar al peronismo en la vida política, idea no compartido por Ricardo Balbín, situación que produce la ruptura de la UCR.

De la división surge la Unión Cívica Radical Intransigente (UCRI) liderada por Frondizi y la Unión Cívica Radical del Pueblo conducida por Balbín.

Una vez consolidado su liderazgo Frondizi envió a Caracas a su secretario Rogelio Frigerio, a quien conoce en enero de 1956 y se convierte en amigo y compañero político. Su objetivo era concretar un pacto con Perón por el cual, a cambio de los votos peronistas, Frondizi se comprometía a desarrollar un programa popular afín al peronismo.

De esta forma la fórmula de la UCRI, Arturo Frondizi-

Alejandro Gómez, se impuso en las elecciones de febrero de 1958. Frondizi asumió el 1° de Mayo de 1958.

Mientras a comienzo de 1959 Fidel Castro y el Che Guevara entraban triunfantes en La Habana, a mediados de ese año Frondizi realiza algunas acciones pactadas con Perón, como él envió al Congreso un proyecto de Ley de Amnistía para los presos políticos peronistas y al poco tiempo el proyecto de Asociaciones Profesionales, devolviéndoles gran parte de su poder a los gremios peronistas.

El cumplimiento del parte del pacto produce el inicio de presiones de la Iglesia y los militares, representantes a su vez de los grandes grupos económicos nacionales y extranjeros que veían con creciente preocupación el rumbo que parecía tomar el gobierno. Se agrega, que también a mediados de 1959 se produce el cambio en economía del desarrollista Rogelio Frigerio por el liberal Álvaro Alsogaray, que con su famosa frase *"Hay que pasar el invierno"* modifica la orientación de la política económica.

El resultado se comprueba en las elecciones legislativas del 27 de marzo de 1960, en las que el *"voto en blanco"* peronista fue mayoritario, evidenciando la ruptura de la alianza con Perón y reaviva la Resistencia Peronista, ya más organizada, instrumenta sabotajes y atentados en todo el país.

Estos atentados son ataques con bombas "molotov", incendios a depósitos de granos, a locales del partido político de la UCR, atentados a las plantas de electricidad, la industria textil y frigorífica; las fábricas de vidrio; destrucción de maquinarias metalúrgicas; vidrio molido colocados en latas de conserva, ataques a empresas petroleras, usinas eléctricas, conexión de luz, naftoductos, gasoductos, a centrales telefónicas y telegráficas; destrucción de postes, inutilización de equipos, destrucción de señales de tránsito; empresas extranjeras y casas de "dirigentes gorilas", particularmente a los medios de transporte, etc.

Lo anterior, motivó la implementación del *"Plan Conintes (Plan de Conmoción Interna del Estado)* Decreto Secreto 9880 del 14/11/1958, que comenzó a ser ejecutado por Decreto 2628 del 13/03/1960, establecía la subordinación de las policías provinciales a las Fuerzas Armadas. Además, el Decreto 2639 también llamado sobre *"Represión del Terrorismo"* se sometió a los ciudadanos al código de justicia militar. Todos los decretos llevaban la firma de Frondizi. (Ver Anexo 4; 5 y 6)

El Decreto Secreto 9880/1958 facultó al Presidente de la Nación a declarar el *"Estado Conintes"* y restringir la vigencia de los derechos y garantías constitucionales. Permitía declarar zonas militarizadas a los principales centros o ciudades industriales y autorizaba a las Fuerzas Armadas a realizar allanamientos y detenciones, sin cumplir las normas constitucionales. Una vez levantado el Plan, los presos eran puestos en libertad, ya que el Plan Conintes no fijaba penas, o sea que una vez levantado, los detenidos salían en libertad a menos que estuvieran condenados por sentencias firmes, o procesados por tribunales civiles.

Estos hechos de terrorismo fue el inicio para que diferentes grupos con ideas políticas diversas (peronistas, comunistas, anarquistas, etc.) formaran comandos que comenzaron a accionar según objetivos propios y no siempre con intereses para mejorar en estado socioeconómico de la República Argentina.

Frondizi convocó para el 18 de marzo de 1962 para elegir diputados nacionales, coincidiendo con la elección de gobernadores de algunas provincias. En las mismas triunfa el peronismo, hecho que termina con el proceso de deterioro de su relación con las Fuerzas Armadas, que intentan que renuncie.

Frondizi se niega a renunciar y los Comandantes en Jefe Teniente General Raúl Alejandro Poggi, Brigadier General Antonio Cayo Alsina y Almirante Agustín Ricardo Penas producen el golpe de estado del 29 de maro de 1962.

Frondizi es conducido detenido a la isla Martín García y ese mismo día asume la Presidencia Provisoria de la Nación, el Presidente del Senado José María Guido hasta el 12 de octubre de 1963.

Durante su mandato se desarrollas los enfrentamientos de dos fracciones del Ejército Azules y Colorados. Los Azules sostenían que el Ejército debía adoptar un perfil profesional y apolítico, con el objetivo de combatir a los "movimientos subversivos", mientras que los Colorados consideraban que el Ejército debía adoptar una posición política definida de lucha contra el peronismo.

El 19 de noviembre de 1962, Guido aprobó por Decreto-Ley N.º 12.530 el nuevo Estatuto de los Partidos Políticos, prohibiendo al Partido Peronista y el 14 de enero de 1963 convocó a elecciones generales, nacionales y provinciales, para el domingo 23 de junio de 1963, utilizando en todas partes la representación proporcional para electores presidenciales.

Por las diferencia entre las facciones militares finalmente las elecciones son convocadas para el 7 de julio de 1963, con Perón exiliado y Frondizi preso, y sin que pudieran presentar candidatos sus seguidores.

1.8.- Transmisión histórica oral.

Todo lo mencionado en el Capítulo 1, punto era percibido y sufrido por las familias argentinas, con un profundo sentimiento de inseguridad e inestabilidad socioeconómica.

Las familias de esa época eran muy numerosas, como numerosas eran las reuniones familiares.

Así, los niños de la generación del autor, percibían esa inseguridad e inestabilidad durante las reuniones familiares, cuando el abuelo transmitía a sus padres y tíos lo que había vivido en la Década Infame, durante sus días jóvenes.

El impacto de la crisis económica mundial, llamada la Gran Depresión, creó en la República Argentina una situación de tensión social, con bajas de sueldo, aumento del desempleo, miseria, etc.; es decir, una contracción de la economía general, en este contexto se produce el golpe de Estado de 1930. De ese momento, comentarios sobre la violencia de los combates en plena ciudad, que se continuó con el inicio de la "Década Infame".

Esos niños de la generación del autor, ya con más edad, siguiendo participando en reuniones familiares. En las mismas tomaron conocimiento de las opiniones de sus padres, tíos, amigos de la familia respecto al gobierno de Perón.

Así, como aprobaban la movilidad social ascendente del gobierno de Perón, que permitía, como ejemplo a un florista llegar a ser un egresado universitario, no posible ni aceptado, con anterioridad en Argentina

Los ya adolescentes pudieron observar las distintas posiciones políticas. En ocasiones las vehementes charlas, que llegaron a producir separaciones temporales entre familiares, o amenazas del partidario de Perón, de denunciar, al oponente ocasional, como opositor al gobierno.

Esos adolescentes de la generación del autor que habían estudiado en la escuela primaria con el libro "*La razón de mi vida"* Edición Escolar de Eva Perón, también pidieron ver a sus padres obligados, por la situación política reinante, a llevar corbata y brazalete negro, en señal de duelo por la muerte de María Eva Duarte de Perón, para no ser considerados opositores al gobierno.

El terrible episodio del bombardeo a Plaza de Mayo, relatado por comunicación radial, fijó en la memoria del autor escenas impactantes de dolor de familiares esperando a seres queridos que trabajaban cerca de Plaza de Mayo, que debieran pasar por el lugar o cuando se enteraban del fallecimiento por las acciones violentas ocurridas. Así como, el relato de las vivencias de su padre médico, el Dr. Luis Anunziato, que fue en ambulancia a socorrer a heridos en Plaza de Mayo.

La televisión en Argentina se inició el 17 de octubre de 1951. La primera transmisión oficial fue un discurso de Eva Perón por Canal 7, hoy conocida como Televisión Pública. Pero aun cuando los hechos en tratamiento ocurrían casi 4 años después, el acceso a la televisión era muy restrictivo para la generalidad de la población, la radio era el medio por el cual llegaban las noticias. Así, el actor siguió el impactante discurso del Teniente General Juan Domingo Perón del 31 de agosto de 1955.

A partir del 16 de setiembre, el actor siguió por radio lo transmitido sobre los combates en La Calera, Córdoba, la amenaza de la Armada de bombardear la Ciudad de Buenos Aires y la orden del Almirante Isaac Rojas de bombardear de los depósitos de petróleo de Mar del Plata.

El triunfo de la llamada Revolución Libertadora y los dichos del General Eduardo Lonardi hablando a la unidad nacional con el "Ni vencedores ni vencidos", no trajo tranquilidad. En tres meses es reemplazado por Pedro Eugenio Aramburu que proscribe al peronismo.

Los adolescentes de la generación con del autor, con un promedio de 14 años edad, pudieron ver cómo se destruían los monumentos de Perón y Evita. Como cambiaban los nombres a las calles, plazas, edificios, dado que abundaban los nombres de Perón y Evita en ellas. Además, hasta la actual provincia de Chaco que fuera declarada provincia en 1951 con el nombre de Chaco y a los pocos meses se la llamó Provincia Presidente Perón. En 1955 con la Revolución libertadora tomo el nombre original.

Los comentarios en familia sobre manifestaciones que pedían por el regreso de Perón, una de las cuales fueron cercanas al domicilio donde el actor vivía con sus padres. Esta manifestación fue disuelta violentamente por el Ejército. Como resultados heridos de proyectiles de arma de fuego de curiosos, que observaban desde azoteas fueron atendidos en el Policlínico Evita de Lanús. En igual forma el levantamiento armado encabezado por el general del Ejército Juan José Valle y su posterior fusilamiento, como los fusilamientos de José León Suarez, impactaron a todos esos adolescentes.

Las familias que en un principio sentían un aire de libertad, pronto el temor se apoderaron de ellas. Tal fue así, que el autor guardaba los diarios de la época y su madre eliminó los mismos, ante el temor que las fuerzas de seguridad considerasen ese hecho como peligroso.

La llegada Frondizi al gobierno trajo algo de tranquilidad, solo inquietaba el "coqueteo" con Perón y su relación con personalidades de la izquierda política, como su hermano Silvio. Así, como para los estudiantes la violencia desatada por habilitación de las universidades privadas (Laica o libre)

El temor creció cuando se tuvo conocimiento de los hechos producidos por la Resistencia Peronista y el inicio de la guerrilla en el norte Argentino.

Capítulo 2.

2.1.- Presidencia de Arturo Umberto Illia.

Con el peronismo proscripto y Frondizi detenido ilegalmente, se realizaron las elecciones en las que el binomio Illia-Perete resulta más votado, con un 25% del total.

El sistema electoral vigente establecía la elección indirecta en un Colegio Electoral y luego de un acuerdo con el resto de los partidos políticos, en la sesión del Colegio Electoral del 31 de julio, la fórmula Arturo Umberto Illia – Carlos Humberto Perette resultó elegida con 270 votos, 31 votos más que el mínimo constitucional necesario.

Arturo Umberto Illia (1900-1983) médico y político nació en Pergamino, provincia de Buenos Aires y siempre vivió en Cruz del Eje, Provincia de Córdoba.

Illia asume el gobierno el 12 de octubre de 1963 y durante su gobierno fomentó la industria nacional, destinó el 23 % del presupuesto nacional a la educación, la mayor cifra en la historia del país hasta ese momento, bajó la desocupación, disminuyó la deuda externa, llevó adelante un plan de alfabetización y se sancionaron la Ley de Salario Mínimo Vital y Móvil y la Ley de Medicamentos conocida como Ley Oñativia. Durante su gobierno también se destaca la aprobación de la Resolución 2065 de la Asamblea General de las Naciones Unidas, la cual reconoce la existencia de la disputa territorial por las Islas Malvinas, siendo este un elemento clave en la continuidad del reclamo argentino en la causa Malvinas.

A poco de asumir, Illia recibió una carta de parte de una organización llamada *"Ejército guerrillero del pueblo"*, quienes pedían su renuncia y el llamado a elecciones libres. El grupo en cuestión era liderado por Jorge Masetti, periodista obsesionado con la idea de replicar la revolución cubana en Argentina. Su "ejercito" estaba conformado por argentinos y cubanos, entrenados y armados en Cuba. Estaban instalados en Salta a la espera del Che Guevara. Al final fracasaron rotundamente; el Che nunca llegó, no sumaron más gente y prácticamente todos los integrantes terminaron diezmados por las fuerzas de seguridad. Masetti desapareció y no se supo más de él. (Ver punto 2.6.-)

En las elecciones legislativas del 14 de marzo de 1965, el peronismo proscripto se presenta a través del partido Unión Popular, que triunfó ampliamente en las elecciones. Esto agitó nuevamente la situación interna de las fuerzas armadas.

A su vez la oposición empresarial atacaba persistentemente el déficit del Estado, la inclinación del gobierno por los controles de precios y de cambio, su proteccionismo a las empresas públicas como YPF y la decisión de mantener congelados los arrendamientos agrícolas

La oposición mediática colaboró en la campaña de desprestigio contra el presidente y los miembros de su gabinete acusados de lentitud e inactividad. Diarios como El Mundo y Crónica publicaban caricaturas en las que se veía a Illia representado como una tortuga.

Un grupo de periodistas y medios de prensa, como Mariano Grondona en Primera Plana (autor luego de los primeros comunicados militares golpista), Bernardo Neustadt en Revista Todo y finalmente, las de Mariano Montemayor caracterizaban la gestión presidencial como timorata y falta de energía.

La planificación del golpe para derrocar a Illia, que luego llevaría al poder al Teniente General Juan Carlos Onganía corre por cuenta del comandante del Primer Cuerpo del Ejército, el General de División Julio Rodolfo Alsogaray, con la anuencia del Comandante en Jefe del Ejército Argentino, Teniente General Pascual Pistarini y la adhesión del titular de la Armada Argentina, Almirante Benigno Varela y el de la Fuerza Aérea Argentina, Brigadier General Adolfo Álvarez.

El 28 de junio de 1966 se produjo el golpe militar en medio de la indiferencia de la ciudadanía, y el 29 de junio el General Juan Carlos Onganía asume el gobierno por el autodenominado *"Revolución Argentina"*.

2.2.- Movimiento Nacionalista Tacuara (MNT)

A partir de setiembre de 1955 con la caída del gobierno de Juan Domingo Perón, se inicia en la Argentina un proceso de gran agitación política y social, con una situación similar internacionalmente. Desde el punto de vista internacional se producía la Revolución Cubana, la ruptura política entre Washington y La Habana, la Guerra Fría. Se agrega la Alianza para el Progreso, la Doctrina de la Seguridad Nacional y el interés de Estados Unidos de establecer en el continente barreras anticomunistas.

En ese estado de cosas hace su aparición el Movimiento Nacionalista Tacuara (MNT) que era mucho más violento que sus antecesores nacionalistas. Hacían culto de la virilidad, usaban uniformes, el pelo engominado y brazaletes con la Cruz de Malta celeste y blanca, insignia del movimiento. Asimismo, se trataban entre sí de "camaradas" y se identificaban con la lanza tacuara, que veían como símbolo de rebeldía contra el opresor.

La mayoría de los miembros de la Organización Tacuara estudiaban en liceos militares o escuelas católicas tradicionales.

Galván (2009) refiere que además del nacionalismo, Tacuara había recibido un fuerte influjo del catolicismo, del revisionismo histórico, del falangismo español, muchos de los integrantes más destacados del grupo simpatizaban también con el fascismo italiano y el nazismo.

El objetivo de Tacuara era la formación de una aristocracia revolucionaria, para producir una insurreccional e instaurar un estado nacional-sindicalista, de corte corporativista y católico.

La estructura consistía en un comando nacional su jefe Alberto Ezcurra Uriburu, un secretario general Joe Baxter y tres subcomandos.

En el año 1958 durante la presidencia de Arturo Frondizi, debido a la instrumentalización del artículo que reconocía oficialmente a las universidades privadas y determinar lo que se conocía popularmente por enseñanza "Laica o Libre", surgen intensos debates y enfrentamientos estudiantiles.

Los militantes del MNT tuvieron un alto grado de participación en las movilizaciones callejeras, protagonizaron peleas y tumultos, generalmente provocados por los tacuaristas, contra quienes se expresaban a favor de la educación laica. Así, comienza su actividad pública el MNT.

Según García Lupo (1963), con la finalización del conflicto "Laica o libre" la organización el Movimiento Nacionalista Tacuara (MNT) perdió muchos simpatizantes. Por tal razón permitieron incorporar a jóvenes de clase media y proveniente de familias trabajadoras.

Este hecho fue uno de los factores, por el cual el MNT comienza a dividirse y en 1960 surge la Guardia Restauradora Nacionalista (GRN) que respondió a tendencias derechistas y antisemitas de un sector. En 1961 el Movimiento Nueva Argentina (MNA) que se asimilable al sindicalismo peronista, luego de intentos fallidos del MNT de infiltrarse en el sindicalismo.

En 1963 surge el Movimiento Nacionalista Revolucionario Tacuara (MNRT), que se separa del MNT por conflictos de poder al interior del grupo original, con tendencia ideológica de izquierda. El MNRT se divide en el grupo José Baxter-José Luis Nell y el grupo Ossorio.

A partir de la ruptura las nuevas organizaciones tienen sus propias acciones y llegan a enfrentarse.

La mayoría de la población a inicios de la década de los 60 tenía una cultura fuertemente nacionalista. Razón por la cual el secuestro ilegal de Adolf Eichmann, realizado en nuestro país por miembros de los Servicios de Inteligencia Israelíes (Mossad), generó indignación y la organización Tacuara estimó que había llegado el momento de pasar a las acciones armadas, *"en defensa de nuestra soberanía nacional"*.

Galván (2009) relata que en este contexto los comandos tacuaras en la Ciudad de Buenos Aires, además de charlas de protestas en las plazas de los barrios, producen pintadas y atentados antisemitas. Así se dieron los violentos sucesos del Colegio Nacional Sarmiento. Su alumnado se componía de un cinco por ciento de tacuaras que no dudaban en manifestar su rechazo contra símbolos liberales y contra sus compañeros judíos cada vez que tenían la oportunidad de hacerlo. En el acto por la muerte del General San Martín el 17 de agosto de 1960, se enfrentaron a la salida del colegio tacuaras con otro grupo de estudiantes. La pelea termina con la muerte de Edgardo Manuel Trilnick, estudiante judío de tercer año de ese establecimiento. Las autoridades no le otorgaron gran importancia al hecho y lo consideraron una pelea aislada, al tiempo que se esforzaron por desmentir el comienzo de una campaña antisemita.

Gutman (2003) manifiesta que a partir de este hecho, comenzaron a alzarse con mayor seriedad voces en contra de las actividades del MNT, agrupación sobre la que no se había escrito demasiado aún.

Se adjudica a la organización Tacuara el secuestro de una estudiante judía, Gutman (17-01-2020) realiza un relato del que se puede extraer:

Graciela Narcisa Sirora, estudiante universitaria de 19 años de edad, en la mañana del 21 de junio de 1962 sale de su casa en Mataderos con destino a la facultad. Camina unas cuadras y se le acercan tres hombres jóvenes, que acaban de bajar de una camioneta gris, le dan un golpe en la cabeza y pierde el conocimiento.

Despierta en una habitación y un joven le está marcando una cruz esvástica en un pecho con una navaja, mientras otros dos la queman con colillas de cigarrillos. A viva voz le dicen: *"Por culpa de ustedes mataron a Eichmann",* la joven vuelve a desmayarse por el dolor. Al despertar está tirada en el suelo sobre la calle Yerbal, cerca de la estación ferroviaria de Caballito ya pasado en mediodía. Se levanta y toma el colectivo y vuelve a su casa. El padre presentó la denuncia en la comisaría 42° esa misma noche, pero no fue tomado en serio. Dos días más tarde, en otra seccional, aceptaron la denuncia, cuando se presentó ella misma y se comprobaron las heridas en la piel.

La DAIA (Delegación de Asociaciones Israelitas Argentinas) apuntó al grupo Tacuara y acusó a la policía de connivencia, convocó en protesta a una huelga de la colectividad en todo el país, que provocó el cierre masivo de comercios en el Once y Villa Crespo.

2.2.1.- Plenario en la CGT Rosario y sus consecuencias.

Galván (2009) y Gutman (29-02-2020) relatan los hechos ocurridos en el desarrollo del Plenario y sus consecuencias, en base a las mismas se pueden decir:

El 24 de febrero de 1964, se realizó en el Salón de Cerveceros, el plenario de la CGT Rosario, Provincia de

Santa Fe. La asistencia fue de unas 300 personas de las cuales la mitad pertenecían o eran simpatizantes del partido comunista.

Cuando se estaba informando las medidas del Plan de Lucha, un grupo de jóvenes arrojaron volantes con el símbolo de identificación del Movimiento Nacionalista Tacuara liderada por Juan Mario Collins. Las provocaciones y los gritos: *"Ni yanquis ni rojos: argentinos"* hizo que la noche terminara con un tiroteo feroz, que provocó heridas de proyectil de arma de fuego en sindicalistas, policías, miembros del partido comunista, y la muerte de dos miembros de Tacuara, Eduardo Bertoglio y Víctor Militello, y un militante del sindicalismo peronista, Antonio Giardina. El MNT decidió vengar a sus muertos a nivel nacional.

Días después son muertos a la salida de Tribunales de Rosario los abogados comunistas Guillermo Kehoe y Adolfo Trumper, hecho cometido por un gremialista familiar de un integrante de la agrupación tacuara muerto en la reunión del Salón de los Cerveceros.

Gutman (29-02-2020) refiere que como consecuencia de los hechos del Salón de los Cerveceros el 29 de febrero, en la Iglesia de Santo Domingo, de la esquina de Belgrano y Defensa de la ciudad de Buenos Aires se realizó un homenaje a los muertos de Rosario. Luego de la ceremonia, miembros de Tacuara se reúnen en un bar sobre la venida Belgrano, donde se diseña una venganza, cuya víctima sería Raúl Alterman de 31 años, militante político de izquierda que había militado en el partido Movimiento Popular Argentino. Vivía con sus padres, inmigrantes judío polacos, en un departamento de dos ambientes en la Calle Azcuénaga 783, Piso 9° de Rosario. La familia tenía un taller de confección de carteras, donde trabajaba padre e hijo.

El mismo día Raúl Alterman recibe el telegrama en el departamento donde vivía con sus padres. Intrigado, inmediatamente bajó la vista y comenzó a abrirlo. No advirtió que el cartero continuaba mirándolo, mientras introducía una mano entre sus ropas para sacar un arma, ni que por el pasillo aparecía un segundo hombre armado. Sin haber sentido el peligro, cayó muerto por las heridas producidas por los proyectiles de arma de fuego, en el pecho y otro en el cráneo.

En misma época los jóvenes tacuaristas perpetraron una sucesión de atentados antisemitas, con bombas, pintadas, bombas de alquitrán o destrucción de vidrios, contra sinagogas y otros objetivos de la colectividad israelí de Buenos Aires y otras ciudades de Argentina.

Galvan (2009) refiere que el MNRT de Baxter había comenzado a dispersarse tras la resolución del asalto a la Policlínica Bancaria, debido a los encarcelamientos y al exilio de la mayoría de sus integrantes.

La línea de Ossorio siguió en actividad hasta la reforma del Código Penal, bajo la presidencia de Illia, en 1964, con la que se ilegalizaron las organizaciones políticas del estilo de Tacuara.

Bisso y Carnagui (2005) mencionan que en el marco de esa reforma penal, se incorpora el artículo 213 bis, con el título de Otros Atentados al Orden Público destinado a castigar a los que: *"participaren en agrupaciones permanentes o eventuales que [...] tienen por finalidad el ejercicio de violencias contra las personas o las cosas"* especialmente agravado cuando se basen en una ideología de *"discriminación o lucha racial, religiosa o de clases"*, en la actualidad modificado. Destinada a detener la actividad subversiva del orden público especialmente de los que se denomina en los debates de forma genérica "las banda del tipo tacuaras".

2.2.2.- Asalto a la Policlínica Bancaria.

Gutman (2003) refiere que para el Movimiento Nacionalista Revolucionario Tacuara (MNRT) de Baxter y Nell era prioritario conseguir armas para cumplir con su plan y, por ello, emprendieron una serie de asaltos a fábricas de armas y depósitos militares y el asalto a la Policlínica

Bancaria.

Tratan el tema Csipka (29-08-2013) la redacción del Diario Clarín (24-02-2017) Cecchini (19-08-2022) en base a sus relatos se puede decir que:

A mediados de 1963, Sergio Viera estudiante de medicina reúne a los demás integrantes del MNRT y le comenta que estuvo conversando con un amigo, empleado judicial llamado Gustavo Posse. Relata que Posse lo había ayudado a salir de la cárcel, donde había estado por tenencia de armas. Agrega que tenía conocimiento que el último jueves de cada mes salía un camión de causales desde el Instituto de Servicios Sociales Bancarios rumbo al Policlínica Bancaria, donde había un solo custodio. Posse se había enterado por su esposa, que trabajaba en la contaduría del Instituto y por el dato quería el 30% del botín que obtuvieran.

Deciden realizar el asalto, al que denominan "*Operación Rosaura*". Hay versiones contradictorias sobre la participación en el hecho de Baxter. Csipka (2023) refiere que durante la Operación Rosaura, Baxter se encontraba en Marcos Paz estudiando sobre la reforma agraria.

El 29 de agosto de 1963 a los efectos de conseguir lo necesaria para realizar el asalto, se dividen en tres grupos según el plan trazado:

1.- Luis Alfredo Zarattini y Jorge Andrés Cataldo, para conseguir un vehículo asaltan el garaje de la Calle Zavala 2552 y se hacen de un Valiant gris.

2.- Rubén Rodríguez y Mario Duaihy alquilan en Ramos Mejía una ambulancia, que conduciría su dueño, para ir a buscar un supuesto enfermo. En el camino suben Tomislav Rivac y Horacio Rossi que reducen y narcotizan al conductor, que es acostado, dormido, en la camilla de la ambulancia Rambler. La ambulancia esperaría cerca de la entrada de la Policlínica Bancaria.

3.- Jorge Norberto Caffatti, José Luis Nell y Carlos Arbelos esperaron cerca de la Policlínica Bancaria.

4.- Otro integrante del MNRT, Alfredo Zarattini, vigilaba para ver cuando salía el móvil con el dinero hacia la Policlínica Bancaria.

Los hechos se desarrollaron de la siguiente manera:

Zarattini siguió a la camioneta IKA que transportaba el dinero y cuando estaba cerca se adelantó para dar el aviso.

Caffatti entró al pie a la Policlínica Bancaria, mezclado con el público se ubicó en la escalinata que conducía a la administración, por donde debían pasar los empleados con el dinero.

El chofer de la ambulancia dejó que la camioneta IKA se acercara y recién enciende el motor, la sirena y se adelanta para llegar primero al estacionamiento y entrada de ambulancias de la Policlínica.

Son detenidos en la barrera por el guardia Juan Carlos Lowry que al comprobar la presencia del paciente en camilla, dormido y con extrema palidez, levantó la barrera y dio paso, previo a anotar hora (10:30 horas) número de patente y marca del vehículo, que avanzó hasta el fondo de la playa.

Casi de inmediato llega la camioneta IKA con el dinero, unos 14 millones de pesos moneda nacional, representaban unos 100.000 dólares de esa época, por lo que Lowry levanta la barrera para que no se detuviera y la camioneta que se ubica a la izquierda de la ambulancia.

El conductor de la camioneta desciende y abre la puerta trasera, desde donde el sargento de Policía Federal Alfredo Martínez comienza a bajas la saca de dinero para entregar a los empleados de la Policlínica Victorio Gogo y Alejandro Morel. También bajan de la camioneta la cajera Nelly Culliazo y el empleado Vicente Bóvolo encargado de pagar los sueldos.

Siendo las 10:31 Nell baja de la ambulancia con una ametralladora, otros tres hombres empuñando pistolas detrás de él, les apuntan.

Por torpeza se escapa una ráfaga de ametralladora que mata a Gogo y Morel e hiere a Culliazo, Bóvolo y al policía Martínez-

Cargan la saca de dinero en la ambulancia y salen por la galle Gaona seguidos por el Valiant. A unas 10 cuadras de la Policlínica Bancaria se bajan de la ambulancia y se alejan a pie. Otros con las armas y el dinero se alejan en el Valiant.

Unos 15 minutos después la policía encuentra a la ambulancia con el enfermo en la camilla se trataba de Mario Voda.

Gustavo Posse con el 30% del botín, invitó a su hermano a visitar Paris, sin saber que parte del dinero había sido recién emitido, tenían números correlativos, se los había registrado y comunicado a los bancos en Argentina y a Interpol.

A principios de 1964, el propietario de un cabaré de Francia, deposita esos billetes en un banco, dato que llega a Interpol, son puestos bajo vigilancia y cuando los hermanos Posse llegan a Ezeiza son detenidos.

Los integran del MNRT son delatados unos encarcelados otros exiliados como Baxter.

2.3.- Movimiento Nueva Argentina (MNA)

En 1960 con la división Movimiento Nacionalista Tacuara (MNT) surge la Guardia Restauradora Nacionalista (GRN) que respondió a tendencias derechistas y antisemitas. (Ver punto 2.2.)

En 1961, luego de intentos fallidos del MNT de infiltrarse en el sindicalismo, un grupo perteneciente a las *"Brigadas Sindicales"* funda el 9 de junio de 1961, el Movimiento Nueva Argentina (MNA) asimilado al sindicalismo peronista. (Padrón -2007)

En 1963 el Movimiento Nacionalista Revolucionario Tacuara (MNRT), se separó del MNT por conflictos de poder en el interior del grupo original, y su tendencia ideológica de izquierda. El MNRT se divide en el grupo José Baxter-José Luis Nell y el grupo Ossorio.

A partir de la ruptura las nuevas organizaciones tienen sus propias acciones y llegan a enfrentarse.

2.3.1.- Situación Política y Social de Argentina.

El Dr. Arturo Frondosa gobernó entre 1858 y 1962 en que fue derrocado. El Dr. Arturo Humberto Illia llega a la presidencia con el 25% de los sufragios, que conlleva una insuficiente fortaleza electoral. Gobernó entre 1963 a 1966 en que fue derrocado.

A mediados de 1964 y el recuerdo en toda la población de los golpes de estado, se agregaba una importante inflación, aumento constante del costo de vida, desabastecimiento de los artículos de primera necesidad e importante violencia política, producida por la Resistencia Peronista y el enfrentamiento en las Fuerzas Armadas conocido como "Azules y Colorados", originaba en todos los argentinos una alarmante intranquilidad.

Completaba el cuadro social el sindicalismo, donde el textil José Alonso preparaba un plan de lucha en etapas para todo el año, con ocupación pacífica de plantas fabriles, entidades privadas y estatales.

No se debe dejar de lado la acción de grupos guerrilleros, con afinidad ideológica al Che Guevara, que estaban realizando su bautismo de fuego, tanto en la Capital Federal como en las sierras y montes del noroeste argentino.

2.3.2.- Atentado en la Federación de Sociedades Gallegas.

Ruffini (2016) y Diario Norte (10-08-2019) tratan el atentado y de los mismos se puede extraer:

La noche del 13 de agosto de 1964 en la Federación de Sociedades Gallegas de la Ciudad de Buenos Aires se realizó la llamada "*Cena de la amistad*", en la que un grupo de simpatizantes del Movimiento de Integración y Desarrollo (MID) rendía homenaje a Carlos Silvestre Begnis y al expresidente Frondizi.

Mientras se desarrollaba la cena un comando armado de aproximadamente diez jóvenes ingresaron al salón y al grito de "Viva Perón" abrió fuego contra la mesa cabecera, donde se encontraban las autoridades, provocando heridas a varios asistentes y haciendo estallar explosivos

Frondizi y Begnis salvaron milagrosamente sus vidas. El atentado dejó cuatro heridos, uno de ellos, Oreste Frondizi, hermano del ex mandatario, que fue trasladado en estado grave hacia una clínica cercana.

Pasada la conmoción se encontraron en el salón volantes con las inscripciones "*Perón Vuelve*", "*JP Comando Norte*" y "*JP Comando Revolucionario*".

Frondizi, integrante del Movimiento de Intransigencia Radical (MIR), responsabilizó al gobierno de Arturo Illia, de la Unión Cívica Radical del Pueblo (UCRP), denunciando un intento de asesinato contra su persona. El motivo era el enfrentamiento que sostenían partir de la oposición ejercida por la UCRP durante la gestión presidencial de Frondizi.

El fallido atentado desató una verdadera tormenta política de la que todos se hicieron eco inmediatamente, que se inserta en los cuestionamientos a la proscripción del peronismo, el largo exilio de Perón, el pensamiento de un "peronismo sin Perón liderada por el dirigente sindical metalúrgico Augusto Timoteo Vandor, aumenta la conflictividad existente.

Pero al estar involucrada una organización armada de filiación peronista, el Movimiento Nueva Argentina (MNA) vinculada con el sindicalismo liderado por Vandor, inserta al atentado el desarrollo de la guerrilla urbana y el enfrentamiento entre Perón y Vandor.

Se puede concluir que dada la situación general reinante, sin considerar los diferentes actores involucrados, como "un atentado fallido contra la vida del ex presidente" o "un acto terrorista".

2.3.3.- Operación Cóndor.

El 14 de diciembre de 1960 la Asamblea General de las Naciones Unidas adoptó la resolución 1514 (XV) *"Declaración sobre la concesión de la independencia a los países y pueblos coloniales"*.

Proclama: *"la necesidad de poner fin, rápida e incondicionalmente, al colonialismo en todas sus formas y manifestaciones"*, y consagra los dos principios fundamentales que debían guiar el proceso de descolonización: el de libre determinación y el de integridad territorial. Así: *"todo intento encaminado a quebrar total o parcialmente la unidad nacional y la integridad territorial de un país es incompatible con los propósitos y principios de la Carta de las Naciones Unidas"*.

Durante el gobierno del Dr. Illia, en este proceso de descolonización y aplicando la resolución 1514 (XV), el 16 de diciembre de 1965 la Asamblea General adoptó la resolución 2065 (XX), la primera referida exclusivamente a la Cuestión Malvinas, a través de la cual reconoció la existencia de una disputa de soberanía entre la Argentina y el Reino Unido e invitó a ambos países a negociar para encontrar una solución pacífica a la controversia. Establece los elementos esenciales que definen a la Cuestión y la forma en que debe ser solucionada. Estos son:

- Que el caso de las Islas Malvinas es una de las formas de colonialismo al que debe ponerse fin.
- Que en este caso subyace una disputa de soberanía entre los gobiernos argentino y británico.
- Que la forma de encontrarle una solución es a través de las negociaciones bilaterales entre ambos gobiernos.

Cecchini (28-09-2022) y Sánchez (06-05-2023) refieren sobre el tema:

En conocimiento de lo resuelto por la Asamblea General de las Naciones Unidas Dardo Manuel "Lito" Cabo líder del Movimiento Nueva Argentina (MNA) ex miembro del Movimiento Nacionalista Tacuara, decidió entrar en acción.

El objetivo acentuar el reclamo de soberanía sobre las Malvinas y realizar propaganda contra el gobierno de Juan Carlos Onganía presidente de facto (1966-1970) que mediante la llamada Revolución Argentina había destituido al gobierno de Arturo Umberto Illia.

Los pasos a seguir para Dardo Cabo eran tomar un avión durante el vuelo, desviarlo a las islas y hacer una ocupación simbólica que llamara la atención al mundo entero.

Cecchini (2022) consigna que Dardo Cabo reúne a jóvenes, militantes peronistas de distintas agrupaciones, y detalla que se conformó un grupo integrado por:

1. Dardo Cabo, de 25 años, y
2. Alejandro Giovenco, de 21 años, que comandaría con Dardo Cabo la operación, se sumaron;
3. María Cristina Verrier, dramaturga y periodista (27), hija de César Verrier (juez de la Suprema Corte de Justicia y funcionario del gobierno del expresidente Arturo Frondizi);
4. Fernando Aguirre, empleado de 20 años;
5. Ricardo Ahe, empleado de 20 años;
6. Pedro Bernardini, obrero metalúrgico (28 años);
7. Juan Bovo, obrero metalúrgico (21 años);
8. Luis Caprara, estudiante de ingeniería (20 años);

9. Andrés Castillo, empleado de la Caja de Ahorros (23 años);
10. Víctor Chazarreta, obrero metalúrgico (32 años);
11. Norberto Karasiewicz, obrero metalúrgico (20 años);
12. Fernando Lisardo, empleado (20años);
13. Edelmiro Jesús Ramón Navarro, empleado (27 años);
14. Aldo Ramírez, estudiante (18 años);
15. Juan Carlos Rodríguez, empleado (31 años);
16. Edgardo Salcedo, estudiante (24 años);
17. Ramón Sánchez, obrero (20 años); y
18. Pedro Tursi, empleado (29 años).

Previo a poner en marcha la operación, Dardo Cabo concertó una entrevista con Héctor Ricardo García, director del diario Crónica y la revista Así. En la reunión también estuvo presente Alejandro Giovenco. Durante la reunión pidieron a García que estuviera presente en calidad de periodista, para cubrir la nota solo debería sacar un pasaje de avión para Rio Gallegos, en el cual el grupo viajaría.

En los primeros minutos del día miércoles 28 de setiembre de 1966, Ricardo García, que relataría todo lo por suceder, llegó al Aeroparque Jorge Newbery sacó un pasaje con destino a Río Gallegos en el vuelo sin escalas AR-648. Vio a Giovenco y a Cabo, pero éstos se hicieron los desentendidos.

A las 0,34 horas parte el Douglas DC4 LV-AGG "Teniente Benjamín Matienzo" de Aerolíneas Argentinas con destino a Rio Gallegos. Su tripulación estaba integrada por el comandante Ernesto Fernández, el primer oficial Silvio Sosa Laprida, el técnico de vuelo Aldo Baratti y el radio operador Joaquín Soler.

El vuelo tenía 42 pasajeros, entre los que se encontraban el grupo destinado a realizar la "Operación Cóndor", un periodista y el gobernador del Territorio Nacional de Tierra del Fuego, Antártida e Islas del Atlántico Sur, contraalmirante José María Guzmán.

Siendo las 7:27 horas, los integrantes del grupo

comando, liderados por Cabo, se levantaron de sus asientos con armas en sus manos. Cabo y Giovenco se dirigieron entonces a la cabina, apuntaron con sus armas a los tripulantes y le exigieron al piloto que pusiera rumbo a las Malvinas.

El comandante del vuelo se comunicó con la torre de control e informó:

"Siendo las 06:05, comandos a bordo toman aeronave solicitando poner rumbo 105 Malvinas para aterrizaje".

A las 8:42 horas, el DC4 de Aerolíneas Argentina aterrizó en la pista de carreras del hipódromo de Puerto Stanley de las Islas Malvinas y unas veinte personas, algunas de ellas armadas con fusiles Máuser y pistolas Beretta, bajaron del avión.

Los habitantes de las islas, que son llamados kelpers, sorprendidos y asombrados se acercaron y rodearon al DC4, los argentinos le dieron panfletos en inglés donde explicaban que era un acto pacífico de justicia y no un ataque. Sin embargo algunos, entre ellos el joven jefe policial local, que no portaba armas, debieron ser reducidos y tomados como rehenes.

Dardo Cabo acompañado por Cristina Verrier piden al policía local los lleve ante el Gobernador, Sir Cosmo Dugal Patrick Thomas Haskard a quien le dicen:

- Señor, como argentinos, hemos venido a esta tierra para quedarnos, ya que la consideramos nuestra.

Sir Cosmo Haskard sin poder creer lo que había escuchado, contesta:

- ¡Fuera de aquí! ¡Ustedes no están en su casa!

En esta forma termina el vehemente intercambio de palabras.

Reunido el grupo piden al cura católico de las islas, Rodolfo Roel, celebre una misa a los participantes del operativo, y alojamiento para los pasajeros del avión.

A las seis de la tarde, los integrantes del Operativo Cóndor se encerraron en el avión.

En la madrugada del jueves 29, un emisario del gobernador inglés les llevó un mensaje:

"Están cercados, si intentan salir del avión los soldados y policías tienen orden de tirar. No respondemos por vuestras vidas. Es mejor que se rindan".

Los comandos luego de deliberar entre ellos, decidieron entregarse.

Identificado el periodista Héctor Ricardo García por los ingleses lo separaron de los otros pasajeros y lo mantuvieron detenido con los integrantes del comando.

A las 17 horas de las Islas Malvinas, vigilados por custodios armados, los integrantes del comando, con el sacerdote y el comandante formaron junto a la bandera argentina que estaba flameando desde el día anterior y procedieron a arriarla, entonando el Himno Nacional Argentino.

Luego fueron llevados a la iglesia, y allí fueron alojados hasta el sábado a las 14 horas.

Mientras tanto se desarrollaron negociaciones entre el gobierno argentino y el británico.

El sábado 1 de octubre por la mañana, el sacerdote católico les dio la noticia que en barco los llevarían a un puerto argentino.

Una lancha carbonera llevó a los detenidos hasta el buque de la Armada Argentina Bahía Buen Suceso, traspaso que se realizó en alta mar

Los llevaron detenidos al Penal de Ushuaia, juzgados y condenados la mayoría con penas leves de nueve meses. Dardo Cabo, Alejandro Giovenco y Juan Carlos Rodríguez tenían antecedentes penales, por lo que debieron pasar los siguientes tres años en prisión.

Cabo y Verrier se casaron en la cárcel.

El gobierno de Onganía decidió que García fuera excarcelado.

Alejandro Giovenco terminó siendo el jefe militar de la Concentración Nacional Universitaria (CNU), integrada por militantes de la izquierda peronista. Muere en 1974 cuando una granada le explotó en las manos.

Cabo se convertiría en uno de los líderes montoneros. Muere en enero de 1977, tras ser sacado de la cárcel "para un traslado.

2.4.- El Foquismo del "Che" Guevara.

Löwy (2007) sostiene que a partir de la década del 30, el marxismo implementa en américa latina la teoría de la revolución por etapas, con partidos comunistas alineados a la Unión Soviética.

La *"Teoría de revolución en etapas"* es un esquema establecido por Stalin en 1936, según el cual las sociedades tienen etapas sucesivas, ineludibles y evolutivas en la historia de los pueblos: el comunismo primitivo, las sociedades esclavista, feudal, capitalista y socialista.

La Revolución Cubana se opone a este pensamiento y considera que el proceso revolucionario tiene que ser ininterrumpido, ser antiimperialista y socialista. El "Che" Ernesto Guevara de la Serna (1928-1967) sostenía:

> *"Las burguesías autóctonas han perdido toda su capacidad de oposición al imperialismo, si alguna vez la tuvieron, y sólo forman su furgón de cola. No hay más cambios que hacer; o revolución socialista o caricatura de revolución".*

Se constituye la *"Teoría del foco"* en oposición a la teoría de la revolución en etapas.

Los puntos fundamentales de la naciente teoría del foco son:

a. Un ejército popular puede triunfar sobre un ejército profesional;

b. No hay que esperar a que estén dadas todas las condiciones puesto que las subjetivas pueden ser creadas;

c. La guerrilla debe ser rural.

Guevara no dejaba de advertir que pretender realizar este tipo de guerra, sin el apoyo de la población era *"el preludio de un desastre inevitable"*.

El foquismo es una de las modalidades de la lucha armada revolucionaria. Consiste en emplazar grupos móviles en puntos estratégicos de un país, especialmente en las zonas campesinas y en lugares próximos a las pequeñas ciudades, para emprender escaramuzas de desgaste militar y psicológico contra las fuerzas armadas regulares.

Los *"focos guerrilleros"* son grupos armados poco numerosos, móviles, preparados para golpes de sorpresa, emboscadas y combates ligeros, con los cuales golpean a las unidades de contrainsurgencia de las fuerzas armadas regulares.

El *"foquismo"* se propone iniciar un proceso general de insurrección contra el orden constituido, contando con grupos en las ciudades, que se encargan de hacer sabotajes en sus centros vitales, y crear las condiciones subjetivas para la acción armada revolucionaria de la población civil contra el gobierno. Además, que brinden apoyo con aporte de provisión de alimentos, cooperación logística, reclutamiento, transportes, respaldo informativo, asistencia a los heridos, ocultación de sus efectivos y otros servicios.

El foquismo fue puesto en práctica en la Revolución Cubana y Guevara en su libro *"La Guerra de Guerrillas"* propone esa experiencia y sostenía que los "Focos" debían tomar como base a los campesinos.

El "guevarismo" ampliamente difundido influye en la

Guerra Fría, mientras Estados Unidos combina planes de ayuda como la Alianza para el Progreso con el apoyo a las dictaduras militares.

Por otro lado, Cuba se alía con la U.R.S.S., China y Argelia, estos cuatro estados socialistas promueven una estrategia de estímulo a los movimientos revolucionarios de todo el denominado Tercer Mundo.

2.5.- La Izquierda en la Resistencia Peronista. Acción del Grupo Obrero Marxista (GOM)

En la décadas de los años 30 comienza a incorporarse en la Argentina los pensamientos políticos de Trotsky, siendo Liborio Justo (1902-2003) hijo del ex presidente argentino General Agustín Pedro Justo, un introductor destacado.

En la década siguiente se había difundido a círculos estudiantiles y obreros. La actividad se hacía en debates y folletos. En los años 50 surge Hugo Miguel Bressano, quien desarrolla movimiento denominado "Palabra Obrera".

Al llegar Perón y ocupar su primera presidencia, el gran movimiento de obreros hacia el peronismo, hace que los inclinados al trotskismo se integren a sus filas, siendo los sindicalistas permisivos en su inclusión.

La adhesión al peronismo fue en forma crítica y de grupos trotskistas argentinos que continuaron su prédica, como:

- UOR (Unión Obrera Revolucionaria), dirigida por Miguel Posse;
- Frente Obrero (Aurelio Narvaja y Enrique Rivero);
- Octubre (Jorge Abelardo Ramos); y
- GCI (Grupo Cuarta Internacional), liderado por Jorge Posadas.

En esta misma época Hugo Miguel Bressano con el seudónimo de Nahuel Moreno y su "Grupo Obrero Marxista

(GOM)" gira al antiperonismo considerando que este movimiento obstaculizaría el proceso revolucionario del socialismo. Este grupo sería autor de escuelas de adoctrinamiento, sobre todo estudiantes, y de una de las primeras iniciativas guerrilleras.

Estos integrantes adoctrinados que iban a vivir en una barriada obrera, ingresaban a trabajar en fábricas, para convertirlas en escuelas de enseñanza del trotskismo.

En 1964 un grupo de integrantes del Grupo Obrero Marxista (GOM) de Nahuel Moreno, integrado Lázaro Feldman, Raúl Reig, Carlos Schiavello y Hugo Santilli, el Vasco Ángel Amado Bengochea plantea iniciar un grupo guerrillero en la Argentina y actuar en los cerros de Tucumán, donde habían actuado los Uturuncos. Para ello habían logrado obtener una importante cantidad de armamento y explosivos, que almacenaban en un departamento alquilado, en la calle Posadas 1168 del Barrio Norte.

Del relato de Carreras (2003) y Larraquy (15-12-2018) se puede extraer que el 21 de julio de 1964, a las 15:23 una tremenda explosión se origina en la vivienda del primer piso de la calle Posadas 1168.

La misma produjo un ruido ensordecedor, según los vecinos "parecido a un terremoto", una nube de polvo cubrió la zona y los vidrios de un radio de 150 metros estallan, la onda expansiva alcanzó a 15 cuadras a la redonda y se derrumbaron los siete pisos del contrafrente del edificio de Posadas 1168, como un corte que lo dividió en dos.

La ayuda comenzó rápidamente sacando personas heridas y mutiladas debajo de los escombros.

El pensamiento inicial sobre lo ocurrido fue una explosión por escape de gas.

El contrafrente derrumbado daba a un baldío que había sobre la calle Libertad, desde allí ingresa una maquina topadora para comenzar a extraer escombros, pero la pala golpea un objeto produciéndose una nueva explosión, indicio que no había habido una pérdida de gas.

Durante toda la noche y el día siguiente continuaron la remoción de escombros y extracción de varios cadáveres. También, encontraron carcasas de explosivos cargadas con pólvora negra mechas, detonantes, caños cilíndricos acomodados en cajas de madera, ametralladoras PAM y cartas topográficas de cinco provincias, Jujuy, Salta, Tucumán, Santiago del Estero y Catamarca, entre otros objetos.

Se produce la intervención de la Policía Federal con el fin de identificar a los ocupantes del departamento 108. En los días siguientes se producen decenas de allanamientos y detenciones a lo largo de todo el país. A medida que aparecían armas de todo tipo, mapas, documentos, anotaciones, libros, que se habían salvado de la explosión y suministraban todo tipo de datos a las fuerzas de seguridad dejando al descubierto la organización.

Nunca se pudo establecer qué sucedió en el departamento en los momentos previos al derrumbe.

Un dato confirmado por testigos es que Lázaro Feldman, luego de estacionar un auto frente al edificio, ingresó al departamento. Instantes después sucedió la tragedia. Los días siguientes aparecen los cuerpos de Lázaro Feldman, Raúl Reig, Carlos Schiavello y Hugo Santilli, todos murieron, menos el Vasco Ángel Amado Bengochea.

2.6.- Accionar del "Che" Guevara en Argentina, Impulsando al Ejército Guerrillero del Pueblo.

Bajo el aliento personal del Che y la participación de Ciro Bustos, Jorge Masetti, "Comandante Segundo", impulsaba la conformación del *"Ejército Guerrillero del Pueblo* (EGP)" e iniciar los preparativos para instalar un foco en la provincia norteña de Salta, limítrofe con Bolivia que oficiaría de base de apoyo y donde se instalaría el Che; "Comandante Primero", en el país vecino.

Carreras (2003) relata que: La idea del comandante Ernesto Guevara, era crear en su propio país, la Argentina, el primer "Vietnam" que iniciara la resistencia revolucionaria latinoamericana al imperialismo estadounidense. El mismo Ché se sumaría a la lucha, una vez que terminara de ordenar el traspaso de sus compromisos como Ministro de Industria de Cuba.

Los primeros días de mayo de 1963 durante el gobierno de José María Guido, los hombres del Ché, supuestos diplomáticos argelinos, se instalaron cerca de Tarija, a 70 kilómetros de la frontera argentina, donde la inteligencia cubana había comprado una finca.

En realidad se trataba del periodista porteño Jorge José Ricardo Masetti y entre otros compañeros se encontraban Ciro Bustos, el chaqueño Federico Méndez, mecánico, y los cubanos Hermes Peña, Alberto Castellanos y Abelardo Colomé Ibarra, éste era agente de inteligencia del Ejército Cubano, todos adiestrados militarmente en Cuba.

Jorge José Ricardo Masetti era nacido el 31 de mayo de 1929 en la ciudad de Avellaneda, provincia de Buenos Aires, el primer periodista argentino que había entrevistado en Sierra Maestra a Fidel Castro y al Che Guevara. Fue fundador y director en Cuba de su propia agencia de noticias con corresponsales en el extranjero, ahora flamante Comandante Segundo del Ejército Guerrillero del Pueblo (EGP)

El 21 de junio de 1963, el grupo encabezado por Masetti ingresó clandestinamente y por tierra a Orán desde Tarija. En territorio argentino entran en montes con arboleda espesa, arañas mosquitos, jejenes, víboras, etc.

Masetti envió un delegado, Ciro Bustos, a Córdoba y Buenos Aires, con el propósito de reclutar adherentes. Ciro Bustos tomó contacto con disidentes del Partido Comunista, como el cordobés José Aricó, editor de la revista Pasado y Presente, y toda una red de intelectuales que resolvieron apoyar políticamente al EGP, aunque con ciertas críticas se produjeron incorporaciones al grupo.

Incorporados los nuevos integrantes comienzan con un entrenamiento militar en las cercanías de Orán, dirigidos por el Comandante Segundo (Masetti) y militares cubanos. Hacen el juramento de fidelidad para con el Ejército Guerrillero del Pueblo (EGP). "Revolución o muerte". Estaban vestidos con ropa de combate, color verde oliva, y en sus gorras llevaban bordado un escudo con un sol rojo y negro.

El intenso entrenamiento militar provocó que algunos incorporados no lo soportasen como el porteño "Pupi" Rotblat y Bernardo Groswald y desearan abandonar el grupo. Ante el peligro que ambos, ya fuera del grupo, delataran la operación, fueron condenados a muerte y ejecutados por uno de los integrantes del EGP.

El 7 de julio de 1963 los militares llamaron a elecciones. En las cuales, con el peronismo proscripto, triunfó el candidato de la Unión Cívica Radical, el médico cordobés Arturo Illia.

Cabaña (21-06-2019) menciona que esta apertura democrática hace que Masetti decida dar a conocer la existencia de la guerrilla, con una carta abierta al presidente Illia que se publica en el periódico peronista Compañero:

"Subimos las montañas, armados y organizados y no bajaremos de allí sino para dar batalla. Somos los únicos hombres libres en esta oprimida República. Este ejército nuestro es el de los rebeldes, el de los que no se doblegan, el de los que repudian las negociaciones fraudulentas, de políticos fraudulentos en colegios electorales fraudulentos...Renuncie a ser Presidente fraudulento, denuncie el fraude por su nombre y exija elecciones libres. Esperando con sinceridad que el antiguo ciudadano digno siga vivo y

puro en usted. Ahorra a usted y a nuestra patria el calvario sangriento de nuevos años de violencia.
REVOLUCIÓN O MUERTE
Campamento Augusto César Sandino,
9 de julio de 1963".

Masetti redacta el siguiente Mensaje a los campesinos:
"Compañero campesino: Te escribimos esta carta para que la leas varias veces y para que se la leas también a todos los arrendatarios, peones y compañeros que no saben leer. Nosotros somos trabajadores como ustedes, de distintos oficios y profesiones, a quienes nos explotan en las ciudades y en los pueblos los mismos que los explotan a ustedes en el ingenio, en los montes o en los campos. Todo esto sucede hasta ahora porque los ricos, los dueños de las tierras, los dueños de las fábricas, son también dueños de las armas, tienen la fuerza de su parte. ¿De qué lado se pone la gendarmería o el ejército o la policía cuando hay algún problema? ¿Alguna vez viste que un policía o un gendarme defiendan a un pobre contra un rico? Si todos los arrendatarios, peones, obrajeros, pequeños propietarios y contratistas tuvieran un arma, los ricos no los explotarían. Y si los ricos no explotasen a los pobres, sencillamente no habría ricos, porque si nadie explota a nadie todo el mundo tendría que trabajar para vivir. La tierra sería del que la trabaja. Las fábricas de sus obreros (…) Debemos quitarles los fusiles de las manos y empuñarlos nosotros. La lucha va a ser larga y dura y usarán desde aviones, cañones y ametralladoras, hasta delatores. Con esos hay que ser y seremos implacables. Esto lo arreglará el pueblo. Esto lo arreglaremos nosotros. Y vos, compañero, junto con nosotros cuando juremos REVOLUCIÓN O MUERTE. Recibe un saludo de hermano.

Montañas de Salta, enero de 1964.

Por el Ejército Guerrillero del Pueblo.

Comandante Segundo".

Hasta marzo del 64, la selva de Orán albergó poco más de treinta guerrilleros, se abocaron al reconocimiento del terreno, la construcción de vivacs y el traslado de armamentos y equipos de comunicación desde Emboruzu, Bolivia.

Luego de esto y en menos de un año EGP fue desarticulado por completo sin un solo enfrentamiento: varios guerrilleros fueron sorprendidos y detenidos por Gendarmería, en dos episodios separados por menos de dos meses, otros murieron de hambre o de heridas accidentales en expediciones en busca de alimentos, dos fueron fusilados por sus propios compañeros, y Masetti, líder del grupo, se internó en la selva y desapareció allí para siempre.

Carreras (2003) menciona que algunos de los 14 sobrevivientes estuvieron en la cárcel hasta el retorno del peronismo en 1973. Otros habían logrado que les permitieran salir al extranjero.

De ellos, Ciro Bustos se integraría a la guerrilla del Ché. Jorge Bellomo, otro de los sobrevivientes, moriría combatiendo, años más tarde, en las filas del Ejército Revolucionario del Pueblo (ERP).

2.7.- El Frustrado Retorno de Perón.

Arturo Umberto Illia accedió a la presidencia de la Nación 12 de octubre de 1963 y anuncio su intención de poner fin a los programas heredados y decretó una amplia amnistía para los detenidos políticos del Plan CONINTES y el indulto para los condenados. Además, en noviembre de 1963 dispuso la anulación de los contratos petroleros de exploración y explotación suscriptos por Frondizi.

Esta medida ocasionó una fuerte oposición del MIR y de

empresas industriales nacionales y extranjeras. El impacto mediático de esta decisión presidencial, la defensa realizada por Rogelio Frigerio, mentor ideológico del desarrollismo- ante la Comisión Especial del Congreso creada para instrumentar la anulación y el recelo norteamericano ante la medida caldearon el clima político.

Yofre (04-02-2017) menciona que Augusto Timoteo Vandor, en el semanario Primera Plana, al cumplirse tres meses de la gestión radical, decía: *"Illia no le es útil al país ni siquiera como médico. Figúrese que el país está enfermo y el buen hombre no lo ha advertido. ¿Qué se puede esperar de un presidente que cuando lo agobian los problemas desaparece de la Casa Rosada y se va a tomar mate a la Plaza San Martín?"*.

El 18 de mayo de 1964 la Confederación General de Trabajadores (CGT) diseñó un Plan de Lucha destinado a detener la posibilidad de reforma de la Ley de Asociaciones Profesionales. La pulseada Gobierno-CGT y los planteos de Vandor procuraron debilitar al gobierno nacional, alegando ilegitimidad y reclamando el regreso de Perón. Como resultado una masiva ocupación de fábricas entre mayo y septiembre de 1964, llegan a ocupar 10.000 establecimientos en todo el país: alrededor de cuatro millones de obreros en huelga. El MIR apoyó el Plan de Lucha. (Declaración Pública de la Junta Nacional del MIR (23 de julio de 1964)

A todo lo anterior se agrega:

- El asalto al Policlínico Bancario protagonizado por el Movimiento Nacionalista Revolucionario Tacuara MNRT. (Ver punto 2.1.3.-)
- La izquierda peronista, impulsada por Perón crea Movimiento Revolucionario Peronista, para neutralizar a Vandor. (Raimundo – 2000)
- La explosión de la calle Posadas. (Ver punto 2.4.-)
- El descubrimiento de campamentos castristas en el norte del país. (Ver punto 2.5.-)

En la segunda mitad del año 1964 comenzó a hablarse del retorno de Perón.

Figallo (2005) Yofre (04-02-2017) Otero (04-12-2019) y la Redacción del diario Clarín (02/12/2014 y 08/12/2016) tratan el tema y de sus dichos se puede decir que:

Juan Domingo Perón exiliado residía con su esposa, María Estela Martínez Cartas más conocida como Isabel o Isabelita, en la calle Dr. Arce 11, Madrid, España.

El 31 de diciembre de 1963 festejó el fin de año en su domicilio con María Estela Martínez y amigos, al iniciar el año nuevo Perón levantó su copa para brindar, y mirando rápidamente a Enrique Pavón Pereyra, su biógrafo, dirigió su vista a los invitados diciendo: *"Este es el último advenimiento de un Año Nuevo que celebro fuera de mi Patria".*

Estas palabras fueron puestas en duda dado que el 14 de abril de 1964 ante el escribano Luis Sierra Bermejo, Perón y María Estela Martínez Cartas, firman las escrituras de una propiedad en barrio Fuente de la Reina, más tarde conocido como Puerta de Hierro.

Perón había confiado en la buena fe del presidente Illia, quien, tras asumir la presidencia en octubre de 1963 le hizo saber que era libre de volver al país, aunque debía hacer frente a las causas judiciales que tuviera pendientes

Otero (04-12-2019) menciona que en una carta a Pedro E. Michelini, del 5 de julio de 1964, Perón dice:

"Mi misión, que es algo como la de Padre Eterno, se fundamenta en la necesidad de mantener unidos a todos los peronistas en beneficio del Movimiento, pues como proceso político es básicamente cuantitativo. Sin embargo, como las disidencias están sólo en el horizonte directivo, será indispensable no olvidar a los remisos".

Otra carta dirigida a John W. Cooke, sostuvo:

"Todo esto es consecuencia de los desmesurados apetitos de los que anhelan vender la liebre antes de cazarla. Episodios sin grandeza promovidos y protagonizados por hombres pequeños (...) las roscas y las trenzas, no son sino la demostración de lo poco que vale esa gente. Los gorriones vuelan en bandadas en tanto que las águilas van solas. Todo es juego de gorriones".

El Movimiento Justicialista presentaba muchas rivalidades y fisuras, a lo que se sumaba la idea de crear un peronismo sin Perón, como lo pensaba Augusto Timoteo Vandor. No obstante en agosto de 1964 comienza el armado de un comando, con Adolfo Cavalli por los gremialistas e Hilda Pineda por las mujeres, al frente de la "Operación Retorno".

Además, partieron a Madrid los miembros que acompañarían a Perón en su viaje de retorno: Delia Parodi (ex diputada y estrecha colaboradora de Evita), Augusto Timoteo Vandor (UOM), Andrés Framini (Textil), Julio Guillán (Telefónico), Carlos María Lascano (Abogado), Jorge Antonio (Empresario) entre otros.

Figallo (2005) relata que los Servicios de inteligencia argentinos destacados en Madrid, estaban encargados de seguir, lo más cerca posible, todos los movimientos del general Perón y comunicar cualquier noticia sobre un posible desplazamiento de Perón hacia la Argentina.

En Argentina el radicalismo en el poder estaba temeroso sobre las consecuencias de un posible regreso y las Fuerza Armadas tenían dispuesto, en caso que pretendiera llegar, se lo aprendiera por la fuerza.

En España recibía ayuda dada las conexiones políticas del ex presidente y del financiero argentino Jorge Antonio, les habían permitido maniobrar en la preparación del viaje. Además, a través del teniente general Cavanillas, jefe del Estado Mayor Central del Ejército español, la embajada de Paraguay en Madrid que le facilitó a Perón pasaportes. A su vez, la compañía Iberia recibió instrucciones especiales procedentes de autoridades españolas, distintas del ministerio de Asuntos Exteriores y del Aire, sobre las facilidades que deberían concederse a los pasajeros, convirtiendo el vuelo de línea normal de Iberia en un chárter disfrazado.

En la madrugada del 2 de diciembre embarcaron desde el aeropuerto de Barajas en el vuelo de Iberia 991, y a las 9.45 hizo escala en Río de Janeiro.

El gobierno militar de Brasil, de Umberto Castelo Branco, por pedido del gobierno argentino, como horas más tardes confirmaría la misma cancillería brasileña mediante un comunicado, rodeó al avión con 37 militares armados y le impidieron a Perón y su comitiva seguir rumbo a Buenos Aires.

Fueron demorados e incomunicados durante doce tensas horas, tanto arriba del avión, como luego en una repartición militar, luego obligados a regresar a España en el mismo avión.

La iniciativa fracasó cuando el gobierno brasileño, a pedido del canciller argentino, Miguel Ángel Zabala Ortiz, impidió que la máquina de Iberia que trasladaba Perón y sus acompañantes, en su escala en Río de Janeiro, continuara viaje a Buenos Aires.

El ministerio de Relaciones Exteriores de Brasil dio a conocer una breve nota en la que decía que:

"…en atención a la petición del gobierno argentino y dentro del más elevado espíritu de amplia cooperación y amistad reinante entre los dos países, el gobierno brasileño aceptó suspender, en Río de Janeiro, el viaje que el señor Juan Domingo Perón realizaba en avión de Iberia".

Resultaba evidente que el primer fundamento de la actitud brasileña había sido político, exigiéndoles a sus vecinos idénticas medidas con los exiliados brasileños que habían buscado refugio en la región, después del golpe militar de Castelo Branco.

En la Argentina el momento se mostró crítico: documentos secretos prevenían al presidente Illia y a los ministros, sobre la posibilidad de que miles de elementos militares adictos al peronismo se sublevasen, mientras que un vasto plan de agitación se preveía para Buenos Aires, con utilización tanto de armas y explosivos y ocupación pasiva de fábricas y apoyo de algunos gremios.

2.8.- Onganía Llega al Gobierno.

"*Revolución Argentina*" es el nombre con el que se autodenominó la dictadura cívico-militar que derrocó al presidente constitucional Arturo Umberto Illia, mediante un golpe de Estado el 28 de junio de 1966.

Al día siguiente 29 de junio de 1966, el general Juan Carlos Onganía se instala en la Casa Rosada como Presidente de facto.

Anguita y Cecchini (29-06-2021) mencionan que en su discurso Onganía dice:

"La exigencia de la subordinación a la ley implica la obligación correlativa, por parte del gobierno, de proporcionar a aquella un contenido real y profundo. Cuando esa obligación es ignorada y el sistema institucional se convierte en una carga que oprime al país y anula sus mejores energías, vuelve al pueblo el supremo derecho de rebelarse en defensa de su libertad y de su futuro. Incumbía a las fuerzas armadas el deber de hacer efectivo este derecho irrenunciable. Sería incompatible con la seriedad y el honor perseguir un mero cambio de personas o la substitución de partidos. Esta Revolución Argentina no está dirigida contra ningún hombre público ni agrupación política. Mira solo hacia delante, y se propone realizar la transformación que el país exige para vivir con dignidad",

Cuando Onganía llegó al poder contaba con una gran campaña publicitaria, el apoyo de la iglesia, de Estados Unidos y los sindicatos, aun cuando en distintas provincias se realizan manifestaciones obreras en contra del gobierno, que son reprimidas por la policía.

2.9.- El gremialismo.

El ajuste económico y los consecuentes despidos, lleva a desocupación, huelgas o paros escalonados, En febrero de 1967, la CGT anuncia un plan de lucha. El gobierno para el plan de la CGT, denunciando un plan terrorista y suspende la personería gremial de varios sindicatos.

Augusto Timoteo Vandor aspiraba llegar a la conducción del peronismo y divulga su frase: *"Para salvar a Perón, hay que estar contra Perón"* e induce a la Comisión Directiva de la CGT a efectuar una reforma. Hecha la reforma permite la unificación de las dos CGT, la CGT Vandorista y la CGT de pie junto a Perón.

Si bien Vandor toma la hegemonía de la CGT surge un sector llamado *"Nueva Corriente de Opinión"* liderado por Juan José Taccone (de Luz y Fuerza), José Alonso (del Sindicato del Vestido) y Rogelio Coria (de la Construcción), que pugnaba por abandonar los métodos de presión y colaborar abiertamente con el régimen militar.

Las comisiones de las fábricas comienzan a trabajar en autodefensa obrera, que termina formando la *"CGT de los Argentinos"*, con Raimundo Ongaro, Agustín Tosco, Jorge Di Pasquale y otros. Aglutinan paulatinamente a militantes de la izquierda peronista, estudiantes, profesionales, artistas y todo opositor dispuesto a luchar contra los usurpadores militares del gobierno.

2.10.- Asesinato de Vandor. Secretario General de la Unión Obrera Metalúrgica.

Anguita y Cecchini (30-06-2019), Senen González (30-06-2019) y Bosoer (30-06-2021) tratan el tema y de sus dichos se puede inferir que el 30 de junio de 1969 con el homicidio de Vandor, se agudiza el enfrentamiento gobierno-sindicalismo.

En junio de 1969 Vandor ofreció respaldo a su contrincante principal, Raimundo Ongaro, buscando la unidad del movimiento obrero, pero la CGT de los Argentinos no respondió y ratificó el paro general para el martes 1° de julio.

Existía una violenta agitación política, se cumplía un mes exacto de las jornadas del Cordobazo y la protesta se hacía oír en las calles. Ese viernes 27 de junio había sido asesinado el periodista Emilio Jáuregui en una refriega con la policía.

Augusto Timoteo Vandor, "el Lobo", era el secretario general de la Unión Obrera Metalúrgica (UOM) y el 30 de junio de 1969, en horas del mediodía, tenía previsto almorzar con el Coronel Luis Prémoli, al que concurriría desde la sede del sindicato, en La Rioja 1945, en Parque de los Patricios.

Prémoli había ingresado por la fuerza al despacho presidencial, con otros dos militares, para echar al Dr. Illia. Al asumir la presidencia Onganía, el Coronel Prémoli formaba parte del círculo de toma de decisiones del gobierno, además era el Secretario de Información Pública y encargado de la alianza con los sindicatos, buena parte de los cuales se decían peronistas, pero tenían vínculos con el gobierno de Onganía.

Durante el verano de 1969 un grupo de peronistas enemigos de acordar con Onganía, se juramentaron entrar al muy vigilado edificio de la UOM y no salir hasta haber terminado con la vida del líder metalúrgico, en una acción que llamaron "*Operativo Judas*". Unos meses de estudio de los movimientos que se hacían en el edificio del sindicato, y la realización de un croquis del mismo fueron considerados suficientes. Contaban con dos pistolas 45, un revolver 38, otro 32, una pistola 22 y cinco metralletas caseras calibre 22. Además, habían conseguido tres kilos de trotyl, para el caso de no localizar a Vandor, una vez adentro harían un acto suicida con la certeza de que Vandor tampoco saldría vivo.

Cuatro, de los 5 integrantes del grupo, fueron en un auto. El quinto integrante estaba en la esquina de Cátulo Castillo y La Rioja para verificar que Vandor efectivamente hubiera llegado: "el Lobo" había llegado, los que viajaban en coche llegaron pasadas las 11 horas.

Estacionaron el coche e ingresaron al edificio, exhibiendo credenciales falsas de policías y documentos que simulaba ser una citación judicial para Vandor.

Una vez adentro, sacaron las armas y empezaron a buscar oficina por oficina, hasta que encontraron la del secretario general.

Vandor cuelga el teléfono, luego de una breve conversación con el periodista Neustadt y sigue repasando la agenda diaria con sus colaboradores, cuando oye ruidos extraños en la antesala de su despacho, en el primer piso del edificio de la calle Rioja al 1945. Acciona el dispositivo eléctrico que abre la puerta solo desde dentro, le dice a Alfredo Pennisi, secretario de la seccional Santa Fe: "*Che, voy a ver qué cornos pasa*", camina dos pasos y apenas alcanza a ver dos rostros y una ráfaga de balas fulminantes que lo tumban. Llegó a gritarle a Pennisi: "*¡Alfredo, tírate al piso!*". Socorren en vano al secretario general, su asesor de prensa, Federico Vistalli, y el asistente Mariano Martín Pennisi y decenas de dirigentes, entre los que estaban

Roque Azzolina, Herminio Iglesias y Norberto Imbelloni, habían sido reducidos por el grupo comando de cinco atacantes. Estos últimos aprovechando la confusión escapan. Al salir, para cubrir su huida, detonaron una granada. En apenas quince minutos, la trágica incursión había culminado.

En el trasladado al policlínico del gremio, en Hipólito Irigoyen al 3200, Vandor muere.

A esa hora, a pocas cuadras de allí, el general Juan Carlos Onganía, a cargo de la presidencia de la Nación, recibía en Casa de Gobierno a Nelson Rockefeller, gobernador del estado de Nueva York, enviado del presidente norteamericano Richard Nixon.

El presidente Onganía decretó el estado de sitio y atribuyó la muerte de Vandor a *"un plan subversivo de ideología perfectamente determinada, que trata de cambiar nuestra forma de vida"*.

Raimundo Ongaro, acusado de complicidad en la muerte de su rival político, fue encarcelado. Con Ongaro son también encarcelados, Agustín Tosco y Elpidio Torres, los dos líderes visibles del Cordobazo. Es ocupada militarmente la Federación Gráfica Bonaerense y designado interventor, luego se intervienen la mayor parte de los sindicatos integrantes de la CGT de los Argentinos.

Pese a tanto revuelo, los servicios de inteligencia de Onganía no dieron a publicidad quiénes habían cometido el crimen. Recién en febrero de 1971, y tras el secuestro y muerte de Pedro Eugenio Aramburu, el Comando *"Héroe de la Resistencia Domingo Blajaquis"* del Ejército Nacional Revolucionario se adjudicó la muerte de Vandor.

Los que habían hecho el atentado eran en realidad integrantes de un grupo que luego se llamaría *"Descamisados"* y que se sumaría definitivamente a *"Montoneros"* a fines de 1972.

2.11.- Transmisión histórica oral.

El Movimiento Nacionalista Tacuara (MNT) tiene una activa participación en el año 1958 durante la presidencia de Arturo Frondizi, debido al reconocimiento oficial de las universidades privadas, que se conocía popularmente por enseñanza "Laica o Libre", surgen intensos debates y enfrentamientos estudiantiles.

Donde los jóvenes de todo el país y por supuesto el autor participaron activamente de uno u otro lado.

Conseguir un empleo era muy difícil y la desocupación abundaba. Con alegría el año 1961 el actor comienza a trabajar, como auxiliar "hasta la cobertura del puesto", en el Correo Argentino. El lugar la playa de subsuelo del Palacio de Correo Central de la Ciudad de Buenos Aires, Apertura Clasificación y Envases. La triste nota de color, es que el sueldo por su primer mes de trabajo no lo cobró en pesos, sino en bonos "9 de Julio", que emitió Álvaro Alsogaray, aun cuando en ese momento ya estaba en el Ministerio de Economía Roberto Alemann. Con esos bonos se pagaron los sueldos de empleados públicos y jubilados. Que el actor al cambiarlos, para poder vivir y cursar sus estudios de medicina, representaba de mucho menos valor.

Con la asunción al gobierno de Illia en 1963 la tranquilidad popular parecía recobrarse, hasta que comenzaron en los medios las descalificaciones a la gestión del gobierno, con el apodo de "tortuga". Abruptamente un nuevo Golpe d Estado y gobierno militar a cargo de Juan Carlos Onganía.

A partir de la asunción de un nuevo gobierno militar en 1966, en tan solo casi 3 años, volvería de incertidumbre que habían sufrido los padres de los adolescentes de la generación del autor. Ahora a sufrir directamente los hombres de la generación del actor, con un promedio de 25 de edad, con la aparición de movimientos de grupos subversivos violentos, de distintos signos ideológicos que producirán asesinatos y atentados.

Capítulo 3.

3.1.- Camino al Cordobazo.

3.1.1.- La Noche de los Bastones Largos.

Juan Carlos Onganía resuelve el 29 de julio de 1966 la intervención a las universidades, ponía fin a la autonomía de las altas casas de estudios, considerando que eran lugares de adoctrinamiento del marxismo internacional y muy especialmente la Universidad de Buenos Aires (UBA).

Decreto Ley n° 16.912/1966. Fecha de sanción 29-07-1966. Publicada en el Boletín Nacional del 01-08-1966. Establecía que:

"**Artículo 1°** - *Los Rectores o Presidentes de las Universidades Nacionales y los Decanos de sus respectivas Facultades que a la fecha de la sanción de esta ley estén en el desempeño de sus cargos, ejercerán en adelante el gobierno de ellas, hasta que se establezca su régimen definitivo.*

Artículo 2° - *Los Rectores y Presidentes o Decanos de las Universidades Nacionales, que no estuvieren en ejercicio de sus funciones y no pudieran, cualquiera sea su causa, hacerse cargo de ellas dentro de las 48 horas de publicada esta ley, serán reemplazados definitivamente por sus sustitutos estatutarios, con el título respectivo, cesando el impedido de ese cargo.*

Artículo 3° - *Los Rectores o Presidentes de las Universidades Nacionales y los Decanos de sus respectivas Facultades ejercerán funciones administrativas, siendo sus actos provisionales, correspondiendo al Ministerio de Educación el* ejercicio de las atribuciones reservadas por sus estatutos a los Consejos Superiores o Directivos.

Estas atribuciones las ejercerá el Ministerio directamente o mediante autorizaciones generales o especiales, concedidas a las autoridades universitarias, 'motu propio' o a requisición de ellas.

Artículo 4° - Los Rectores o Presidentes de las Universidades Nacionales y los Decanos de sus respectivas Facultades designarán a sus sustitutos para casos de impedimento transitorios en el desempeño de sus cargos. Cuando el impedimento sea definitivo el reemplazante será designado por el Ministerio de Educación.

Artículo 5° - El Ministerio de Educación queda facultado para resolver las situaciones no previstas en esta ley, especialmente aquellas que afecten la paz y el orden interno de las Universidades, su funcionamiento normal y sus armónicas relaciones con el Gobierno Nacional.

Artículo 6° - Las Universidades mantendrán sus relaciones con el Gobierno Nacional a través de sus Rectores o Presidentes y del Ministerio de Educación, con excepción de la situación prevista en el artículo siguiente.

Artículo 7° - Los Rectores o Presidentes de las Universidades Nacionales y los Decanos de sus Facultades respectivas, deberán comunicar personalmente al Ministerio de Educación, dentro de las 48 horas de publicada esta ley, la asunción de las funciones que en ella se les atribuyen. La falta de comunicación oportuna, autorizará al Ministerio de Educación a considerar vacante el cargo y a proceder a llenarlo.

Artículo 8° - Los Centros o agrupaciones estudiantiles, deberán abstenerse de realizar actividades políticas. La violación de esta prohibición autorizará al Ministerio de Educación para disolver el Centro responsable de ello.

Artículo 9° - Comuníquese, publíquese, dese a la Dirección Nacional del Registro Oficial y archívese.

ONGANIA. - Enrique Martínez Paz".

El rector de la UBA, ingeniero Hilario Fernández Long convoca para la noche del 29 de julio de 1966 a los docentes, alumnos y graduados a defender a las autoridades que habían elegido y a "*mantener vivo el espíritu que haga posible el restablecimiento de la democracia".*

Después de la convocatoria del rector, el Consejo Superior de la UBA hizo pública una declaración escrita, exhortando a los claustros universitarios a continuar defendiendo la Autonomía Universitaria.

Al conocer el decreto, autoridades, docentes y estudiantes confluyeron en las sedes de las facultades de Ciencias Exactas y Naturales, Filosofía y Letras, Medicina, Arquitectura e Ingeniería para decidir medidas de resistencia.

Las tropas de la Guardia de Infantería de la Policía Federal al mando del general Mario Fonseca se concentraron y rodearon la Manzana de las Luces, por entonces sede de la Facultad de Ciencias Exactas de la Universidad de Buenos Aires.

El decano de Ciencias Exactas, Rolando García, convoca a una reunión urgente de graduados, docentes y alumnos para tomar posición sobre la intervención de la Universidad.

Mientras se desarrollaba la reunión, siendo las 22 horas del 29 de julio de 1966, comienza la *"Operación Escarmiento"* y las tropas entraron en la sede la facultad, dando bastonazos a todos los concurrentes.

A la misma hora ocurría lo mismo en la Facultad de Filosofía y Letras.

En los días siguientes, alrededor de la mitad de los docentes de la Universidad de Buenos Aires presentó su renuncia, como protesta ante la intervención y la violencia.

Desde el Ministerio del Interior la decisión fue cerrar las facultades. La dictadura nombró rector-interventor a Luis Botet

Estas acciones ocurridas el 29 de julio de 1966, son conocidas como la *"noche de los bastones largos"*.

3.1.2.- El Movimiento Estudiantil.

En todas las universidades del país la intervención y el posterior vaciamiento académico, suscitaron un inmediato repudio.

La agrupación social cristiana *Integralismo*, planteaba que el proceso político, alentado por las corrientes socialcristianas y de izquierda independiente, comenzó a cuestionar los límites del reformismo, poniendo en tela de juicio la representatividad de los centros de estudiantes tradicionales, su capacidad de contener y dar respuesta a los problemas de la época. Este planteo, estaba en oposición al pensamiento adoptado por la *Federación Universitaria de Córdoba (FUC)*, hasta entonces un verdadero gremio estudiantil, al que todos estaban casi obligatoriamente afiliados por el sólo hecho de matricularse.

El Integralismo tenía fuerte influencia ideológica del cristianismo tercermundista, con enorme capacidad de movilización y un importante temperamento combativo, que favoreció su hegemonía. Con sus líderes Susana Buconic y Luis "el Huevo" Rubio.

El Integralismo aportará más tarde cuadros al Peronismo de Base, a las Fuerzas Armadas Peronistas, Fuerzas Armadas Revolucionarias, Montoneros y a la Juventud Peronista Lealtad

La Juventud Peronista "Lealtad" fue una fracción de Montoneros, planteaba la lealtad a Perón como un aspecto irrenunciable. Allí confluirían montoneros históricos como José Amorim, Eduardo Moreno.

Hasta 1966, en la FUC era prácticamente hegemónico el *kozakismo*, corriente casi personal cuyo nombre proviene del chaqueño Abraham Kozak, marxista independiente influido por las ideas políticas del grupo Pasado y Presente, escindido del Partido Comunista en 1962, que fue rápidamente olvidado.

En tanto, las agrupaciones que integraban la FUC, como

el *Movimiento de Orientación Reformista (MOR,* comunistas), la *Franja Morada* (radicales) y el *Movimiento Nacional Reformista* (MNR, socialistas), iban a disputar palmo a palmo la hegemonía del movimiento estudiantil.

3.1.3.- El Cordobazo.

Tratan el tema, entre otros, López Cordero (29-01-2015 y el Diario Infobae (30-10-2017), y de sus aportes se puede decir: qué desde junio de 1966, el Gobierno de la "Revolución Argentina", había profundizado la limitación política, la censura a los medios de comunicación, la intervención de universidades y un modelo económico que incluía salarios congelados y una fuerte devaluación. Esto llevó al deterioro de las condiciones de vida y descontento generalizado. Se sumaba el rechazo del partido Unión Cívica Radical hacia el gobierno por el derrocamiento de Illia y la proscripción del peronismo.

El descontento hizo crisis el 12 de mayo de 1969, cuando el Gobierno Nacional derogó la Ley del "*sábado inglés*" (descanso semanal desde el mediodía del sábado), legislación que era producto de una reivindicación obrera y cuya eliminación reinstaló la jornada de 8 horas para ese día.

Lo mencionado anteriormente, hace que el 15 de mayo se realice en la ciudad de Corrientes una manifestación que terminó con una fuerte represión y con la muerte del estudiante de medicina Juan Cabral.

Esta muerte motivó protestas en diversos puntos del país y en Rosario motivó la muerte del estudiante de ciencias económicas, Adolfo Bello.

La CGT y la CGT de los Argentinos, deciden convocar a una huelga general para el 30 de mayo, dada la negativa del presidente Onganía a restablecer la negociación salarial, que se sumaba a las pérdidas de reivindicaciones obreras y la actualización salarial. En Córdoba adelantan la medida para el 29 de mayo y toman la modalidad propuesta por

Agustín Tosco, del Sindicato de Luz y Fuerza, abandono de los lugares de trabajo a las 10 horas del día 29 de Mayo y movilizarse para concurrir al acto de las 11 horas en la CGT Córdoba.

Al mismo tiempo recrudecía el conflicto entre el Gobierno militar y los sectores universitarios, el clima de tensión se extendía por el territorio nacional.

Tan situación motivó que el carácter distintivo de la protesta y acto del 29 de mayo, la adhesión de los estudiantes, en movilización desde hacía tiempo reclamando por las intervenciones en las universidades, a la movilización y al acto obrero del 29 de mayo en Córdoba.

El jueves 29 de mayo los obreros comenzaron a abandonar sus lugares de trabajo, para marchar hacia el centro de la ciudad, y formaron columnas de brazos apretados junto a los estudiantes.

Los tres máximos referentes del movimiento obrero cordobés marcharon al frente de sus filas: Agustín Tosco (Sindicato de Luz y Fuerza) Elpidio Torres (SMATA-Sindicato de Mecánicos y Afines del Transporte Automotor) y Atilio López de la (UTA-Unión Tranviarios Automotor)

En puntos estratégicos, las columnas fueron interceptadas por la Policía Provincial y Federal que comenzaron a atacarlos, para evitar que lleguen al lugar de concentración, motivando la dispersión de las mismas por los barrios.

Los vecinos al ver la situación se suman a la acción y con los integrantes de la movilización armaron barricadas para contener a la Policía montada. Esto motivo una acción en los barrios, el olvido de la marcha y llegar al acto central

Una columna que intenta ingresar al centro es interceptada por la Policía y se producen disparos de armas de fuego que causan la muerte de un trabajador del Sindicato de Mecánicos y Afines del Transporte Automotor

(SMATA), Máximo Mena. Esto produjo la furia y la lluvia de piedras hacia la policía.

La marcha se vuelve muy violenta y son atacados los símbolos que representan el poder político, militar o económico, edificios de las industrias automotrices, el Círculo de Oficiales, etc.

El estallido popular fue incontenible, la Policía retrocedió y se acuarteló, y la capital cordobesa quedó en manos de obreros y estudiantes.

El gobernador de facto, Carlos José Caballero, pidió la intervención del ejército y declaro el Estado de Sitio. En la noche, los obreros de Luz y Fuerza cortaron el alumbrado público, para dificultar el ingreso del ejército.

Se produjeron enfrentamiento, pero el ejército redujo la resistencia y recién hacia el final del viernes 30 de mayo el Gobierno Militar retomó el control de la ciudad.

Los choques causaron más de una decena de muertos, cientos de heridos y los principales dirigentes estudiantiles y obreros fueron detenidos, entre estos Agustín Tosco y Elpidio Torres.

A partir de lo que se llamó el *"Rosariazo"* y el *"Cordobazo"*, el Gobierno decretó el cierre de la Universidad de Rosario y Córdoba, ciudad en donde las protestas estudiantiles coincidieron con la movilización de los trabajadores.

La acción fue un éxito, Caballero renunció, se abrieron las negociaciones colectivas y comenzó a resquebrajarse el régimen militar.

Onganía no renunció, pero para el primer aniversario del Cordobazo hace su aparición Montoneros secuestrando a Aramburu y posterior asesinato, que culmina con la renuncia de Onganía.

3.2.- Las Organizaciones Subversivas Armadas.

Díaz Bessone (1996) relata que los brazos políticos de la subversión ya existían, el *Partido Comunista,* la *Resistencia Peronista,* el *Partido Obrero Trotskista,* el *Partido Revolucionario de los Trabajadores* creado en 1965 etc.

En 1967 se crean las *Fuerzas Armadas Revolucionarias* (FAR), con cuadros que provenían del *Partido Comunista Revolucionario* (PCR).

En el mismo año tuvo lugar la reunión de la *"Organización Latinoamericana de Solidaridad"* en La Habana, donde se dispuso organizar en cada país un Ejército de Liberación Nacional.

En 1968, el *"Ejército de Liberación Nacional (ELN)"* para la Argentina debía operar en el N.O. y se constituyó con tres "columnas" o "sectores", denominación que se daba a las diferentes agrupaciones:

El sector 1 lo integró el *Partido Revolucionario de los Trabadores* (PRT), cuyo brazo armado (el Ejército Revolucionario del Pueblo ERP) se organizaría en 1970.

El Sector 2 lo cubrieron las *Fuerzas Armadas Revolucionarias,* dirigidas por Roberto Jorge Quieto y Marcos Osatinsky, este último muy nombrado en la década del 80, por los reclamos de organizaciones por los derechos humanos.

También integraban a este sector el *Frente Argentino de Liberación,* (FAL) que más tarde se llamará *Fuerzas Armadas de Liberación* (FAL) produjo el asalto a Campo de Mayo y secuestró al Coronel del Paraguay Waldemar Sánchez (1970). Entre 1971 y 1973 las FAR y las FAL se unirán a *Montoneros.*

El Sector 3, denominado sector 8, estuvo integrado por diversos grupos provenientes del peronismo revolucionario, que son el origen de Montoneros. Entre sus ideólogos e impulsores figuraban Cooke, Héctor Villalón, Rogelio García Lupo y Ricardo Rojo. Se destacaron el grupo *Cristianismo y Revolución* de Juan García Elorrio, editor de la revista del mismo nombre, donde se expresaban los llamados "*Curas Tercermundistas*".

También integrado por *Fuerzas Armadas Peronistas (FAP)* que operaron en Taco Ralo en 1968. Entre sus líderes figuraron el ex sacerdote Arturo Ferré Gadea, Héctor Verdinelli y Envar "Cacho" El Kadre.

Las FAP asesinaron al dirigente sindical Kloosterman y asaltaron la Prefectura del Tigre en 1970. Entre los dirigentes de este sector se contaron personas cuyos nombres alcanzaron amplia figuración en la prensa interna e internacional y en los organismos de derechos humanos: Arturo Lewinger, Jorge Omar Lewinger, Eva Gruszka de Lewinger, y más tarde Vaca Narvaja, Firmenich, Perdía, Mendizábal y Yaguer.

3.3.- Nacimiento del Ejército Revolucionario del Pueblo (ERP)

Con el deseo de continuar la lucha de Tupac Amaru, el peruano Raúl Haya de la Torre lideraba la *Alianza Popular Revolucionaria Americana (APRA)*

Con mucha influencia de APRA y los deseos de llevar adelante la reivindicación de las luchas indígenas, en los inicios del año 1960 se funda, en la provincia de Santiago del Estero, el *Frente Revolucionario Indoamericano Popular (FRIP)* su líder Francisco René Santucho.

Santucho, nacido en Santiago del Estero, tenía, en su juventud, una militancia nacionalista, anticomunista, impregna las primeras actividades del FRIP, luego equidistante: ni capitalistas, ni comunistas, semejante a los peronistas, con cuya ala sindical tenían buena relación.

Finalmente por influencia de sus hermanos Amilcar Santucho, Mario Roberto Santucho se inclinó hacia la izquierda.

El *Partido Revolucionario de los Trabajadores (PRT)* fue fundado el 25 de mayo 1965 a partir de la confluencia entre el Frente Revolucionario Indoamericano Popular (FRIP), movimiento indoamericanista liderado por Mario Roberto Santucho, y *Palabra Obrera*, agrupación trotskista liderada por Nahuel Moreno, que accionaba en Buenos Aires, Córdoba, Tucumán y Rosario.

Las principales figuras del PRT serán los hermanos Santucho: Francisco René Santucho, Asdrúbal Santucho y Mario Roberto Santucho.

El principal fundador del movimiento, Francisco René Santucho, ocupando lugares cercanos a la dirección del PRT, nunca sería asignado al frente militar, y pasaría a un plano poco destacado, por su actitud nacionalista y su reticencia a aceptar la guerrilla como el camino correcto para la lucha en la Argentina.

Luego de haber obtenido diputados obreros en la provincia de Tucumán en las elecciones de 1965, el FRIP varía, por la influencia Mario Roberto Santucho que toma el liderazgo reemplazando a Francisco, al marxismo trotskista y una tendencia a la lucha armada. En este proceso influye Luis Ortolani, proveniente de Palabra Obrera.

A pesar del fracaso, la guerrilla auspiciada por el "Che" Guevara y conducida por Masetti en Salta, a fines del año 1966, desde la regional de Tucumán, se decide comenzar la lucha armada, con la oposición de Nahuel Moreno.

Las distintas posiciones producen una fractura, por un lado el *PRT "La Verdad"*, liderado por Moreno, con una propuesta de movilización política, sindical y eventualmente insurreccionalista. Por el otro emerge el *PRT "El Combatiente"*, conducido por Mario Roberto Santucho y quienes deseaban lanzar inmediatamente la lucha armada contra los capitalistas argentinos y su ejército.

A mediados de 1970, se celebró el V Congreso del Partido Revolucionario de los Trabajadores, donde se dio la carta de fundación al *Ejército Revolucionario del Pueblo* (ERP). A partir de entonces, y hasta su derrota definitiva en 1977, el PRT-ERP llevaría adelante una intensa y variada actividad militar y política. (Ver Anexo 7)

3.4.- Nacimiento de Montoneros.

Díaz Bessone (1996) menciona que en la revista *"Cristianismo y Revolución"* de septiembre de 1971 (Año VI, N° 30, Pág. 14 y 15) aparece una sintética historia de *Montoneros* hasta esa fecha.

El Diccionario de la Lengua Española define "montonera" como: "Grupo o pelotón de gente de a caballo que intervenía como fuerza irregular en las guerras civiles de algunos países sudamericanos".

En la historia argentina eran conducidas por caudillos locales. En el caso de los Montoneros terroristas, se inspiraron en el caudillo Juan Manuel de Rosas, que tuvo el gobierno de Buenos Aires de 1830 a 1853.

El origen de Montoneros hay que ubicarlo a fines de la década de 1960, cuando los partidos políticos estaban proscritos, Perón permanecía exiliado en España y habían surgido organizaciones guerrilleras en toda América Latina.

La mayoría de sus fundadores fueron jóvenes de clase media y media alta, tradicionalmente antiperonistas, que provenían de ambientes católicos, algunos estudiantes del Colegio Nacional Buenos Aires, que se radicalizaron bajo la influencia de la Revolución Cubana, la *Guerra Revolucionaria (GR)* pensando en la Teoría de la Liberación, lucha antiimperialista y anticapitalista.

Una pieza clave para su formación de Montoneros fue el ex seminarista Juan García Elorrio, director de la revista *Cristianismo y Revolución*, que puso en contacto a varios de los miembros fundadores.

Para iniciar su accionar se apoderaron de la Resistencia Peronista y en su creación confluyeron varias agrupaciones armadas peronistas, los integrantes de Movimiento Nacionalista Tacuara, la Agrupación de Estudios Sociales de Santa Fe, y el Integrismo católico de las provincias de Buenos Aires, Santa Fe y Córdoba, comienzan a reunirse en los inicios de los años 60.

Hacia mediados de la década de 1960, fueron afianzándose grupos que iban a cumplir roles de liderazgo en la militancia católica juvenil de las clases medias y altas, de varias provincias, particularmente Buenos Aires, Córdoba y el Litoral Argentino. En esta etapa, cuentan con un órgano de prensa, la revista nacionalista de derecha "*Azul y Blanco*" (AyB)

Galván (2012) refiere que AyB se fundó en 1956 y fue clausurado por última vez en 1969, fue un semanario político, creado por la generación de intelectuales nacionalistas que se había formado en los Cursos de Cultura Católica en la década del veinte, (entre los principales estaban Marcelo Sánchez Sorondo, Mario Amadeo, Máximo Etchecopar y Juan Carlos Goyeneche).

La última etapa del semanario estuvo bajo la dirección formal de Ricardo Curutchet, la edición de Santiago Díaz Vieyra y la colaboración del joven Juan Manuel Abal Medina, luego secretario de redacción.

Produce un profundo cambio hacia la izquierda, la aparición de la revista político religiosa Cristianismo y Revolución (1966-1971) Es una publicación de "*Nueva Izquierda Argentina*". Dirigida en sus primeros 22 números por el ex seminarista "*Juan García Elorrio*" (1938-1970) y, tras su fallecimiento, por su compañera, Casiana Ahumada. Planteaba la relación entre la misión pastoral de la iglesia y la práctica política revolucionaria; el carácter internacional de la revolución antiimperialista, la legitimidad de la lucha armada y el rol de la vanguardia, entre otros.

La popularidad de esta revista indujo a la conformación

del "*Comando Camilo Torres*", junto a un embrión militar liderado por Sabino Navarro, inician las primeras actividades guerrilleras de los jóvenes católicos

En la Juventud Obrera Católica conoce al director de la revista Cristianismo y Revolución, cercana a la resistencia peronista. Por esa conexión participó en 1960 del "*Primer Congreso del Peronismo Revolucionario*". Salió convencido de que la lucha política, frente a una dictadura, no era suficiente, sino estaba acompañada de acciones armadas.

Al año siguiente comenzó a participar en diversas acciones de resistencia armada, la mayoría de ellas de desarmes de policías.

Ese era el accionar del grupo que lideraba Navarro, hasta que en mayo de 1970 cuando Montoneros hizo su presentación en el escenario político argentino con el secuestro y la ejecución de Pedro Eugenio Aramburu.

Poco tiempo después, el grupo dirigido por Navarro se incorporó a la organización dirigida por Juan Manuel Abal Medina, como número dos en la conducción. El tercer lugar en la conducción era ocupado Mario Eduardo Firmenich.

Finchelstein (2008) relata que la cúpula guerrillera militarista, autoritaria, y peronista, Fernando Abal Medina, Mario Firmenich y Carlos Ramus compartieran un pasado fascista y antisemita, para luego virar al terrorismo de inspiración marxista-leninista.

3.4.1.- Robo al Banco de Córdoba en La Calera.

Antes que montoneros se constituyera como organización, existían diferentes células terroristas, grupos que venían operando en diversos puntos del país. Se puede mencionar el Grupo Córdoba, el grupo Santa Fe, el Grupo Reconquista, el Grupo Sabino, y el Grupo Fundador.

Todos los integrantes de estas células tenían en común una amplia militancia de base, barrios obreros, fábricas, vínculos con el mundo católico. Muchos de ellos pasaron por las aulas de las universidades nacionales.

Lanusse, L. (2005) menciona que en la Navidad, 25 de diciembre de 1969, el "Grupo Fundador", provenientes de Córdoba y Buenos Aires, repasaban los detalles de la primera acción armada terrorista que se habían propuesto cometer. En la mañana del 26 de diciembre, Fernando Abal Medina, Norma Arrostito, Emilio Maza, Ignacio Vélez, Carlos Capuano Martínez, Susana Lesgart, Alejandro Yofré y Cristina Liprandi, marcharon en dos coches, que previamente habían robado, hacia la sucursal del banco de Córdoba de La Calera. Esta localidad, con cinco mil habitantes, se encuentra situada a veinte kilómetros al noroeste de la capital cordobesa.

Llegados al banco, unos entraron para cometer el robo, mientras otros vigilaban el exterior.

Un policía ingresa al banco cuando el grupo, que se encontraba en el interior, estaba consumando la acción delictiva, siendo recibido con disparos de arma de fuego. Al escuchar los disparos, otros dos policías que estaban en las proximidades, acudieron de inmediato al banco, produciéndose un intercambio de disparos.

Como resultado del enfrentamiento, los tres agentes resultaron heridos y el grupo escapó hacia la ciudad de Córdoba.

La noticia del asalto comenzó a divulgarse y temiendo ser identificados, utilizaron sus contactos que tenían como militantes en los movimientos cristianos, así se dirigieron a una parroquia en las afueras de la capital cordobesa. El párroco, que colaboraba con las actividades del Grupo Córdoba, los puso en contacto con uno de sus integrantes, el cura Elvio Alberione. Con la colaboración del sacerdote Elvio Alberione, con el que Vélez, Maza y Liprandi habían participado en la toma de la parroquia universitaria Cristo

Obrero, en agosto de 1966, organizaron la dispersión del comando.

Lo ocurrido hace que el *"Grupo Fundador"* y el *"Grupo Córdoba"* se unan, luego lo realiza, el *"Grupo Sabino"*, a través de su líder José Sabino Navarro, también Mario Ernst junto con sus seguidores, para lo cual dejan el *"Grupo Santa Fe"*. Creándose una única organización político-militar.

3.4.2.- Acciones Terroristas de los Grupos Fusionados.

Azcona (2014) refiere:

- El 25 de febrero de 1970, la *célula cordobesa del "Grupo Fundador"* asaltó la comisaría del Parque Siknimán, llevándose armas, uniformes y una emisora de radio. Un mes más tarde, los mismos protagonistas robaron las armas de los miembros de la guardia del hospital militar de Córdoba.
- El 25 de febrero de 1970, el *"Grupo Santa Fe"* asaltó el municipio de Progreso, a sesenta kilómetros de Santa Fe e inutilizaron las líneas telefónicas locales, luego asaltaron el destacamento policial y se llevaron el dinero de la sucursal del Banco de Santa Fe
- El 9 de marzo de 1970, el *comando bonaerense del "Grupo Fundador"* asaltó el puesto policial de San Ignacio (San Miguel), robando armas y uniformes.
- El 15 de abril, el *"Grupo Sabino"* asaltó la comisaría de Santa Brígida (San Miguel) firmando el operativo como "Comando Evita".
- El 17 de mayo de 1970, el *"Grupo Sabino"* tomó una dependencia policial en el barrio de Irigoyen (Moreno).
- El 22 de mayo de 1970, el *"Grupo Santa Fe"* secuestró un camión con explosivos, en la ruta, que iba desde Rafaela (Santa Fe) hasta Chacón-Cerros Colorados, en el sur del país. Lo condujeron, casi cien kilómetros, hasta la ciudad de Santa Fe, descargaron la mercancía en una casaquinta y lo llevaron nuevamente al lugar del

cual habían partido. En la operación obtuvieron veinte toneladas de pólvora y dinamita. (Lanusse -2005)

- Azcona (2014) dice que el *"Grupo Córdoba"* y el *"Grupo Fundador"* realizaron dos acciones conjuntas en Córdoba y Buenos Aires, firmadas como "Comando Eva Perón" y "Comando Juan José Valle", respectivamente.

Guillen (21-04-1970) relata los hechos diciendo:

"El 27 de abril tres mujeres y dos hombres bajaron de un Valiant IV frente al destacamento policial de Quebrada de las Rosas. Uno entró a pedir el teléfono; el agente Cristóbal del Pilar Santillán lo invitó a esperar; se colaron otros dos, armas en mano. Santillán y un compañero, Miguel Serrano, fueron reducidos; una mujer del barrio también. En cinco minutos, pistolas, cargadores, uniformes cambiaban de dueños y tres horas después, una comisión encontraba en la ciudad el coche abandonado.

Con pocas variantes la escena se repetía el miércoles a las 3:40, cinco hombres privaron de sus ropas y armas a cuatro agentes del destacamento policial de General Paz y Mosconi, en la capital.

Desde el 1° de enero los cuerpos de seguridad han soportado 16 asaltos: El más importante, 30 de marzo, sobresaltó a la Prefectura Naval Argentina 15 miembros de la FAP (Fuerzas Armadas Peronistas) desvalijaron el destacamento de la zona Delta. Al día siguiente, el General Eduardo Señorans renunciaba a la Secretaría de Informaciones del Estado.

Es una minuciosa batalla, batalla de prestigio, entre la burocracia encargada de las actividades represivas y diversas facciones peronistas, guevaristas, maoístas. No es difícil asaltar agentes, gendarmes, e incluso puestos militares; su dispersión les debilita...Las fuerzas de represión y las bandas subversivas libran sus guerras de desgaste, menguando día a día los derechos de los ciudadanos, neutrales en esta puja entre sectores que se despreocupan de acreditar se representatividad…".

3.4.3.- Asesinato de Pedro Eugenio Aramburu por Montoneros.

Se toma en consideración los dichos de Carreras (2003), Alconada Mon (27-05-2020), Fernández Meijide (29-05-2020), Yofre (14-05-2020) Nuñez (29-05-2021) Yofre (16-07-2023) Cecchini (2023). Además, la versión "Cómo murió Aramburu" que ofrecieron Firmenich y Arrostito a la revista o *"La Causa Peronista"*.

En la época en que se secuestró al general y ex presidente Pedro Eugenio Aramburu la violencia ya estaba instalada desde hacía tiempo; por los Golpes de Estado, la Resistencia Peronista y el accionar de grupos guerrilleros. Aun en ese ambiente, el secuestro del ex presidente produjo un impacto político de alta magnitud.

Aramburu fue una figura de gran importancia en la autodenominada Revolución Libertadora, respetado por los integrantes de las Fuerzas Armadas y pocos días antes de su secuestro, los medios comentaban que era candidato firme a ocupar la presidencia en reemplazo "transicional" de Onganía.

3.4.3.1.- El Secuestro.

El comando primario de Montoneros estuvo integrado por Emilio Maza, Carlos Capuano Martínez, Susana Lesgart, Fernando Abal Medina, Gustavo Ramus, Norma Arrostito, Fernando Vaca Narvaja y Mario Eduardo Firmenich.

La acción se inició el 29 de Mayo de 1970, justo al año de conmemorarse el Cordobazo y también la fecha en la que el Ejército festeja su día.

El secuestro llamado *"Operativo Pindapoy"* trataba de unir esos dos hechos con una acción de violencia del terrorismo guerrillero.

Alconada Mon refiere que el 29 de mayo de 1970 a las 8:45, un grupo de Montoneros llegó en dos vehículos a la calle Montevideo, donde vivía Pedro Eugenio Aramburu. Una pick up Chevrolet, que conducía Carlos Ramus, se colocó en la vereda del Colegio Champagnat. El segundo vehículo, conducido por Carlos Capuano, un automóvil Peugeot 504 blanco, lo estacionaron enfrente del Champagnat, dentro de un garaje en Montevideo 1037, que existía en esa época, a metros del domicilio de Aramburu.

A las 9 horas, Fernando Abal Medina y Emilio Maza, disfrazados de oficiales del Ejército entran en el departamento 8°A de la calle Montevideo 1053.

Los veinteañeros, dijeron que venían a ver al general Aramburu por orden del comandante en jefe de la fuerza, Alejandro Lanusse.

Sara, la esposa de Aramburu, los recibió y ordenó que les sirvieran café, y salió del departamento.

En el living, Abal Medina y Maza esperaron a que Aramburu terminara de cambiarse, al aparecer pidió un café. *"Mi general, usted viene con nosotros"*. Minutos después, enfilaron hacia el ascensor, en el palier los esperaba Ignacio Vélez Carreras.

Al salir del edificio, siendo las 9:35 horas, Abal Medina, Maza y Vélez Carreras escoltaron a Aramburu hasta el garaje, ya consciente del secuestro.

Con Aramburu sentado en el asiento trasero, entre Abal Medina y Maza, el Peugeot 504 conducido por Carlos Capuano salió por Montevideo, pasaron junto a Norma Arrostito que estaba en la esquina, como campana. A la camioneta conducida por Ramus, se subieron Mario Firmenich, disfrazado de policía, y Carlos Maguid, con una sotana, ambos estaban de apoyo.

El comando abandonó el Peugeot, robado, detrás de la Facultad de Derecho y se subieron todos a la camioneta

Chevrolet. Luego pararon en Figueroa Alcorta y Pampa, donde se bajaron Arrostito, Vélez y Maguid y existen dudas si Maza se bajó, y volvieron a detenerse cerca del Aeroparque. Allí, dejaron la Chevrolet, también robada, y se subieron a una camioneta Jeep IKA Gladiator T80, color crema, de la familia Ramus.

Siendo las 10:35 horas Maza, Firmenich, Ramus se sentaron adelante. Abal Medina y Aramburu, en la caja.

Capuano les abrió camino al volante de un taxi Ford Falcón, de Firmenich, por General Paz hasta Gaona, y habían estudiado cómo recorrer más de 400 kilómetros sin pasar por puestos policiales o ciudades importantes.

Cuando Sara regresa al departamento, comprueba que su esposo se había marchado sin despedirse, ni avisar a dónde iba o cuándo volvería. El teléfono no funcionaba. Puesta en averiguación, las respuestas que recibió de los vecinos y del encargado de la cochera acentuaron sus sospechas.

Sara alertó al círculo íntimo de Aramburu, que se movió con rapidez entre sus contactos en el Ejército, la Policía y el gobierno. Pero la reacción oficial demoró horas. El comando radioeléctrico de la Policía recién emitió su primera alerta a las 12.45 y ordenó buscar un Peugeot "oscuro". La rectificación llegó en otro radiograma, a las 14.45. Es decir, casi seis horas después del secuestro y los secuestradores ya se encontraban muy lejos de la ciudad de Buenos Aires.

A las 17:30 horas, llegaron a Timote, un pueblo de 1000 habitantes, ubicado a 18 kilómetros de Carlos Tejedor, donde Ramus tenía una vieja casona La Celma, ubicada a 500 metros del centro de Timote. La Celma tenía seis habitaciones, una de ellas con un sótano de 9 metros cuadrados.

3.4.3.2.- El Asesinato.

Sólo cuatro Montoneros se quedaron con Aramburu,

según la versión de Firmenich, él, Abal Medina, Ramus, como dueño de la casona, y otro hombre al que no identifica (y que podría haber sido Maza)

En cuanto llegaron a la casona, Abal Medina le informó a Aramburu que lo someterían a un "*Juicio revolucionario*". Mientras en Buenos Aires y Rosario difundían el primer comunicado de Montoneros, confirmando el secuestro y sin pedir nada como rescate.

El "*juicio revolucionario*" se centró en tres ejes, según el relato de Firmenich y Arrostito:

1. Los fusilamientos del general Valle y de quienes se alzaron en junio de 1956;
2. La preparación de otro golpe de Estado contra Onganía para impedir el retorno de Juan Domingo Perón; y
3. El robo del cadáver de Evita.

El 31 de mayo, Montoneros emitió dos comunicados más: Para reafirmar que eran los autores del secuestro y "*descartar la posibilidad de negociar su libertad*". Horas después, para informar que lo habían condenado "*a ser pasado por las armas*" y que no devolverían su cuerpo, sino que le darían "*cristiana sepultura*", hasta que reaparecieran los restos de Evita.

En la madrugada del 1° de junio, le informaron a Aramburu que sería ejecutado y le dieron media hora para prepararse. Le ataron las manos a la espalda.

Lo llevaron por el pasillo de La Celma al sótano, le colocaron una media en la boca, le vendaron los ojos, lo apoyaron contra la pared, de cara a sus ejecutores:

- General, vamos a proceder. Le habría dicho Abal Medina, según el relato de Firmenich.)
- Proceda. (Le habría respondido Aramburu).

Según Firmenich, "Fernando disparó la pistola 9 milímetros, al pecho. Después hubo dos tiros de gracia, con la misma arma, y uno con una 45. Fernando lo tapó con una manta. Nadie se animó a destaparlo mientras cavábamos el pozo en que íbamos a enterrarlo".

El 16 de julio de 1970, un grupo de policías enviado a revisar La Celma, encontraron el cuerpo de Aramburu enterrado en el sótano, entre bolsas de cal. Tenía vendados los ojos y las manos atadas detrás de su espalda.

La versión *"Cómo murió Aramburu"* que ofrecieron Firmenich y Arrostito a la revista *"La Causa Peronista"* allegada a Montoneros, cuatro años después, incluyó varias omisiones y tergiversaciones. Según comprobó, cuatro décadas después, Ricardo Grassi, el periodista que redactó aquel reportaje en 1974 y que había sido su director.

El director del órgano periodístico La Causa Peronista, Ricardo Grassi, refiere: *"En sentido estricto, no fue Abal quien lo mató. O no fue el único, según quise y pude saber treinta y siete años después"*. Detalló que hubo otra persona presente en el sótano, que no identificó por su nombre, apenas como "el Otro", con quien dialogó y le aportó varias precisiones. Como que, la frase final de Aramburu fue *"Proceda, nomás"*, que Abal Medina disparó el primer tiro, quedó abrumado, se marchó de allí y apareció Emilio Maza, quien se encargó de los dos tiros de gracia, con la 45.

3.4.3.3.- Repercusiones.

El viernes 29 de mayo de 1970 se celebró el Día del Ejército en el Colegio Militar de la Nación y, además, se cumplía un año del "Cordobazo".

Tras las palabras del comandante en Jefe se pasó a un salón para un brindis y mientras conversaba el presidente Juan Carlos Onganía con el general Agustín Lanusse, un oficial se acerca e informa que el teniente general Pedro Eugenio Aramburu había sido secuestrado.

Por la noche del día 30 de mayo se realiza una reunión con las máximas autoridades, el presidente Ongania y

Lanusse, se decide llegado el caso no negociar.

Según unos autores para Perón el hecho era contrario al espíritu del peronismo y deja entender que los autores no eran justicialistas.

Férnandez Meijide (2020) se pregunta: "*¿Por qué Montoneros eligió secuestrar a Aramburu?*", y agrega que si Aramburu "*...hubiera sido elegido presidente, todo intento de agitación creciente, para quienes estaban convencidos de que se vivía en una sociedad pre revolucionaria, se hubiera visto interrumpido por una salida política a la crisis que vivía el país por el camino de las urnas. Lo cierto es que, más intensamente que hasta entonces, el secuestro y asesinato de Eugenio Aramburu, más el beneplácito expreso de Juan Perón desde España, puso un sello indeleble del uso de la violencia como herramienta privilegiada de la política*". "*Resonaban las frases, como "el poder en la boca del fusil", "hay que agudizar las contradicciones" y "cuanto peor, mejor". A partir de ahí, ya no hubo retorno.*

El vínculo de los Montoneros con el peronismo siguió por varios años aunque siempre mantuvo una relación conflictiva con sus corrientes más conservadoras... hubo sectores de las Fuerzas Armadas Peronistas (FAP) que terminaron uniéndose a Montoneros. Y lo mismo ocurrió con las Fuerzas Armadas Revolucionarias (FAR)".

Alconada Mon (2020), refiere que la periodista O'Donnell consultó al único protagonista de la Operación Pindapoy que, junto con Firmenich, sigue vivo: Vélez Carreras. Él está convencido de que si hubo alguien más en La Celma y se encargó de los tiros de gracia, fue Maza. A la pregunta ¡Porque razón lo ocultaría Firmenich!, Vélez dijo:

- Porque ha hecho de él una construcción como heredero directo de Abal Medina, como si fuesen el hermano mayor y el menor. Es lo único que se me ocurre.

El afán de Firmenich por fijar su versión de la historia, puede explicar por qué decidió relatar cómo murió Aramburu, cuatro años después del Operativo Pindapoy.

También menciona, que fue un error de la cúpula de Montoneros enfrentarse con Perón, quien había aprobado el crimen de Aramburu, y así se los refrendó en una carta del 20 de febrero de 1971.

El mismo sentido sería pasar a la clandestinidad, el 6 de septiembre de 1974; como le reconoció Firmenich a O'Donnell, fue robar el cuerpo de Aramburu en el cementerio de la Recoleta, por una célula liderada por el poeta Paco Urondo, un mes después. ¿Su objetivo? Forzar la repatriación del cadáver de Evita.

Lanusse (2005) refiere que Juan Domingo Perón, bajo la protección de Franco y en la comodidad de su exilio en Puerta de Hierro, Madrid, guardó silencio ante el secuestro y asesinato de Aramburu. Sabía que la guerrilla montonera le otorgaba una carta decisiva para golpear al gobierno y provocar su regreso al ejecutivo argentino. Además podía frenar con los guerrilleros a la CGT.

Perón se enorgullecía de una juventud argentina maravillosa, que todos los días daba muestras inequívocas de su capacidad y grandeza. Aclamaba que tenía fe absoluta en aquellos muchachos que habían aprendido a morir por sus ideales, siendo esto todo lo que una juventud esclarecida debía saber y realizar.

3.5.- La Junta de Comandantes destituye de Onganía y Nombra Presidente a Roberto Marcelo Levingston.

Tras el movimiento social del "Cordobazo" y el asesinato del general Pedro Eugenio Aramburu, el gobierno de Onganía sufrió un desgaste terminal, perdió el apoyo de los jefes militares, siendo destituido el 8 de junio de 1970. Onganía gobernaba desde 1966 a partir del golpe de estado de la autodenominada "Revolución Argentina" que derrocara al gobierno constitucional de Arturo Umberto Illia.

La Junta de Comandantes en Jefe, compuesta por el teniente general Alejandro Agustín Lanusse, el brigadier general Carlos Alberto Rey y el almirante Pedro Alberto José Gnavi designó presidente al general de brigada Roberto Marcelo Levingston.

Levingston formado en el arma de Caballería, era agregado militar en Washington y representante del Ejército ante la Junta Interamericana de Defensa cuando fue llamado por la Junta de Comandantes en Jefes de las Fuerzas Armadas.

La Junta Militar pretendía que el nuevo mandatario *de facto* siguiera las políticas socioeconómicas diagramadas por los titulares de las tres fuerzas armadas. Pero el presidente llevó a cabo sus propias políticas, las mismas consistieron en "argentinizar" el proceso de crecimiento económico y estimular la industria por medio de una consigna, el "compre nacional" aplicada por las empresas estatales y préstamos a bajo costo. Sus medidas generaron una espiral inflacionaria, una fuga de capitales extranjeros debido a las políticas nacionalistas y un aumento del descontento social.

Levingston trató de llevar a cabo un acercamiento con los partidos políticos, estos rechazaron la propuesta. Se comenzó a exigir una salida electoral y de común acuerdo Jorge Paladino, delegado de Perón, y Ricardo Balbín fueron los principales mentores de esta propuesta. En la Confederación General del Trabajo (CGT), José Ignacio Rucci es designado Secretario General, y la central obrera comienza una serie de paros generales que afectan a la industria, el transporte y los servicios.

Levingston se propone seguir con sus planes a largo plazo, pero la Junta de Comandantes le pide la renuncia el 23 de marzo de 1971. Fue sucedido por el teniente general Alejandro Agustín Lanusse.

3.5.1.- Copamiento de la Ciudad de Garín. Partido de Escobar. Buenos Aires. Argentina.

Del relato de Díaz Bessone (1996) e Isseta, G (03-08-2020) se puede decir que en la tarde del 30 julio de 1970 hicieron su aparición pública las *"Fuerzas Armadas Revolucionarias* (FAR)". Los cerebros de la organización y de la operación fueron Marcos Osatinsky, "Lucio", Roberto Jorge Quieto, "Negro", y Carlos Enrique Olmedo, "Germán".

En perfecto orden convergen a la ciudad de Garín varios automóviles y camionetas que se ubican estratégicamente para que nadie salga de la localidad. El objetivo era tomar la comisaria, ir a la casa del único radioaficionado que existía en ese momento, para que no se comunicara para pedir ayuda y ocuparon una planta generadora de energía. El objetivo principal era robar el banco Provincia de Garín.

Los Guerrilleros, 12 mujeres y 24 hombres, actuaron divididos en dos grandes grupos conformados, con la condición de que ninguno de los dos podía ir en ayuda del otro, si se presentaban problemas.

Cerca de Escobar había un grupo de apoyo de tres militantes: Carlos Goldemberg, Sergio Paz Berlín, y una médica de nombre "Sy", que no conocían los detalles de la operación. Solo debían esperar en un automóvil para trasladar algún herido hasta una quinta para ser atendido.

En la oficina de Entel, tres guerrilleros encerraron en el baño a un empleado, cortaron el cable maestro de las comunicaciones.

En tanto otro grupo ingresaba al Banco Provincia de la ciudad, el personal de seguridad era el cabo 1° Sulling y nota como el resto de los testigos, que de una camioneta baja una señorita portando una ametralladora. El cabo trata de sacar su arma reglamentaria, pero recibe un tiro en el abdomen, moriría horas más tarde en el hospital. Son reducidos todas las personas dentro del banco

Asaltaron la sucursal del Banco de la Provincia, el destacamento policial, el domicilio del radioaficionado Saúl Torasso, para impedirle que diera la alarma, al igual que la oficina de Entel. También asaltaron la estación del ferrocarril. Luego los militantes huyeron de la ciudad con $3.316.628 pesos moneda nacional, siete pistolas, cuatro revólveres, dos metralletas, cargadores, chapas y uniformes.

3.5.2.- Asesinato de José Alonso. Secretario General de la C.G.T.

Senén González y Bosoer (22-08-2020) relatan que el 27 de agosto de 1970 era asesinado José Alonso, uno de los principales líderes sindicales del peronismo de la época.

Ocurría un año después del asesinato de Augusto Vandor, 30 de junio de 1969, y meses más tarde de la ejecución del general Aramburu, 1 de junio de 1970.

Las tres muertes tuvieron una misma autoría, comandos identificados con el llamado *"peronismo revolucionario"* que a posteriori se identificaron como Montoneros y las tres marcarían a fuego el final de los años 60 y la entrada en los 70, cuando se desataría la violencia política.

El jueves 27 de agosto de ese año, a las 9:15 de la mañana, Alonso se dirigía desde su casa, en el barrio de Belgrano, hacia la sede del sindicato, ubicada en Tucumán al 700. Viajaba en el coche del secretario adjunto, Enrique Micó, cuando fue interceptado por dos automóviles en la esquina de Benjamín Matienzo y Ciudad de la Paz. Un hombre descendió del vehículo situado detrás del auto de Alonso y efectuó 14 disparos de arma de fuego, matándolo en el acto. Cuatro personas, en una operación fulminante, lo habían matado exactamente a una cuadra y media de su casa y a la misma distancia de la comisaría de Cabildo y

Santos Dumont. Tenía 53 años.

En un primer comunicado que llegó a las redacciones de los diarios porteños horas después del crimen, un "Comando Emilio Maza" (nombre de un jefe de Montoneros muerto el 8 de julio luego de un enfrentamiento con la Policía en La Calera, Córdoba), anunciaba su autoría: *"Hoy, José Alonso fue pasado por las armas conforme al comunicado número 1 del 4 de agosto donde "aseguramos que los traidores del pueblo serán ejecutados"*.

El 10 de septiembre, un nuevo comunicado firmado por el *"Comando Montonero Emilio Maza"* del mismo Ejército Nacional Revolucionario, se adjudicaba el hecho.

El 7 de febrero de 1971, harían lo mismo asumiendo la autoría de la muerte de Vandor dos años antes.

3.5.3.- Copamiento de la Comisaria 24. Rosario. Argentina.

CeDeMa (1970) dice: Ejército Revolucionario del Pueblo (ERP) "Parte de Guerra".

El día 20 de setiembre de 1970

I.- A las 13:30 horas. del 18/9/1970 el Comando "Chichito Barrios" del ERP copó la comisaría 24ª de la ciudad de Rosario. Al ser dada la voz de alto a los policías encargados de la custodia, estos desenfundaron sus armas disparando contra nuestros compañeros los que repelieron el fuego, produciéndose un tiroteo que duró 2 minutos y que arrojó como saldo la muerte del sargento Félix Ocampo y del cabo 1° Eugenio Leiva. El choque fue frontal, cayendo ambos con sus armas en la mano.

II.- El ERP advierte a las fuerzas de la represión:

a. Que la actitud de sus comandos será la misma para todo caso de resistencia;

b. Que la orden de resistir dada por sus cobardes oficiales los coloca del lado opuesto a la causa del pueblo;

c. Que lucharemos implacablemente contra los asesinos de Adolfo Bello, Luis Blanco, Leonor Alarcón de García y de todos los que cayeron defendiéndola, como lo hicieron R. Baldú, Emilio Masa, Fernando Abal Medina, Gerardo Ferrari, Carlos Ramus, combatientes del pueblo.

III.- El ERP llama al pueblo argentino a organizarse en grupos armados para luchar contra la dictadura militar, asesina y pro yanqui hasta derrocarla, hasta construir una patria justa donde el trabajo del pueblo sea para el pueblo y no para una ínfima minoría de privilegiados.

SEGUIREMOS EL EJEMPLO DEL CHE, A VENCER O MORIR POR LA ARGENTINA

3.5.4.- Condenan al Padre Alberto Fernando Carbone por Coautor en el asesinato de Aramburu.

Alberto Fernando Carbone, a fines de los años 60, participó de la fundación del Movimiento de Sacerdotes para el Tercer Mundo. El mismo está inspirado en el espíritu del Concilio Vaticano II, los pronunciamientos de los obispos latinoamericanos reunidos en 1968 en Medellín y en la Declaración de San Miguel, que el Episcopado aprobó por unanimidad en abril de 1969. Allí se incluía una pastoral popular identificada con la Teología del Pueblo, reivindicada hoy por el Papa Francisco, y valorada en la actualidad por distintas expresiones de la Iglesia, como los curas villeros.

En los 70, fue asesor de la Acción Católica Argentina (ACA) y mantuvo estrecha relación de afecto y religiosidad practicante con la Juventud Estudiantil Católica (JEC) y la

Juventud Universitaria Católica (JUC), lo que le valió una situación estrecha, fraternal y de amistad con Emilio Maza, Ignacio Vélez, Mario Eduardo Firmenich, Fernando Abal Medina y Gustavo Ramus entre otros, todos ellos fundadores de Montoneros.

Díaz Bessone (1996) refiere que el 6 de octubre de 1970 el fiscal Fernández Speroni pide para el sacerdote tercermundista Alberto Fernando Carbone 8 años prisión como coautor de asociación ilícita, calificada y autor de encubrimiento en concurso real. Dado que en la habitación del sacerdote se encontró la máquina de escribir con la que *Montoneros* prepararon el comunicado del secuestro del General Pedro Eugenio Aramburu. El 3 de julio, dos días después del asesinato, Firmenich fue a verlo al padre Carbone, y a dejarle un maletín y la máquina de escribir.

Para tal ocasión el Padre Carlos Múgica le rindió un homenaje público solidarizándose con Carbone "*nuestro hermano en Cristo que está sufriendo en carne propia su opción por los pobres*". (La Razón. 16-7-70)

El 16 de diciembre el sacerdote fue condenado a dos años de prisión en suspenso por el delito de encubrimiento. El 20 de julio de 1972 la Corte Suprema confirmó la sentencia.

El padre Carbone salió en libertad en virtud de la ley de amnistía dictada durante el gobierno de Cámpora.

3.5.5.- Propósito de la Subversión Terrorista en Argentina en 1971.

Lanusse, L (2005) comenta que por las múltiples corrientes existentes dentro del peronismo, los Montoneros intentaron conformar una tendencia revolucionaria en el peronismo, para hegemonizarlo desde dentro.

Ollier, M. (1986) agrega que la vanguardia tenía la tarea de "*encuadramiento revolucionario de las masas, que responda totalmente a los intereses históricos de la clase obrera y le permita dictar políticas a las demás clases o sectores".*

Argentina vivía una división con una clase alta y parte de la media en desacuerdo con el regreso de Perón y el resto reclamaba su regreso. Situación que de continuar podría llevar a un enfrentamiento armado.

Los Montoneros aspiraban en constituirse, junto con otras organizaciones violentas, en el *"Brazo armado del pueblo"* y ser la vanguardia político-militar. Consideraban que la lucha armada y la lucha de masas debían retroalimentarse.

Guillespie (1987) consigna: "que la posibilidad de una estrategia tendente al establecimiento de un socialismo nacional, dependía de que Perón y el resto del movimiento peronista fueran tan revolucionarios como, equivocadamente creían los Montoneros que eran".

Los Montoneros consideraban necesario unir a los combatientes con la base peronista, con un canal de comunicación. Este canal tendría que organizar y dirigir políticamente a la clase trabajadora, conformando las agrupaciones de base y teniendo como método de lucha la guerra revolucionaria. A este fin se crean, en 1971, las *"Unidades Básicas Revolucionarias"* (UBR) que venían a sumarse a las ya existentes *"Unidades Básicas de Combate" (UBC).*

Toda la organización de Montoneros intentaba conseguir una *"Patria Justa, Libre y Soberana"*, con el *"Socialismo nacional"* y que al regreso Perón instaurase ese sistema.

Lanusse, L. (2005) considera que los Montoneros creían que era necesario lograr *"un desarrollo económico independiente y una justa distribución de la riqueza, dentro del marco de un sistema socialista que respeta nuestra historia y nuestra cultura nacional"*, mientras pretendían *"la destrucción del Estado capitalista y de su ejército, como previos a la toma del poder por el pueblo".* Agrega que la liberación nacional significaba salir del dominio imperialista y el socialismo pretendía *"la supresión de la propiedad privada, de los medios de comunicación"* y la planificación de la economía de acuerdo con la particularidad de la estructura productiva de la nación.

3.6.- Transmisión histórica oral.

Los estudiantes de medicina, por lo general, no mantenían una actividad política extrauniversitaria, pero el actor con sus compañeros de estudio comentaban y discutían sobre los hechos universitarios.

En tal forma, conocían que con anterioridad de la toma del gobierno por la Revolución Argentina, existía una crítica politización de buena parte de estudiantes y profesores respecto de la autonomía universitaria y que el cogobierno habría dañado la convivencia entre estudiantes y autoridades. A estos desacuerdos, se agregó una declaración firmada por 14 agrupaciones estudiantiles, solicitando la intervención de la Universidad de Buenos Aires y la clausura de los centros de estudiantes. Se sostenía: *"Es ingenuo hablar de infiltración marxista porque la Universidad es marxista"*. Como que la rama universitaria marxista había logrado ingresar en la Federación Universitaria Argentina y la mayoría de los centros de estudiantes de la Universidad de Buenos Aires.

Los pasillos de planta baja de la Facultad de Medicina de la Universidad de Buenos Aires, se caracterizaban por su amplitud, higiene y ningún cartel o papel pegado en sus paredes. Se podían observar transparentes, en lugares determinados, donde las diferentes cátedras informaban sobre hechos de estudio. Los pasillos servían para trasladarse o para formar filas en época de inscripción.

El autor en el año 1971, unos años después de haber egresado, concurre a la Facultad de Medicina, de la Universidad de Buenos Aires y lo sorprende una impactante visión. En los pasillos sobre la pared opuesta a la puerta ingreso principal, ligeramente separadas de la misma, se encontraban alineadas mesas, en toda su extensión. Algunas sillas alrededor de las mesas con personas jóvenes sentadas, otras lo hacían sobre la mesa, donde además se encontraban apiladas hojas. Todo rodeado por jóvenes que conversaban entre sí. Dejando escaso lugar para transitar.

Carteles en paredes y colgantes tipo pasacalle en alto, fijados en paredes opuestas, atravesaban transversalmente los amplios pasillos.

Todos estos elementos servían de propaganda y se podía leer los nombres de distintas agrupaciones Montoneros, PRT-ERP, etc.

Estos y otros posibles hechos, que no conocíamos, habría hecho posible que el gobierno suspendiese la autonomía universitaria y como consecuencia se llega a la llamada "Noche de los bastones largos".

Respecto a la integración de las agrupaciones guerrilleras no era algo oculto, con solo leer diarios se podía saber que se estaba preparando algo muy grande y peligroso.

Aparecen los primeros hechos terroristas y otros grupos. Así el Ejército Revolucionario del Pueblo que se organizaba con normas y jerarquías de un ejército instalándose en el norte argentino y que termina compitiendo en igualdad de condiciones con el Ejército Argentino. Como el nacimiento de Montoneros en 1970 con el secuestro y asesinato del General Pedro Eugenio Aramburu.

Es para destacar como actuaban y se preparaban para actos terroristas, los comandos guerrilleros. Por esos años un médico residente, compañero del actor en el hospital, hacía guardia en un sanatorio del Gran Buenos Aires. Una noche el sanatorio es tomado por guerrilleros y que a punta de pistola obligan a un personal y a él, llevarlos a donde tenían el instrumental quirúrgico. Una vez llegados el lugar, el que sería el jefe se dirigió a una de las dos personas que lo acompañaban diciendo:

-   3, llama a 5.

Con lo cual, uno de los acompañantes salió del lugar y regresó con otra persona, que evidenció tener mucho conocimiento, por la forma de seleccionar el material quirúrgico y guardarlo, luego de lo cual, todos se retiraron sin dañar a ninguna persona y llevando material que consideraron necesario.

Paulatinamente comienza un accionar que siembra el terror a toda la población

Capítulo 4.

4.1.- Gobierno de Alejando Agustín Lanusse.

Yofre (27-08-2023) refiere que Alejandro Agustín Lanusse pertenecía al arma de caballería, joven oficial que participó en la asonada militar contra el gobierno de Juan Domingo Perón en septiembre de 1951. Por lo que estuvo detenido en la Penitenciaría de la avenida Las Heras, en la cárcel de Rawson y posteriormente en la cárcel de Río Gallegos. Liberado en septiembre de 1955, cuando la "Revolución Libertadora" derrocó a Perón.

En su carrera llega a comandante en Jefe del Ejército e interviene como miembro de la Junta Militar en la decisión de la remoción de Onganía, la designación de Roberto Marcelo Levingston y a los pocos meses su remoción.

El 26 de marzo de 1971, con una importante violencia guerrillera, descontento popular y el crecimiento de la popularidad de Perón, asume la presidencia Alejandro Agustín Lanusse.

Entre los integrantes de su gabinete figuraban:

- Arturo Mor Roig, Ministro del Interior;
- Francisco Manrique, Ministro de Bienestar Social;
- Jacques Perriaux, Ministro de Justicia;

- Luis María de Pablo Pardo, Ministro de Relaciones Exteriores.
- Aldo Ferrer, Economía.

Lanusse consideró que la solución del problema argentino se encontraba en terminar con la proscripción del peronismo y decretar una apertura política, como transición hacia la democracia; así lo encargó al radical Arturo Mor Roig. Se propuso un "*Gran Acuerdo Nacional*" entre los argentinos y anunció la convocatoria a elecciones nacionales, sin proscripciones, para el 11 de marzo de 1973. (Ver Anexo 8)

En las elecciones resultó electo, con el 49,6% de los votos, Héctor José Cámpora, político y odontólogo, candidato del Frente Justicialista de Liberación Nacional (FREJULI) bajo la tutela de Perón. El eslogan de la campaña fue:

"*Cámpora al gobierno, Perón al poder*".

Alejandro Lanusse permaneció en la presidencia desde el 26 de marzo de 1971 al 25 de mayo de 1973. Fue el tercer y último mandatario de la llamada Revolución Argentina.

4.1.1.- Asalto a un Camión Militar.

El 29 de abril de 1971 siendo aproximadamente las 18.00 circulaba por la Ruta Nacional 8 en las cercanías de la ciudad de Pilar, Provincia de Buenos Aires, Argentina, un camión militar que transportaba armas y municiones en camino a la guarnición militar de Campo de Mayo, iba custodiado por teniente Mario César Asúa, al mando de soldados conscriptos.

El camión militar fue interceptado por un camión particular, en tanto otro se le colocó atrás impidiéndole retroceder. Detenido el camión militar, un grupo de unos treinta guerrilleros con armas de fuego, salió de ambos lados del camino y con una ráfaga de un arma automática, alcanzaron a Asúa y al soldado conscripto Hugo Alberto Vacca.

La rápida acción y el número de guerrilleros, impidió toda resistencia del resto del personal que viajaba en el camión y luego de transbordar armas y municiones a los vehículos que habían sido robados previamente huyeron del lugar.

Asúa falleció antes de poder ser asistido y Vacca quedó con una paraplejia irreversible y falleció cuatro años después.

Los guerrilleros robaron la carga, incluyendo 193 pistolas calibre 45 y 344 cargadores de repuesto y a quienes viajaban en el camión, tres pistolas, dos ametralladoras Pam y tres fusiles automáticos Fal.

4.1.2.- Secuestro Stanley Ferrer Sylvester, Gerente del Frigorífico Swift de Rosario, Argentina.

Díaz Bessone (1996) menciona que el 23 de mayo de 1971, el ERP secuestró a Stanley Ferrer Sylvester, gerente del frigorífico *Swift* de Rosario, y Cónsul Honorario de Gran Bretaña en la misma ciudad.

La revista *Estrella Roja* de junio de 1971 dio detalles del hecho, y reproduce el comunicado emitido por el ERP luego del secuestro. Expresa dicho comunicado que:

"El secuestro tiene como fin comenzar a aplicar la justicia popular a una empresa imperialista".

Entre las exigencias para liberar al empresario se imponía la obligación de distribuir 25 millones de pesos en alimentos en barrios que el ERP determinaría. El parte del ERP terminaba así:

"Argentino, a las armas hasta hacer de cada ciudadano un combatiente, de cada fábrica, barrio y universidad una fortaleza. Comando Luis N. Blanco"

Cumplida la demanda fue liberado.

4.1.3.- Copamiento de la localidad de San Jerónimo. Santa Fe. Argentina.

El diario Diaxdia (01-06-2023) relata que un comando identificado como Montoneros, integrado por unas veinte personas ocupó, la localidad bien temprano, por la mañana del 1° de junio de 1971.

Tas provocar el aislamiento de todo el pueblo, cortando cables de luz y teléfono, robaron la sucursal del Banco Provincial, de donde obtuvieron 8.700.000 pesos.

La comisaría, de donde se llevaron fusiles con cerrojos, pistolas y una ametralladora.

También, asaltaron la comuna, de donde sustrajeron sellos, documentación para patentamiento de automóviles y un teodolito.

4.1.4.- Crónica de Guerra. Ataques Guerrilleros en el Mes de Octubre de 1971.

Díaz Bessone (1996) relata la crónica que aparece en Estrella Roja, en la edición de noviembre de 1971 dice:

"Si leemos la Crónica de la Guerra que Estrella Roja publica todos los números en sus últimas páginas, vemos que el accionar de las organizaciones ha decaído en los últimos tiempos... es la expresión de un período de transición, del paso a una forma superior de la guerra."

Agrega la crónica que aparece en ese número, correspondiente a los hechos del mes anterior, para apreciar lo que fue un mes donde, al decir de los subversivos, su actividad había decaído (síntesis):

Día 4: **ERP.** Copamiento del puesto policial San Felipe

(Tucumán).

Día 5: **FAR**. En Córdoba. Allanamiento de un domicilio y robo de equipos de transmisión y recepción radial.

ERP. En Córdoba. Toma del Consulado de Bolivia en homenaje al aniversario de la muerte del "Che" Guevara.

Día 6: **ERP**. Santa Fe. Colocación de bombas en los edificios de la Policía Federal y del Juzgado Federal.

Día 8: **ERP**. Toma del edificio de la Asociación Tucumana de Intercambio Cultural.

Montoneros. Buenos Aires. Desarme de un policía en el establecimiento Fabril Maderera.

ERP. Santa Fe. Quema de un patrullero policial.

ERP. Santa Fe. Colocación de bomba en un domicilio.

ERP. Rosario. Colocación de una bomba en edificio en construcción para alojar a personal militar.

Día 9: **ERP**. Fray Luis Beltrán (Santa Fe) colocación de bombas en la comisaría y en la empresa Brajkovic.

Día 11: **ERP**. Rosario. Colocación de bombas en los edificios de Alba S.A. y de Molinos Río de la Plata.

ERP. Asalto al Registro Civil de Villa Carmela, Tucumán. Robo de documentos de identidad, sellos y una máquina de escribir.

Día 12: **FAL**. Juárez Celman. Córdoba. Robo de dinamita y fulminantes.

Día 13: **FAR**. Córdoba. Robo de 3.100.000 pesos de la Cooperativa Pueyrredón.

FAL. Rosario. Asalto a un local de propalación de música funcional y difusión de una grabación.

Día 15: **ERP**. Santa Fe. Colocación de una bomba en la empresa Philips.

ERP. Córdoba. Robo de 100.000 pesos en una sucursal de Correos.

ERP. Rosario. Robo de 198.000 pesos en efectivo y 1.100.000 en estampillas de una sucursal de Correos.

Día 16: **ERP**. Rosario. Robo de 400.000 pesos de una sucursal de Correos.

ERP. Ing. White (Bahía Blanca). Ocupación de una escuela e izamiento de la bandera del ERP.

Día 17: **Montoneros.** Salta. Robo de mimeógrafos y máquinas de escribir.

Montoneros. Salta. Bomba en el domicilio del presidente de la Caja de Ahorro y Crédito. Córdoba. Propalación de un mensaje grabado.

Día 18: **ERP.** Córdoba. Asalto a un puesto de policía ferroviaria y robo de 6 pistolas.

ERP. Rosario. Bomba en el edificio del Banco Internacional.

Montoneros. Buenos Aires. Asalto al puesto de vigilancia de la planta Chrysler. Robo de 9 pistolas.

Día 19: **ERP.** Rosario. Colocación de bombas en varios edificios de la ciudad por la muerte de Pujals.

ERP. Rosario. Robo de 480.000 pesos en una sucursal de Correos.

ERP. Córdoba. Robo de 80 documentos de identidad

Montoneros. Tucumán. Se dinamita la sede del Jockey Club.

Día 20: **ERP.** Rosario. Asalto a la guardia y toma de la fábrica CID.

FAP. Córdoba. Se dinamita la sede del Country del Jockey Club.

Día 21: **FAP.** Córdoba. Toma de la guardia del Observatorio Meteorológico Nacional.

Día 22: **ERP.** Rosario. Robo de 60 pelucas.

Día 23: **FAR.** Rosario. Robo de máquinas impresoras.

ERP. Campaña de petardos en el centro de la ciudad en apoyo a la huelga de hambre de los presos políticos.

Día 26: **ERP.** Buenos Aires. Asalto a la guardia de Siam Di Tella. Robo de armas.

Día 27: **FAR.** Buenos Aires. Robo de un millón de pesos de un supermercado.

Día 28: **ERP.** San Lorenzo (Santa Fe). Bomba en una concesionaria de automóviles.

Día 29: **ERP.** Buenos Aires. Asesinato de dos policías en un colectivo y robo de armas. Un guerrillero muerto.

FAL. Secuestro del empresario Vázquez Ibáñez. Se cobra un rescate de 90 millones de pesos.

Día 30: **ERP.** Rosario. Asalto a una armería. Robo de armas y municiones. Córdoba. Asalto a dos policías.

El ERP distribuyó un volante que decía:

¡De cada ciudadano un combatiente!

"Si Ud. ve a algún guerrillero en acción no lo delate. Si Ud. ve a algún guerrillero en apuros, huyendo de la policía, ayúdelo, escondiéndolo o brindando datos falsos… ayude a escapar a los guerrilleros y no brinde datos a la policía sobre las casas desocupadas".

4.1.5.- Secuestro y Asesinato del Oberdan Guillermo Sallustro.

En marzo de 1972, el gobierno estaba en manos del general Alejandro Agustín Lanusse, presidente de facto, que negociaba con Juan Domingo Perón su posible retorno al país, desde su exilio madrileño con el *"Gran Acuerdo Nacional" (GAN)*. En ese contexto de gran ebullición política, las autoridades trataban de mantenerse inflexibles ante el accionar de los grupos violentos y su lema era no negociar con ellos.

Oberdan Guillermo Sallustro fue un empresario industrial ítalo-paraguayo, director general de la empresa Fiat Concord en Argentina.

El martes 21 de marzo de 1972, alrededor de las 11.30 de la mañana, el empresario Sallustro de 56 años, salió de su casa de la calle Carlos Casares al 2628 de Martínez, provincia de Buenos Aires, rumbo a su trabajo. Como todas las mañanas se sube a su coche Fiat 1600 conducido por su chofer, José Fuentes.

Yofre (12-07-2020) relata que a poco de arrancar el coche de Sallustro, Eduardo Adrián Menajovsky alerta a Andrés Ernesto Alsina Bea, uruguayo, conductor de la camioneta Dodge que intercepta al auto de Sallustro y simultáneamente seis extremistas descienden de la caja de la camioneta. Inmediatamente Carlos Tomás Ponce de León y Ángel Averame abren la puerta del lado del auto donde se encontraba Sallustro y José Eduardo Beristain y Elena María Da Silva Perreira se ocupan de inmovilizar a Fuentes. Mientras tanto Osvaldo Sigfrido De Benedetti se ubica detrás de la pickup a corta distancia mirando a la Avenida del Libertador con el fin de impedir el paso peatonal y de posibles móviles.

El Dr. Sallustro intentó resistir, tirándose hacia atrás en el interior del coche, produciéndose un violento forcejeo perdiendo el saco que vestía. Se produce en ese instante un disparo que hiere al señor Fuentes, quien en tales condiciones huye en dirección a la casa Dr. Sallustro.

Reducido Sallustro es llevado a la caja de la camioneta, ascendiendo también Ángel María Averame, Carlos Tomás Ponce de León, Elena María Da Silva Ferreira y Osvaldo Sigfrido de Benedetti, quienes lo atan de pies y manos y lo introducen en una bolsa.

La primera comunicación del ERP, grupo armado de tendencia marxista, se atribuía la autoría del secuestro, añadiendo que someterían al empresario a la *"justicia popular"*, acusado de saquear al país, intervenir en su vida política y de reprimir, encarcelar y perseguir a los obreros de la automotriz Fiat de Córdoba.

La familia emite un comunicado manifestando a los secuestrados se preocupación, diciendo: *"La esposa y los hijos del señor Oberdan Sallustro, en esta circunstancia, advierten con angustia a quienes realizaron su secuestro que el mismo padece de una afección cardíaca que requiere permanente atención"*.

Las fuerzas de seguridad encontraron la camioneta en la que habían subido al empresario incendiada, a unas pocas cuadras del lugar del secuestro.

Sallustro pasó parte de su cautiverio en el sótano de una casa ubicada en la calle Reconquista 180, de Villa Ballester, próxima a la estación Chilavert, de la línea Mitre. Esas viviendas donde alojaban a los detenidos solían ser denominadas como "*Cárcel del Pueblo*" y las alquilaban parejas jóvenes de militantes que simulaban ser recién casados y, para los vecinos, simulaban las rutinas de una vida como tales.

El secuestro de Sallustro movilizó a las altas autoridades del gobierno, de la empresa Fiat, la Iglesia y causó mucha inquietud a toda la población, ya conmocionada.

El viernes 24 de marzo llegó un nuevo comunicado, que el ERP planteaba en dos partes y se debía cumplir antes del mediodía del domingo.

En la primera, se condenaba al empresario a pena de muerte a ejecutarse por un pelotón de fusilamiento por considerarlo culpable de realizar maniobras monopólicas, ser instigador de la represión en la planta industrial de Córdoba y ser responsable de la desocupación y la miseria de los empleados despedidos de la fábrica.

En la segunda parte se enumeraban una serie de requisitos que debía cumplir el Gobierno y Fiat para que la pena de muerte quedara sin efecto. Entre los 7 puntos a cumplir figuraba: la liberación de sindicalistas detenidos, la reincorporación de trabajadores, una indemnización de Fiat al pueblo por mil millones de pesos (aproximadamente un millón de dólares) en útiles y guardapolvos para escuelas de todo el país, el traslado a Argelia de 50 guerrilleros que se encontraban en prisión y una indemnización para el ERP por parte de la compañía automotriz cuyo monto no estaba fijado.

El gobierno estaba presionado por manifestaciones del directivo de Fiat, Aurelio Peccei, uno de los empresarios más poderosos de Europa y presidente del Club Roma, con plenos poderes para acordar la liberación de Sallustro, que señaló que la compañía, estaba dispuesta a ceder a los miembros del ERP todo lo que pedían. Al que se sumaron el presidente de Italia, Giovanni Leone, y también el Papa Paulo VI, que pidió en una misa en Plaza San Pedro por la liberación de Sallustro. Pero el gobierno manifestaba, luego de una reunión del presidente con los comandantes en jefe y el Consejo Nacional de Seguridad, que:

"El Gobierno argentino no negocia ni negociará con delincuentes comunes que, como tales, operan al margen de la ley"

Mientras el Ministro del Interior del Gobierno de Lanusse, Arturo Mor Roig, planificaba más allanamientos con distintas fuerzas de seguridad, sin resultados.

El martes 28 de marzo, con otro comunicado, los captores extendieron el plazo por otras 24 horas. En ese momento trascendió una negociación paralela, entre los guerrilleros y el gobierno nacional, con la intermediación del expresidente Arturo Illia. Pero no hubo acuerdo.

El ERP iba cambiando el lugar en donde tenían a Sallustro, a medida que las fuerzas de seguridad se acercaban. Así, el 29 de marzo, Sallustro es trasladado a Pedro Morán 3251 por unos días. Luego es llevado a Yerbal N°83, 4° piso "E" de Capital Federal. Finalmente Castañares 5413 de Capital Federal.

Como resultado de la detención de José Luis Da Silva Parreira se logra allanar el domicilio de Martiniano Leguizamón 4445, Capital Federal, pensándose que podría encontrarse Sallustro. En ese lugar son detenidos, entre otros, Osvaldo Sigfrido De Benedetti, Silvia Inés Urdampilleta de Mac Lean y Mirta Emilse Sgro de Menajovsky, todos intervinientes directos del secuestro del empresario. También se encontraron armas, proyectiles, documentos falsos y todo tipo de elementos de enmascaramiento personal. Del análisis del material secuestrado en Martiniano Leguizamón 4445, se obtiene un número telefónico, el cual pertenece a la finca de la Avenida Castañares 5413, Capital Federal.

El 10 de abril de 1972, en horas del mediodía, un vehículo de la División Prevención del Delito de la Policía Federal llegó a realizar un operativo a la casa de la calle Castañares. Cuatro agentes de policía descendieron del automóvil en el que habían llegado. No tenían la certeza de que allí se encontraba Sallustro, pero a los pocos segundos de bajar del auto fueron atacados con disparos de arma de fuego, desde el interior de la vivienda. Cae herido Miguel Ángel Minazzo, oficial Inspector de la policía. La atacante era Guiomar Schmidt de Klachko. Entonces comenzó un nutrido tiroteo entre los guerrilleros y los policías, que de inmediato recibieron refuerzos.

Cuando cesó el tiroteo y los agentes ingresaron a la casa de Villa Lugano, tres de los tiradores habían huido por el fondo de la vivienda, solo había una mujer de 22 años, armada, identificada como Guiomar Schmidt de Klachko, que fue reducida. La policía encontró, en un dormitorio del fondo de la casa, tendido sobre una cama doble, el cuerpo sin vida de Sallustro. Tenía dos disparos en el pecho y uno en la cabeza. Los terroristas tenían la consigna de no dejar vivo al cautivo, por el temor de ser identificados.

La policía encontró en uno de los bolsillos de Sallustro, una carta que le había escrito a su amigo y colega Aurelio Peccei, que decía: *"Me han informado que usted está aquí en Buenos Aires. Más que el jefe está aquí el amigo. Resuelva todo con serenidad y equilibrio. Sócrates, antes de tomar la cicuta, deploraba la actitud llorona de sus discípulos, los juzgaba de envidiosos porque él conocería antes que ellos la verdad. A descargo de conciencia, sepa que estoy muy sereno yo también porque al fin conoceré la verdad de Giorgio y de Dios. Salutti a tutti, particolari per Fuentes".*

Giorgio era un hijo del empresario que había muerto en un accidente, y Fuentes, el chofer del ejecutivo, que se estaba reponiendo de la bala recibida en su brazo.

Yofre (12-07-2020) agrega que en noviembre de 1972 comenzó el juicio y el 16 de marzo de 1973 se dieron a conocer las sentencias de todos los detenidos. De Benedetti, Silvia Urdampilleta y Carlos Tomás Ponce de León reconocieron pertenecer al PRT-ERP. Entre los varios imputados estaba también el "tupamaro" Andrés Alsina Bea.

Ponce de León fue sentenciado a cadena perpetua; De Benedetti a 12 años; Urdampilleta 9 y Alsina Bea a 6 años.

Tras la amnistía del 25 de mayo de 1973 del gobierno de Cámpora, todos los terroristas volvieron a tomar las armas.

Con el paso de los años, por razones inexplicables, los terroristas que intervinieron en la muerte de Oberdán Sallustro fueron indemnizados.

Como ejemplo, Yofre (12-07-2020) dice:

"...a Ponce de León en diciembre de 1998, gobierno de Carlos Menem se le otorgaron $13.242.898, en liquidación del Ministerio de Economía N° 11.804.

Elena María Da Silva Parreira, muerta en un tiroteo el 15 de julio de 1974, gobierno de Isabel Perón, sus familiares cobraron en mayo de 2009, gobierno de Cristina Kirchner, una indemnización de $23.788.026 por liquidación del Ministerio de Economía N°37.320 y su nombre figura en el Parque de la Memoria, inaugurado por Fernando de la Rúa como "combatiendo por ideales de justicia y equidad".

4.1.6.- Asesinato del General Juan Carlos Sánchez.

Yofre (10-04-2023) menciona que el día 10 de abril de 1972, la población argentina vivía una jornada perturbadora. Ese día, en Rosario, fue asesinado el general de división Juan Carlos Sánchez, comandante del Cuerpo II, por un comando conjunto del PRT-ERP y las FAR y, en el barrio bonaerense de Lugano, fue asesinado la autoridad máxima de la empresa FIAT, Oberdan Sallustro, que estaba secuestrado por el ERP.

El general Sánchez sabía que era un "blanco" primordial de las organizaciones terroristas. En una ocasión, su amigo, Ángel "Cholo" Peco le mandó decir a través de uno de sus hijos, que se cuidara: *"Lo quieren matar"*. Muestra su forma de ser, la simple respuesta de Sánchez, que lo pintaba de cuerpo entero:

"¿Qué querés que haga? ¿Que tenga una fuerte custodia, con motociclistas, mientras mis oficiales caminan solos por las calles? ¿Qué ejemplo es ese?".

El *"Operativo Sonia Segunda"* fue fruto de un acuerdo entre la dirigencia del PRT-ERP con las FAR apuntando a un hecho que debía generar conmoción. Primero, durante varias semanas se hizo inteligencia sobre los pasos del jefe militar, y luego tras una votación se decide ejecutarlo.

Referente al hecho hay varios relatos, entre ellos:

Pepe (09-04-2022) relata que el día 10 de abril de 1972, a las 9.15 horas, el general Sánchez sale de su domicilio del edificio de 21 plantas sobre el Boulevard Oroño, en el corazón de Rosario, rumbo a la sede del comando a su cargo. Viajaba en un Falcón que conducía su chofer, el suboficial ayudante Juan Barneche. A cuatro cuadras de llegar a destino, se les apareó una camioneta Chevrolet, que trasladaba a dos personas jóvenes. Enseguida apareció en escena un Peugeot blanco. Desde ambos vehículos partieron ráfagas cruzadas que mataron al general y su chofer.

Yofre (10-04-2023) refiere que el 10 de abril de 1982, Gabriela Yofre Newton, "Mecha", hace una señal tardía de la salida del auto de Sánchez de su domicilio, obligando a una camioneta Chevrolet azul a cortarle el paso y su conductor se baja abriendo fuego.

Luego del asesinato de Sánchez intervino la Cámara Federal Penal de la Nación (CAFEPE) y la causa cayó en el juez César Black y Martín Anzoátegui como secretario.

Tras semanas de investigaciones se detiene a la Mecha Giofre al retirar el Fiat 1500 del garaje de la calle Paraguay 834 de Rosario, de su interior se obtiene importante cantidad de armamento, municiones y granadas.

Luego se allanó el departamento "3" del sexto piso, de la calle Rioja 1418 y allí se secuestró numerosa documentación de las FAR: planos y trabajos de inteligencia sobre próximos objetivos, en los que figuraban militares, sindicalistas, empresarios; fichas médicas de los propios integrantes de la organización armada y panfletos.

El 11 de junio de 1972, el juez pide la captura de: Nora Peña, Guillermo Reyna, Vilma Mores, Virginia Allede, Juan Julio Roqué, José Ramón Briggiler y la ubicación de paradero y captura de varias personas.

El juicio oral se realizó el 6 de febrero de 1973 y Gabriela Yofre, Luis Alejandro Gaitini y Jorge Emilio Reyna fueron condenados a prisión perpetua. "Paloma" Lavalle de Reyna fue sentenciada a once años de prisión, Reinaldo Ramón Briggiler a nueve años de prisión y Juan Julio Roque no mereció ninguna condena porque se hallaba prófugo y cuando fue apresado el juicio se había sustanciado.

De todas formas, absolutamente todos los que intervinieron en la "Operación Sonia II" salieron en libertad a las pocas horas de la asunción de Héctor José Cámpora.

4.1.7.- Negociaciones Políticas para llegar a Elecciones sin Proscripciones.

Lanusse intenta diluir la acción guerrillera terrorista con la vuelta a la actividad política y el fin de la proscripción del peronismo, por ello el GAN. Para ser más efectivo, debería haber un acuerdo con Perón para que condenara la violencia, dejando sin sustento a las FAR, FAP, Montoneros y otros, que se proclamaban sus seguidores.

Además, superar la desconfianza que Perón tenía hacia las Fuerzas Armadas y de muchos militares para los que Perón era un delincuente, Jorge Daniel Paladino político argentino, militante del Partido Justicialista y delegado personal de Perón, sugiere un encuentro entre el expresidente y Lanusse. Este último designa al subsecretario de la Presidencia, Coronel Juan Francisco Cornicelli, quien arribó a Madrid el 15 de abril. Al día siguiente, en presencia de Paladino y López Rega,

Cornicelli, usando su uniforme, tiene un encuentro en Puerta de Hierro.

Perón aceptó que Paladino dialogara con Mor Roig, pero se negó a condenar la violencia que ejercían las organizaciones armadas que actuaban invocando su nombre.

El fracaso en conseguir que Perón condenara las acciones violentas, de las organizaciones armadas que actuaban invocando su nombre, es seguido por la vuelta de Madrid de Galimberti: sus consignas para agrupar a los combativos en torno a tres puntos:

1. Sustraer al peronismo de su alianza con los liberales;
2. Levantar un programa revolucionario que impidiera que el Encuentro Nacional de los Argentinos (ENA) le restara adherentes;
3. Aceptar sólo a Perón como candidato.

Rodolfo Gabriel Galimberti fue el fundador de la agrupación juvenil *"Juventudes Argentinas por la Emancipación Nacional"* (JAEN), delegado de Juan Domingo Perón ante la Juventud Peronista, dirigente de la Juventud Peronista (JP) y de la Columna Norte de Montoneros.

Entre abril y mayo se producen numerosas acciones subversivas entre ellas asalto del destacamento policial de Virreyes en Buenos Aires, de la subcomisaria de Villa Ponzatti en La Plata y de la comisaría de Las Banderitas en Tucumán, pero la que adquirió mayor repercusión fue el robo de un camión militar en la zona de Pilar que transportaba armamento desde Córdoba hacia la guarnición de Campo de Mayo. El operativo, realizado el 29 de abril de 1971, produjo un hondo impacto en el Ejército. (Ver punto 4.1.1.-)

Esto lleva a identificar a la guerrilla con Perón y producir una fuerte reacción antiperonista de las Fuerzas Armadas, manifestando el Gobierno que no habría una "salida desesperada". El "contraataque" se funda en que el GAN pasa a ser un llamamiento a la cordura, para restablecer una democracia representativa, moderna, estable y eficiente sin hacer mención alguna de Perón.

Se produce la reunión de Paladino con Mor Roig, pero el delegado de Perón no se define respecto a la violencia y resulta un nuevo fracaso.

El dirigente metalúrgico José Ignacio Rucci accedía, en junio del 1970, a la Secretaría General de la CGT y se convertiría en pocos meses en un interlocutor reconocido del gobierno de Lanusse. Detrás de él, estaba el respaldo de Lorenzo Miguel desde la Unión Obrera Metalúrgica (UOM) y la poderosa rama política del sindicalismo peronista, las 62 Organizaciones. Un hombre clave en esta relación sería el ministro de Trabajo Rubens San Sebastián, que conocía la trama interna laboral. El sector empresario, representado por José Ber Gelbard desde la Confederación General Económica (CGE) también buscaba el entendimiento.

Rucci conoce a Perón en España en abril de 1971. Es entonces cuando inaugura la rutina de los viajes a Puerta de Hierro, peregrinaje que repite junto a Lorenzo Miguel. El General lo elige por ser un hombre de su absoluta confianza. En julio de 1972, el secretario general consigue la reelección y comienza a intensificar la campaña para el regreso de Perón, que se concretaría cuatro meses después.

Desde Buenos Aires se emitieron numerosas señales hacia Perón, buscando tender puentes para una salida política acordada con el conductor del peronismo. El gesto de mayor peso simbólico se concretó el 2 de septiembre de 1971: la devolución a su viudo del cadáver de Eva Perón, que, tras su secuestro, había sido ocultado en un cementerio de Milán durante más de quince años. Interviene en el operativo el embajador argentino en la España de Franco, el brigadier retirado Jorge Rojas Silveyra.

Las acciones guerrilleras y el fuerte sentimiento

antiperonista de quienes intentaban un golpe de estado, lleva a Lanusse a documentar en su libro "*Mi testimonio*":

"El viernes 17 de septiembre las versiones sobre la inminencia de un golpe de estado ultraderechista ya habían llevado, casi, a la paralización del país. Todos los periodistas recibieron órdenes de sus redacciones en el sentido de mantenerse alertas. A las once de la mañana, se anunció la convocatoria urgente a una reunión de la Junta de Comandantes en Jefe. Las radios y canales de televisión, en fin, recibieron instrucciones de mantenerse abiertos para entrar en cadena. Finalmente, junto a los otros dos Comandantes en Jefe y en nombre de la Junta Militar, anuncié el compromiso asumido por las Fuerzas Armadas, en el sentido de realizar elecciones sin trampas ni proscripciones, para entregar el poder a quienes resultaran vencedores. Las elecciones, dije, se realizarían el 25 de marzo de 1973 (luego se adelantaron dos semanas). Quien se alzara contra el gobierno se estaría alzando, por lo tanto, contra la ciudadanía, convocada a elecciones. El proceso tendiente a devolver el poder, al pueblo, sin duda, se había consolidado, pero no sin un sacrificio. Nosotros perdimos gran parte de la capacidad de negociación que todavía necesitábamos frente a los partidos políticos. Yo sabía, por cierto, que los conjurados iban a ser vencidos. Pero también sería vencida nuestra filosofía si la victoria debía lograrse a costa de un enfrentamiento militar. El enemigo conocía eso, y con eso especulaba". También decía: *"El último bimestre de 1971 pareció destinado a plantear la hora de la verdad hasta un punto en que muchos observadores políticos intuyeran que el llamada a elecciones se anticiparía sorpresiva y significativamente. El doctor Héctor J. Cámpora llegó para ocupar el lugar de Jorge Daniel Paladino; luego, entronizaría a Juan Manuel Abal Medina como secretario general del movimiento".*

El 8 de octubre de 1971 se sublevan el Regimiento 10 de

Caballería de Azul, luego se suma el Regimiento 2 de Olavarría. La rápida movilización de tropas leales, hizo que los rebeldes desistieran de su intento.

4.1.8.- Sobre el Gran Acuerdo Nacional (GAM).

Lanusse plantea el Gran Acuerdo Nacional (GAN) en el pensamiento de volver a un gobierno legal y conservar una sociedad como estaba constituida, en oposición a las modificaciones que pretendían los grupos subversivos.

Las dos bases que no estaban unidas desde el año 1930 eran la legalidad y la gobernabilidad, su posición era que los políticos aportarían la legalidad y la gobernabilidad las Fuerzas Armadas; buscar consenso y una transición cívico militar con apoyo mutuo de las dos partes, llamar a elecciones sin proscripción del peronismo, pero sin Perón.

Con oposiciones y apoyos, el 1° de abril de 1971, se anuncia oficialmente la rehabilitación de la actividad política en todo el país, levantándose la prohibición a actuar a los partidos y devolviendo sus bienes.

En abril se creó una *"Comisión Asesora para el estudio de la Reforma Constitucional"*. La integraban constitucionalistas y académicos reconocidos de distinta extracción política: Germán Bidart Campos, Carlos María Bidegain, Natalio Botana, Carlos Fayt, Mario Justo López, Julio Oyhanarte, Roberto Peña, Pablo Ramella, Adolfo Rouzaut, Alberto Spota y Jorge Vanossi. Varios cercanos al radicalismo, al conservadorismo y al socialismo liberal. Ramella era peronista.

El 17 de septiembre de 1971, el general Alejandro Agustín Lanusse, a cargo de la presidencia de la Nación, anunciaba la convocatoria a elecciones generales, inicialmente previstas para el 25 de marzo de 1973. El traspaso del poder a quien resultara electo se fijaba para el 25 de mayo de ese año.

Entre todos los cambios, lo principal era la adopción del voto directo, sin intermediaciones. Desaparecía el Colegio Electoral. El presidente de la Nación, los gobernadores y los senadores pasaban a ser electos directamente por el voto popular.

Con la nueva normativa para ganar la elección presidencial había que sacar la mitad más un voto. Un objetivo explícito era darle mayor legitimidad y fuerza al gobierno electo. Una intención implícita era clara: evitar, o al menos obstaculizar, la victoria del justicialismo, su regreso al poder luego de dieciocho años.

Mor Roig era un abogado y político afiliado a la UCR que había presidido la Cámara de Diputados hasta 1966. Su incorporación al gobierno contó con el apoyo tácito del justicialismo y provocó una fuerte discusión interna en el radicalismo: Raúl Alfonsín rompió con Balbín y creó su Movimiento de Renovación y Cambio. Pensaba que el radicalismo, víctima del golpe del 66 que provoca la salida del gobierno de Arturo Umberto Illia, no podía sumarse como cómplice de una dictadura militar. Perdía el lugar de rival del régimen militar y entregaba al peronismo el espacio opositor.

Al legalizarse los partidos políticos y restituidos sus bienes, se multiplicaron las reuniones con dirigentes de la CGT, se buscó atraer a los dirigentes peronistas para que participaran en el Gran Acuerdo Nacional. Después de tantos años de proscripción y persecuciones, la idea de una participación en la vida institucional argentina sedujo a muchos. Solo se les pedía que abandonaran a su líder, o por lo menos que lo convencieran de desistir en sus planes de volver a la presidencia.

Los políticos comienzan a organizarse, surge *"La Hora del Pueblo"* un acuerdo entre el Movimiento Justicialista, la UCRP y los partidos Demócrata Progresista, Conservador Popular, Socialista Argentino y Bloquista de San Juan, estas agrupaciones tenían como objetivo el retorno a un gobierno elegido democráticamente.

También, *"El Encuentro Nacional de los Argentinos (ENA)"* con comunistas, frondicistas, radicales, peronistas, socialistas, independientes; que promovían una política latinoamericanista y de izquierda que aunque no excluía el sufragio, no lo tenía como finalidad principal.

Lanusse aprecia como ventajoso un acuerdo con La Hora del Pueblo, uniendo ese caudal de votos con el poder de las Fuerza Armadas y en una salida que lo tuviese como presidente.

El acercamiento del gobierno con la Confederación General del Trabajo (CGT) se evidencia, cuando se le permite designar la delegación gremial que concurriría a la Reunión de la Organización Internacional del Trabajo (OIT) La cual era designada por el gobierno desde 1968. Al mismo tiempo, significó el fortalecimiento del Secretario General de la CGT, José Ignacio Rucci.

Con respecto al problema estudiantil por sus inclinaciones hacia el cambio de sistema social, el gobierno toma la táctica basada en la descentralización y la conveniencia política de multiplicar las universidades nacionales, así Lanusse anuncia la creación de la Universidad de Rio Cuarto y se anuncia la creación de otras dos la del Comahue y Lomas de Zamora.

Además se crean canales de dialogo con el estudiantado y permitir la coparticipación estudiantil en el gobierno universitario, cuando Gustavo Malek, rector de la Universidad del Sur se hace cargo de la cartera de Educación.

En lo que respecto a la guerrilla, el gobierno necesitaba una represión eficaz aunque transparente, que le permitiera controlarla, sin empañar su imagen política.

Para lo cual, crea el 28 de mayo de 1971 de la *"Cámara Federal en lo Penal"*.

Respecto a la economía se decide eliminar la cartera de Economía y elevar el rango de las secretarías. Quedando como ministerios Trabajo, Hacienda y Finanzas y de Agricultura y Ganadería. El Ministerio de Industria se ofrece a Antonio Cafiero, con el objeto de incorporar al peronismo al gabinete.

Lanusse con estas modificaciones queda como titular del Ejército, Presidente de la Junta de Comandantes y Presidente de la Nación. Además, al disolver Economía y elevar a ministerios las secretarías que lo integraban, debe arbitrar entre las propuestas de las distintas secretarias del ministerio de economía.

4.1.9.- Creación de la Cámara Federal en lo Penal.

Durante el gobierno de Alejandro Agustín Lanusse se sancionó la Ley 19.053, propiciada por el Ministro de Justicia Jaime Perriaux para juzgar a los guerrilleros se crea, el 28 de mayo de 1971, la "*Cámara Federal en lo Penal*", compuesta por nueve jueces y ante la cual actuaban tres fiscales. Establece el "*Fuero antisubversivo*".

La Cámara Federal en lo Penal deja de funcionar al llegar la democracia, el 28 de mayo de 1973. El Congreso Nacional aprobó la Ley N° 20.510, que derogó todas las leyes dictadas por la Revolución Argentina.

4.1.10.- Fuga del Penal de Rawson. Fusilamientos de Trelew.

El Instituto de Seguridad y Resocialización (Unidad 6) conocido como el Penal de Rawson, es una cárcel de máxima seguridad ubicada en Rawson, provincia de Chubut. Ayudaba en la seguridad del penal, su ubicación muy lejana de todo centro urbano. Tenía alojados a 82 presos comunes y 166 guerrilleros de diversas organizaciones.

El penal estaba vigilado por 70 guardiacárceles, la mitad, armados. A tres cuadras montaban guardia 120 hombres de una compañía antiguerrillera y a 20 kilómetros de allí, en Trelew, estaba la Base Aeronaval Almirante Zar, en donde 1.200 soldados se agrupaban en dos batallones.

En el Penal de Rawson se encontraban alojados los principales dirigentes de distintas organizaciones guerrilleras: Mario Roberto Santucho, Domingo Menna, Enrique Gorriarán Merlo, del *Partido Revolucionario de los Trabajadores-Ejército Revolucionario del Pueblo (PRT-ERP)*, Marcos Osatinsky y Roberto Quieto de las *Fuerzas Armadas Revolucionarias (FAR)* y Fernando Vaca Narvaja, de *Montoneros*. Estos guerrilleros idearon un plan de fuga, para 116 presos. Además de tomar el penal, era necesario ayuda externa para trasladarse rápidamente hacia otro lugar, para evitar la gran estepa patagónica.

Un Ford Falcón, una camioneta y dos camiones los esperarían afuera y los llevarían al Aeropuerto más cercano, a 20 kilómetros de allí, en la ciudad de Trelew. La idea era secuestrar un avión con destino a Buenos Aires, que salía desde Comodoro Rivadavia, haría escala en Trelew a las 6.50 de la tarde. Hora en la que 116 presos debían llegar al aeropuerto, obligar a los pasajeros a abandonar el avión y al piloto a cambiar su destino hacia Cuba.

Unas horas antes, Alejandro Ferreyra Beltrán y Víctor Fernández Palmeiro, del *PRT-ERP*, abordarían el avión en Comodoro Rivadavia y ayudarían, desde el interior, a secuestrarlo.

Se decidió que el jefe del "operativo fuga" sería Mario Santucho.

El 15 de agosto de 1972, se efectuó la reducción de guardias con total tranquilidad, los presos pudieron salir de sus celdas. Cuando el primer grupo intentaba escapar por la puerta principal, el guardia Juan Valenzuela intenta detenerlos, pero es muerto por un disparo de arma de fuego.

Los disparos hicieron que los que esperaban fuera del penal con los camiones y camionetas, pensaran que la fuga había fracasado y se alejaron rápidamente. Solo el Ford Falcón conducido por Carlos Goldenberg, miembro de las FAR, quedó esperando, donde subieron: Santucho, Osatinstky, Quieto, Gorriarán Merlo y Vaca Narvaja.

Mientras los hechos mencionados ocurrían, Ana Weissen de Olmedo, militante de las FAR, como pasajera esperaba el arribo del avión en Trelew.

El vuelo 811 de Austral, que había partido de Comodoro Rivadavia con rumbo a Buenos Aires, previas escalas en Trelew y Bahía Blanca, viajaban Alejandro Ferreyra Beltrán y Víctor Fernández Palmeiro, del *PRT-ERP*. Los guerrilleros le hicieron saber a los pilotos que la nave, que transportaba a 96 personas, entre pasajeros y tripulantes, había sido tomada.

Llegados los seis guerrilleros al aeropuerto de Trelew, se sumaron a Ana Weissen de Olmedo, Alejandro Ferreyra Beltrán, Víctor Fernández Palmeiro y a Carlos Goldenberg; esperaron para ver si llegaban algunos guerrilleros más. Al no llegar ningún otro subversivo y como el piloto se negó partir hacia Cuba, argumentando que la aeronave no poseía la suficiente autonomía para llegar hasta el Caribe, a las 19:27 horas el avión despegó rumbo a Santiago de Chile, pero aterrizó en Puerto Montt.

En el Penal, los amotinados ante la demora de los vehículos, pidieron taxis desde las oficinas. Llegaron cuatro taxis en los cuales solo 19 pudieron subir, cinco mujeres y catorce hombres. Al llegar al aeropuerto el avión ya había partido, por lo que tomaron la torre de control, y fueron rodeados por infantes de marina.

Por temor a las represarías pidieron un médico, un juez federal y al periodismo. Dieron una conferencia, en la que pidieron volver al penal y se rindieron. Como el penal aún continuaba tomado, fueron llevados a la Base Aeronaval Almirante Zar.

El 22 de agosto de 1972, un grupo de hombres al mando del capitán de corbeta Luis Emilio Sosa y el Teniente

Roberto Bravo ordenó a los 19 presos a salir de sus celdas, hacer una fila y fueron fusilados. Perdieron la vida: Alejandro Ulla; Alfredo Kohan; Ana María Villarreal de Santucho; Carlos Alberto del Rey; Carlos Astudillo; Clarisa Lea Place; Eduardo Capello; Humberto Suárez; Humberto Toschi; José Ricardo Mena; María Angélica Sabelli; Mariano Pujadas; Mario Emilio Delfino; Miguel Ángel Polti; Rubén Pedro Bonnet; Susana Lesgart:

11 de los 16 fusilados era miembros del *PRT-ERP*, 2 de *Montoneros* y 3 de las *FAR*.

Ricardo René Haidar, María Antonia Berger y Miguel Ángel Camps, sobrevivieron al fusilamiento y fueron trasladados a un Hospital en Puerto Belgrano.

Chile devolvió inmediatamente la máquina de Austral, que había aterrizado en Puerto Montt y los secuestradores fueron conducidos a la sede de la Dirección de Investigaciones en Santiago.

Desde que **los** diez prófugos argentinos fueron alojados en la Dirección de Investigaciones, el martes 15 de agosto, hasta que abandonaron Chile rumbo a La Habana, Cuba, el día 26, el pensamiento general en Argentina consideraba improbable que el Gobierno Chileno devolviese a la Argentina a los 10 secuestradores del avión de Austral.

Esto generó un conflicto diplomático de difícil resolución entre Argentina y Chile. Allí hacía dos años que gobernaba la Unión Popular de Salvador Allende, quien se negó a extraditar a los guerrilleros argentinos y permitió que escaparan hacia Cuba, donde fueron bien recibidos por el gobierno comunista de Fidel Castro.

4.1.11.- Asalto al Batallón de Comunicaciones 141 – Provincia de Córdoba.

Yofre (28-02-2020) relata que un informe realizado por la

Secretaría de Inteligencia del Estado (SIDE) sobre el Panorama Nacional, con fecha 12 de enero de 1973, daba argumentos sobre las *"razones que aconsejaban la cancelación de la convocatoria a elecciones nacionales para marzo próximo"* y *"perspectivas concretas de la subversión marxista en el país, con apoyo de Cuba y la Unión Soviética"*. Agrega que la SIDE advertía que:

"con o sin elecciones, las mencionadas fuerzas subversivas, que en un momento dado podrían movilizar no menos de 30 mil hombres equipados del más moderno armamento automático y otros elementos muy avanzados para el combate, desatarán inexorablemente la escalada guerrillera".

El 14 de enero de 1973, Roberto Mario Santucho, el jefe del PRT-ERP, encabezaba en Córdoba una reunión clandestina con el fin de elaborar la política de la organización frente al proceso electoral. La conclusión era clara y definitiva: acribillar la salida electoral y continuar la guerra contra las FFAA.

A principios de febrero, Santucho comenzó a diseñar con Juan Ledesma (alias Capitán "Pedro") el asalto al Batallón de Comunicaciones 141 de Córdoba con la inestimable colaboración del conscripto Félix Roque Jiménez.

CeDeMa. Org. (1973) relata en un parte de guerra que la operación se inició a las 0:30 horas, participaron la compañía "Decididos de Córdoba" movilizó unos 40 miembros de sus comandos "29 de Mayo", "Che Guevara", "Lazcano-Polti-Aborda", "Jorge Luis Sbédico" "Ramiro Leguizamón" y "Ferreyra-Martinez",

A la 1:10 horas ingresan en territorio enemigo y toman posición en los lugares prefijados. A las 2 de la mañana, el compañero Giménez, combatiente del ERP incorporado por el servicio militar obligatorio a las filas enemigas, inició la acción con la toma del puesto "a", facilitando el ingreso del resto del grupo que procedió a reducir en pocos minutos los puestos 7, 6 y 5.

Simultáneamente ingresaban al cuartel el grupo de contención que ocupó los puestos de avanzada en dirección a la guardia de prevención y el grupo de recolección que inició de inmediato su labor de recolectar armas de los depósitos A y B.

Cuando el personal de relevo de guardia se introdujo en la zona de una emboscada preparada, fue reducido por los guerrilleros. Luego procedieron a tomas los distintos puestos y a las 4:30 horas se completó el copamiento de todo el Batallón.

A las 5:30 horas parte el camión cargado con 2 toneladas de armas y municiones y a las 6:30 horas se efectúala retirada ordenada.

En toda la operación no hubo heridos y sólo se efectuaron tres disparos.

Según el matutino La Opinión el hecho fue un incidente más dentro de los últimos "cincuenta días en los que hubo doce secuestros que demandaron rescates por una suma de 2.500 millones" de pesos de la época.

4.2.- La Nueva Izquierda.

Stavale y Stavale (2022) refieren que durante la radicalización política de los años 60, tienen su génesis dos organizaciones subversivas terroristas, *el Partido Revolucionario de los Trabajadores - Ejército Revolucionario del Pueblo (PRT-ERP) y el parte del Peronismo de Base (PB)*.

Ambas organizaciones animaron los convulsionados años 70 en Argentina. Desde lugares y orígenes distintos, ambas organizaciones formaron parte del amplio grupo de actores que, estimulados por la revolución cubana y por la creciente protesta social, ligada a la exclusión del peronismo del sistema político, formaron "*La nueva izquierda*".

Las movilizaciones de jóvenes de clase media, en nombre de una versión radicalizada del peronismo, forman nuevas agrupaciones, donde lograr el protagonismo necesario para imponer sus condiciones e ideología a los acontecimientos futuros.

Por un lado, parte de la militancia peronista transitó un proceso de radicalización que comenzó a acercarlo a la izquierda revolucionaria; mientras los sectores izquierda rompieron con los partidos políticos tradicionales, a partir de nuevas definiciones, entre las que figuraron la convicción de que la lucha armada era la única vía al socialismo.

Pero esta "apertura a la izquierda" radical, produce en el peronismo una división que se daba entre izquierda y derecha: por un lado los partidarios de *"La Patria Socialista"* y por el otro los partidarios de *"La Patria Peronista"*.

En la Patria Peronista encontraremos además de la derecha nacionalista y dirigentes sindicales ortodoxos, las siguientes organizaciones: Alianza Anticomunista Argentina (Triple A), Alianza Libertadora Nacionalista (ALN), Comando de Organización (C de O), Concentración Nacional Universitaria (CNU), Juventud Peronista de la República Argentina (JPRA) y Juventud Sindical Peronista (JSP). Todas estas organizaciones conformaron en la práctica una coalición contrarrevolucionaria.

Pero, parte del Peronismo de base (PB), formaron grupos entre ellos: organización de la denominada *"Tendencia Revolucionaria del Peronismo" (TRP)*; surgida entre 1969 y 1970, al poco tiempo articuló con las *Fuerzas Armadas Peronistas (FAP)*, formando –en la práctica– una misma organización.

El PRT fue fundado en 1965 por la fusión de dos organizaciones de orígenes sumamente distintos: Palabra Obrera, de orientación trotskista, y el Frente Revolucionario Indoamericanista Popular, de orientación nacionalista revolucionaria. Los debates sobre la lucha armada, entre otros, aceleraron el proceso de ruptura. Así, surge el PRT, organización marxista-leninista que en 1968, se lanzó a la lucha armada fundando el Ejército Revolucionario del

Pueblo (ERP) en 1970. El PRT-ERP es una organización caracterizaba la etapa de la revolución mundial, latinoamericana y argentina como "final en la lucha contra el imperialismo" y consideraba que la revolución en el país tenía un carácter *"obrero y popular, socialista y antiimperialista"*.

A la vez, planteó la estrategia de la guerra popular y prolongada como medio para la toma del poder y, aunque se autodefinía como una organización guevarista, no adoptó la estrategia "foquista", sino que siguió el modelo vietnamita que suponía la utilización de "todas las formas de lucha".

Buscaban, además, que los trabajadores pasaran de la lucha económica a la política-revolucionaria.

El Peronismo de Base, inclinado a la izquierda, fue una organización de la denominada *"Tendencia Revolucionaria del Peronismo" (TRP)*; surgida entre 1969 y 1970, al poco tiempo articuló con las *"Fuerzas Armadas Peronistas" (FAP)*, formando, en la práctica, una misma organización.

Éstas impulsaron el proceso revolucionario, con un carácter de movimiento peronista, se denominaban "Alternativistas" para diferenciarse de los "Movimientistas", y apostaban por el socialismo como objeto final de la revolución. El "Movimientismo" consideraba al peronismo como un movimiento revolucionario y relegaba como "secundarias" sus contradicciones internas; por otra parte, el liderazgo de Perón era indiscutible.

Los Alternativistas, inclinados al socialismo, planteaban la necesidad de que la clase obrera se organizara de manera independiente de aquel movimiento y construyera su propia organización revolucionaria, desde las fábricas, acentuando el carácter clasista de la identidad peronista.

Anzorena (1988) señala que la llamada *"Tendencia Revolucionaria"* fue la corriente interna del peronismo conformada por distintas agrupaciones identificadas con el peronismo revolucionario y cuyo proyecto político aspiraba a la construcción del *"Socialismo Nacional"*.

Esta nueva corriente será lanzada en marzo de 1973 y hacia abril de ese año estaría integrada por: la Juventud Peronista Regionales (JPR); el Movimiento Villero Peronista (MVP); la Juventud Universitaria Peronista (JUP); la Juventud Trabajadora Peronista (JTP); La Unión de Estudiantes Secundarios (UES); Agrupación Femenina Eva Perón; Asociación de Profesionales Peronistas; el Movimiento de Inquilinos Peronistas, y hasta un Frente de Lisiados Peronistas, todas ellas organizaciones de base de Montoneros, junto con las Fuerzas Armadas Revolucionarias (FAR), las Fuerzas Armadas Peronistas (FAP) y el Peronismo de Base (PB).

4.3.- Transmisión histórica oral.

De la lectura de los diarios, comentarios de familiares y amigos, se podía saber que al asumir el gobierno Alejandro Agustín Lanusse, el país, sin lugar a dudas, continuaba como en la década del 60, uno de los períodos más convulsionados de la historia del país. Con grandes movilizaciones populares, sindicales y estudiantiles, como también alterada por el accionar de los diferentes grupos armados con una importante y creciente violencia guerrillera, un gran descontento ciudadano y creciente popularidad de Perón

Lanusse consideró que la solución del problema argentino, se encontraba en terminar con la proscripción del peronismo y decretar una apertura política, como transición hacia la democracia. Propuso e implementó un *"Gran Acuerdo Nacional"* entre los argentinos y anunció la convocatoria a elecciones nacionales, sin proscripciones, pero impedido para participar en las elecciones como candidato, Juan Domingo Perón

Pero todas las organizaciones guerrilleras siguieron actuando, dado que para ellas la violencia era un instrumento legítimo necesario y único posible para la toma del poder. Incrementaron los secuestros y asesinatos de empresarios o miembros de las fuerzas armadas y de seguridad. Habitualmente operaban en comandos integrados por hombres y mujeres que realizaban copamiento de localidades, asaltos a bancos. Además, ya bien organizados, armados y adiestrados asaltan el Batallón de Comunicaciones 141 en la Provincia de Córdoba

Los secuestrados eran llevados a las "Cárceles del pueblo" donde tribunales guerrilleros juzgaban, condenaban y ajusticiaban

Para ese entonces, Lanusse había creado La Cámara Federal en lo Penal de la Nación (CFPN) fue creada por decreto en 1971. Pero La Cámara Federal en lo Penal deja de funcionar al llegar la democracia, el 28 de mayo de 1973, el Congreso Nacional aprobó la Ley N° 20.510, que derogó todas las leyes dictadas por la Revolución Argentina.

Capítulo 5.

5.1.- Candidaturas para las elecciones presidenciales de 1973.

La primera vuelta el 11 de marzo y la segunda el 13 de abril del año 1973. Entre otras candidaturas se presentaron:

Frente Justicialista de Liberación (FREJULI)

Impedido para participar en las elecciones como candidato, Juan Domingo Perón retornó a la Argentina el 17 de noviembre de 1972, quedándose por un mes en el país, y reuniéndose con varios líderes políticos que le dieron su respaldo para las elecciones venideras.

Para las elecciones se configuró una coalición electoral: el Frente Justicialista de Liberación (FREJULI) cuyos candidatos serían a la presidencia Héctor José Cámpora dirigente peronista, perteneciente al sector más inclinado hacia la izquierda del justicialismo, conocido como "La Tendencia". A la vicepresidencia Vicente Solano Lima del Partido Conservador Popular, ex diputado nacional por la provincia de Buenos Aires.

Unión Cívica Radical (UCR)

La Línea Nacional del sector del radicalismo que lideraba Ricardo Balbín se presenta en la primara presidencial, con Balbín candidato a presidente, Eduardo Gamond, presidente provisional del Senado durante el gobierno de Arturo Umberto Illia, como compañero de fórmula.

El Movimiento de Renovación y Cambio, presidido por Ricardo Raúl Alfonsín, de tendencia socialdemócrata, se oponía a la política de entendimiento con el peronismo, que sostenía Balbín. Presentó como candidatos a presidente Alfonsín y vicepresidente Conrado Storani.

El binomio Balbín-Gamond derrotó a la fórmula Alfonsín-Storani.

Alianza Popular Federalista

Francisco Manrique, Ministro de Bienestar Social entre 1970 y 1972, en el gobierno de Lanusse, establece un pequeño Partido Federal y hace una alianza con el Partido Demócrata Progresista y Unión Popular, formándose la Alianza Popular Federalista. Candidato a presidente Francisco Manrique, vicepresidente Rafael Martínez Raymonda.

Alianza Popular Revolucionaria

Oscar Allende, Gobernador de la provincia de Buenos Aires entre 1958 a 1962, candidato a presidente.

Horacio Sueldo candidato a vicepresidente

Alianza Republicana Federal

Brigadier Ezequiel Martínez Candidato a presidente.

Leopoldo Bravo, Gobernador de la provincia de San Juan entre 1963 y 1966, para vicepresidente.

5.2.- Resultado de las elecciones presidenciales del 11 de marzo de 1973.

Lanusse (1977) dice en su libro "Mi testimonio", que el 10 de marzo de 1973, en víspera de las elecciones, por cadena nacional "me dirigí al país todo destacando, entre otras cosas, que había llegado un momento decisivo", porque *"mañana con absoluta libertad, sin ningún tipo de proscripciones, sin correr otro riesgo que el de usar mal el voto y con la total seguridad de que su voluntad será respetada por este Gobierno de las Fuerzas Armadas, la ciudadanía se expedirá sobre el futuro de la República."*

Con la nueva normativa para ganar la elección presidencial había que sacar la mitad más uno, del total de los votos. Cámpora consigue el 49,53% de los votos y quedó segundo Balbín con el 21,29% de los votos. Tercero Manrique con el 14,91%.

Correspondía ir a una segunda vuelta entre Cámpora y Balbín, pero el 30 de marzo, Balbín reconoció la victoria de Cámpora y anunció que se retiraba del balotaje.

Cámpora es declarado presidente electo, siendo este juramentado el 25 de mayo y poniendo fin al período de casi siete años de la Revolución Argentina, y dieciocho de la proscripción del peronismo.

5.3.- Asesinato del Almirante Hermes Quijada. Operación Mercurio

Larraquy (23-08-2021) consigna que el grupo de guerrilleros que había escapado del penal de Rawson, preparaba su regreso al país.

En Cuba no se saldaron las discrepancias entre el jefe del PRT-ERP, Roberto Santucho, el Negro, y el grupo de apoyo externo. Santucho quería sancionar en particular a Víctor José Fernández Palmeiro, el Gallego, que había objetado sus órdenes.

Regresarían a la Argentina por separado, algunos por Foz do Iguazú, otros por Chile. Santucho regresó en noviembre de 1972 para el plenario del Comité Central Ampliado del PRT-ERP. Fernández Palmeiro llegó después.

Por los desacuerdos dentro de PRT-ERP, Fernández Pameiro y Jorge Bellomo forman el *"ERP 22 de Agosto"*.

El 25 de abril de 1973, el ERP-22 de Agosto copó el pueblo de Ingeniero Maschwitz, la zona norte del Gran Buenos Aires. Fue una acción de "propaganda armada" para obtener armas, dinero y consolidar la escasa infraestructura del grupo. En la toma no eran más de doce guerrilleros. Fernández Palmeiro ocupo la comisaría.

CeDeMa consigna que desde principios de abril de 1973, el ERP-22 detectó que en la calle Arenales 1974, piso 6°, vivía el contralmirante Hermes Quijada, que había informado al país, por televisión, la versión oficial de los fusilamientos de Trelew.

De las investigaciones del lugar, detectaron que a unos 20 metros del domicilio de Quijada, vivía Mor Roig, ministro de Interior de Lanusse, con una numerosa custodia civil. Además, que en un garaje frente al domicilio de Arenales 1974 había un agente de consigna, y que Quijada salía entre las 8.30 horas. y las 9.30 horas y subía a un Dodge Polara blanco que previamente retiraba del garaje un chofer.

Las posibilidades a tomar con el vehículo Dodge Polar eran seguir por Arenales hacia el Norte, doblar a la derecha por Ayacucho o seguir una cuadra por Arenales y doblar a la izquierda por Junín. Por ello estacionaron un coche sobre Ayacucho y otro sobre Junín, para seguirlo según el camino que tomara y en la espera no podían ser vistos por el custodio. Se hicieron varios intentos con esta disposición, pero nunca se pudo seguirlo más de unas pocas cuadras.

Estas fallas en el seguimiento, hicieron que Víctor José Fernández Palmeiro consiga un hábil conductor de moto y comenzaron a preparar la "Operación Mercurio".

La moto, con los dos guerrilleros esperaría en Santa Fe, casi Ayacucho. Sobre Ayacucho y casi en la esquina con Arenales un auto estacionado indicaría mediante guiños y señales con la mano, la dirección que había tomado el auto de Quijada. Sobre Arenales, en la esquina del edificio, una pareja simulaba hacer compras en un supermercado, mientras el hombre permanecía afuera listo para avisar al auto de la salida del Dodge. En total y dada la necesidad de alternar a los guerrilleros por la vigilancia existente, se utilizaron doce personas en la acción.

A las 08:35 horas, el chofer de Quijada retira el auto del garaje y se estaciona frente al edificio. A las 08:45 horas, Quijada sube al auto y éste parte por Arenales rumbo a Junín. El compañero del supermercado avisa al auto y éste hace la seña que verán el gallego y su acompañante, pero equivoca el código y les indica: dobló por Ayacucho hacia Las Heras.

Lunes 30 de Abril de 1973, otro intento. A las 09:00 horas el chofer está con el auto listo. A las 09.10 horas., Quijada sube y salen. En Junín doblan a la izquierda en dirección a Santa Fe, pero esta vez la moto ha recibido la señal correcta, apenas pasan Santa Fe por Junín se colocan cerca del coche. Llegando a Sarmiento, siempre por Junín, el Dodge es detenido por el semáforo a unos 15 metros de la esquina, el gallego salta de la moto empuñando una ametralladora Halcón. La moto pasa por el costado derecho del coche y frena unos metros más adelante.

Gallego al lado de la ventanilla derecha y Quijada observa al joven alto, morocho que le apunta con la Halcón, intenta tomar la ametralladora que lleva sobre sus rodillas, pero los disparos de la Halcón se lo impide. El chofer abre la puerta de su lado y efectúa un disparo mientras es alcanzado por ráfagas de la ametralladora.

A subirse el gallego a la moto, esta se ladea y la palanca de cambio de la moto pegó contra otro coche y se rompe. Solo pueden llegar hasta las avenidas Pueyrredón y Libertador. Con ayuda de su compañero, dado que tenía un impacto de proyectil de arma de fuego en abdomen, llegan al auto que esperaba en la playa de la Facultad de Abogacía. Larraquy (23-08-2021) deja constancia que Quijada murió en el hospital y Víctor José Fernández Palmeiro fue llevado al punto de control.

Desde allí intentaron contactar a un dirigente político cercano al ERP-22, que tenía una clínica privada, pero no lo encontraron. Lo trasladaron a un departamento de una pareja de colaboradores, en Charcas 3678, en el barrio de Palermo. Lo alquilaba Alberto Núñez Palacio, guitarrista y compositor de música, que vivía con su familia, su mujer y dos nenas pequeñas. El lugar no estaba acondicionado como posta sanitaria. Apenas entró, saltó a la vista la hemorragia interna. Intentaron convencerlo para realizar una intervención quirúrgica: *"Tomamos un hospital y te operan"*. Dijo que no: *"Esto termina en la cárcel, y no quiero ir preso"*.

No cambió de opinión ni siquiera cuando le dijeron que el 25 de mayo saldrían todos los presos y estaría en libertad. No quiso. Convocó a su equipo militar, su gente de confianza con la que operaba, con la que había militado en el PRT-ERP y ahora conformaba el ERP22. Pidió que le cortaran el pelo, que lo raparan, y también pidió una botella de whisky para compartir entre todos. Pasó horas desangrándose en el departamento, hasta que murió.

Víctor José Fernández Palmeiro, de 26 años, fue enterrado en el cementerio de Chacharita. Su despedida fue multitudinaria.

Poco después de un mes, el 5 de junio, una bomba estalló en su sepultura.

5.4.- Gobierno de Héctor José Cámpora.

Durante el gobierno de Alejandro Agustín Lanusse, se había establecido una cláusula según la cual solo podían presentarse como candidatos en las elecciones de 1973, quienes tuvieran residencia legal en el país antes del 25 de agosto de 1972. Perón quedaba excluido para presentarse y el candidato fue su delegado Héctor José Cámpora.

Desde la campaña electoral se hizo evidente la debilidad del candidato con la consigna:

"Cámpora al gobierno, Perón al poder".

El 25 de mayo de 1973 asume Cámpora el gobierno, que lo ejercerá hasta el 13 de julio de 1973.

Perochena (2021) menciona que Cámpora, apodado el *"Tío"* asume con profundas divisiones dentro del peronismo, que se reflejaban en un gabinete que tenía representantes de la izquierda peronista y el peronismo histórico la derecha del partido. Cámpora simpatizaba con los sectores de la izquierda, también conocida como la *"Tendencia revolucionaria Peronista".*

Los hechos que siguieron a la asunción trajeron inestabilidad a la gestión y abrieron una enorme distancia entre el presidente y el líder del justicialismo.

Al día siguiente de los sucesos de Ezeiza, el 21 de junio a las 21 horas, Perón en su casa sentado junto a Cámpora e Isabel, con Lastiri y Lopez Rega a sus espadas, leyó con rostro adusto un discurso por televisión en el que quedó claro su alineamiento con la derecha peronista. Se refirió a los *"infiltrados"* en el movimiento peronista, aclaró que no había *"nuevos rótulos"* que califiquen a la doctrina peronista y, sin nombrarlos, condenó a los ministros cercanos a Cámpora y al gobierno por inoperancia.

El poder real estaba en la residencia privada de calle Gaspar Campos 1065 de la localidad de Vicente López, donde vivían Perón, su tercera esposa Isabel Martínez y José López Rega, el secretario privado del anciano líder justicialista.

Los 49 días que duró el gobierno de Cámpora fue un período crítico, marcado por el alto nivel de la movilización política de masas.

Se destacan el llamado *"Devotazo"*, ocurrido los días 25 y 26 de mayo en todo el país; el retorno de Perón y la emboscada de Ezeiza; y el proceso de tomas de diversos lugares.

Tanto Cámpora como Perón estaban convencidos que el triunfo electoral y la normalización institucional pondría fin al accionar de las organizaciones armadas

Pero, por el contrario se incrementó el accionar guerrillero, en especial del Ejército Revolucionario del Pueblo (ERP), liderado por Mario Roberto Santucho, que anunció que no dejarían de combatir. Produciéndose una serie de acciones del ERP, el secuestro del almirante Francisco Aleman, el asesinato almirante Hermes Quijada, el llamado a crear *"milicias populares"*, en boca del montonero Rodolfo Galimberti y el asesinato de dirigentes sindicales como David Klostermann.

5.4.1.- El Llamado Devotazo.

De la agrupación de izquierda *"Tendencia Revolucionaria Peronista"*, que integraban las organizaciones guerrilleras Fuerzas Armadas Revolucionarias (FAR), Fuerzas Armadas Peronistas (FAP), Montoneros y Juventud Peronista, surge la propuesta *"No puede haber un gobierno peronista con peronistas presos"*. Así, *"Tendencia Revolucionaria Peronista"*, se lo exigió a Héctor José Cámpora en cuanto asumió el Poder Ejecutivo

Con la Plaza de Mayo colmada de personas asume Cámpora la presidencia el 25 de mayo de 1973. Participaron del acto de asunción de Cámpora el presidente cubano Osvaldo Dorticós Torrado y el chileno Salvador Guillermo Allende Gossens

Luego del discurso ante la Asamblea Legislativa, Cámpora toma juramento s sus ministros, todo en una ceremonia muy caótica, con consignas y cánticos partidarios:

Ministro del Interior: Esteban Righi.
Ministro de Economía y Finanzas: José Ber Gelbard.
Ministro de Relaciones Exteriores y Culto: Juan Carlos Puig
Ministro de Cultura y Educación: Jorge Alberto Taiana.
Ministro de Bienestar Social: José López Rega.

Ministro de Defensa Nacional: Ángel Federico Robledo.
Ministro de Justicia: Antonio J. Benítez.
Ministro de Trabajo: Ricardo Otero.

La fiesta popular que implicaba la asunción de Cámpora, el fin de la dictadura militar que reinaba desde 1966, la recuperación democrática y el retorno del peronismo al poder, amenazaba con terminar en tragedia.

El desfile militar previsto en Plaza de Mayo debió ser cancelado, los efectivos de las fuerzas armadas, escupidos y vapuleados por la multitud, debieron retirarse. La Casa de Gobierno, rebautizada como *"Casa Montonera"*, parecía tomada por la militancia peronista y las cárceles más importantes, Devoto y Rawson en el Sur, habían sido tomadas en el interior por los presos del ERP, y rodeadas en el exterior por una multitud que amenazaba tomarlas por asalto.

"En el libro de memorias Conocer a Perón, Juan Manuel Abal Medina evoca que ante la violencia que había seguido a la asunción de Cámpora, Perón lo llamó por teléfono desde Madrid a las ocho de la noche de Argentina".

Amato (2023) relata: *"Fue Juan Perón, desde Madrid y por teléfono, quien en la dramática noche del 25 de mayo de 1973...ordenó que fuesen liberados todos los presos políticos, muchos de ellos guerrilleros peronistas de Montoneros y trotskistas del ERP, la mayoría encerrados en la cárcel de Devoto, rodeada por una multitud que gritaba: "Tío (por Cámpora) Presidente / libertad a los combatientes..."*.

Los presos eran miles, imputados por la Cámara Federal Penal, creada durante el gobierno de Alejandro Agustín Lanusse el 28 de mayo de 1971 (Ver punto 4.1.9.-), por haber realizado *"actividades subversivas"*. Según los registros, solo el primer año la Cámara Federal había encarcelado a 1.452 militantes, muchos de los cuales fueron encerrados bajo régimen de *"máxima peligrosidad"*.

A las 21 horas del 25 de marzo, llegó una improvisada orden de amnistía, redactada velozmente por una comisión de diputados. Tres horas después, ordenados en filas de a veinticinco, los cientos de presos llamados políticos, en realidad guerrilleros subversivos, comenzaron a salir del penal de Devoto y de las demás cárceles del país. El sábado 26 de mayo, con todos los presos en libertad, Cámpora firmó el indulto presidencial para ellos, y al día siguiente el Congreso Nacional aprobó, con el voto unánime de todos los partidos políticos, la Ley de Amnistía.

Abal Medina admite: *"Ver salir a los miembros del ERP, formados y saludando con el puño en alto, de manera evidente a seguir la "guerra revolucionaria" era el cumplimiento de la pesadilla que había imaginado desde el comienzo de la campaña electoral".*

A la madrugada, ya sin "presos políticos" en la cárcel y sin legisladores en Devoto, estalló un tiroteo entre manifestantes, guardias del penal y miembros de la Guardia de Infantería de la Policía Federal: allí murieron Carlos Sfeir, un joven estudiante de 17 años militante de Vanguardia Comunista, y Oscar Horacio Lysak, de 16, miembro de la Juventud Peronista.

5.4.2.- Las Tomas.

En la presidencia de Cámpora el socialismo nacional, con los sectores juveniles radicalizados del peronismo, constituía una alternativa a la que Perón desde su exilio apoyó. Surge así una sociedad movilizada y violenta con dos tendencias en conflicto *"la patria peronista"* y *"la patria socialista"*, que lleva al enfrentamiento entre la *"Tendencia Revolucionaria"* y el *"Sector de Derecha del Peronismo"*.

Nievas (1999) describe a *"Tendencia Revolucionaria"*, formada por organizaciones que actuaban cohesionadas por Montoneros: Juventud Universitaria Peronista (JUP), Juventud Trabajadora Peronista (JTP), Unión de Estudiantes Secundarios (UES), el Movimiento Villero

Peronista, Movimiento de Inquilinos Peronistas, Frente de Lisiados Peronistas y Agrupación Evita de la rama femenina de la PJ

Con respecto a la *"Derecha del Peronismo"* integrada por: la Juventud Sindical Peronista (JPS), Comando de Organización (C. de O.), Concertación Nacional Universitaria (CNU) y la Alianza Libertadora Nacionalista (ALN). Estos grupos ejecutaron lo que fueron la toma de la derecha peronista.

Tales oposiciones se reflejaron en la conformación del gabinete de Cámpora, así el ministro de interior Esteban Righi con posición cercana a "Tendencia Revolucionaria", al igual que el Gobernador de la provincia de Buenos Aires Oscar Raúl Bidegain.

La gran movilización social ocasionó desbordes, que hace decir a Svampa (2007) ocasionó un desborde de los canales institucionales existentes, que podríamos encuadrar a las tomas como *"hechos de acción directa que llevaron a la ocupación de hospitales, escuelas, universidades, varias comunas del interior, diarios, canales de televisión, organismos oficiales, fábricas, inquilinatos, entre otros"*

Las ocupaciones de establecimientos fueron parte importante de la vida política y social, siendo el papel de la televisión difundir imágenes dando trascendencia a los protagonistas en los lugares de las tomas. En este sentido el Canal 9 estableció la cobertura televisiva, funcionando como una corriente del movimiento peronista de los sectores de izquierda.

Las fracciones en lucha, "La Derecha Peronista" y *"Tendencia Revolucionaria"*, procuraban estar relativamente mejor posicionadas internamente para cuando Perón arribase a la Argentina. Las tomas, además intentaban crear estados de ánimo colectivo, para ganarse el apoyo popular, en una sociedad que vivía en una zozobra constante, desde hacía muchos años.

Las ocupaciones se produjeron antes del 20 de junio de

1973, fecha de la masacre de Ezeiza en oportunidad del regreso definitivo de Perón. Se mencionan algunas:

5.4.2.1.- Toma del Astillero Astarsa.

El fallecimiento de un obrero mientras trabajaba, José María Alessio, provoca que los obreros ocuparan la fábrica el 30 de mayo de 1973,

La toma se inició con retención de ejecutivos y entre los reclamos fundamentales estaban las condiciones de seguridad de los trabajadores.

La toma duró 4 días, con acompañamiento de la Juventud Trabajadora Peronista (JTP) y la intervención de funcionarios públicos, tal como el secretario de la gobernación de la provincia de Buenos Aires Leandro Mansionabe.

Al finalizar la toma, los obreros se sintieron representados por la JTP e incluso clamaron por la *"patria socialista".*

El canal 9 efectuó la transmisión directa de la toma, con una característica de producción que le permitieron colocarse como testigo durante el conflicto de Astarsa.

5.5.2.2.- Asamblea de Trabajadores Despedidos de Peugeot.

Trabajadores que llevaban 8 meses de despedidos por Peugeot, el 31 de mayo de 1973 se reunieron en asamblea en sus puertas. Pedían *"lograr amnistía gremial y reincorporación de los despedidos".*

La asamblea era al aire libre, con un escenario montado en la calle, con una gran bandera al costado de éste, cuya leyenda era: *"no habrá paz social con trabadores despedidos",* varios oradores para poder transmitir los mensajes a toda la audiencia del noticiero.

La marcha peronista musicalizó el momento, representada como un conflicto laboral que transcurría en orden, sin presencia de efectivos policiales y en un clima familiar con mujeres y niños.

El noticiero de Canal 9 registró varios fragmentos de los discursos de los oradores referentes a distintos temas, como la relación de los manifestantes con el gobierno de Cámpora y el nuevo papel de los trabajadores en la etapa de *"Reconstrucción Nacional"*, la disputa con la burocracia sindical y la violencia como recurso político de estos sectores

5.4.2.3.- Ocupación de la República de los Niños.

El 3 de junio de 1973, la Comisión del Triunfo, agrupaciones de base, unidades básicas y Juventudes Peronistas de La Plata, Berisso y Ensenada, ocuparon la República de los Niños en la localidad de Gonnet.

El Día, diario de La Plata, el 4 de junio de 1973 refiere que la ocupación estuvo precedida por *"un profundo estudio de la situación del establecimiento, que permitió comprobar numerosas irregularidades y el mal estado de los inmuebles"*.

Al día siguiente de la ocupación, se hicieron presentes en apoyo diputados nacionales y provinciales, concejales y autoridades del Partido Justicialista y la esposa del gobernador de la provincia, María Antonia Moro de Bidegain.

La ocupación culminó con la intervención del Ministerio de Bienestar Social de la provincia, que dejó sin efecto la concesión a los particulares, vigente desde 1955.

La producción de Canal 9, efectuó la cobertura exterior de la ocupación de la República de los Niños. La entrevista puso de relieve que antes de la ocupación no se conversó con el concesionario y dejaron claro que se trató de una expropiación.

Amalia Gramella, directora de Servicios Sociales del Ministerio de Desarrollo Social, refrendó el acto de gobierno que el pueblo llevó a cabo.

5.4.2.4.- Algunas Ocupaciones de la Derecha del Peronismo.

Se mencionan algunas de las tomas de medios de difusión masiva:

El día 4 de junio de 1973, a las 15 horas, <u>los estudios de LS-1 Radio Municipal fueron tomados</u> por un grupo de empleados, con gente de la Unión de Obreros y Empleados Municipales.

Se explicó el hecho por *"reiteradas amenazas de apoderarse de la empresa, por parte de grupos trotskistas y marxistas, efectuadas desde hace más de veinte días, y para preservar la fuente de trabajo"*. La ocupación cesó esa misma tarde, a las 18 horas, al asumir funciones el interventor Rodolfo Santiago Traversi, pero los pasillos continuaron controlados por personas armadas.

El lunes 11 de 1973, el Comando Militar de la Agrupación Peronista de Trabajadores de Prensa ocupó <u>el edificio en que funcionan las radios Belgrano, Argentina y Del Pueblo</u>, manifestando que las tomaban en custodia para preservar su orientación ideológica dentro de los lineamientos de la doctrina justicialista.

En Córdoba el lunes 11 por la noche, miembros de la Juventud Sindical Peronista y del Centro de Acción y Adoctrinamiento Peronista ocuparon <u>los estudios y las oficinas de LV–3 Radio Córdoba</u>, filial de Radio El Mundo, de Buenos Aires, que fue denominada "Radio Eva Perón". Inmediatamente difundieron una proclama en la que señalaban que la ocupación estaba orientada a denunciar *"la infiltración de tendencias sinárquicas, oligárquicas y marxistas en distintos órdenes del quehacer nacional y especialmente en la Universidad y en el gobierno de*

Córdoba".

Al día siguiente, irradiaban un comunicado en el que explicaban que la toma se había efectuado *"para dar a la opinión pública en general y a los compañeros del pueblo de Córdoba, una amplia y profunda imagen de las situaciones políticas que vive el país".*

Poco después, también fue tomada <u>LRA-7 Radio Nacional Córdoba</u> y llamada Radio "Juan Manuel de Rosas".

El 5 de junio de 1973, unas 30 personas miembros del Comando de Organización de la Juventud Peronista, la Alianza Libertadora Nacionalista y la Concentración de la Juventud Peronista, ocuparon <u>Radio Atlántica de Mar del Plata</u>. Cambiaron el nombre "Atlántica" por "Emisora General Juan José Valle", no se levantó la toma hasta el día 8, luego que se designaran nuevas autoridades. Uno de los que dirigían esta toma, era Juan Carlos Gómez, sindicado como uno de los responsables del asesinato, el 6 de diciembre de1971, de la estudiante de arquitectura Silvia Filler, en una asamblea universitaria en Mar del Plata.

La ocupación habría sido en respuesta a la actividad de grupos de la izquierda peronista, que ese día habían tomado varios establecimientos públicos por la mañana y la tarde.

El viernes 8 de junio de 1973 fueron tomadas <u>LT–2, repetidora de Radio Splendid; LT–3, Radio Cerealista y LT–8, Radio Rosario</u>, por miembros de la Juventud Sindical Peronista JSP. En las tres pidieron el cambio inmediato de las autoridades, destituyendo a las que se encontraban hasta entonces al frente, cambiaron la programación, erradicaron toda la "música extranjera" y prohibieron la irradiación de Mercedes Sosa, Horacio Guarany y Osvaldo Pugliese, aunque nacionales, "por su ideología comunista", según rezaba un comunicado.

El 13 de junio toman <u>LV–2 Radio La Voz del Pueblo</u>, un comando formado por la Alianza Libertadora Nacionalista y de las Fuerzas Peronistas de Ocupación. Difunden comunicados contra *"la infiltración marxista en el seno del movimiento justicialista y el gobierno".*

5.4.2.5.- Algunas Ocupaciones de "Tendencia Revolucionaria".

Se mencionan algunas de las tomas de medios de difusión masiva:

El 6 de junio de 1973, <u>fue ocupada radio Libertador de Mendoza</u>. Al abrir la transmisión y los empleados denuncian al director, que se encontraba de viaje por Oriente, luego continuó la programación. Como consecuencia de la denuncia, el mediodía, un grupo de la Juventud Peronista, el "Comando Abal Medina", ocupó con casi un centenar de militantes las instalaciones de la radio. Irradiaron un comunicado manifestando que se había nombrado interventor Pedro Leni, miembro del Comando.

El ministro de Gobierno Eduardo Zannoni, fue impugnado por la CGT local acusándolo de "infiltrado marxista", e informó que la policía se mantendría expectante y que no intervendría de no haber disturbios.

La situación se mantuvo hasta el viernes 8, día en que asumió como interventor Vicente Chumilla y la ocupación cesó.

En la mañana del 12 de junio de 1973, <u>es tomada LU–4, Radio Patagonia</u> de Comodoro Rivadavia, por miembros de la Juventud Peronista, en conjunto con un grupo de trabajadores de la radio, que pasó a denominarse Radio Soberanía Nacional. En la puerta de entrada de la radio había carteles en los que constaba *"Brigada J.P. Combatiente Evita Montonera"*, *"Perón, Evita, la patria socialista"* y *"Pueblo, Evita y Perón, un solo corazón"*.

Simultáneamente la misma organización política, tomó la <u>filial local de la agencia Télam</u>, difundiendo que la toma se realizó a efectos de tener control sobre la información difundida, ya que consideraban que la agencia "no difunde información nacional y cuando lo hace no la efectúa con veracidad y amplitud, elementos sumamente indispensables".

El 13 de junio de 1973, en horas de la mañana, el personal toma LW-3 Radio Splendid de Tucumán, reclamando la designación de un interventor y el pronto reequipamiento técnico de la emisora. La Juventud Peronista se hizo presente en el lugar para acompañar y mantener la ocupación. La radio fue renombrada LW–3 Radio "Nueva Argentina", y emitió proclamas de la Juventud Peronista intercaladas entre marchas partidarias y la programación habitual.

El 13 de junio de 1973, poco antes del mediodía, miembros de la Juventud Peronista y junto con el personal ocuparon LV–7 Radio Tucumán y pidieron la renovación del cuerpo directivo de la emisora. Luego emitieron comunicados señalando que el nombre de la radio sería Radio "Eva Perón", además proclamas de la Juventud Peronista y marchas partidaria. En el frente del edificio se colocó un gran cartel de "Montoneros"

El 13 de junio de 1973, la Juventud Peronista junto con el personal toma LV-12 Radio Independencia y emiten proclamas por junto con LW-3 Radio Splendid y LV–7 Radio Tucumán. Manifestaron que las ocupaciones se hacían con la convicción de que era *"el modo de afianzar la cultura nacional al servicio del pueblo, para que los medios de comunicación dejen de ser instrumentos de deformación de las clases dominantes y el imperialismo, convirtiéndose en vehículos de liberación"*. La Juventud Peronista afirmó también en sus manifestaciones *"que el gobierno quiere garantizar la aplicación de las medidas que lleven a la patria libre, justa y soberana, la patria socialista."* Exhortó, finalmente, a concurrir a Plaza de Mayo el 20 de junio para recibir a Perón.

Las comunicaciones, firmadas por la Juventud Peronista Regional V, invitaban a acompañar las ocupaciones.

El 13 de junio de 1973, fue ocupado el canal de

<u>Televisora Universitaria</u> por parte de su personal y La Juventud Peronista y fueron difundidas consignas de la JP.

El 13 de junio de 1973, unos quince jóvenes de la JP., JTP y UES, toman los estudios de <u>LU–5 Radio Neuquén</u> (de la cadena de Radio Belgrano) y simultáneamente, otro grupo <u>tomaba la planta transmisora</u>. Separaron de su cargo al director de la misma, Eduardo Bilbao, y a dos miembros del servicio informativo: Pedro Brofi y Héctor Raúl Guglielminetti, acusando a éste de pertenecer a los servicios de inteligencia. Además, denominaron a la emisora "Radio Juan Bustos" en homenaje a un joven asesinado el 8 de marzo en un enfrentamiento con militantes del Partido Provincial Rionegrino.

5.4.3.- La "Masacre de Ezeiza".

Cecchini (20-06-2023) refiere que el país entero esperaba el regreso definitivo de Juan Domingo Perón, programado para el Día de la Bandera, 20 de junio, aniversario de la muerte del general Manuel Belgrano.

Amato (17-11-2022) menciona que había un grupo de personas encargadas de armar el chárter que iría a buscar a Perón a España, y acompañarlo en su retorno al país, después de casi dieciocho años de exilio, armaron listas provisorias que eran enviadas a Madrid.

Para organizar la fiesta del regreso se conformó una comisión, cuya composición estaba integrada por sectores en pugna dentro del movimiento peronista: Juan Manuel Abal Medina, Norma Kennedy, el coronel (RE) Jorge Osinde, José Rucci y Lorenzo Miguel.

Cecchini (20-06-2023), agrega que unos días antes habían ocupado el Hogar Escuela Santa Teresa, ubicado a unos 600 metros del palco y que tenía facilidades para albergar a cientos de chicos internados. Los pibes fueron testigos de cómo se instalaron las patotas numerosas en las dependencias destinadas a estudiar y dormir. Al frente de esa maniobra estaba Alberto Brito Lima, al frente de

Organización de la Juventud Peronista, del peronismo de derecha decidido a terminar a la militancia de la izquierda peronista. El operativo estaba centralizado por el propio Osinde y por Norma Kennedy, instalados en el Hotel Internacional de Ezeiza, con hombres muy armados.

Los integrantes de la Comisión Organizadora decidieron que el palco, para recibir a Perón, se emplazaría en el puente del camino de acceso a la ruta 205, que cruza la autopista Riccheri, puente conocido como "Puente 12".

Amaral (2010) refiere que el diario La Nación del día 21 de junio de 1973, página 6, describe que el palco desde donde Perón hablaría a la multitud era de reducidas dimensiones y estaba sobre el puente. Delante del puente, hacia el norte, dos metros más abajo del palco oficial, se había montado una plataforma semicircular, con estructura tubular y piso de madera, con dos niveles. El primer nivel serían ubicados los representantes de la prensa y cámaras de televisión. En el otro nivel del que ocupaban los periodistas, 50 centímetros más abajo estaba destinado a las orquestas del teatro Colón y de la Municipalidad de la Ciudad de Buenos Aires.

A 50 metros del palco oficial se levantaron, a cada lado, dos enormes estructuras tubulares en las cuales se instalaron decenas de bafles, de los equipos de transmisión, que se conectaban a una red de altoparlantes sobre la autopista.

Existía delante de todo esto, un vallado metálico de contención del público, que se ubicaría en la autopista y a los laterales de la misma, hacia la ciudad de Buenos Aires.

Desde la noche del día 19 de junio, las personas se ubicaban cercanas al palco, dispuestas a pasar la noche. El palco estaba custodiado por la "Juventud Sindical Peronista".

Cerca de las 3 de la mañana grupos antagónicos que coreaban consignas distintas, produjeron un intercambio de disparos de arma de fuego, que provocaron tres heridos.

Alrededor de las 3:30 a.m., del día 20 de junio, informan por los altoparlantes, que el avión Chárter emprendía el viaje desde Madrid a la Argentina, llevando abordo al teniente general Juan Domingo Perón.

A las 10 de la mañana se produjo un incidente entre algunos jóvenes pugnaban por acercarse al palco y los hombres que custodiaban el lugar al mando del teniente coronel (R) Jorge M. Osinde. Quedaron contusos y posiblemente heridos por disparos de arma de fuego, dado que se escucharon varios disparos.

El constante afluir de público con cartelones, banderas nacionales y partidarias, globos gigantescos, contingentes desde ómnibus o familias desde sus automóviles, motos bicicletas, a pie fueron colmando el espacio frente al palco. A las 12 horas era imposible acercarse a menos de 400 metros del palco, las personas no solo estaban sobre la autopista Ricchieri sino también sobre los parques y bosques laterales.

5.4.3.1.- Incidentes.

Eran las 14:30 horas, cuando las orquestas del Teatro Colón y de la Municipalidad de la Ciudad de Buenos Aires comenzaron a tocar la marcha peronista, que el locutor, Leonardo Favio, invitó a cantar a la concurrencia, en medio de reiteradas recomendaciones de hacerlo con calma y cordura. Cinco minutos después, se iniciaron graves y sangrientos enfrentamientos.

De las publicaciones de los diarios Clarín del 21 de junio de 1973, página 12; La Opinión del 21 de junio de 1973; y la Razón del 24 de junio de 1973, página 4, permiten decir que los incidentes graves se inician con una ráfaga de metralleta, cuando una columna, muy numerosa, de manifestantes avanzaba desde la ruta 205, por el camino a llevaba desde ésta a la autopista Ricchieri, bordearon el palco por la parte posterior, intentando alcanzar el lado este, donde había gran cantidad de carteles similares a los que llevaba la columna.

La columna con bombos, carteles y estandartes, procedente de la zona sur del Gran Buenos Aires e integrada por la Juventud Peronista, Juventud de Trabajadores Peronistas, Fuerzas Armadas Revolucionarias, Fuerzas Armadas Peronistas, Montoneros, agrupaciones estudiantiles Frente de Agrupaciones Eva Perón, Federación Universitaria de la Revolución de la Plata.

Para ello debía pasar por la parte más cercana al palco ocupada por la Juventud Sindical Peronista y sectores que respondían a las 62 Organizaciones, con sus carteles. Los integrantes de grupos adversos habrían reaccionado contra lo que calificaron como intento de copamiento. Poniendo de relieve la hostilidad existente entre la Patria Peronista y la Patria Socialista.

Esta acción, la ráfaga de metralla, es seguida de abundante cantidad de disparos de armas automáticas y revólveres, que de inmediato son contestadas por los encargados de seguridad del palco.

Debajo del palco las corridas arrojaban las primeras víctimas, aparte de las ocasionadas por el tiroteo.

Cecchini (20-06-2023) comenta era muy difícil ver qué estaba pasando. Favio, realmente desesperado, insistió: "¡Que se bajen todos de los árboles, repito: que se bajen de los árboles! ¡A partir de ahora, los que queden en los árboles son considerados traidores! ¡Los enemigos ya han sido visualizados!".

Otra voz, marcial, la de Ciro Ahumada gritó: "Ordeno que el personal se baje inmediatamente de los árboles; les doy cinco minutos para hacerlo. Están en la óptica de nuestros fusiles. Si no bajan los ejecutamos. Es una orden"

Los disparos cesaron en esa zona, pero se mantenían en otros lugares.

Es de destacar lo mencionado por el diario Clarín del 21

de junio de 1973, página 8, que la seguridad del palco había sido encargada por la comisión organizadora, es de pensar con conocimiento de Perón, a grupos vinculados con el sindicalismo, adheridos a la Patria Peronista, dirigidos por militares retirados vinculados al COR (Centro de Operaciones de la Resistencia) comandados por el general Miguel Ángel Iñiguez.

A las 16:55 horas se anunció el aterrizaje del avión identificado como DC-8 Giusepe Verdi de Alitalia, que traía a Perón en la base aérea de Morón y a las 17:30 horas el presidente Cámpora comunicó que Perón no concurriría al acto de Puente 12.

La crónica de La Nación (22-06-1998) señala que se habían producido alrededor de 13 muertos y más de 200 heridos, como saldo de los graves enfrentamientos que se produjeron. Agregaba que aunque no existe seguridad acerca de la filiación política de quienes produjeron los graves hechos. Las noticias eran contradictorias pero coincidían en que uno de los grupos actuó bajo la consigna de "Patria Socialista", al que se opuso el de "Patria Peronista".

5.4.4.- Secuestro del Gerente de Esso, Víctor E. Samuelson.

Serrichio (13-12-2023), refiere que Max Vince Krebs el encargado de negocios de la Embajada de EEUU en la Argentina, con fecha 10 de diciembre de 1973, comunicaba al Departamento de Estado el secuestro de Víctor Samuelson, gerente de la petrolera Esso, como se conocía localmente a Exxon, hoy ExxonMobil. El hecho se había producido en Campana, en un lugar cercano a la refinería de la empresa.

Krebs informaba que el Ejército Revolucionario del Pueblo (ERP) se había adjudicado el secuestro, pero no había pedido rescate. Sí, habían manifestado que

Samuelson sería juzgado por la "*explotación del pueblo por parte de las corporaciones multinacionales*", era una innovación de los terroristas locales, pues, agregaba, ese tipo de juicios, que habían estado reservados a oficiales militares y ocasionalmente civiles de gobiernos anteriores.

Una nota publicada por *The New York Times*, el 13 de diciembre, daba cuenta de un cable de Reuters y citaba: "*fuentes de la embajada de EEUU en Buenos Aires*", agregaba que el de Samuelson era el décimo secuestro de un empresario extranjero en la Argentina en el año y que Ford había evacuado a 22 ejecutivos "*después de recibir amenazas de muerte de diferentes organizaciones terroristas y del asesinato de* John Swint, *uno de sus ejecutivos, por parte de las Fuerzas Armadas Peronistas (FAP)*" Además, informaba que la fábrica de ascensores Otis, había trasladado sus ejecutivos de la Argentina a Brasil tras recibir amenazas del ERP, y que tenía cautivos a Florencio Crespo, un general del Ejército, y a Niborg Andersen, un ejecutivo del Banco de Londres.

The Journal of Commerce, una tradicional publicación de negocios de EEUU, se había hecho eco de la situación y calificado a Buenos Aires como "*la capital mundial del secuestro*".

Los grupos armados ahuyentaban la inversión extranjera, y la actividad económica.

En abril de 1974, ESSO pagó USD 14.5 millones, por el rescate de Samuelson.

5.4.5.- Renuncia de Héctor José Cámpora y Vicente Solano Lima.

El 29 de junio el diario "La Opinión" dirigido por Jacobo Timmerman publicó un breve trascendido que generó un revuelo inmediato: "*El presidente y vicepresidente de la nación renunciarán y la asamblea legislativa cubrirá la acefalía prevista por la Constitución, designando presidente a Perón, para lo cual debería dictarse previamente una nueva ley de acefalía."*

Marotte (2008) refiere que el 4 de julio en la casa de Gaspar Campos se reunió el gabinete en pleno, se encontraban también Isabel, el vicepresidente Lima y Raúl Alberto Lastiri. El motivo de la convocatoria era tratar la Ley de Ministerios, para la cual se había requerido la opinión escrita del líder de la oposición Ricardo Balbín.

Luego de dos horas de conversaciones, López Rega preguntó:

"¿Quisiéramos saber cuál va a ser el papel que va a jugar el general Perón en el país?"

Cámpora ofreció su renuncia y de inmediato Solano Lima dijo que él renunciaría.

Consultado Perón dijo: "Haré lo que el pueblo quiera".

Surgió la duda acerca de quién debería hacerse cargo de la presidencia, López Rega mencionó de inmediato a su yerno Raúl Lastiri.

Cámpora y Righi objetaron que se saltease el orden de la Ley de Acefalía y pusieron de manifiesto que el senador Alejandro Díaz Bialet, en tanto presidente provisional del Senado debía hacerse cargo de la transición.

López Rega volvió a insistir con el presidente de la Cámara de Diputados, Lastiri y la mayoría de los ministros apoyó la posición de López Rega.

José Ber Gelbard, Ministro de Economía, propuso que se enviase al senador Díaz Bialet en misión diplomática para asistir el IV Encuentro del Movimiento de Países No Alineados que se celebraría casi dos meses después en Argelia.

El día 12 de julio, Vicente Solano Lima se encargó de despejar las dudas y ante los medios de prensa acreditados en la Casa de Gobierno a las 22.30 declaró: *"Mañana a las 8 en la Casa Rosada el doctor Cámpora y yo firmaremos juntos nuestras renuncias que son indeclinables...".* Explicó: *"el candidato natural del Frejuli era Perón, pero fue vetado, y ahora es la oportunidad para que presente su candidatura".*

Mientras Cámpora y Lima comunicaban su decisión que se plasmaría en la mañana del día siguiente, Díaz Bialet, primero en el orden de sucesión empacaba y retiraba sus documentos personales del despacho en el Palacio del Congreso y a las 21 horas partió rumbo a Argelia, previa escala en Madrid,

El día 13 julio a las 8 de la mañana, entregaron sus renuncias al Congreso, en la persona del vicepresidente primero del Senado José Antonio Allende, puesto que el presidente provisional Díaz Bialet, sospechado de vinculaciones izquierdistas, había sido conminado a viajar a España.

Se consideró que el viaje se hallaba justificado en la necesidad de realizar gestiones en torno del IV Encuentro de Países No Alineados que se efectuaría en Argel, a partir del 29 de agosto, es decir, casi 50 días después. Permanece en Madrid sin proseguir su viaje y regresa a Buenos Aires el día 20 de julio de 1973.

5.5.- Gobierno de Raúl Alberto Lastiri.

Reunida la Asamblea Legislativa aceptó las renuncias luego de un prolongado debate y se decidió, ante la salida de Díaz Bialet, que le correspondía ejercer la primera magistratura al presidente de la Cámara de Diputados Raúl Alberto Lastiri.

Raúl Alberto Lastiri prestó el juramento constitucional. La sesión fue abierta a las 16:40 del 13 de julio y estuvo presidida por los vicepresidentes de ambas Cámaras, José Antonio Allende (FREJULI-PPC-Córdoba) y Salvador Bussaca (FREJULI-PDC-Capital Federal).

En su discurso, Lastiri rindió tributo a Cámpora y Lima por haber colocado *"el interés del país por encima de los intereses humanos, cumpliendo fielmente los postulados justicialistas, que dicen: primero la Patria, luego el Movimiento y finalmente los hombres…"*.

En una ceremonia que duró 20 minutos Héctor Cámpora transmitió el mando a Lastiri el 13 de julio a las 19:40 en el Salón Blanco de la Casa de Gobierno. Cámpora ingresó con Lastiri y fue extensamente aplaudido, demostración que agradeció con una reverencia. El Escribano General del Gobierno, Jorge Garrido, leyó el acta de posesión y seguidamente Cámpora colocó la banda presidencial y entregó el bastón de mando a Lastiri.

A las 23:30 se inició la jura de los ministros, en la que se destacó el desplazamiento del titular de la cartera de Interior, Esteban Righi, sindicado como un hombre muy cercano a Montoneros, por Benito Llambí. También el ministro de Relaciones Exteriores Juan Carlos Puig, por Alberto Juan Vicente Vignes.

Los demás ministros de Cámpora volvieron a jurar ahora con Lastiri.

Lastiri detuvo las medidas de amnistía y pacificación de los llamados presos políticos del régimen de Lanusse, que había tomado Cámpora con amplio apoyo popular, por ello hacia el final de su mandato recrudecieron las acciones de Montoneros y del ERP.

El 20 de julio, el Gabinete se reunió a deliberar y anunció la convocatoria a elecciones presidenciales para el domingo 23 de septiembre. En la reunión también se definió que los cargos electos asumirían el 12 de octubre, y que se emplearía el mismo sistema electoral que en las elecciones de marzo.

5.5.1.- Asalto al Comando de Sanidad del Ejército Argentino.

El día 6 de setiembre de 1973 se produce el asalto al Comando de Sanidad del Ejército Argentino, ubicado entre las calles Combate de los Pozos y 15 de Noviembre de 1889, en el barrio de Parque Patricios.

De la investigación previa determinan que:

La entrada principal a la unidad militar estaba sobre la calle Combate de los Pozos; por allí se ingresaba al sector de oficinas, y en una de sus dependencias estaba la sala de guardia. El otro acceso, en la calle 15 de Noviembre de 1889, correspondía al sector de galpones y depósitos, al edificio de la tropa y a un centro de Hemoterapia Militar. Había otros puestos de guardia a la entrada del pabellón ocupados por los soldados, donde también se encontraba la sala de armas y en los altos del edificio que da sobre la esquina de Combate de los Pozos y 15 de Noviembre.

El personal del Comando estaba compuesto por 350 civiles, entre empleados, administrativos y profesionales y 250 militares. 200 de ellos soldados conscriptos, todos los cuales cumplían horario de 7:30 a 13:00, salvo el jefe de turno y la guardia integrada por 12 soldados, un sargento, y un cabo que permanecían las 24 horas. Había tres seccionales de policía cercanas a la unidad.

El Asalto.

Intentan repetir la exitosa operación de febrero de 1973, en la que se había copado del Batallón 141 de Comunicaciones de la provincia de Córdoba, donde se obtuvo una gran cantidad de armamento sin producir muertos ni heridos.

Caviasca (2014) refiere que a la 01:30 del 6 de septiembre de 1973, el soldado conscripto Hernán Invernizzi, miembro del ERP, que estaba a cargo de los relevos de los puestos de guardia, permite el ingreso y ayuda a dos guerrilleros a reducir a los otros conscriptos de la guardia. Enseguida un camión F350 se aproximó a la puerta con más guerrilleros.

La operación estaba planificada de forma que actuaran dos grupos, uno, con cinco integrantes, debía reducir al personal, la mayoría dormía según se creía. El resto ingresaría después, debía recolectar las armas e irse inmediatamente. Lo cierto es que el segundo grupo entró antes de que se redujera al conjunto de los militares y ayudó a ocupar el resto del cuartel y comenzaron a cargar el camión.

El soldado voluntario Osvaldo Degdeg que estaba en su cama y que aún no había sido reducido, tenía una pistola 22 consigo y abrió fuego hiriendo a un miembro del ERP. Los guerrilleros efectuaron disparos con armas de fuego, resultando heridos el soldado y el teniente Eduardo Rusch, que al escuchar los disparos se aproximó, con una pistola 45, para intentar resistir.

Otro conscripto se liberó de los amarres gracias a la ayuda de un compañero y ante la distracción del guardia del ERP escapan. Avisan a las fuerzas de seguridad de la cercana comisaría 28. La policía recibe el alerta siendo aproximadamente las 2:30, habiendo pasado una hora del inicio de la operación. Durante esa hora el ERP había evacuado a su herido a la posta sanitaria cercana.

La policía colocó móviles en las salidas y dos camiones en las bocacalles para dificultar la retirada de los guerrilleros, sabiendo la inferioridad militar que tenían, hasta la llegada de refuerzos.

A las 3:00 horas llegan al lugar las primeras unidades del Regimiento de Patricios: treinta y un soldados, cuatro suboficiales conducidos por el Teniente Shaw y comienzan las negociaciones.

Los ocupantes, que se habían atrincherado en la sala de guardia, intentaron comunicarse por teléfono con periodistas, legisladores y jueces, y finalmente decidieron rendirse.

Los ocupantes pidieron una tregua para sacar a los heridos, y al ser aceptada los sacaron por el portón de la calle 15 de noviembre de 1889 y dejaron en la acera al teniente primero Rutch y el soldado Degdeg, que fueron trasladados al Hospital Militar.

Siendo las 5:20 llega una compañía completa con artillería y ametralladoras pesadas al mando del Coronel Juan Bautista Sasiaiñ, con su segundo el Teniente Coronel Duarte Ardoy. Los guerrilleros fueron intimados a una rendición inmediata e incondicional sin aceptar ninguna de las peticiones. Pasado un lapso de tiempo ordenó abrir fuego y disparar gases, siendo aproximadamente las 6:40 sin recibir respuesta del ERP.

Una unidad de unos 50 hombres al mando del Teniente Coronel Duarte Ardoy, secundado por el entonces Capitán Gasquet, se dirige hacia el lateral para intentar copar a los guerrilleros por el flanco izquierdo. Duarte Ardoy buscaba penetrar en el cuartel por una puerta de chapa que daba al Hospital de Gastroenterología Udaondo.

En esos momentos los guerrilleros se rinden y cesan los disparos. Pero los guerrilleros que estaban en el lateral, sin conocimiento de la rendición disparan y dan muerte a Duarte Ardoy.

Hernán Invernizzi, hijo de la conocida psicóloga Eva Giberti, recibió la pena de reclusión perpetua. Otro participante, el ahora periodista Eduardo Anguita, fue condenado por esta acción a dieciséis años de prisión. El jefe de la operación, Carlos Ponce de León, fue condenado a diecinueve años de prisión.

Los tres recuperaron la libertad tras el retorno a la democracia, durante el gobierno de Raúl Alfonsín.

5.6.- Transmisión histórica oral.

Los conocidos y familiares peronistas comentaban que la

coalición electoral Frente Justicialista de Liberación (FREJULI) con sus candidatos Héctor José Cámpora y Vicente Solano Lima, eran los mejores candidatos para las elecciones del 11 de marzo de 1973, con ellos Perón vendría al país. Al comentar el autor que Cámpora simpatizaba con la construcción del socialismo nacional de "Tendencia Revolucionaria", las respuestas eran "Tienen buenas intenciones".

Cámpora triunfa en las elecciones y asume el 25 de mayo de 1973, triste día porque son liberados de la Cárcel de Devoto miles de guerrilleros presos. La Orden de liberación la comparten Cámpora y Perón según los diferentes autores. Pero, es de público conocimiento que los internos estaban esperando la asunción de Cámpora, caminando por los pasillos de la Cárcel, porque sabían que serían liberados sin indulto ni amnistía. Así, salieron hombres y mujeres del ERP, Montoneros, FAR, FAL, militantes estudiantiles, dirigentes obreros, que habían tomado los pabellones desde días antes, y que volverían a la lucha armada.

En 1973, el autor ocupaba el cargo de director médico del Hospital Vecinal de Gerli Oeste, Partido de Lanús. Provincia de Buenos Aires, y en los primeros días de junio recibe una citación de la Municipalidad de Lanús. El motivo una reunión para tratar el regreso al país del Juan Domingo Perón.

En reunión estaban invitados todos los directivos de hospitales y servicios de salud del Partido de Lanús.

Se explicó que el avión que traería a Perón aterrizaría en el Aeropuerto de Ezeiza y que el recibimiento se haría en el Puente 12 ubicado sobre la autopista General Pablo Richieri y el camino que la une con la Ruta 205. En 1973 no había otras rutas o caminos alternativos. Por lo que se preguntó:

- "¿Por qué se eligió ese lugar?"

La respuesta fue esquiva y dando a entender que eran órdenes.

Se explicó:

- El lugar elegido no tiene vías alternativas y ante una urgencia será imposible llegar para auxiliar o salir del lugar.

No obstante la decisión estaba tomada y solo querían saber con la cantidad de camas y ambulancias disponibles en cada centro médico.

Perón arribo a la República Argentina el 20 de junio de 1973, pero en la base área de Morón, mientras en el Puente 12 y los alrededores de producía un grave enfrentamiento entre distintas agrupaciones, que se llamó la "Masacre de Ezeiza".

Con la renuncia Cámpora y Solano Lima y gracias a una maniobra de López Rega, dado que la Presidencia de la Nación por la Ley de acefalía le correspondía al Presidente del Senado Alejandro Díaz Bialet, asume por un corto período el Presidente de Diputados Raúl Alberto Lastiri, y se llama a elecciones para el 23 de setiembre de 1973.

Las organizaciones guerrilleras subversivas terroristas continuaron con secuestros, asesinatos y asaltos a cuarteles del ejército.

Dr. Luis Anunziato

Capítulo 6.

6.1.- Tercer Gobierno de Juan Domingo Perón

6.1.1.- Elección del 23 de Setiembre de 1973.

El recuento de los votos de las elecciones del domingo 23 de septiembre de 1973 mostró un triunfo abrumador: Juan Domingo Perón era elegido presidente de la Argentina por tercera vez con el 61,86 % de los sufragios registrados. Mientras su principal adversario Ricardo Balbín. 24,42 %.

FORMULA	% de Votos
Juan D. Perón – María E. Martínez de Perón	61,86
Ricardo Balbín – Fernando de la Rúa	24,42
Francisco Manrique – Rafael Martínez Raymonda	12,20
Juan Carlos Coral – José Francisco Páez	1,53

La fórmula Perón-Perón ganó en todos los distritos electorales, 23 provincias, la Capital Federal y el territorio nacional de Tierra del Fuego, Islas del Atlántico Sur y Antártida Argentina. Asume el cargo de Presidente de la Nación el 12 de octubre de 1973.

6.1.2.- Asesinato de José Ignacio Rucci. Secretario General de la CGT. La Llamada "Operación Traviata"

Reato (24-09-2023) relata que Juan Julio Roque, apodado Lino, es un jefe montonero, un revolucionario adiestrado en Cuba, al estilo de Che Guevara, a quien admiraba. El 10 de Abril de 1972 había asesinado al general Juan Carlos Sánchez.

Roque fue perdiendo las esperanzas en Perón. El pensamiento de los Montoneros era que Perón se estaba inclinando a la derecha, por lo que deciden apretarlo "tirándole un fiambre", que mejor que su querido Rucci, para que los tenga en cuenta en los puestos de poder, en el gobierno y en el Movimiento Nacional Justicialista.

Luego de las investigaciones previas, Roque visita la casa vecina al domicilio de Rucci. En el primer piso, parado junto a una ventana del frente, cubierta por un cartel con la inscripción "Se Vende", practica un orificio e introduce el cañón de un arma y dice: "*¡Perfecto! Desde aquí seguro que le doy en el cuello a ese burócrata traidor*".

Es el jefe del grupo montonero que está por matar a Rucci, secretario general de la Confederación General del Trabajo y enlace entre los empresarios y los sindicalistas, auspiciado por Perón.

Rucci estaba en conocimiento de las amenazas de muerte hacia su persona, y meses antes de su asesinato, la agrupación Montoneros había cantado durante un acto por el aniversario de la muerte de Evita: "*Rucci, traidor, a vos te va a pasar lo que le pasó a Vandor.*"

Desde hacía unos meses, Rucci vivía con su familia en el último departamento, al fondo de un largo pasillo de las llamadas "Casas en chorizo" en la avenida Avellaneda 2953, entre Nazca y Argerich, barrio de Flores.

Es el martes 25 de septiembre de 1973, Rucci repasaba, con su jefe de prensa, Osvaldo Agosto, el mensaje que pensaba grabar en una hora en el Canal 13 para el programa de Sergio Villarroel. El chofer del sindicalista, Abraham Tito Muñoz, que había llegado un rato largo antes, esperaba.

De improviso Agosto dice: *"Uy, son casi las 12, tendríamos que ir saliendo..."*

Rucci se pone una camisa bordó y un saco marrón a cuadros, y ordena a Muñoz: *"Tito, avísale a los muchachos que están en la puerta que se suban a los autos, que se preparen que ya salimos. Pero, que no hagan mucho lío con las armas, que no las muestren mucho. ¡A ver si se cuidan un poco!"*.

Quince minutos antes de las 12:00 horas, Juan Julio Roque, sus hombres esperaban que Rucci salga en dirección al Torino colorado de la CGT, que había estacionado frente a la *"Casas en chorizo"* de la avenida Avellaneda 2953.

Cuando abre la puerta de las casas en chorizo, sus trece guardaespaldas ya están en sus puestos, sentados en los cuatro autos estacionados sobre Avellaneda: tres lo esperan en el Torino colorado sin blindar; cuatro en un Torino gris ubicado a unos cincuenta metros, casi llegando a Argerich; los otros seis, en los dos coches del medio, un Dodge blanco y un Ford Falcón gris, que es el que saldrá primero, encabezando la caravana, y al que Agosto recién se está subiendo.

Al llegar al coche Rucci dice: *"Negro, pasate adelante y déjame tu lugar así te ocupas de la motorola"*, se refería a Ramón "Negro" Rocha, un ex boxeador santafesino, que en el apuro se había ubicado atrás, junto a Corea, Jorge Sampedro, más conocido como Jorge Corea o Negro Corea, otro ex boxeador pero de Villa Lugano.

Rocha sale del asiento trasero y está por abrir la puerta delantera, cuando lo sorprende el estruendo de un disparo de Itaka que abre un agujero en el parabrisas y una ráfaga de ametralladora.

En el primer piso de la casa de al lado de avenida Avellaneda 2953, domicilio de Rucci. Juan Julio Roque (Lino) apunta con cuidado, espera el segundo preciso e inmediatamente después de la ráfaga de ametralladora, aprieta el gatillo del fusil FAL, y la bala penetra limpita en la cara lateral izquierda del cuello de Rucci. A pesar de estar rodeado de guardaespaldas, no se pudo evitar el fatal desenlace. Rucci termina muerto en la vereda, habiendo recibido 23 disparos, número que le valió el nombre mediático de *"Operación Traviata"*, en referencia a la galletita de los "23 agujeritos".

Battaglia (25-09-2023) relata que dos años después del crimen, Montoneros se adjudicó el asesinato en su revista Evita Montonera. Un artículo referido a la Masacre de Ezeiza, titulado "Justicia Popular", incluía una lista de personas "ajusticiadas" y la primera de ellas era Rucci: *"JOSE RUCCI, ajusticiado por Montoneros el 23-09-73 (sic)"*.

A partir del atentado se profundizó la división entre Perón y los movimientos de izquierda del Partido Justicialista.

6.1.3.- El "Documento Reservado" Depuración Ideológica del Peronismo.

Merele (2013) relata que la *"depuración ideológica"* del peronismo, será el nombre con el que se conocerá a la expulsión de los infiltrados marxistas en el interior del movimiento peronista.

El 1° de octubre de 1973 se realiza una reunión en Olivos del Consejo Superior del Movimiento Justicialista (CSMJ) llevada a cabo luego del asesinato del secretario general de la CGT José Ignacio Rucci. Punto a tratar la depuración de la infiltración marxista del peronismo en el llamado *"Documento Reservado"*

La edición del diario La Opinión del día 2 de octubre de 1973, anunciaba las "Drásticas instrucciones a los dirigentes (2/10/1973). La nota, que reproducía íntegramente el texto del "*Documento Reservado*", decía:

En la reunión convocada ayer por el presidente provisional, señor Raúl Lastiri, y el ministro del interior, embajador Benito Lambí, a la que asistieron todos los gobernadores, fue dado a conocer una "orden reservada" para los delegados del Movimiento Nacional Justicialista en las provincias y que está suscripta por el Consejo Superior Peronista. El propio general Perón, que asistió en su carácter de presidente electo, anunció el documento, que fue leído por el senador José Humberto Martiarena, miembro del Consejo y luego repartido a los mandatarios provinciales. El documento comienza señalando que el reciente atentado llevado a cabo contra Rucci, marca el punto más alto de la escalada de agresiones que el enemigo marxista lleva adelante de manera sistemática contra el movimiento. Sostiene que tales agresiones significan una guerra, denuncia la infiltración de grupos marxistas, y advierte sobre la vulnerabilidad de los sectores juveniles frente a ellos. En cuanto a las directivas que establece, declara el estado de movilización de todos los elementos que integran el movimiento, y hace un llamamiento a la reafirmación doctrinaria y al verticalismo.

En sus puntos más polémicos instruye: "*[...] En todos los distritos se organizará un sistema de inteligencia, al servicio de esta lucha, el que estará vinculado con el organismo central que se creará [...]. [Se utilizarán] todos los [medios de lucha] que se consideren eficientes, en cada lugar y oportunidad. [Aclarando que] La necesidad de los medios que se propongan, será apreciada por los dirigentes de cada distrito.*" (La Opinión, 2/10/1973; Crónica 2/10/1973).

Según Gambini (19-02-2007) fue una reunión privada, celebrada en Olivos, invitados el presidente provisional, Raúl Lastiri; el secretario general del PJ, senador Humberto Martiarena; los miembros del gabinete nacional y los gobernadores con sus vices. No faltó nadie. Agrega, como Perón no era aún presidente, no lo firmó, solamente lo bendijo, pero requirió el aval del Consejo Superior Peronista, donde estaban Lorenzo Miguel, Jorge Camus, Norma Kennedy y Julio Yessi, para darle mayor efectividad.

6.1.4.- Perón Asume el Poder Ejecutivo.

Yofre (12-10-2023) refiere que el 12 de octubre de 1973, Juan Domingo Perón jura en el Congreso de la Nación, con la presencia de los ex presidentes Frondizi, Illia, Guido y Cámpora, la asistencia de la española María del Pilar Franco y Bahamonde, hermana de Nicolás, Ramón y Francisco Franco.

Perón se dirige en helicóptero a la Casa de Gobierno, donde llega cerca del mediodía.

En La Casa Rosada recibe la banda y el bastón de mando, y sale a saludar y dirigir un mensaje a la muchedumbre desde su histórico balcón sobre la Plaza de Mayo, detrás de un vidrio blindado por razones de seguridad.

Por la noche se dio una función de gala en el Teatro Colón para agasajar a los invitados y luego hubo una recepción el Hotel Plaza sobre la Plaza San Martín. Perón recibe numerosas muestras de afecto.

En las siguientes semanas la política argentina tendría como centro las relaciones entre el presidente Perón y las organizaciones armadas. Estas organizaciones estaban embarcadas en una ola cada vez más violenta de secuestros, asesinatos, ataques contra dirigentes sindicales, miembros de las fuerzas armadas y de seguridad. Además operaban en la Argentina otras bandas terroristas. Eran extranjeras y estaban nucleadas en la *"Junta Coordinadora Revolucionaria"*.

La *"Junta de Coordinación Revolucionaria (JCR)"* fue una organización internacional sudamericana, que tenía por objeto la colaboración entre distintas organizaciones subversivas y políticas de Argentina, Chile, Uruguay, Bolivia y Venezuela para impulsar la lucha armada, derrocar gobiernos y establecer *"Estados Socialistas"* en sus respectivos países. Su consolidación se inició en 1972, a partir de reuniones previas desde 1968, fue fundada un mes antes del Golpe de Estado en Chile de 1973 y dada a conocer al público en 1974. Estuvo integrada por el PRT-ERP de Argentina, el Movimiento de Liberación Nacional – Tupamaros (MLN-T) de Uruguay, el Movimiento de Izquierda Revolucionaria de Chile y el Ejército de Liberación Nacional (ELN) de Bolivia

Después de un largo mes en ejercicio de la presidencia de la Nación, Perón enfrentaba ahora con un sector de hombres y mujeres del peronismo que pretendían encaminarlo por la senda del socialismo nacional, un difuso planteo que giraba alrededor de la figura del jefe del comunismo cubano Fidel Castro. El enfrentamiento reconocería cuatro frentes: sindicatos, gobernadores provinciales, accionar guerrillero, universidades.

El temor a los atentados y secuestros de empresarios nacionales y extranjeros abrió paso a un éxodo de hombres y de capitales, algunos hacia los países de origen, otros hacia lugares más cercanos como Uruguay. Un panorama de inseguridad que crecía día tras día en todo el país, con las organizaciones guerrilleras Montoneros y ERP cumpliendo un plan que abarcaba desde secuestros para obtener financiamiento hasta el asesinato de militares y miembros de las fuerzas de seguridad.

6.1.5.- Fusión de las Fuerzas Armadas Revolucionarios (FAR) y Montoneros.

El 12 de octubre, día que Perón asume la presidencia de la Nación, Montoneros anunciaba su fusión con las Fuerzas Armadas Revolucionarias (FAR), que a partir de ese momento dejaban de cometer acciones con ese nombre original. La fusión según el Acta de Unidad será para iniciar *"una nueva batalla en esta larga guerra de liberación, tan dura y compleja como la anterior..."*. (Ver Anexo 9)

El primer acto de significación de la nueva organización se realizó en la plaza Vélez Sarsfield de Córdoba el 17 de octubre. Ahí, frente a más de 10.000 personas, Mario Eduardo Firmenich, sin nombrarlo, le respondió a Perón, al decir: *"Porque hoy resulta que hay algunos que durante la etapa anterior estaban en contra de lo que nosotros hacíamos y que ahora explican que como éramos formaciones especiales éramos para un momento especial, que era la dictadura. Y que como ahora se acabó la dictadura, se acabaron las formaciones especiales. Claro. ¡Ellos dicen que lo que se justificaba antes no se justifica ahora! (...) Entonces nosotros pensamos que hay alguna trampa en el argumento. Por lo tanto, no nos pensamos disolver"*.

Yofre (12-10-2023) continuaba diciendo que el jefe de Montoneros definió al Documento Reservado para la depuración del Movimiento" como una *"estupidez: "Este documento plantea un fantasma que arremete al peronismo. Nosotros, lo que debemos plantear es que sí, queremos la depuración del Movimiento, pero fundamentalmente de aquellos que son agentes de los yanquis en el Movimiento. Esta es la depuración que vamos a hacer; de todos aquellos que no representan a los trabajadores"*.

Roberto Quieto, el jefe de las FAR que se integró como segundo de la Conducción Nacional de Montoneros, reconoció que la elección de Córdoba para realizar el acto se debía *"al papel protagónico que jugó el pueblo de Córdoba en la lucha contra la dictadura militar. Sí, compañeros, es el reconocimiento al "Cordobazo", al "víboras", a numerosas acciones armadas que tuvieron por escenario a esta ciudad..."*. Pero, para Perón el "Cordobazo" fue un fenómeno producido por la izquierda, no por el peronismo.

6.1.6.- La Alianza Argentina Anticomunista (Triple A o AAA)

Foresi (2017) refiere que han tenido gran repercusión en Argentina la acción de la Alianza Anticomunista Argentina (AAA o Triple A), y su contacto con grupos de militares de derecha, la Organización Armée Secrète (OAS); relación sospechada desde el momento en que Perón tiene el corto regreso a la Argentina en 1972. Otro fue el grupo italiano dependiente de la logia masónica Propaganda 2 (P2).

El rol jugado por la logia P2 sería descubierto recién en 1976, hecho que desencadenó la apertura de una comisión de investigación parlamentaria en Italia y que, como resultado, hizo públicas las relaciones entre el maestro de la logia, Licio Gelli y el ministro de Bienestar Social, supuesto fundador de la Triple A, López Rega.

Foresi (2017) agrega que la Triple A haría su aparición en la llamada masacre de Ezeiza, el 20 de junio de 1973. Pero tiene en 1973 una estructuración definitiva de la AAA, con la jefatura política del ministro López Rega, la supervisión del comisario general Alberto Villar y la dirección militar de los Comisarios Juan Ramón Morales y Rodolfo Eduardo Almirón.

Carreras (2003) relata que José López Rega se había retirado de la Policía Federal Argentina como cabo y luego obtiene el Grado de Comisario General. Agrega que el grupo contraguerrillero de la Triple A comienza a actuar a fines de 1973 y principios de1974, con apoyo de todas las policías y las Fuerzas Armadas, particularmente el Ejército.

Los grupos armados de las AAA aplicaban la modalidad de secuestrar a los militantes revolucionarios, sus familiares o aliados, interrogarlos bajo tortura y luego asesinarlos. Uno de sus objetivos era sembrar el terror entre los allegados a la guerrilla, e irles quitando progresivamente la popularidad obtenida en los anteriores años de lucha.

Estas fuerzas parapoliciales estaban compuestas por comandos de entre seis a diez hombres, aunque en oportunidades podían operar grupos más numerosos. Los integraban ex policías, delincuentes comunes y algunos mercenarios internacionales de diferente origen.

La salud de Perón, por esos días, se debilitaba por momentos, por lo que la Triple A avizoraba su desaparición física. Manejando este dato se prepararon para dar un combate frontal contra la izquierda peronista, que les permitiese controlar los resortes del gobierno, una vez ocurrido el fallecimiento del conductor justicialista.

Era evidente que Perón estaba al tanto de la actividad paralela de estos grupos.

Carreras (2003) relata que el 19 de febrero de 1974 fueron secuestrados Jorge Antelo y Reynaldo Roldán, militantes del ERP, de quienes nunca más se supo.

El 30 lo mataron a balazos, en Lomas de Zamora, a Pedro Hanssen, dirigente de la JP, y al otro día asesinaron a Héctor Félix Petrone, en Lanús.

El 9 de abril de 1974 fue secuestrado Ricardo José González, de la JUP.

Esa misma noche le hicieron un simulacro de fusilamiento a Antonio Iglesias, militante de Vanguardia Comunista, en el parque Pereyra Iraola.

El 24 abril 1974 es asesinada Liliana Ivanoff. Secuestrada en Monte Grande, su cuerpo apareció unas horas más tarde cerca del barrio El Gaucho, donde siempre vivió y había desarrollado su militancia.

El 11 de mayo de 1974, al salir de la iglesia San Francisco Solano, fue asesinado el sacerdote Carlos Múgica. Muchos años después se comprobaría que este crimen fue perpetrado por Rodolfo Almirón, uno de los jefes de la Triple A.

Uno de los secuestrados por esos días, Salvador Bidegorry, de Montoneros, iba a aparecer muerto, el 13 de mayo, con signos de feroces torturas.

El 28 se hallaron los cadáveres de Oscar Dalmacio Mesa, Antonio Moses y Carlos Domingo Zila, secuestrados de un local del PST, en General Pacheco, y fusilados en un descampado de Pilar.

El 2 de junio, el asesinado a balazos fue el joven Rubén Poggioni, por pegar carteles del Partido Comunista.

El día 6 de junio, Gloria Moroni, de Tendencia Estudiantil Revolucionaria Socialista, sería secuestrada y torturada.

El 14 de junio se denunció la desaparición de Juan de Dios Odriozola, cuya madre fuera muerta en la batalla campal de Ezeiza.

Perón murió el 1° de julio y, en los nueve meses de su gobierno, los parapoliciales de la Triple A actuaron en zonas liberadas para secuestrar, torturar y matar a jóvenes de izquierda. Se identificaron quince cadáveres, sin contar los secuestros. Luego, con su esposa en la presidencia, la cifra se elevaría casi al millar.

6.1.6.1.- Asesinato de Silvio Frondizi.

Silvio Frondizi (1907-1974) abogado e intelectual marxista argentino, hermano del presidente argentino Arturo Frondizi.

Se relacionó con la Revolución Cubana y el Partido Revolucionario de los Trabajadores (PRT). Como abogado defendió a presos subversivos.

Fundador de Praxis y Movimiento de Izquierda Revolucionaria (MIR-Praxis). Silvio creó el Grupo Praxis, movimiento juvenil marxista en el que se formó una nutrida cantidad de cuadros revolucionarios, la mayoría muy activos.

Ferri, C. (27-09-2019) relata que la noche del 27 de septiembre de 1974, Silvio Frondizi se encontraba descansando en su domicilio ubicado en la calle ex Cangallo, actual Presidente. Perón de Capital Federal, junto a su esposa y nieto de 6 meses, cuando un escuadrón, dirigido por el subcomisario Juan Ramón Morales y el subinspector Almirón Sena, irrumpió en la vivienda golpeándolos. A pesar de los intentos de Luis Alberto Mendiburu, su yerno, de defenderlo, se lo llevaron; dejando a este último herido de muerte.

Horas más tardes la Triple A se adjudicaba el asesinato, informando que el cuerpo se encontraba en un descampado de Ezeiza. Hallado con más de 50 impactos de bala fue velado en el aula Magna de la Universidad Tecnológica Nacional (UTN)

6.1.7.- Acciones Guerrilleras.

Ante el giro a la derecha del gobierno, el ERP intensifica las acciones guerrilleras.

A comienzos de noviembre de 1973, secuestra al coronel Florencio Emilio Crespo, liberado después de estar 190 días de una Cárcel del Pueblo, por su estado de salud. La Triple A responde poniendo una bomba al coche del diputado Hipólito Solari Yrigoyen, radical y abogado de guerrilleros, quien resulta gravemente herido.

6.1.7.1.- Ataque a Regimiento 10 de Caballería, en Azul.

Serra (19-01-2019) relata que el 19 de enero de 1974 a las ocho de la noche, los guerrilleros toman como base de operaciones una quinta vecina al cuartel militar de Azul, sólo cuidada por el casero, al que maniatan. El dueño de la quinta había muerto poco antes.

La fuerza invasora estaba integrada entre 80 y 100 guerrilleros de la compañía Héroes de Trelew al mando de Enrique Gorriarán Merlo y Hugo Irurzún.

Vestidos con uniformes verdes de combate, como el

usado por el ejército, y fuertemente armados entraron al cuartel, por el polígono de tiro y se apoderaron del Puesto 3.

Lograron ocupar la Guardia Central, el Casino de Oficiales y llegan a las viviendas del coronel Camilo Arturo Gay y del teniente coronel Jorge Roberto Ibarzábal, matan a tiros de pistola al soldado conscripto Daniel González, al coronel Gay y a su esposa, Nilda Cazaux. Secuestran a Ibarzábal.

La fuerte reacción ofensiva contra los invasores obliga a Gorriarán Merlo ordenar la retirada, llevándose prisionero a Ibarzábal, que soportaría durante diez meses prisión en las llamadas *"Cárcel del Pueblo"*.

Serra (19-01-2019) agrega las bajas militares: Gay y su mujer, el soldado Daniel González, asesinado en su puesto de centinela, y el teniente primero Alejandro Carullo, jefe de servicio ese día, gravemente herido pero sobreviviente.

Bajas del ERP: Guillermo Pascual Altera, muerto, y Héctor Alberto Antelo y Reinaldo Roldán, detenidos.

Ibarzábal permaneció detenido hasta su asesinato, el 19 de noviembre del mismo año, cuando una patrulla policial persiguió a dos autos y una camioneta que violaron el control en un punto de Francisco Solano, Quilmes. En la camioneta, de techo metálico, viajaba Ibarzábal hacia una nueva *"Cárcel del Pueblo"*. Los policías dispararon. El conductor de la camioneta no tuvo otra salida que frenar, pero antes disparó hacia la caja y la bala dio en la cara del cautivo. Muerte instantánea. El teniente coronel Jorge Roberto Ibarzábal, en esos momentos, pesaba 35 Kg.

El guerrillero tiró el arma al suelo y se entregó con los brazos en alto, declarándose prisionero de guerra.

Radio Libertad publicaba el 20 de enero de 1974, apenas un día después del ataque al cuartel de Azul, Juan Domingo Perón, por radio y televisión, habló de: *"los grupos terroristas que vienen operando en la provincia de Buenos Aires ante la evidente desaprensión de sus autoridades.*

No es por casualidad que estas acciones se produzcan en determinadas jurisdicciones. Es indudable ello obedece a una impunidad que la desaprensión e incapacidad hacen posible, o lo que sería peor, si mediara, como se sospecha, una tolerancia culposa".

Al mismo tiempo, ordenó a los diputados de su partido que impulsaran la reforma del Código Penal en lo referente a acciones guerrilleras, algo ya aprobado por el Senado.

El 22 de enero, en Olivos, recibió a los diputados de la Juventud Peronista que se oponían a esa reforma. En lugar de una audiencia privada, Perón los recibió con un discurso televisado que les sonó a castigo: *"A la violencia no se le puede oponer otra cosa que la violencia, y el que no esté de acuerdo o no le conviene... ¡se va!".*

Respuesta: ocho de los diputados renunciaron a sus bancas.

El mismo día, Perón les escribió una carta: *"a los jefes, oficiales, suboficiales y soldados de la Guarnición de Azul, a quienes felicito por el heroico y leal comportamiento con que han afrontado el traicionero ataque, deseando que el reducido número de psicópatas que van quedando sea exterminado uno por uno para el bien de la República".*

6.1.7.2.- Reemplazo de Bidegain y Otros Gobernadores de Tendencia Revolucionaria.

Nava (2008) refiere que el reemplazo de Bidegain se inscribe en el marco de la renuncia o remoción de varios gobernadores peronistas. Entre ellos: Obregón Cano (Córdoba), Martínez Baca (Mendoza), Jorge Cepernic (Santa Cruz) y Ragone en Salta. Aunque originariamente ninguno de ellos formó parte de la Tendencia Revolucionaria, estos gobernadores depuestos habían prestado su apoyo a los sectores de lo que podría denominarse la izquierda peronista. Este hecho ha permitido, de alguna manera, identificar a un grupo de éstos como los "gobernadores de la tendencia".

El gobernador Oscar Raúl Bidegain tenía un discurso radicalizado que lo acercaba a sectores de "Tendencia Revolucionaria", y el Vicegobernador Victorio Calabró dirigente metalúrgico, con influencia en el norte de la provincia de Buenos Aires, tenía un importante alineamiento con el sector sindical.

La inclinación política del Gobierno de la Provincia de Buenos Aires se evidencia en el acto de inauguración de la Casa de la Provincia de Buenos Aires, de la Juventud Peronista en la ciudad de La Plata, que se realizó seis días después de las elecciones. En el discurso de cierre el acto, Bidegain dice:

> *"yo pienso como ustedes que el destino de la república se ha definido el 11 de marzo y que de aquí en adelante nos cabe el honor de ser los ejecutores leales y fieles de Juan Perón. Y lo que el pueblo quiere es lo que ustedes corean: el pueblo quiere que la economía esté al servicio social y que vayamos al estado social, es decir al socialismo nacional".* Y concluye el discurso aclarando que *"esto no lo lograremos sólo con el apoyo tumultuoso, sino que necesitamos la coparticipación en el gobierno que yo he asegurado a la Juventud Peronista. La juventud tiene que estar bien organizada para asegurar la continuidad del proceso revolucionario"*

El discurso de Perón del 20 de enero de 1974, al día siguiente del intento de copamiento de la guarnición militar de Azul (Ver punto 6.1.7.1.-) siguió la ofensiva contra el gobernador Bidegain de senadores y diputados del FREJULI, que resolvieron exigir la renuncia del gobernador, bajo la advertencia de promover el juicio político si el pedido no era satisfecho en el término de 24 horas.

El día 22 el gobernador fue convocado a una audiencia con el Ministro del Interior, Benito Llambí. Al finalizar la misma, Bidegain presentó la renuncia argumentando que eso es lo que le habían pedido en dicha audiencia

Finalmente, el 26 de enero, luego de ser proclamado en forma unánime por la asamblea Legislativa, Calabró asume como el nuevo gobernador de la provincia de Buenos Aires.

6.1.7.3.- Reorganización del Ejército Revolucionario del Pueblo.

Carreras (2003) relata que a partir de 1973 el objetivo del ERP era convertirse en un *"Ejército Guerrillero Regular"*, para lo cual se crean nuevas unidades.

Siguiendo al Partido Revolucionario de los Trabajadores (PRT) se dividió al país en dos zonas. En tal esquema, Buenos Aires ocupaba el núcleo principal de la guerrilla urbana. En tanto, Tucumán era el espacio de construcción del Ejército Regular en el monte.

Siguiendo el concepto vietnamita, la unidad más pequeña era la **escuadra**, integrada por entre ocho a doce combatientes, y su jefe tenía el grado de sargento.

Tres escuadras formaban un **pelotón**, 20 a 30 integrantes, cuyo responsable tenía grado de teniente.

La unión de tres pelotones formaba una **compañía**, 90 combatientes, que podía sumar a 100 incluyendo los militantes de logística, comandada por un capitán y un Estado Mayor.

Tres compañías constituían un **batallón**, entre 250 y 300 combatientes, cuyo jefe era un comandante con su Estado Mayor.

El ERP, según el diseño, formó:

- Compañía de Monte Ramón Rosa Jiménez, en Tucumán.

- Compañía urbana Decididos de Córdoba, en Córdoba.
- Compañía urbana Combate de San Lorenzo, en Entre Ríos.
- Batallón urbano José de San Martín, en Buenos Aires. Integrado por las Compañías urbanas Héroes de Trelew, José Luis Castrogiovanni y Guillermo Pérez. El bautismo de fuego iba a ser el asalto al cuartel militar de Monte Chingolo.

6.1.8.- Día del Trabajador. 1° de Mayo de 1974.

Duzdevich, A. (02-05-2022), Cecchini (01-05-2024) y Diario El Ciudadano & la Región (01-05-2024), describen sobre el 1° de Mayo de 1974.

Por la mañana, centenares de colectivos procedentes de todo el interior del país, fletados con dinero de la organización Montoneros, llegaban a su punto de encuentro, la Facultad de Derecho.

El Presidente Juan Domingo Perón inauguraba las sesiones del Congreso Nacional. En su discurso trazaba las bases del Modelo Argentino que presentó "a consideración de todos los argentinos de buena voluntad". "Nuestra Argentina necesita un proyecto nacional, perteneciente al país en su totalidad. Estoy persuadido de que, si nos pusiéramos todos a realizar este trabajo y si entonces comparáramos nuestro pensamiento, obtendríamos un gran espacio de coincidencia nacional. (…) Como presidente de los argentinos propondré un modelo a la consideración del país, humilde trabajo, fruto de tres décadas de experiencia en el pensamiento y en la acción. Si de allí surgen propuestas que motiven coincidencia, su misión estará más que cumplida."

A la militancia de JP-Montoneros no le interesaba escuchar a Perón, venían con una sola consigna: cuestionar a un gobierno del cual eran parte.

Mientras Perón hablaba en el Congreso, en los colectivos fletados por la organización Montoneros, aparte de sus militantes ya decididos a gritarle su bronca, venían cientos de simples simpatizantes peronistas motivados por ver y escuchar a su líder. Solo los gremios y la JP-Montoneros tenían organización y recursos para movilizar gente desde todo el país.

Se debe tener presente que los gobernadores de las provincias de Buenos Aires, Córdoba, Mendoza, Salta, San Luis, Santa Cruz y Formosa eran hombres con distintos niveles de acuerdos con la *"Tendencia Revolucionaria"*. El Ministerio del Interior, el Ministerio de Educación, y las universidades nacionales estaban en manos del mismo sector.

El proyecto de la cúpula de FAR y Montoneros, nunca terminó de coincidir con el que Perón había concebido para esa etapa. En noviembre de 1973 Firmenich expresó ante sus cuadros medios que: *"la ideología de Perón es contradictoria con nuestra ideología porque nosotros somos socialistas (...) para nosotros la Comunidad Organizada, la alianza de clases es un proceso de transición al socialismo. (...) La contradicción con Perón es insalvable. La solución ideal sería que Perón optara por admitir que la historia va más allá de su proyecto ideológico y que nosotros somos los hijos objetivos del Movimiento Justicialista; y que resignara su proyecto ideológico, adecuándose a esa realidad. Perón sabe que nuestra posición ideológica no es la misma que la de él, y de ahí que tiene una contradicción que vaya a saber cómo la resolverá."*

Desde el balcón de Casa Rosada salió a hablar el presidente Juan Domingo Perón rodeado por su esposa y vicepresidenta, María Estela Martínez de Perón, y por el ministro de Bienestar Social, José López Rega. Pidió silencio con las manos, y arrancó con su discurso. Dijo:

"Compañeros", una, dos, tres veces…

Pero lo seguían interrumpiendo con el:

"qué pasa, qué pasa, qué pasa, General, que está lleno de gorilas el gobierno popular".

Perón debía esperar que terminen de cantarle a favor de la *"Patria Socialista"*. En un intento de contrarrestar la oleada montonera, los peronistas de derecha coreaban:

"Ni yanquis, ni marxistas: peronistas".

Las columnas montoneras respondían:

"Conformes, conformes, conformes, General, conformes los gorilas, el pueblo va a luchar".

En medio de ese cántico que no lo dejaba hablar, soltó su primera frase:

"Hoy hace diecinueve años que en este mismo balcón y en un día luminoso como este, hable por última vez a los trabajadores argentinos…"

Los bombos y el qué pasa, qué pasa impedían escucharlo. Dijo una frase más, que no llegó a ser escuchada por nadie en la Plaza y, ya enojado, soltó:

"pese a esos estúpidos que gritan….".

Lejos de querer calmar el escenario, el presidente se dirigió especialmente a los:

"compañeros que han visto caer a sus dirigentes asesinados, sin que haya todavía sonado el escarmiento..."

En alusión a los crímenes de referentes sindicales como Augusto Timoteo Vandor en 1969 y José Ignacio Rucci en 1973.

Remarcó que buscaba que el acto en Plaza de Mayo fuera para:

"rendir homenaje a esas organizaciones y a esos dirigentes, sabios y prudentes" y volvió a arremeter contra la Tendencia: *Ahora resulta que después de 20 años, hay algunos que todavía no están conformes de todo lo que hemos hecho".*

"qué pasa, qué pasa, qué pasa, General, que está lleno de gorilas el gobierno popular".

"Decía que a través de estos veinte años, las organizaciones sindicales se han mantenido inconmovibles, ¡y hoy resulta que algunos imberbes pretenden tener más méritos que los que lucharon durante veinte años!",

"Anhelamos que nuestro movimiento sepa ponerse a tono con el momento que vivimos. La clase trabajadora argentina como columna vertebral de ese movimiento es la que ha de llevar adelante los estandartes de nuestra lucha", remarcó.

Y continuó:

"Por eso, compañeros, esta reunión, en esta plaza, como en los buenos tiempos, debe afirmar la decisión absoluta para que en el futuro cada uno ocupe el lugar que le corresponde en una lucha que, si los malvados no cejan, hemos de iniciar".

Las columnas de Montoneros y la Juventud Peronista abandonaron la Plaza de Mayo en medio del discurso de Perón. Algunos militantes de sectores del peronismo de derecha no se tomaron bien la decisión y protagonizaron algunos incidentes, con empujones, palos y trompadas entre las columnas sindicales y las de Montoneros, que luego de la provocación, iniciaban la retirada de la plaza.

Tras limpiarse el sudor de la frente y tomar un vaso de agua, Perón afirmó que el gobierno estaba:

"empeñado a fondo en la "liberación del colonialismo que viene azotando a la República a través de tantos

años y de estos infiltrados que trabajando adentro y traidoramente son más peligrosos que los que trabajan desde afuera".

"Son mercenarios al servicio del dinero extranjero",

Expresó, mientras continuaba viendo cómo parte de la Plaza de Mayo iba despoblándose.

"Para terminar, compañeros, espero el 17 de octubre poderles ver de nuevo la cara en esta Plaza"

La mayoría de los asistentes se quedó hasta terminar el acto.

6.1.9.- El Copamiento de la Localidad de Acheral, Provincia de Tucumán.

Gutman (04-01-2020) menciona que el 4 de enero de 1974, en La Habana, Luis Mattini miembro de la conducción del Ejército Revolucionario del Pueblo (ERP) y Fidel Castro hablaron durante varias horas de la situación política en Argentina, donde el general Juan Domingo Perón llevaba menos de tres meses como presidente, cargo que ocupaba por tercera vez, después de 18 años de exilio.

El visitante, no se llevó lo que fue a buscar: la colaboración del líder de la Revolución Cubana para el lanzamiento de la guerrilla rural en el monte tucumano, al que el ERP esperaba convertir en la Sierra Maestra argentina. A pesar de esa negativa, el jefe del ERP, Mario Roberto Santucho, seguiría adelante con su proyecto.

CeDeMa. Org. (30-05-1974), Carreras (2003) y Gutman (04-01-2020) relatan que la *"Compañía de Monte Ramón Rosa Jiménez del ERP"*, con un efectivo de aproximadamente 100 hombres y algunas mujeres, haría su aparición pública el 30 de mayo de 1974, un mes antes de la muerte de Perón, con la toma por algunas horas de Acheral.

A las 20.30 horas del día 30 de Mayo, una sección de la

Compañía de Monte "Ramón Rosa Jiménez", del Ejército Revolucionario del Pueblo, procedió a tomar distintos objetivos de la población de Acheral, Departamento de Monteros, Provincia de Tucumán; pequeña población sobre la ruta 38, y ubicada a 45 Km de San Miguel de Tucumán.

Fue copada la Comisaría, donde encontraron un cabo y dos agentes, que no opusieron resistencia, Oficina Telefónica, Estación Ferroviaria y rutas de acceso, bloquearon los caminos y cortaron las comunicaciones mediante la toma de instalaciones de teléfonos hicieron una arenga en el bar del pueblo. Luego desfilaron uniformados y armados, encabezados por un combatiente que llevaba la bandera de la organización, con los colores argentinos y la estrella roja de cinco puntas.

Esta operación tiene carácter de repudio al reciente operativo antiguerrillero Federal y Militar, una de cuyas bases principales fue precisamente Acheral, convertida en base de helicópteros y punto de concentración de las fuerzas represivas durante los días que duró la fracasada movilización contrarrevolucionaria.

La Compañía de Monte "Ramón Rosa Jiménez" acantonada en período de instrucción, en la zona serrana de Rodeo Viejo, fue atacada en una operación de cerco por fuerzas policiales con apoyo militar. El cerco enemigo se burló en una marcha de una semana e inmediatamente después, tomando la iniciativa, nuestra guerrilla pasa a la ofensiva con la acción de Acheral.

6.1.10.- Muere Perón.

A comienzos de junio de 1974 Perón, contra la opinión de sus médicos que desaconsejaban el viaje, se traslada a Paraguay. A su regreso, el frio y la lluvia terminaron de minar su salud.

Amato (12-06-2024) relata que a Perón se le había hecho complicado gobernar. "*Pacto Social*", su proyecto de "*Unión Nacional*" naufragaba, además, ni el peronismo se avenía a conciliar con el radicalismo, ni la corriente interna del radicalismo opuesta a Balbín aceptaba conversar con el peronismo. Se agregaba la violencia guerrillera y parapolicial, la juventud peronista lo había dejado y la economía entrando en crisis. Así que a la mañana del 12 de junio, Perón enfrentó las cámaras de televisión y por cadena nacional y mencionó:

"Como ha sido mi costumbre, hoy deseo hablar al pueblo argentino sin eufemismos y sin reservas mentales. La información, como mi sentido de la realidad, me dicen que en el país está sucediendo algo anormal a lo que debe ser la marcha pacífica y serena de la tranquilidad. Parte de esta intranquilidad obedece a causas reales; parte de ellas, se ocasionan en la provocación deliberada (…) Yo vine para ayudar a reconstruir al hombre argentino, destruido por largos años de sometimiento político, económico y social. Pero hay pequeñas sectas, perfectamente identificadas, con las que hasta el momento fuimos tolerantes, que se empeñan en obstruir nuestro proceso; son los que están saboteando nuestra independencia y nuestra independiente política exterior; son quienes intentan socavar las bases del acuerdo social, forjado para lanzar la Reconstrucción Nacional. Son esos mismos que quieren que volvamos a apagar los motores. Son también los que, malintencionadamente, interpretaron mis mensajes o simularon hacerlo para interferir luego la unidad para la reconstrucción, con una supuesta complacencia para con los enemigos de este proceso"

"Por ello, creo que ha llegado la hora de reflexionar acerca de lo que está pasando en el país y depurar de malezas este proceso porque, de lo contrario, pueden esperarse horas muy aciagas para el porvenir de la República. Como ustedes saben, nosotros propiciamos que el acuerdo entre trabajadores, los empresarios y el Estado, sirva de base para la política económica y social de nuestro Gobierno. Lo hicimos con la convicción de que es el mejor camino para lograr, con el aporte de todos, sacar adelante el país. Todos los que firmaron en dos oportunidades ese

acuerdo, sabían también que iban a ceder una parte de sus pretensiones, como contribución al proceso de la liberación nacional. Sin embargo, a pocos meses de asumir ese compromiso clave para el país, pareciera que algunos firmantes de la Gran Paritaria están empeñados en no cumplir con el acuerdo, y desean arrastrar al conjunto a que haga lo mismo".

Luego identificó, no con nombre y apellido, a quienes juzgó responsables de la zozobra de su Gobierno y llamó, como en los viejos tiempos, al ejercicio de una particular e indefinida justicia popular:

"Frente a esos irresponsables, sean empresarios o sindicalistas, creo que es mi deber pedirle al pueblo no sólo que los identifique claramente, sino también que los castigue como merecen todos los enemigos de la liberación nacional. Por nuestra parte, quiero que se tenga la más plena certeza de que los funcionarios que hayan violado el acuerdo, tendrán su sanción (...)".

Al finalizar, termina amenazando con renunciar, buena maniobre política, sabiendo lo que sucedería a continuación.

La posibilidad de la renuncia presidencial, hizo que la CGT lanzara un paro nacional y convocara a una manifestación masiva de apoyo al Presidente en la Plaza de Mayo, que a las cinco de la tarde ya estaba colmada de gente, que llegaba individualmente o en grupos no a través de aparatos gremiales o políticos.

En un discurso de un poco más de 13 minutos, termina diciendo:

"...Compañeros, esta concentración popular me da el respaldo y la contestación a cuanto dije esta mañana. Por eso deseo agradecerles la molestia que se han tomado de llegar hasta esta plaza. Llevaré grabado en mi retina este maravilloso espectáculo, en que el pueblo trabajador de la ciudad y de la provincia de Buenos Aires me trae el mensaje que yo necesito".

"Para finalizar, deseo que Dios derrame sobre ustedes todas las venturas y la felicidad que merecen. Les agradezco profundamente el que se haya llegado hasta esta histórica Plaza de Mayo. Yo llevo en mis oídos la más maravillosa música que, para mí, es la palabra del pueblo argentino".

Perón no volvió a aparecer en público. Esa misma noche, padeció los síntomas típicos de una angina de pecho, aunque los partes oficiales hablaron de una simple bronquitis.

Una semana después, el 19, uno de sus médicos personales, el doctor Jorge Taiana, descubrió que su paciente no mejoraba. El alerta médico hizo que retornara al país el poderoso ministro de Bienestar Social, José López Rega, secretario de Perón, que había viajado a Europa con la tercera esposa del General, María Estela "Isabel" Martínez, vicepresidente y eventual sucesora.

El viernes 28, ante la creciente gravedad de Perón, Isabel acortó su viaje a Europa, había hablado en Ginebra ante la Organización Internacional del Trabajo (OIT) y regresó al país.

El sábado 29 Perón le delegó temporalmente la presidencia: según el entonces escribano mayor de gobierno, Jorge Garrido, Perón estaba *"completamente lúcido"*.

El 30, un capellán del ejército le administró los sacramentos.

Perón murió al día siguiente, 1° de julio de 1974 a las 13:15 horas.

Yofre (07-07-2024) menciona que la dirigencia política fue a la Quinta Presidencial de Olivos a saludar a la Sra. Martínez de Perón. Al día siguiente, llegaron a Olivos los presidentes de Paraguay y Bolivia, generales Alfredo Stroessner y Hugo Banzer Suárez. Luego se hizo presidente el uruguayo Juan María Bordaberry. También, numerosas delegaciones extranjeras, mientras en el Congreso de la

Nación el pueblo hacía una larga cola para despedir a su líder. Era difícil calcular la multitud que esperaba entrar a la capilla ardiente bajo una fina llovizna.

En otro lugar, se disponía la lista de oradores para el último homenaje a Perón antes de darle sepultura. El FREJULI pretendió que hablara el Dr. Arturo Frondizi, en nombre de los partidos políticos. Sin embargo, Raúl Lastiri, presidente de la Cámara de Diputados y el ministro de Interior Benito Llambí inclinaron la balanza a favor del radical Ricardo Balbín.

El 4 de julio se realizó la despedida oficial en el recinto de la Cámara de Diputados de la Nación. En la ceremonia hubo doce oradores. Lo más recordado fueron las palabras de Ricardo Balbín:

"Este viejo adversario despide a un amigo, y ahora, frente a los compromisos que tienen que contraerse para el futuro, porque quería el futuro, porque vino a morir para el futuro, yo le digo, Señora Presidente de la República: los partidos políticos argentinos estarán a su lado en nombre de su esposo muerto, para servir a la permanencia de las instituciones argentinas, que usted simboliza en esta hora".

6.2.- Gobierno de María Estela Martinez de Perón (Alias Isabel)

El gobierno de Estela Martínez de Perón alias Isabel o Isabelita tiene lugar desde el 1 de julio de 1974 al 24 de marzo de 1976.

Isabel Martínez de Perón no había tenido participación política y mucho menos dentro del peronismo, hecho que sorprendió cuando aparece en la fórmula de candidatura Perón-Perón.

Los sectores de izquierda del peronismo buscaron imponer un candidato a vicepresidente; los sectores del sindicalismo también; ninguno lo logró.

La muerte de Perón provocó inquietud, y temor para los peronistas. La violencia política era el clima cotidiano.

La mayoría de los partidos políticos, aunque con reparos, acompañaban al gobierno de Estela Martínez de Perón, la economía estaba en crecimiento, pero los grandes conglomerados económicos comenzaban a llevar adelante acciones para desestabilizarla, como el desabastecimiento de mercaderías. La mayor parte del pueblo argentino la apoyaba, y los choques con la izquierda peronista aunque crecían, no habían llegado a un punto de no retorno.

El pacto social y el consecuente acuerdo de precios, comenzaba a desbaratarse por la puja entre sus dos principales actores: la Confederación General Económica, liderada por José B. Gelbard y Confederación General del Trabajo, a cargo en ese momento de Adelino Romero.

Los resultados económicos adversos e intentos de estabilizar la situación de deterioro de la política de Gelbard, se transformaron en retroceso y dan lugar al cambio por Gómez Morales y luego por Celestino Rodrigo. Isabel Martínez de Perón se apoya en el Lópezrreguismo.

En ese marco el clima político era sumamente volátil, contradictorio y confuso. Los aparatos internos del peronismo de izquierda y de derecha, peleaban por imponer su supremacía. Esto desembocó en una conflictividad cuya expresión más notoria fue el enfrentamiento entre los distintos grupos guerrilleros, las fuerzas armadas, de seguridad y los grupos paramilitares.

Carreras (2003) refiere que a mediados de 1975, Celestino Rodrigo, inauguraba su cargo exhortando al pueblo a consumir menos y aumentar la producción. Rodrigo decretó un conjunto de medidas de austeridad extrema, para los sectores asalariados, una devaluación del 160%, duplicación de las tarifas cobradas por corporaciones públicas y el límite de 50 % sobre los aumentos de salarios.

La devaluación del dólar dejó una ola de quebrantos sin precedentes, pero también dejó, de un modo inesperado, grandes beneficiarios: por ejemplo los que habían tomado créditos en pesos para vivienda, que de ahí en más los pagaron con cuotas irrisorias. Las medidas y la reacción que suscitaron en la sociedad pasarían a la historia con el nombre de "*El Rodrigazo*". Este plan económico transformó los precios relativos de toda la economía e introdujo la ambición de la especulación.

Los salarios cayeron abruptamente, crearon una corriente de repudio en toda la sociedad, el manejo discrecional del Estado que exhibía el sector ultraderecha de López Rega, la intensa presión de las bases obreras y la necesidad de recuperar un espacio de poder que se les estaba esfumando, impulsaron al sector sindical a una poderosa ofensiva.

6.2.1.- La Guerrilla Incrementa su Accionar.

Carreras (2003) manifiesta que ERP y Montoneros redoblaron sus ataques y financiaron sus organizaciones mediante numerosos asaltos a bancos y cobros de rescate por secuestros a capitalistas millonarios.

Desde mediados de 1974, gracias a estos ingresos, el ERP había logrado montar numerosas fábricas clandestinas de armas.

6.2.1.1.- Asesinato de Arturo Mor Roig.

Pignatelli (15-07-2022) menciona que Mor Roid nació en Lérida, España, el 11 de diciembre de 1914 y que tenía siete años cuando su mamá decidió emigrar con sus padres. Se establecieron en la zona de San Pedro.

En San Nicolás Mor Roig cursó sus estudios secundarios y estudió Derecho en la Universidad de Buenos Aires.

Desde que deja el Ministro del Interior del gobierno de facto de Alejandro Lanusse, donde trabajó para la apertura democrática que desembocó en las elecciones de 1973, trabaja como asesor legal en la fábrica Socema de San Justo. Ganaba lo justo para vivir y continuar pagando un departamento en donde vivía, en la ciudad de Buenos Aires.

Trabajó en un importante estudio jurídico. Afiliado al radicalismo desde 1939, fue concejal en dos oportunidades en San Nicolás, senador provincial por la segunda sección electoral y diputado nacional entre 1963 y 1966, donde ocupó la presidencia de la cámara baja.

Mor Roig acostumbraba almorzar a una cuadra de su trabajo en la cantina Rincón de Italia, Provincias Unidas 3701, el día 15 de julio de 1974 lo hacía acompañado por dos ejecutivos de la empresa. El restaurant estaba completo de gente. Una de las mesas estaba ocupada por dos hombres jóvenes bien vestidos. Pasadas las 14:25 horas estacionó en la puerta un Fiat, presumiblemente modelo 1500, color rojo. Del Fiat bajaron cuatro personas que ingresaron al local.

En ese instante, los dos jóvenes bien vestidos se pararon y a corta distancia acribillaron a Mor Roig, de dos disparos de Itaka, y lo remataron a tiros de pistola, murió instantáneamente y su cuerpo quedó sobre la mesa. Tenía 59 años.

Los asesinos se subieron al auto y desaparecieron por la calle Pichincha en dirección a Haedo.

Como Ricardo Balbín mantenía conversaciones con Juan Domingo Perón, la dirección de Montoneros recurrió a él para llegar al expresidente, dado que éste no los recibía. Tal acercamiento entre Montoneros y Balbín, hizo que los guerrilleros le advirtieran que podrían tomar represalias contra alguno de colaboradores o amigos del gobierno de Lanusse.

Balbín pensó en Mor Roig y lo llamó para advertirle: *"Arturo, guárdese por un tiempo"*. Similar aviso recibió de

Lanusse.

Cuando un integrante de la organización guerrillera le preguntó a Roberto Quieto, abogado y dirigente de la conducción de Montoneros, el porqué de la muerte, contestó que había traiciones que no podían olvidarse, y que en el caso de Mor Roig, se había dictado sentencia por los fusilamientos de Trelew, y esa sentencia debía cumplirse en el momento que se pudiese, "*con independencia de la situación política y de la oportunidad*".

6.2.1.2.- Copamiento de la Fábrica Militar de Villa María, Córdoba.

Carreras (2003) y Díaz Bessone (1996) mencionan que durante la noche y la madrugada del 10 al 11 de agosto de 1974, un fuerte contingente guerrillero del Ejército Revolucionario del Pueblo (ERP), dominó la Fábrica Militar de Villa María.

A las 21,30 del 10 de agosto seis integrantes de la compañía "*Decididos de Córdoba*" se apoderó de "Pasatiempo", un albergue transitorio, ubicado un costado de la Fábrica Militar y sobre un camino de tierra lindero. Los guerrilleros redujeron al personal del hotel y a las parejas que se estaban en el lugar. El motel quedó convertido en cuartel general del operativo. Poco después comenzaron a arribar otros grupos extremistas.

A las 23:30, Juan Eliseo Ledesma, el comandante de la operación, ordenó avanzar. Un total de 60 guerrilleros iniciaron el asalto, tomando los puestos de vigilancia 1 y 2 fácilmente, gracias a la ayuda brindada por tres soldados conscriptos simpatizantes del ERP. Uno de estos conscriptos fie identificado por el diario *El Combatiente* del 14 de agosto da su nombre: "En realidad la toma del cuartel de Villa María fue facilitada por el valiente soldado del pueblo Mario E. Petiggiani"

Las escuadras guerrilleras se desplegaron hacia las tres

compañías del lugar, para copar sus salas de armamentos, reduciendo dos de ellas. Solamente la tercera, cercana al puesto de vigilancia 3, resistió el ataque. Por el puesto de vigilancia 1 ingresaron varios vehículos del ERP para cargar el arsenal incautado.

Otro grupo tomó el Casino de Oficiales, donde con motivo del feriado se habían reunido las familias de los oficiales, excepto el director de la fábrica, enfermo en su casa, y algunos civiles. Allí fue apresado el subdirector de la fábrica, mayor Argentino del Valle Larrabure, que permanecería secuestrado hasta su asesinato.

Parte del *Grupo Secuestro* marchó hacia la casa del director, Teniente Coronel Guardone. Encerrado en ella, donde se encontraba solo con su señora, resistió el ataque e hirió de muerte a un guerrillero. Los asaltantes no pudieron entrar y ante el giro de los acontecimientos se retiraron.

Dos móviles policiales de Villa María se aproximaron al hotel "Pasatiempo", tras haber sido avisados por una pareja de las alojadas en el hotel que lograron escapar.

Los guerrilleros que estaban en el hotel los recibieron a tiros. Los policías se retiraron en busca de refuerzos. Uno de los móviles se dirigió hacia Villa María y el otro hacia el cuartel. Este móvil fue recibido en el cuartel con fuego de ametralladora realizado por el ERP y los policías terminaron rindiéndose.

Alrededor de la 1:30 llegaron varios patrulleros policiales. Unos 20 efectivos intentaron ingresar al hotel, realizando además disparos de ráfagas de ametralladora. Con disparos de armas de fuego respondieron desde el hotel.

Hasta que repentinamente, los guerrilleros dejaron de disparar. El santiagueño César Argañaráz, único combatiente del ERP que había quedado adentro, estaba herido, y como consecuencia de un desmayo, dejó de resistir a los ataques policiales.

En ese momento, los equipos que habían copado la Fábrica Militar empezaron a retirarse de la unidad. Con cinco automóviles pertenecientes a oficiales del ejército, volvieron al hotel. Debido a esto la Policía cesó el ataque al hotel.

La retirada de los guerrilleros se produjo por caminos vecinales para evitar cualquier posible corte de ruta. Dos de los jefes del operativo guerrillero, José Luis Buscaroli, médico cordobés y Manuel Alberto González, Comandante Joaquín, tucumano, sufrieron un accidente automovilístico intentando eludir una pinza policial. El cordobés murió; Joaquín sería capturado sin conocimiento.

En esa operación el ERP secuestró al subdirector de la fábrica Teniente Coronel Larrabure, a quien asesinarían meses después. Intentaron hacer lo mismo con el Capitán García, a quien abandonaron gravemente herido; mataron al suboficial Cuello de la policía de Córdoba y resultaron con heridas cuatro soldados y tres policías. Los guerrilleros tuvieron tres muertos, varios heridos y se llevaron de la fábrica un centenar de fusiles automáticos livianos, dos pesados, diez ametralladoras, sesenta pistolas ametralladoras y abundante munición, en suma una cantidad importante de armamento con el que armarían a sus fuerzas.

6.2.1.3.- Intento de Copamiento del Regimiento 17° en Catamarca.

En la tarde del 10 de agosto de 1974, el mismo día que el ERP copaba la Fábrica Militar de Villa María, otro grupo del ERP iba a intentar un poderoso ataque al Regimiento 17 de Infantería Aerotransportada,

Carreras (2003) refiere que el campamento del ERP se encontraba en un camino lateral a la ruta nacional N° 62, a la altura de Polcos, Departamento de Valle Viejo, en una zona conocida como Banda de Varela.

Historia de la Guerra Subversiva en Argentina – 1930 a 1983

Un ciclista que pasaba por el lugar es detenido y capturado por el comandante el santiagueño "Capitán Santiago", Hugo Irurzun, al mando de unos cien hombres.

Irurzun resolvió dejarlo en libertad, luego de haberle explicado la causa por la que luchaba el ERP, creía haberlo convencido.

El hombre apenas llegó al primer pueblo fue ir a una cabina telefónica y llamar a la policía. Esta alertó al Ejército. Que se preparó y espero el avance de los guerrilleros.

La policía había avisado a los militares acerca de un ómnibus "ocupado por personas con ropas militares, que se encuentra detenido en la Quebrada de Moreira, en proximidades de los fondos del Regimiento de Infantería 17 Aerotransportado".

Cuando los guerrilleros avanzaron hacia el cuartel del Regimiento, los militares y policías habían desplegado un inmenso cerco alrededor del camino.

Apenas los tuvieron encerrados en él, comenzaron a disparar con todo tipo de armas pesadas, matando a varios y poniendo fuera de combate rápidamente a la mayor parte de los atacantes.

De unos cien combatientes del ERP que integraban el contingente, solamente sobrevivieron unos cuarenta.

6.2.1.4.- Secuestro de Jorge y Juan Born. "Operación Mellizas".

Díaz Bessone (1996) menciona que el 19 de septiembre de 1974, Montoneros secuestró a Jorge y a Juan Born, directivos de la empresa Bunge y Born.

El comunicado N° 2 de Montoneros fue publicado por Evita Montonera, la revista oficial de Montoneros y dice que en las *"cárceles del pueblo"* la Organización estaba procediendo al interrogatorio. Publicaba, además, una fotografía de los hermanos en una *"Cárcel del Pueblo"*.

Yofre (26-06-2022) refiere que la *"Operación Mellizas"* comenzó a planificarse en enero de 1974, entre dos integrantes de la Conducción Nacional de Montoneros: Roberto Quieto y "Pingulis" Carlos Hobert. Con el tiempo "Pingulis" se retira a otras tareas y su lugar es ocupado por Enrique De Pedro, nombre de guerra de "Quique Miranda", que figuraba como secretario militar de la Columna Norte. Entre los dos eligieron a los cuadros más experimentados de la organización, la mayoría ex miembros de las Fuerzas Armadas Revolucionarias (FAR).

"Quique" Miranda se encargó de la construcción de una "cárcel del pueblo" de dos subsuelos, bajo una pinturería de fachada instalada en Martínez, en el norte del Gran Buenos Aires. La acción del secuestro propiamente dicha demoró pocos segundos. Participaron en forma directa 19 montoneros.

Además del "Negro" Quieto y De Pedro participaron en toda la operación no menos de 50 guerrilleros de la "Columna Norte". La lista de los intervinientes nunca fue "oficializada" y muchos nombres siguen en la oscuridad o muertos. De acuerdo a fuentes confiables, se puede hablar de Rodolfo Galimberti, "Alejo" Gutiérrez, "Andrés" Castelnuovo, "Atilio" Fernández, "Alcides" Polchesky, Horacio "Chacho" Pietragalla y "el gordo" Miguel Lizaso, señalado como uno de los carceleros.

Ya presos, los Born fueron interrogados por el oficial de inteligencia Rodolfo Walsh y otros nombran a Horacio "Mendicrim" Mendizabal, relacionado con el dirigente sindical Augusto Timoteo Vandor el 30 de junio de 1969. De la "operación logística" se ocuparon, entre muy pocos, Juan Gasparini, vive en Suiza, y Raúl Magario, conocido en La Matanza, provincia de Buenos Aires.

Díaz Bessone (1996) refiere que La edición de *La Nación* del 20 de septiembre relata: En una zona de Olivos densamente poblada, ayer a las 7:30, un grupo de terroristas, estimado en medio centenar el número de hombres y mujeres que lo componían, realizó un sangriento operativo cuyo principal móvil fue secuestrar a tres empresarios. Los extremistas vestían uniformes de la policía bonaerense y de operarios de la ENTel y fueron apoyados en la acción por cómplices con ropas civiles.

Luego de interrumpir el tráfico de vehículos en un vasto sector, los terroristas consiguieron interceptar a los dos automóviles fijados como objetivos: ambos coches fueron rodeados por guerrilleros. En el coche en el que viajaban los custodios no ofreció resistencia. En el otro coche, estaba el conductor, Juan Carlos Pérez de 35 años y junto a él, el Sr. Alberto Bosch gerente de la Empresa Molinos Río de la Plata. Alberto Bosch intenta resistir y fue muerto al igual que Juan Carlos Pérez. Los otros dos ocupantes de ese automóvil, eran los señores Jorge Born de 39 años, director de la firma Bunge y Born, y Juan Carlos Christian Born, de 40 años, gerente de la misma empresa. Los dos Born fueron secuestrados.

El coche de los custodios fue inutilizado, el chofer y los tres custodios puestos al margen del operativo.

Montoneros exigió un rescate de 60 millones de dólares. En marzo de 1975 comenzó el pago y los guerrilleros pusieron en libertad a Juan Born.

El 4 de abril de 1975, en el Camino de Cintura y Don Bosco, límite entre Morón y la Matanza, los subversivos debían recibir 5 millones de dólares. El equipo que debía recibirlos estaba en un restaurante-parrilla "Hace Tiempo".

Sorpresivamente llegó una comisión policial que sorprendió y detuvo a nueve miembros del equipo; el resto huyó. Entre los detenidos estaban dirigentes de la Juventud Peronista y de la Juventud Trabajadora Peronista: Dante Gullo, Emiliano Costo y Dardo Cabo.

En junio de 1975 se completó el pago del rescate. El 20 de junio de 1975 fue liberado Jorge Born, tras nueve meses de secuestro.

Montoneros convocó a una conferencia de prensa, con

veinte periodistas, algunos extranjeros. Simultáneamente se publicaba una solicitada de una hoja pagada por Bunge y Born en los siguientes diarios: *Manchester Guardian* de Londres, *La Stampa* de Turín, *Le Monde* de París y *New York Times* de Nueva York.

En la conferencia de prensa, Firmenich presentó a Jorge Born a los periodistas y luego los Montoneros se retiraron del lugar sin ningún inconveniente.

El chofer Juan Carlos Pérez, asesinado, era padre de tres hijos cuyas edades eran 11 y 9 años y 10 meses.

Con el dinero del secuestro Montoneros realizó inversiones financieras, con cuyos réditos financiaron parte de las actividades de la guerrilla.

6.2.1.5.- Toma del Pueblo Santa Lucia, Provincia de Tucumán.

Tratan el tema CeDeMa (1974) y Díaz Bessone (1996) y de sus escritos se puede decir que mientras ocurría el secuestro de los Born, el día viernes 20 de septiembre de 1974, a las 20:30 horas, una sección de la Compañía de Monte "Ramón Rosa Jiménez" del ERP procedió a copar la localidad de Santa Lucía. Su objetivo era cumplir la sentencia contra Eudoro Ibarra y Héctor Oscar Zaraspe, ambos declarados culpables por un *"Tribunal Revolucionario"* de las torturas y posterior asesinato del combatiente del pueblo Ramón Rosa Jiménez, el que dio el nombre a la Compañía, ocurrido en la noche del 16 de octubre de 1972

Luego de copar la Central Telefónica y la Comisaría local, fueron ubicados Eudoro Ibarra y Héctor Oscar Zaraspe, procediéndose inmediatamente a su ajusticiamiento público.

De la Comisaria local se llevan armas, elementos de oficina, sellos y dinero

6.2.1.6.- Asesinatos Varios

Díaz Bessone (1996) menciona que los medios periodísticos y guerrilleros El Combatiente, Evita Montonera y Estrella Roja dan a conocer los hechos subversivos.

El 2 de octubre de 1974, un individuo del ERP asesinó al Capitán Miguel Ángel Paiva, mientras aguardaba el colectivo para concurrir a la Escuela Superior de Guerra donde estaba cursando.

Por el fracaso guerrillero en Catamarca, el 7 de octubre fue asesinado el Mayor Bioquímico Jaime Jimeno por el ERP, en Banfield, cuando abandonaba su domicilio. Por la misma razón, asesinaron al Teniente Juan Carlos Gambandé en la ciudad de Santa Fe y al Teniente Coronel Médico José Francisco Gardón cerca de Campo de Mayo.

El 26 de octubre es asesinado en Buenos Aires el subcomisario Meifert y el 27 el profesor Bruno Jordán Genta.

6.2.1.7.- Profanación de la Tumba de Pedro Eugenio Aramburu.

González (29-05-2020) refiere que el día martes 15 de octubre de 1974, poco antes de las 5.30 de la tarde, el guerrillero Francisco "Paco" Urondo, acompañado por otros montoneros, entraron de incógnito al cementerio de la Recoleta. Se basa en el relato del libro de María O'Donnell, "Aramburu", de Editorial Planeta.

El único policía de guardia había sido cortejado por una montonera. Ese día, cuando estaba esperando terminar su horario para tener una cita: su pretendiente había llegado acompañada por un grupo de hombres armados que lo redujo.

Dirigía el grupo encargado de la vigilancia Roberto Ahumada. Vigilaban los alrededores dos parejas, una recorría el perímetro: caminaba con un cochecito que en el asiento del bebé escondía una ametralladora, la otra pareja paseaba un perro. Habían montado una oficina en un departamento a cinco cuadras, que coordinaba la comunicación, además, tenía interceptada en banda modulada la radio de la policía. Todos tenían walkie talkies.

En otro departamento, con vista al cementerio, Rodolfo Walsh observaba la escena desde un balcón.

Adentro, liderado por Urondo estaba el comando escondido que esperaba la señal para avanzar. Cuando la oscuridad era total y la zona despejada, se avisó a Urondo, éste y su equipo avanzaron con linternas y se dirigieron a la bóveda de la familia Aramburu. Sacaron el féretro, lo colocaron en una carretilla y lo arrastraron hasta el depósito de flores y las coronas marchitas, ubicado en el muro sobre la calle Vicente López, perpendicular a Junín.

Donde comenzó a actuar el equipo externo, el chofer que aguardaba en la vereda, al volante de un camión de basura que habían robado pocos días antes, encajó la culata contra el muro y tres militantes vestidos como recolectores subieron el ataúd y lo cubrieron con flores para que no quedara a la vista y el camión arrancó. Cuatro autos de apoyo, tres estacionados en Vicente López y uno en Azcuénaga, con una pareja cada uno, lo siguieron.

Los guerrilleros que actuaron en el interior del cementerio, antes de salir caminando por la puerta principal, bajo la lluvia, con el policía y el empleado administrativo aún amordazados, uno de los últimos comandos en irse firmó con aerosol negro la autoría del robo: Montoneros.

6.2.1.8.- Asesinato del Jefe de la Policía Federal Comisario General Alberto Villar.

Yofre (01-11-2022) refiere que el día 24 de enero de 1974, el Ministro del Interior, Benito Llambí, recibe al Comisario Mayor (R) Alberto Villar. El viernes 25, el diario *La Nación* informó sobre cambios en la jefatura de la Policía

Federal. Volvía a la institución, como subjefe, el Comisario Mayor Alberto Villar y el Comisario Inspector (R) Alberto Margaride, como subjefe de la Superintendencia de Seguridad Federal. Ambos estaban en situación de retiro y fueron convocados y ascendidos "*a través del presidente de la República*".

Con respecto a las designaciones, Mario Eduardo Firmenich dijo: "*Estamos en total desacuerdo*", revista *El Descamisado*, 5 de febrero de 1974.

Luego el comisario Alberto Villar fue citado a Gaspar Campos, residencia de Perón, no concurrió solo y les manifestó a sus dos acompañantes que sabía lo que le iban a ofrecer y necesitaba hacerle una pregunta al Presidente de la Nación, además, "*yo necesito que ustedes lo escuchen, y lo necesito porque me van a secundar y él va a dar las órdenes y quiero que las escuchen de manera directa*".

Al llegar, Perón le expresa su preocupación sobre el desarrollo del "*fenómeno subversivo*" y le pidió que se hiciera cargo de la subjefatura de la Policía Federal, con amplios poderes para designar a sus colaboradores.

Villar le habría expresado: "*No soy peronista*", y Perón le respondió que lo sabía, pero que lo convocaba porque "*la Patria lo necesita*"

Entre otros tuvieron el siguiente diálogo:

Villar: -*Señor Presidente, ¿Tenemos mano libre para terminar con la subversión?*

Perón: -*Para eso lo he llamado, necesito poner orden.*

Villar: -*Señor Presidente, ¿me permite una pregunta? Necesito hacérsela.*

Perón: -*Pregunte. Estamos en confianza.*

Villar: -*Usted me está ordenando que nosotros lo ayudemos a poner orden y vamos a cumplir. Ahora, con el respeto que se merece, ¿usted sabe que hay* gente con la que usted trata que no está de acuerdo con la convivencia democrática? Algunos hablan en su nombre pero en la intimidad dicen de usted barbaridades.

Perón: -Comisario, en mi gobierno nadie tiene "coronita". ¿Usted está al tanto de quiénes son todos los jefes del terrorismo?

Villar: -Sí, señor. Aquí tengo algunos antecedentes.

En ese momento el jefe policial le entregó una carpeta de tapa azul marino y letras doradas que dice "Policía Federal, Superintendencia de Seguridad Federal. Dirección General de Inteligencia".

Perón abrió la carpeta, la observó un rato en silencio y, guiñando un ojo, le dijo:

Perón: -Pensé que habían quemado todos estos expedientes, según una orden de la época de Cámpora.

Villar: -Señor Presidente, si me permite, le voy a responder con una gran enseñanza suya. No quemamos nada porque "los hombres son buenos, pero si se los vigila son muchos mejores".

Perón no tuvo otro remedio que reírse y, palmeándolo le dijo:

Perón: -Bueno Villar, lo he convocado para que me ayude a poner orden. Cuenta con mi confianza: Proceda...y déjeme la carpeta".

Villar se retiró sin antes decir, elevando un poco la voz:

Villar: -"Sí, mi general".

A la salida, el jefe policial le preguntó a uno de sus acompañantes: "¿Escuchaste bien Negro? Entonces, ahora, piña, patada y máquina".

Bajo la mirada del presidente la lucha contra el terrorismo se dio sin respiros.

Tras la muerte de Perón, la relación de Villar con Isabel Perón y José López Rega no tuvo la fluidez ni la confianza anterior.

Poco tiempo después, el 1° de noviembre de 1974, Villar sería asesinado con su esposa por una carga explosiva cuando su modesto crucero comenzaba a navegar por el arroyo Rosquete, en el Tigre.

Según los servicios de inteligencia de la época, Villar era seguido por el PRT-ERP pero cedió el "*blanco-objetivo*" a Montoneros porque no tenía experiencia anfibia ni cargas subacuáticas. La cesión data del primer semestre de 1974, en vida del General Perón.

En el asesinato de Villar y su señora, actuó como entregador el subcomisario Alberto Washington Ouvide, secretario privado de Villar, cuya placa se encuentra en el Parque de la Memoria, entregó la información al PRT-ERP, se allanó la casa de Ouvide, donde se encontró un "*fichero de blancos*" de la Policía Federal.

Norberto Ahumada (a) "Beto" hizo la inteligencia del "blanco".

Atracó la carga el buzo táctico Máximo Fernando Nicoletti (a) "Gordo Alfredo", con apoyo de Carlos Laluf (a) "Nacho", la compañera de éste "Nacha". También intervino Carlos Lebrón, ex teniente de navío, echado de la Armada, especialista en Ingeniería y Control de Tiro. Integró Montoneros con el nombre de guerra de "Teniente Antonio" o "El Sordo" y es el mismo que junto con Rodolfo Walsh, "Paco" Urondo y otros robó el féretro con el cadáver de Pedro Eugenio Aramburu del cementerio de la Recoleta).

Pulsó el control de la bomba Carlos Andrés Goldenberg, entrenado en Cuba, (a) "Andresito" (a) "Tomasito".

6.2.1.9.- Asesinato del Capitán Humberto Viola.

Díaz Bessone (1996) y Yofre (18-06-2021) tratan el tema y de sus escritos se puede concluir que:

Los subversivos continuaban atacando al personal del ejército en forma individual.

El 7 de noviembre un comando del Ejército Revolucionario del Pueblo (ERP) asesinó al Mayor Néstor Horacio López en Santa Fe al salir de su casa.

El 12, otro comando del ERP asesinó al Teniente 1° Roberto Eduardo Carbajo, en la ciudad de San Nicolás.

El 19 de noviembre terminó el largo martirio del Teniente Coronel Ibarzábal. (Ver punto 6.1.7.1.-)

El 1° de diciembre de 2024 efectivos de la unidad ERP[25] bajan del monte para asesinar al capitán Humberto Viola.

El Capitán Viola prestaba servicios en el Regimiento 19 con asiento en Tucumán. El domingo 1° de diciembre de 2024, cerca de las 13 horas, se dirigía con su esposa, que estaba embarazada, y sus dos hijas de 5 y 3 años, a almorzar a la casa de sus padres en el centro de la ciudad.

A las 12,45 se colocaron los autos del ERP en posición de espera, a las 13 horas pasa el objetivo. Es Viola con su familia que estaciona su auto frente a la casa de Ayacucho 233, en la capital de Tucumán, donde viven sus padres. Mientras observa a su esposa Maby Picón y sus hijas no presta atención que hay en las cercanías los autos "operativos" con miembros del ERP que han llegado para matarlo.

En esas circunstancias, el auto de apoyo se coloca semicruzado en la calle, cortando la circulación, mientras el automóvil operativo se aproxima hasta la altura del *objetivo,* quedando medio auto adelantado. Baja la esposa y los hombres del ERP disparan el primer escopetazo que da en el parante delantero izquierdo del parabrisas, Viola se agacha en ese momento y los proyectiles de rebote impactan en la hija de 3 años que estaba en el asiento trasero.

Un hombre del ERP desciende introduce el cañón del arma por la ventanilla, dispara una ráfaga de ametralladora que impacta en Viola, igualmente desciende de su vehículo. Al bajarse le disparan un escopetazo y con un arma corta, los impactos lo inmovilizan y el de la ametralladora lo remata con otra ráfaga y otro agresor con un escopetazo.

La hija de 3 años muere en forma instantánea, la esposa resulta ilesa del ataque y otra hija gravemente herida

Todo ocurrió ante la vista de la esposa embarazada de Viola, sus padres y abuelos.

El 15 de diciembre los miembros de la compañía del ERP que actuaron en ese hecho, fueron recompensados con un ascenso, en un acto presidido por un miembro del Buró Político del PRT. Así lo detalla Estrella Roja del 13 de enero de 1975 en un artículo que titula Entrega de grados en el monte y que dice:

"... fue un día histórico para la Compañía de Monte...".

Los integrantes del pelotón que participaron en el hecho fueron: Hugo Irurzun, el jefe del ataque, secundado por Francisco Antonio Carrizo, José Martín Paz, Rubén Jesús Emperador, Fermín Ángel Núñez, Miguel Norberto Vivanco y Svante Grande.

Todos los integrantes del comando fueron detenidos entre febrero y abril del año 1975 y encarcelados a disposición del Poder Ejecutivo Nacional.

La justicia argentina condenó a reclusión perpetua a Paz, Emperador, Núñez y Vivanco, se dictaran a finales del año 1976, mientras que la de Carrizo a fines del año 1982.

En virtud dela ley 23.070, Carrizo, Paz y Emperador quedaron en libertad condicional en diciembre de 1988 y Núñez en julio de 1989. Vivanco había fallecido en 1980.

Con el paso de los años, los asesinos de los Viola se convirtieron en querellantes en el juicio a los militares por el Operativo Independencia en la provincia de Tucumán y fueron indemnizados por el Estado Argentino.

Ese mes de diciembre registró otros hechos resonantes.

El 4 de diciembre un comando del ERP asesinó al gerente de personal de "La Cantábrica" Sr. Ramón Samaniego y emitió el parte de guerra acostumbrado.

El 21 el ERP asesinó al ingeniero químico Emilio Jasalik, gerente de Hilandería Olmos.

El 30 asesinó en Buenos Aires al gerente de personal de la fábrica Miluz.

6.3.- Transmisión histórica oral.

La fórmula Juan Domingo Perón y María Estela Martínez de Perón ganan las elecciones del 23 de setiembre de 1973.

El hecho produjo alegría de la ciudadanía y de algunos familiares y amigos por lo que las conversaciones políticas se hicieron más frecuentes, Los que no estaban en política, como el autor, se pudieron enterar, con el agregado de lecturas de diarios de la época, que Perón asume como Presidente de la Nación el 12 de octubre de 1973, pero antes, el 1° de octubre reúne al Consejo Superior del Movimiento Justicialista (CSMJ) luego del asesinato del secretario general de la CGT José Ignacio Rucci. Su intención es la depuración de la infiltración marxista del peronismo, lo que no hizo en su exilio por si o a través de sus delegados, más bien había incentivado el accionar guerrillero.

En una de las reuniones familiares se mencionó que Perón como Presidente de la Nación se enfrentaría con un sector de hombres y mujeres del peronismo que pretendían encaminarlo por la senda del *"Socialismo Nacional"*, un planteo que giraba alrededor de la figura del jefe del comunismo cubano Fidel Castro. Aclara cualquier duda Firmenich al decir: *"la ideología de Perón es contradictoria con nuestra ideología porque nosotros somos socialistas (...)".*

La presión que mantienen sobre Perón se refleja el 1° de Mayo de 1974, cuando en su discurso desde el balcón de la

Casa Rosada, lo interrumpían con cánticos adversos, hasta que les dice: *"pese a esos estúpidos que gritan....". ¡...y hoy resulta que algunos imberbes pretenden tener más méritos que los que lucharon durante veinte años!"*

Todos sabíamos que la inseguridad crecía en todo el país, con las organizaciones guerrilleras terroristas robando, secuestrando, para obtener financiamiento, y asesinando empresarios, militares, miembros de las fuerzas de seguridad, y víctimas inocentes que pasaban cuando producían atentados con elementos explosivos o en intercambio de disparos con las fuerzas de seguridad.

Esta situación provocó terror en todos los habitantes de Argentina con éxodo de empresarios, capitales y argentinos para radicarse en el extranjero.

Capítulo 7.

7.1.- Plan Evolutivo del Ejército Revolucionario del Pueblo (ERP) Causas del Operativo Independencia.

Yofre (18-06-2021) relata que ya en 1970, el Partido Revolucionario de los Trabajadores (PRT), en su V Congreso (donde funda el ERP) había afirmado: *"En Tucumán, el sector de vanguardia lo constituyen los obreros azucareros, directamente ligados al proletariado rural y, a través de éste al campesinado pobre"*; y agregó*:* "la situación geográfica de Tucumán hace que el eje estratégico de la lucha armada pase por allí en sus formas iniciales de la guerrilla rural". Luego continúa: *"En la primera etapa, la lucha armada se reducirá a Tucumán, pero posteriormente se irá extendiendo por todo el Norte hasta llegar a enlazar geográficamente áreas cercanas a regiones urbanas como Córdoba, Rosario, Santiago del Estero, Catamarca, Chaco, Formosa, norte de Santa Fe, etc."*

En octubre de 1973, el ERP comenzó sus operaciones.

La primera fase, denominada *"asentamiento"*, fue prevista hasta el 30 de mayo de 1974. En este lapso, se completaron los reconocimientos de la zona donde operarían, iniciaron la adaptación de su personal al clima y al terreno e intensificaron el entrenamiento de tiro y combate. Antes de finalizar esta fase, se realizó un curso con unos 20 guerrilleros, desarrollado personalmente por el "Comandante Carlos", Mario Roberto Santucho.

Se instaló un campamento principal en el Ingenio Fronterita, con el Estado Mayor Central del ERP y uno secundario en Potrero Negro a cargo de "Raúl", Leonel Juan Carlos Mac Donald.

A principios de mayo de 1974, la Policía Provincial detectó la presencia de los guerrilleros y la Policía Federal, reforzada con logística del Ejército, ejecutó un operativo que permitió descubrir campamentos abandonados, pero no lograron localizar a los terroristas.

Al terminar la fase de "*asentamiento*", se constituyó la "*Compañía de Monte Ramón Rosa Jiménez*" y durante una reunión del Comité Central Ampliado, se decidió a generalizar la guerra, dividiendo al país en dos grandes regiones estratégicas integrada por:

1. Las grandes concentraciones urbanas, en torno de las zonas industriales (La Plata, Buenos Aires, ribera del Paraná, Rosario y Córdoba).
2. El ámbito rural del norte argentino, con centro en Tucumán.

En esta reunión, Santucho, líder indiscutido del PRT-ERP, destacó la importancia estratégica de la guerrilla rural, siguiendo el ejemplo de sus admirados vietnamitas. Estableció que el objetivo de la guerrilla rural era lograr la construcción de una "*zona liberada*" que permitiera instalar el Comando en Jefe del ERP y eventualmente la dirección política del PRT y obtener reconocimiento internacional.

La fase denominada "accionar abierto", comenzó desde agosto hasta diciembre de 1974, abarcando el trabajo de captación de las poblaciones rurales e incrementando las operaciones terroristas y la propaganda armada.

El ERP decía a través de su órgano *Estrella Roja*:

"Nadie puede dudarlo. La guerra civil revolucionaria se ha generalizado en la Argentina. De un lado el ejército opresor,

del otro bando las fuerzas guerrilleras (...) con la simpatía y el apoyo cada vez más activo de las masas obreras y populares"

Como represaría de los guerrilleros muertos en Catamarca el ERP comenzó a ultimar oficiales del Ejército. Entre el 25 de septiembre y diciembre de 1974, fueron asesinados 10 oficiales, de los 16 estipulados.

El mensuario *Cuestionario* (Año II, N° 21) que dirigía Rodolfo Terragno los enumeró: Jorge Grassi; Luis Brzic; Miguel Ángel Paiva; Jaime Gimeno; Juan Carlos Gambandé; José Gardón; Néstor López; Roberto Carbajo; Jorge Ibarzábal y Humberto Viola.

7.2.- Operativo Independencia. Decreto Secreto N° 261

En marzo de 1974 el ERP, organización armada marxista, había creado un *"frente rural"* en Tucumán, primera etapa para avanzar hacia una *"zona liberada"*, es decir una región en la que pudiera establecerse como autoridad política y militar con el apoyo de la población local. De esa forma comenzó a funcionar la *"Compañía de Monte Ramón Rosa Jiménez"*, realizando prácticas y entrenamientos para convertirse en un ejército regular, contando con una base de 50 combatientes. En los meses siguientes se tomaron comisarías, estaciones ferroviarias y se produjeron robos de mercadería para repartirla entre los habitantes del monte.

El diario La Nación en su editorial del 25 de julio de 2020, relata que dada la situación en que se encontraba la subversión actuando en Tucumán el Poder Ejecutivo a cargo de María Estela Martínez de Perón, el 5 de febrero de 1975 con Acuerdo General de Ministros, emite el Decreto Secreto N° 261, mediante el cual ordena:

"El Comando General del Ejército procederá a ejecutar las operaciones militares que sean necesarias a efectos de neutralizar y/o aniquilar el accionar de los elementos

subversivos que actúan en la Provincia de Tucumán". (Ver Anexo 11)

Cuando se dispuso esa medida habían tomado una dimensión importante las operaciones armadas del Ejército Revolucionario del Pueblo (ERP). Actuando en áreas rurales de esa provincia, particularmente en las zonas boscosas, y en poblaciones hacia el sur de la ciudad capital. Se producían copamiento de pueblos, con asesinatos de militares, policías, civiles, y ataques a instalaciones militares.

La guerrilla marxista, en busca de la patria socialista, había logrado dominar espacios e incluso disponía retenes en las rutas, para exigir peajes o detener a ciudadanos que consideraba enemigos. Su objetivo declarado era la toma del poder en desafío a las autoridades constitucionales e hizo pública su intención de pedir para la zona ocupada el reconocimiento internacional como territorio independiente "liberado".

A diferencia del tipo de terrorismo urbano y clandestino que practicaban el propio ERP, los Montoneros y otras organizaciones en el resto del país, en la selva tucumana la lucha estaba planteada con combatientes uniformados, en operaciones de comando.

La decisión del Poder Ejecutivo terminar con la amenaza a la Republica, fue un imperativo institucional y así fue considerado por prácticamente toda la representación política en ese momento.

El ámbito de las acciones encomendadas estaba limitado a la provincia de Tucumán, a pesar de que las mismas organizaciones subversivas atacaban unidades militares y policiales también en otras provincias para hacerse de armamento.

Entre febrero y diciembre de 1975, 53 miembros del Ejército, la policía y la Gendarmería murieron en enfrentamientos y atentados en Tucumán, en tanto las bajas de la guerrilla fueron 163. Hacia fines de ese año, las operaciones en la provincia en Tucumán habían reducido dránticamente las fuerzas del ERP, con refuerzos de Montoneros, el Operativo Independencia cumplía con sus objetivos.

7.3.- Guerra Subversiva Estaba También Fuera de Tucumán.

El Decreto Secreto N° 261 limitaba la acción del ejército a la Provincia de Tucumán, en un esfuerzo por disimular lo que era de dominio público. Los ataques subversivos se producían en todo el territorio de la República y se difundían por los medios de comunicación.

Díaz Bessone (1996) señala que en todo el año 1975, los subversivos producen a diariamente atentados, asaltos y muertes. En Buenos Aires continuaba operando la *"Triple A"* y también las denuncias contra José López Rega, señalado aun desde el Congreso como jefe de esa banda irregular. En el mismo período gobierna la Sra. de Perón, con altibajos en la salud que la obligan a delegar el poder, por ciertos lapsos, en el Presidente Provisorio del Senado Dr. Ítalo Argentino Luder.

Evita Montonera de enero-febrero de 1975, con el título La *"Resistencia Peronista Ataca"*, señala:

"Consideramos que en Montoneros... no hay una práctica permanente para ligar los tres niveles de nuestra acción... a) La acción reivindicativa de masas; b) La acción política... c) La acción militar...La acción militar es siempre el nivel superior, determinante desde el punto de vista estratégico... No hay política revolucionaria, es decir, proyecto de toma del poder para los trabajadores y el pueblo, sin la construcción del poder militar propio y la destrucción del poder militar enemigo".

7.3.1.- Secuestro y Asesinato del Cónsul de EE.UU. John Patrick Egan.

Díaz Bessone (1996), Esquivada (16-07-2019), Reato (12-10-2017) y ElDoceTV (27-02-2024), entre otros, tratan el tema y de sus narrativas se puede decir que el 26 de febrero de 1975, a las 19 horas, Montoneros copa las oficinas y vivienda del único cónsul honorario de Estados Unidos en el interior del país, John Patrick Egan, de 62 años de edad, ingeniero. No venía de la carrera diplomática, sino que había trabajado en la fábrica de automóviles Káiser. Se había jubilado y retirado en Villa Belgrano, Córdoba. Desde allí ayudaba en la tramitación de visas.

La operación de secuestro comenzó el viernes 24 de febrero de 1975, cuando un joven, que se presentó como ingeniero agrónomo, tocó el timbre en la casa de Egan en General Paz 3399, del barrio de Villa Belgrano, Córdoba. Preguntó qué documentación necesitaba para solicitar la visa.

Cuando regresó en busca de John Patrick Egan, el miércoles 26, a las 19 horas, lo acompañaban otros dos hombres y una mujer. La esposa del cónsul, Cyrila Leonart, abrió la puerta y habló cinco minutos con ellos, hasta que sacaron las armas. No había custodia, la habían asignado a otras tareas, y empezaron a gritar *"Dame la plata, dame la plata, la plata"*.

La llevaron hasta el dormitorio, junto con la mucama. Cyrila Leonart comento: "Les pedí que por favor no se llevaran a mi esposo, que podían quedarse con todo lo que quisieran, y comenzaron a echarme éter a la cara. Cuando me di cuenta de lo que pasaba, dejé caer la cabeza, deben haber pensado que me había desmayado".

Leonart escapó por una ventana a una casa vecina, donde llamó a la policía y a la embajada hablando con Wilbur Hitchcock, subjefe de la misión.

Cuando el personal de la comisaría recorrió los 800 metros hasta la casa, todo había terminado. Egan no había logrado tomar el arma calibre 32, que le había proporcionado la embajada, que quedó en su escritorio. Pintaron "Montoneros" por toda la casa, con aerosoles

En el secuestro se usaron dos vehículos: la pickup Ford color crema, en la que se llevaron al cónsul honorario a una "Cárcel del Pueblo", y un Renault 12. Otras dos personas permanecieron fuera de la casa, en un vehículo de apoyo.

A pesar de que en esos momentos los funcionarios extranjeros tenían custodia, a Egan se la habían retirado pocos días antes.

Raúl Lacabanne, el Interventor Federal de Córdoba, explicaría luego, cuando Egan ya estaba sepultado en el cementerio San Jerónimo, que no había policía en la agencia consular porque "*el domingo anterior habían matado a uno que era de la misma comisaría*", y que para dar con los asesinos se había reunido a todo el personal.

Los Montoneros se adjudican el secuestro y comunican, que Egan como representante directo de los intereses yanquis en la provincia, había sido condenado a muerte por fusilamiento.

La condena sólo sería conmutada por su libertad en caso de que el gobierno... de Isabel Martínez y López Rega y las Fuerzas Armadas...hagan aparecer sanos y salvos, antes de las 19 horas del 28 de febrero de 1975, mostrándolos a través de todos los medios de prensa oral, escrita y televisiva, a los guerrilleros que mencionaban.

A las 48 horas exactas, Egan fue ejecutado por los terroristas. Su cuerpo fue dejado cerca de un canal en las inmediaciones de la ruta 9, envuelto en una bandera que reivindicaba a Montoneros y con recortes de diario alusivos a la muerte de dos integrantes de ese grupo.

7.3.2.- Editorial del Periódico Subversivo Estrella Roja del 24 de marzo de 2975.

"Crece el accionar guerrillero. Después de un corto período de retraimiento producido por el salvaje accionar de la "Triple A"... una creciente ola de acciones guerrilleras desatadas en las principales ciudades del país causa alegría y regocijo... y una rabia y sorda impotencia en las filas del gobierno y de sus organismos represivos. El blanco principal de todas las últimas operaciones guerrilleras, realizadas en su mayoría por nuestro *ERP* y *Montoneros,* han sido las fuerzas represivas, particularmente la policía...Como resultado de todas esas operaciones, diez policías fueron abatidos, por balas guerrilleras y 9 resultaron heridos... En Rosario nuestro *ERP* copó la subcomisaria de la localidad de Alvear. En la retirada uno de nuestros combatientes fue apresado y asesinado a mansalva... La policía se acantona en sus puestos, debe multiplicar el personal en puestos de guardia... recurrir a nuevos mecanismos de defensa como por ejemplo haber colocado en algunos puestos...bolsas de arena cubriendo paredes y ventanas... El auge guerrillero, el fracaso de los planes contrarrevolucionarios del enemigo en Tucumán... configuran una muy buena situación que preanuncia los importantes combates que... se librarán en los próximos meses contra la burguesía proimperialista, su reaccionario gobierno (Sra. de Perón) y sus fuerzas armadas".

7.3.3.- Ataque al Batallón de Arsenales 121 de Fray Luis Beltrán.

De los datos aportados por CeDeMa.Org. (13-04-1975) y Díaz Bessone (1996) se puede decir que el soldado Horacio Stanley, incorporado al Batallón de Arsenales, era miembro del ERP, atendía la central telefónica del cuartel. A través de este soldado el ERP pudo tomar conocimiento de los datos del cuartel y preparar el ataque.

Para el domingo 13 estaba previsto que los familiares de los soldados recientemente incorporados podrían visitarlos a partir de las 14 horas. Aquí también intervino el soldado Stanley, que atendió la central el día sábado 12, e indicó a los familiares que pedían información por teléfono, que la visita comenzaría a las 10 horas.

El día 13 desde la mañana se reunieron las familias, frente a la entrada principal al cuartel, sobre la Ruta Nacional Nº 11 lo que permitió que guerrilleros de civil se confundieran con los familiares.

El puesto de guardia ubicado en la entrada principal, a cargo del Sargento Ayudante Balla, su auxiliar era el Sargento Primero Sáenz y contaba con 7 soldados. Una mujer entró en el puesto aproximadamente a las 13 horas y preguntó por un soldado. Sáenz lo busca en la lista y cuando levanta: la cabeza, la mujer le está apuntando con una pistola. Seguidamente 4 guerrilleros vestidos de civil irrumpen en el puesto y sacan armas. El jefe del puesto abre fuego, hiere a un guerrillero, pero es herido y desarmado.

Inmediatamente ingresan 5 vehículos, guiados por el soldado Stanley, y con aproximadamente 70 subversivos uniformados. Que proceden a tomar las Guardias, Guardias Puesto Belgrano, Guardia Prevención, Guardia Central y Compañías A y B. Mientras el soldado Stanley inutilizaba todo el sistema de comunicaciones internas. Los subversivos tenían comunicaciones con modernos radios.

El Jefe del Batallón, Teniente Coronel López Campo, estaba dentro del Cuartel, en su casa, junto con el Capitán Juárez. Ante el ruido del combate, se desplazaron hacia el casino de suboficiales para organizar un grupo de combate. Algo similar ocurrió con el Segundo Jefe, Mayor Ferrari, que fue hacia el barrio de oficiales y suboficiales.

Los hombres que se encontraban en la Fábrica Militar "Fray Luis Beltrán", lindera con el Batallón, hicieron funcionar la alarma y avisaron al Comando del Cuerpo. Habían pasado diez minutos desde que comenzara el ataque.

Cuando terminaron de cargar las armas, los guerrilleros se encolumnaron hacia el camino por donde habían entrado. En ese momento recibieron fuego de armas livianas desde los barrios militares y desde el casino de suboficiales, pero no consiguieron detener a la columna.

La operación demandó unos 45 minutos.

Mientras se atacaba el Batallón otros grupos de terroristas copaban la comisaría y la estación ferroviaria de la localidad y se aniquiló la dotación de dos patrulleros que circulaban por la Ruta Nacional N° 11.

Las tropas de Rosario llegaron aproximadamente una hora después que los guerrilleros se habían retirado. Se encontraron luego en diversos lugares los vehículos abandonados, con múltiples impactos y manchas de sangre en su interior.

En el Batallón, además de la muerte del Coronel Carpani Costa, quedaron heridos un oficial, cuatro suboficiales y dos soldados.

El ERP se llevó 170 fusiles livianos, 5 fusiles pesados, 3 ametralladoras, 27 pistolas, 5 escopetas, 2 pistolas ametralladoras, 3 fusiles Máuser con mira telescópica, cascos de combate y municiones.

7.3.4.- Combate de Manchalá. Provincia de Tucumán.

Tratan el tema, entre otros, Díaz Bessone (1996), Pignatelli (28-05-2024), San Román (20-07-2024), de sus aportes se puede decir por el Decreto 261 la zona de acción del ejército estaba delimitado al oeste de la ruta 38 que une a las ciudades de Córdoba y San Miguel de Tucumán. Las principales localidades de esa región de la provincia de Tucumán, eran Famaillá, Montañeses y Concepción.

Mientras las tropas de infantería las destinaban a las patrullas en el monte, a los ingenieros los ocuparon en tareas de acción social, especialmente la acondicionar escuelas.

La primera sección de la Compañía de Ingenieros de Montaña N° 5 llegó a Tucumán, proveniente de Salta, el 1 de mayo de 1975.

Eran 32 soldados, la mayoría albañiles. Los alojaron en un galpón muy grande, que compartían con otras unidades. Debían ocuparse de arreglos de las escuelas de Yacuchina, Yonopongo, Balderrama y Manchalá.

El 28 de mayo de 1975, dos suboficiales y 9 soldados bajo bandera, que cumplían con el Servicio Militar Obligatorio, pertenecientes a la Compañía de Ingenieros de Montaña 5°, realizaban tareas de reparación de la escuela de Manchalá. Debían terminar rápidamente los trabajos de albañilería y pintura, dado que en dos días la 1° sección de la Compañía de Ingenieros de Montaña 5 regresaría a Salta.

A unos dos kilómetros de la escuela de Manchalá, cerca del río Colorado, estaba la finca de los Sorteis. A unos cinco kilómetros, la escuela de Balderrama, que también reparaban y camino a Catamarca se repartían tres más. La de Manchalá estaba a 25 kilómetros del escuadrón logístico en Famaillá.

El Comando General del Ejército dijo, en síntesis:

En Famaillá funcionaba el Puesto de Comando Táctico de la Quinta Brigada. El objetivo del ERP era atacar por sorpresa a ese Puesto de Comando, poner en libertad a los guerrilleros detenidos, tomar prisioneros a oficiales para intentar canjearlos por guerrilleros y apoderarse de armamento.

El ataque debía producirse a las 19 horas, al caer la tarde del día 28. La fecha fue elegida así, porque el 29 de mayo es el día del Ejército.

El día 27, anterior al ataque proyectado, la policía detuvo en la plaza de Famaillá a varios guerrilleros "mimetizados" con la población, que habían dibujado croquis de la plaza y de las instalaciones militares.

Ese mismo día el ERP se apoderó de la Finca Sorteis, a 15 km. de Famaillá y la organizó como lugar de reunión. Se estimó en 143 los guerrilleros reunidos en ese lugar. Estaban bajo la dirección de Asdrúbal Santucho, uno de los jefes de mayor jerarquía del ERP y de Hugo Irurzún.

Un peón de la finca logró evadirse, se presentó en Famaillá al Comisario y luego al Comandante de la Brigada General Vilas. Informó lo que estaba ocurriendo en Sorteis. La información pareció poco confiable, pero se envió soldados a explorar, pero no ubicaron la finca.

El 28 de mayo a las 17:30 horas aproximadamente, la columna del ERP se puso en marcha por la ruta provincial Nº 38. A poco de comenzar la marcha se encontró sorpresivamente en un recodo del camino con un camión *Unimog* del Ejército, que exploraba la zona. Por experiencia sus hombres iban listos para abrir el fuego. Así lo hacen y matan a un subversivo y otros tres son heridos. Por la amenaza de la columna del ERP, se repliegan y dirigen a la escuela de Manchalá, que era lo más cercano,

Encerrados todos, constituyen un punto fuerte donde combatieron sin poder ser aniquilados por el enemigo, que desembarcó de los vehículos y cercó a la escuela.

Cerca del lugar estaba la escuelita de Balderrama, donde otros dos suboficiales y soldados, cumplían idéntica tarea a los de Manchalá. Este grupo escuchó el ruido del combate, se armó y concurrió al lugar, trabándose en combate.

Un suboficial pudo desprenderse y llegar a Famaillá para informar lo que ocurría. En Famaillá sólo había 15 hombres y 3 camionetas del Ejército, disponibles en el acto. El resto operaba en las inmediaciones. La noche iba cayendo. El Comandante dispone concurrir inmediatamente con lo que tiene, mientras ordena otros desplazamientos para cuando pudieran seguirlo.

Las luces de los tres vehículos que se aproximaban a Manchalá hace pensar a les guerrilleros que concurrían fuerzas importantes desde Famaillá. Por ello se retiraron al monte, dejaron en el terreno 17 bajas, entre ellas el "Sargento Dago", Domingo Villalobos Campos, del Movimiento de Izquierda Revolucionaria (MIR) chileno, muerto. Abandonaron armamento y vehículos.

7.3.5.- Atentado y Derribo del Hércules TC – 62.

Tratan el tema, entre otros, Díaz Bessone (1996) y Schiaffino (27-08-2020) de sus aportes se puede decir que el 28 de agosto de 1975, el Hércules TC – 62 despegó, en horas tempranas, desde Buenos Aires con un contingente de Policía Federal, arribando al aeropuerto Benjamín Matienzo, ubicado en la ciudad de San Miguel de Tucumán. Luego del reabastecimiento de combustible y con 114 hombres pertenecientes a la Gendarmería Nacional a bordo, siendo las 13:05 horas, se disponía al despegue, previo los controles de rutina.

Luego del carreteo de despegue y encontrándose la aeronave en el aire, delante de la misma se registró la detonación de un artefacto explosivo que causó la voladura de parte de la pista. El piloto solo, pudo para evitar un impacto mayor, inclinar la aeronave de 70 toneladas con la carga completa de combustible, hacia la izquierda. Pero la explosión afectó seriamente la estructura de la aeronave, que desprende los motores 3 y 4, y cae a un costado de la pista. Se trabaron las puertas de salida e inició el incendio. En la cabina de pilotos se abrió una escotilla de emergencia, en el compartimiento de carga lograron abrir un boquete por donde salieron parte de los hombres de Gendarmería y tripulación entre la confusión, el humo y el fuego.

El aparato, quedó envuelto en llamas y explotó con

impresionante violencia.

Sólo la pericia de la tripulación impidió que el atentado criminal alcanzara proyecciones de catástrofe, como hubiera ocurrido de haberse precipitado la máquina sobre el barrio obrero cercano al lugar o sobre la misma capital tucumana.

La "*Operación Gardel*", denominada así por la similitud con el accidente de Medellín, es descripta con detalles en la revista "*Evita Montonera*" de setiembre de 1975, con el título de "Golpe a las fuerzas de ocupación", Relata que la operación fue preparada durante seis meses y detalla la composición de la carga explosiva: 5Kg. de TNT, 60Kg. de dietamon y 95Kg de amonita. Se tendió un cable de 250 metros desde la pista, por un canal de desagüe, hasta una boca de tormenta frente al barrio obrero, desde donde se detonó. El trabajo fue discontinuo y tardó desde marzo a agosto.

Murieron 5 gendarmes en realidad: Evaristo Gómez, Juan Argentino Luna, Marcelo Godoy, Raúl Cuello, todos en el momento del atentado y Pedro Yáñez con posterioridad. Un herido grave, el gendarme Juan Riveros, salvó la vida. Además hubo 26 heridos de diversa consideración.

7.3.6.- Atentado al ARA Santísima Trinidad.

Tratan el tema, entre otros, Armada (21-01-2013) Urgente24 (21-01-2013) Díaz Bessone (1996) y Redacción Clarín (08-12-2016) de sus aportes se puede decir que

Desde noviembre de 1974 un equipo de Montoneros comandado por Arturo Lewinger, comenzó a preparar una operación contra la Armada empleando el buceo táctico. Pasaron a la etapa de entrenamiento, acopio de material de demolición, elección del objetivo y mecánica del transporte.

El 24 de mayo de 1975, durante el asalto a una comisaría de Mar del Plata, cayó en combate el oficial superior Lewinger. Fue reemplazado en la jefatura de la operación por un oficial mayor.

Eligieron el objetivo el buque Santísima Trinidad que se encontraba en los astilleros de Rio Santiago. Después de una prueba llegando a nado al objetivo, se definió la fecha de la operación: el 22 de agosto, día del renunciamiento de Evita y aniversario de la masacre de Trelew.

A las 21 horas del 22 de agosto de 1975, un equipo de 6 montoneros llegó en dos vehículos hasta cierto lugar de la costa. Dos quedaron en tierra con un *walkie-talkie*, y los cuatro restantes se embarcaron, en un bote desarmable camuflado, hacia el objetivo. Llevaban el equipo de natación, el subacuático comprendía material de transporte, equipos de buceo y de demolición

A las 21,45 el bote llegó hasta el Punto de Partida para el Ataque, a unos 700 m del Destructor. Desembarcaron y luego de vestirse con los equipo de buceo, tres partieron nadando, mientras el cuarto quedó en tierra, a cargo del bote.

El buque estaba muy iluminado y las condiciones climáticas eran totalmente adversas. Perdieron una hora tratando de solucionar problemas con una de las minas y terminaron colocando la carga a los pilotes, a dos metros del casco, debajo de la línea de flotación.

La carga colocada explotó y produjo la rotura de una tubería en el sector de máquinas del Destructor Misilístico Santísima Trinidad, provocó el hundimiento de varios compartimientos y el escorado de la nave.

La construcción concluyó el 29/11/1980, y en abril de 1981 zarpó desde la Base Naval de Puerto Belgrano hacia Portsmouth, Inglaterra, donde realizó la puesta a punto operacional de sus sistemas.

En el libro *"Nadie Fue"*, de Juan Bautista Yofre, se puede leer:
"(...) En esos días se efectuaron varios hechos terroristas importante. Dos fueron impactantes. El miércoles 27 de

agosto de 1975, bajo la conducción de "Monra" o "Isidro", Marcelo Daniel Kurlat, el "Pelotón de Combate Montonero Arturo Lewinger Weinreb" atacó la fragata misilística "Santísima Trinidad", en los astilleros de Río Santiago. La excusa dada a conocer por los autores, fue que "la fragata era parte de un fabuloso negociado de 350 millones de dólares entre la Marina y el imperialismo británico".

El "Monra", entre otras actividades, fue "responsable universitario" de la organización. Un grupo operativo de la Armada lo abatió el 10 de diciembre de 1976. (CONADEP Expediente 06993).

Otro de los que interviene es "el gordo" "Alfredo" Máximo Fernando Nicoletti, nacido en Rawson, un experto en buceo, cuya vida no dejó de causar sorpresas: intervino en la voladura del yate que mató al comisario Alberto Villar y su esposa, en 1974. Cayó en manos de la Armada en agosto de 1977. En la ESMA se convierte en un colaborador del servicio de inteligencia naval. Durante la Guerra de Malvinas, colaboró en la fracasada "Operación Algeciras", cuya misión era hundir navíos británicos en el Peñón de Gibraltar, ordenada por el almirante Jorge Isaac Anaya. En 1994, investigado por el comisario "Chorizo" Rodríguez, apareció ligado a un asalto de un camión de caudales (...)".

7.3.7.- Intento de Copamiento a la Policía de Córdoba, por la Unidad Decididos de Córdoba del ERP.

Díaz Bessone (1996) considera que el objetivo del ERP era detener y ajusticiar a todo el personal de la División Informaciones de la Policía de Córdoba, encabezada por el Comisario Telerín y acusados de los asesinatos de Mercedes Gómez, Graciela Morenzic, Ernst, la familia Pujadas y otros.

La planificación de Enrique Gorriarán Merlo tenía un objetivo principal División Informaciones de la Policía de Córdoba, pero incluía el ataque simultáneo a otros tres lugares: la Jefatura de Policía, el Comando Radioeléctrico y la Guardia de Infantería. Estos dos últimos blancos tenían el fin de paralizar la acción policial. Además, se cortaron todas las calles y accesos para paralizar la ciudad.

Intervinieron más de 200 guerrilleros del ERP, que minutos antes del inicio del ataque contra la Policía, se ubicaron en distintos lugares de la plaza, frente a la Jefatura. Las mujeres llevaban cochecitos de bebés y changuitos para las compras; los varones, bolsos y paquetes.

La Redacción La Voz (03-09-2023) refiere que el 20 de agosto de 1975 a las 11:00 horas, Enrique Gorriarán Merlo con un estuche de una máquina de tejer en su mano izquierda, llegó al bar y confitería El Ruedo, ubicado en la calle Obispo Trejo, frente a la plazoleta Jerónimo Luis de Cabrera. Gorriarán Merlo ocupa una mesa en la vereda y se sienta mirando la plazoleta.

Cuatro jóvenes se acercaron con un par de changuitos en los que transportaban bafles con la inscripción "Orquesta Los Querubines"; se ubicaron a la izquierda de Gorriarán, al lado de la iglesia.

El policía Miguel Oviedo montaba guardia en el ingreso al pasaje Santa Catalina y a unos 20 metros de la entrada a la División Informaciones de la Policía de Córdoba.

Una mujer que parecía llevar un bebé en brazos, se le acercó. Su papel era clave: debía neutralizarlo con esa pistola que buscaba entre las mantas del muñeco y liberar el ingreso de sus camaradas a la División Informaciones. Pero vaciló, demoró unos segundos más de lo previsto y el policía se dio cuenta de la maniobra. Oviedo se estaba dando vuelta para apretar un timbre de alarma cuando un balazo lo hirió en el hombro cayó, pero pudo iniciar un tiroteo que alertó a sus compañeros.

Perdida la ventaja de la sorpresa, Gorriarán abrió el estuche de la máquina de tejer, sacó un FAL abrió fuego contra el policía y el frente de la División Informaciones. Los

4 acompañantes también dispararon con las ametralladoras y los FAL escondidos en los bafles de la orquesta.

Desde las ventanas verdes del edificio respondieron el ataque. Oviedo gravemente herido, fue arrastrado al interior del Cabildo por uno de sus colegas.

Los guerrilleros que estaban en la plaza y alrededores al escuchar los primeros disparos, sacaron las armas largas que tenían escondidas, ocuparon las posiciones asignadas en el plan de Gorriarán y comenzaron a disparar contra la sede de la Policía.

Un escuadrón avanzó disparando constantemente hacia la playa de estacionamiento, frente al Cabildo, protegido también por francotiradores apostados en los techos del Banco Español y del Río de la Plata, el Banco de la Nación Argentina, el Banco de Córdoba y el hotel Sussex, entre otros edificios cercanos.

Al mismo tiempo fueron atacados la sede del Comando Radioeléctrico, el edificio de la Guardia de Infantería y se realizaron cortes en las calles en la zona céntrica para dificultar la llegada de refuerzos enemigos.

El copamiento no pudo ser concretado debido a problemas operativos de los grupos de ERP, que permitió que se generalizara la resistencia de los guardias de los alrededores de la Jefatura, a los que se sumaron efectivos del interior de los edificios, la dotación de patrulleros y algunos policías de las inmediaciones.

La Policía informo que en el hecho murieron cinco policías y un guerrillero; ocho policías resultaron heridos, cuatro de ellos de gravedad. Además, fueron heridas otras 13 personas que pasaban cerca de los lugares atacados.

7.3.8.- Ataque al Regimiento 29 de Formosa.

La guerra no se limitaba a Tucumán. Pese a los

esfuerzos del poder político por disimular la importancia de la agresión que sufría la República Argentina y la circunscribirla a Tucumán, la guerra estaba extendida a todo el territorio de la Nación, como lo demostraba a diario el accionar de la subversión con sus asesinatos, asaltos, secuestros, atentados, ataque a cuarteles, etcétera.

Para el tratamiento del ataque al Regimiento 29 de Infantería de Monte "Coronel Ignacio José Javier Warnes" con asiento en la provincia de Formosa, se tiene en cuenta los dichos de CeDeMa.Org. (06-10-1975), Reato (04-03-2017) y Miranda (2,3 y 4-11-2020)

El Ataque llamado "*Operación Primicia*", fue diseñado y dirigido por el "oficial superior" del ERP, Raúl Yaguer, que era el número cuatro de la cúpula nacional de Montoneros. Los tres primeros en la jerarquía, Mario Firmenich, Roberto Perdía y Roberto Quieto, aprobaron el copamiento. (Ver Anexo 10)

Se decidió atacar el Regimiento de Infantería de Monte 29° el 5 de octubre de 1975 a las 16.00. Además, secuestrar un Boeing 737 de Aerolíneas Argentinas matrícula LV- JNE, que realizaría un vuelo entre Buenos Aires y Formosa.

Los días previos al 5 de octubre, los atacantes fueron llegando paulatinamente a la ciudad de Formosa, siendo recibidos en diversas casas preparadas, a la par que se hacían los ajustes finales para dejar lista la operación.

La información de inteligencia sobre en el regimiento, fue aportada por el soldado conscripto Luis Roberto Mayol Alcalá, alias "Lorenzo", que cumplía su servicio militar y pertenecía a Montoneros

A primeras horas de la tarde del 5 de octubre de 1975, los subversivos comenzaron a concentrarse en los puntos predeterminados, a la vez que otros abordaban el Boeing 737 de Aerolíneas Argentinas, que secuestrarían.

Acto seguido los siete pelotones del *Grupo de Combate Zulema Willimer* se encolumnaron dirigiéndose por la ruta nacional Nro. 11, que comunica el regimiento con la ciudad de Formosa. Sobre el camino retuvieron 15 vehículos y secuestraron a sus ocupantes. Grupos de apoyo quedaron apostados sobre la ruta para mantener libre la única vía de escape para permitir la retirada de los agresores.

El ataque al Regimiento 29 comenzó alrededor de las 16.00 horas, cuando el Luis Alberto Mayol Alcalá amenazó al soldado Medina que estaba de guardia en el **Puesto 2** en los fondos del cuartel, y le arrebató su fusil FAL. Inmediatamente ingresaron 7 vehículos con alrededor de 80 montoneros fuertemente armados, que se internaron en el cuartel buscando cada uno los objetivos asignados.

Todos los puestos fueron tomados por sorpresa. Así hubo combates en todos los lugares del regimiento, casi al mismo tiempo.

Es de destacar que cuando los terroristas del pelotón 7 avanzaron en un vehículo hacia la Compañía Comando. El soldado Hermindo Luna se encontraba de imaginaria armado con un FAL mientras sus compañeros descansaban. Un grupo de atacantes ingresó a la compañía, encontrándose frente con el soldado Luna que se replegó hacia el sector de los baños.

De acuerdo a los testimonios de los conscriptos y los Montoneros, se produjo el siguiente diálogo:

- Atacantes: "Rendite negro, que con vos no es la cosa".
- H. Luna: "¡Acá, no se rinde nadie! ¡mierda!"

Tras la valiente respuesta el bravo Hermindo Luna recibió varios impactos de FAL, pasado el ataque, murió mientras era auxiliado por sus compañeros.

La respuesta del soldado Luna dio tiempo a sus compañeros a replegarse salvando sus vidas.

Por la intensidad de los disparos, oficiales y suboficiales que vivían en el Barrio Militar, lindero con el Regimiento 29, ingresaron al cuartel y se sumaron a los defensores formando un núcleo de resistencia en el extremo sur-oeste de la Plaza de Armas desde la que hostigaron a los atacantes, obligándolos a replegarse al combinar sus disparos con los de la ametralladora MAG del extremo sureste. Sumándose los disparos de los soldados que habían escapado de la Guardia.

Ante el fuego, cada vez más intenso, los atacantes se retiraron usando 2 vehículos de los 7 con los que habían ingresado, los otros 5 habían quedado inutilizados. Los montoneros que controlaban la ruta provincial Nro. 11 cubrieron su retirada.

Mientras se producían los sucesos en el Regimiento de Infantería de Monte 29, otro grupo de montoneros atacaron la Unidad Carcelaria 10 para liberar a guerrilleros que estaban recluidos allí.

Tras un intenso tiroteo con los efectivos del Servicio Penitenciario fueron rechazados y debieron retirarse. Otro grupo secuestró el Boeing 737 LV-JNE "Ciudad de Trelew" de Aerolíneas Argentinas antes de que aterrizara en el aeropuerto El Pucú de la ciudad de Formosa.

La aeronave con los rehenes, pasaje y tripulación, quedaron en la cabecera de la pista a la espera de los asaltantes que regresarían desde el regimiento. El avión fue reabastecido de combustible y los pasajeros posteriormente liberados, pero la tripulación debió transportar a los montoneros hasta su destino final en Santa Fe.

A su vez otro grupo de subversivos en tres automóviles copó el aeropuerto y tomó un pequeño avión Cessna de cuatro plazas de la provincia de Corrientes.

En la terminal aérea cuatro gendarmes intentaron resistir pero fueron superados por los atacantes, pero se logró alertar al jefe del Escuadrón 15 de Gendarmería.

También dos efectivos de la policía de Formosa que esperaban al interventor de la provincia Juan C. Taparelli, que viajaba en el Boeing 737 y estaba rehén, intentaron repeler a los agresores, siendo muerto el cabo Argentino

Alegre.

Rápidamente los atacantes se apoderaron de las dependencias e instalaron una ametralladora en la torre de control.

Los montoneros que habían sobrevivido al ataque al Regimiento 29 abordaron el Boeing 737 y el Cessna y alrededor de las 17.25 levantaron vuelo del aeropuerto, simulando dirigirse hacia Puerto Iguazú. Sin embargo a los pocos minutos cambiaron de rumbo.

A las 18.30 el Boeing 737 aterrizó en un campo ubicado a 8km, de la localidad de Susana en la provincia de Santa Fe, donde el "Grupo de Combate Carlos Tuda" los esperaba.

El Cessna se dirigió con la cúpula de la Organización a la provincia de Corrientes aterrizando en un campo de la arrocera Nueva Valencia.

Las fuerzas defensoras del regimiento sufrieron 13 muertos: el subteniente Ricardo Massaferro; el sargento primero Víctor Sanabria; los soldados clase 54 Antonio Arrieta, José M. Coronel, Heriberto Dávalos, Hermindo Luna, Dante Salvatierra, Ismael Sánchez, Tomás Sánchez, Edmundo Sosa, Marcelino Torales y Alberto Villalba y el agente de la Policía de Formosa cabo Argentino Alegre. Otros 19 efectivos resultaron heridos.

Montoneros dejó 16 muertos en el campo de combate.

7.4.- Normas antisubversivas. Decretos 2770; 2771 y 2772.

El Decreto Secreto N° 261, limitaba la acción del Ejercito a la provincia de Tucumán, pero el acción del terrorismo guerrillero se extendía por toda la República Argentina.

No se limitaba a actos individuales, toma de fábricas, trabajo a desgano, medidas gremiales de los inicios de la "Resistencia Peronista". Esto va en aumento en busca de la

"*Patria Socialista*" con apoyo del "Che" Guevara, hasta llegar a un accionar diario de la subversión con asesinatos, asaltos, secuestros, atentados, ataque a cuarteles, etcétera.

Esta situación, aunque tardíamente, obliga en los inicios de 1975 al Decreto Secreto N° 261, con la probable intención de encubrir la realidad del peligro terrorista que amenazaba al país.

Yofre (13-12-2020) refiriéndose al estado de conmoción que se vivía en Argentina, mencionaba que el debate del momento pasaba si la señora María Estela Martínez de Perón, que estaba de licencia, debía o no retornar a la presidencia, que la ejercía provisionalmente Ítalo Argentino Luder y si ello afianzaba o debilitaba el sistema institucional. La especulación en torno a una eventual "*intervención militar*" estaba en letras de molde.

Oscar Alende, el líder del Partido Intransigente, el 3 de octubre de 1975, declaraba: "*Pienso que el desgobierno ha colmado la paciencia de los argentinos y ese desgobierno se ha venido aceptando fundamentalmente por el culto a la personalidad de la señora presidente, y que su partido llama verticalismo*".

Victorio Calabró, gobernador de Buenos Aires, decía: "*Si las cosas siguen así, no llegamos al '77*", provocando un escándalo mayúsculo. En las 62 Organizaciones lo acusan de "*claudicación doctrinaria*".

El domingo 5 de octubre de 1975, Montoneros realizó un feroz ataque al Regimiento 29 de Infantería, en Formosa. El estratega de ataque llamado "*Operativo Primicia*" fue Raúl Clemente Yaguer, más conocido como "Roque" o "Mario", pero el que lo comandó fue "El Jote" o "Sebastián" Mario Lorenzo Konkurat.

La realidad no pudo seguir siendo desconocida y obligó a la sanción, el 6 de octubre de 1975, al día siguiente del ataque al Cuartel del Regimiento de Formosa, al Poder Ejecutivo Nacional dictar tres decretos N° 2770, 2771 y 2772, como respuesta a la Guerra Subversiva. (Ver Anexo

12)

Estos decretos ponen en evidencia la grave emergencia nacional, en peligro la existencia del Estado y la tradición histórica del país. Desde ese momento el Estado vuelca todos sus recursos y todo su poder para terminar con el enemigo de la Nación.

Las responsabilidades en la lucha contra la subversión se encadenaban en este orden jerárquico:

1. Presidente de la Nación,
2. Consejo de Seguridad Interior (Ministros del Poder Ejecutivo y Comandantes Generales),
3. Consejo de Defensa (Ministro de Defensa y Comandantes Generales) y
4. Los tres Comandantes Generales (en el mando de sus respectivas fuerzas).

El Plan de Operaciones contemplaba dos variantes fundamentales, una el Marco Externo y otra el Marco Interno.

El Marco Interno contenía previsiones para la Guerra Revolucionaria, la que se había concretado y estaba en desarrollo.

Marco Externo para frenar la ayuda, que desde el exterior se daba a los subversivos, que tuvo su inicio incubándose en la Resistencia Peronista.

7.5.- El Combate de Acheral. Tucumán.

El Combate de Acheral, ocurrió en el Arroyo San Gabriel, a unos tres kilómetros de la localidad de Acheral, fue el enfrentamiento más importante del objetivo de reprimir, tanto a la guerrilla rural como al movimiento social tucumano en su conjunto.

El día 30 de mayo de 1974, el ERP había tomado la

localidad de Acheral, copando la Comisaría, la Oficina Telefónica, Estación Ferroviaria y rutas de acceso del pueblo. (Ver punto 6.1.9.)

De Beitia (16-10-2021) refiere que en octubre, de los 6.000 kilómetros que la Compañía de Monte había querido conquistar y declarar "zona liberada", solo les quedaba una estrecha franja geográfica donde se movían encerrados y donde tenían dificultades para el reaprovisionamiento. Dado que compraban comida o animales a los pobladores, lo que facilitó su detección por los baqueanos del Ejército.

Díaz Bessone (1996) refiere que el ERP, estaba sufriendo reiterados enfrentamientos.

El 8 y 9 de octubre se produjeron dos combates nocturnos en la zona de El Quincho, cerca del Ingenio Santa Lucía, en Tucumán. En el segundo murieron Asdrúbal Santucho, miembro del estado mayor del ERP y hermano del jefe del ERP, y Manuel Negrín, con 6 heridos y el Ejército Argentino 5 muertos y 2 heridos.

El 9 de octubre se produjo un choque en el kilómetro 14, camino a Tafí Viejo, donde muere un soldado y los guerrilleros Pablo Molina y "Sergio", chileno.

El 10 de octubre se produjo el combate del arroyo San Gabriel, en el lugar donde el arroyo corta la ruta provincial N° 38, tres kilómetros al Norte de Acheral. Allí se encontraba el jefe del Regimiento 19 de Infantería, quien fue informado de la presencia de guerrilleros en un cañaveral próximo.

Se destacó a una compañía para cercar el área, y se pidió al Comando el apoyo de helicópteros. Cuando éstos llegaron, se hicieron pasadas rasantes sobre el cañaveral, las que descubrieron la presencia de subversivos. Estos abrieron el fuego, mataron a un suboficial e hirieron a un oficial que operaban en un helicóptero, y dañaron a la máquina que debió hacer un aterrizaje de emergencia. Las tropas que cercaban el área, dieron la orden de rendirse, pero los guerrilleros contestaron con fuego y se entabló el combate, en el cual murieron 16 guerrilleros.

Yofre (2006) refiere que este enfrentamiento marcó la derrota casi definitiva del frente rural de la guerrilla. Esta deducción considerando que entre el 15 y 16 de octubre, la Compañía de Monte realizó un plenario en el que se resolvió la desconcentración masiva de sus miembros hacia las ciudades de Córdoba y Buenos Aires.

El 18 de octubre cayó en poder del Ejército el campamento central de los guerrilleros. Se tomaron armas, documentos de la organización nacional del ERP, redes de comunicaciones clandestinas y equipo quirúrgico.

Díaz Bessone (1996) refiere que hacia fines de 1975, en Tucumán se habían producido 37 combates, se habían destruido 58 campamentos, instalaciones y depósitos de subversivos, y se habían causado 160 bajas. Las fuerzas de la Nación y de la Provincia de Tucumán habían tenido 53 muertos.

A raíz de estos golpes la guerrilla fue debilitada y obligada a disminuir su acción.

7.6.- Asesinato del General Cáceres Monié.

Tratan el tema, entre otros, Díaz Bessone (1996) y Borini (07-12-2021) de sus aportes se puede decir que Jorge Esteban Cáceres Monié fue general de división del Ejército Argentino (R), jefe de la Policía Federal Argentina entre 1970 y 1971. Estaba casado con Beatriz Isabel Sasiain, con quien tenía un hijo, y vivió con su esposa en un chalet de Villa Urquiza, a 20 kilómetros al norte de Paraná.

El 3 de diciembre de 1975, aproximadamente a las 19 horas, Cáceres Monié conducía su camioneta, trasladándose junto con su esposa desde Villa Urquiza hacia la ciudad de Paraná, para lo cual debía atravesar el arroyo Las Conchas. Cerca de las 19 horas, el General Cáceres Monié y su esposa abordaron una balsa para cruzar el arroyo

Cuando ambos estaban sentados en la cabina del vehículo, ya ubicado sobre la balsa en la que se cruzaba el arroyo, llegó un Ford Falcón que lo embistió, dejándolo parcialmente fuera de la balsa. Del Falcón bajaron cinco personas armadas, integrante de un grupo de Montoneros con sede en Santa Fe, que los atacaron con armas de fuego, causándoles graves heridas, en tanto el balsero Américo Benavidez se arrojó al arroyo.

La guerrillera, cuyo nombre de guerra era "Julia", abrió la puerta y remató al general con un revólver 38.

Los guerrilleros empujaron al agua al Ford Falcón, y movieron la balsa hasta la orilla opuesta. Dejaron al general tirado en la balsa, y siguieron con la camioneta llevándose a la señora de Cáceres Monié, gravemente herida. En esas condiciones la arrojaron en una zanja del camino, y continuaron el viaje hacia Paraná.

La señora de Cáceres Monié fue encontrada sin vida.

7.7.- El ERP ataca el Batallón de Arsenales 601 "Domingo Viejobueno".

Tratan el tema, entre otros, Díaz Bessone (1996) Yofre (13-12-2020) y Cecchini (23-12-2023) de sus aportes se puede decir que el 18 de octubre de 1975, el Ejército Argentino ocupó el Campamento Los Sosa del Ejército Revolucionario del Pueblo (ERP) en Tucumán, campamento estable a diferencia de los llamados "Dormideros". Estaba ubicado sobre las márgenes del río Los Sosa, cerca del Ingenio Santa Lucía y Famaillá.

En la huida los guerrilleros dejan abundante documentación. El estudio de la misma, entre otras cosas, que se pudo comprobar la existencia infiltración dentro del propio Ejército Argentino, hasta dentro del Poder Ejecutivo e informantes en el Poder Judicial. Además, menciona que la acción en Formosa fue realizado en unión de ERP y Montoneros.

El 7 de diciembre de 1975, un comando del Servicio de Inteligencia del Ejército (SIE) capturó al comandante Pedro Juan Eliseo Ledesma, jefe del estado mayor del ERP y organizador de un gran ataque que el ERP planeaba realizar al Batallón Depósito de Arsenales 601 *"Domingo Viejobueno"*, ubicado en una zona urbana de la provincia de Buenos Aires,

La trayectoria de Juan Eliseo Ledesma, "Pedro", dentro del PRT-ERP se remontaba a los tiempos de la fundación del ERP.

En 1973, Ledesma interviene en la planificación del ataque al Batallón Depósito de Arsenales 121, como jefe del Estado Mayor, reforzando a la compañía "Combate de San Lorenzo". A fines de noviembre de 1975, se comienza a planificar el ataque al Batallón Depósito de Arsenales 601 (Monte Chingolo) y se resuelve crear el batallón urbano *"José de San Martín"*. Es designado jefe del mismo, sin perjuicio de continuar como jefe del estado mayor.

A principios de diciembre, cuando estaba organizando el ataque en Monte Chingolo, cae en una emboscada pero Santucho expresa su confianza en que Ledesma no dará conocer el proyecto del ERP y sigue adelante con el plan de ataque. Se designa a Benito Urteaga, *"capitán Mariano"*, un hombre que lo acompañaba desde la fundación del PRT.

Lo que no sabía Santucho fue que en sus ropas, Ledesma llevaba sin nombres, diferentes croquis que permitieron al servicio de inteligencia de Ejército reconstruir todos los bloqueos proyectados sobre el Riachuelo que, completada con la información que proporcionaban 3 infiltrados, y el trabajo de inteligencia de *"El Oso"*, Jesús Ranier Abrahamson, hizo posible detectar como objetivo de ataque al Batallón Depósito de Arsenales 601 *"Domingo Viejobueno"*.

El objetivo militar del ataque era llevarse más de diez

toneladas de armas y municiones y el político minar el golpe de Estado en marcha

El ERP en Buenos Aires reunió a las tres compañías que tenía, reforzadas por militantes de otros lugares del país. Un total de 250 guerrilleros involucraba la operación-

Si todo salía tal como lo planeado, los guerrilleros tendrían tiempo para esconderse: los partidos de Quilmes, Avellaneda y Lanús serían, hasta la mañana siguiente, una especie de territorio liberado.

Una unidad coparía una estación de radio para transmitir una proclama de la comandancia del ERP instando a los argentinos a sumarse a sus filas y enfrentar el golpe que estaban planificando las Fuerzas Armadas.

Los setenta combatientes del grupo de ataque debían encontrarse en un punto fijado a quince minutos del cuartel: desde ahí saldrían en una caravana encabezada por un camión seguido por dos pickups y cuatro autos. El camión tiraría abajo la puerta donde estaba el puesto 1 de guardia. Enseguida, los guerrilleros se desplegarían en pequeños grupos y podrían reducir la resistencia de las compañías de seguridad y de servicios. Gracias a su poder de fuego y la sorpresa, ocuparían los tres puntos neurálgicos: la guardia central, el casino de oficiales y los depósitos de armas.

Otros dos grupos debían cortar el camino General Belgrano para impedir la entrada de refuerzos y cubrir la salida de los camiones y los coches. Al mismo tiempo, varios comandos cortarían los caminos entre la Capital y el sur del Gran Buenos Aires, para evitar la llegada de los refuerzos de los regimientos 7° de La Plata, 3° de La Tablada y 1° de Palermo.

Las comunicaciones de los atacantes eran a través de walkie-talkies con el comandante de la acción, Benito Urteaga, quien se quedaría en una casa y consultaría con Mario Santucho, quien estaría en otra casa.

Llegado el 23 de diciembre de 1975, siendo las 18:45, un

camión Mercedes Benz, de transporte de gaseosas, derribó el portón de entrada del Batallón de Arsenales 601 "*Domingo Viejobueno*", en Monte Chingolo. El chofer murió en el acto, lo que hizo que el vehículo zigzagueara y se incrustara contra la garita. Aun así, el camino quedó abierto para que la caravana de vehículos, que llevaba a alrededor de 70 guerrilleros del Ejército Revolucionario del Pueblo (ERP) entrara en los terrenos del cuartel. Los guerrilleros abrieron fuego contra la guardia.

El combate duró varias horas, hasta que finalmente, los guerrilleros pudieron replegarse y escapar.

En el asalto al cuartel el ERP tuvo 58 muertos en total.

Díaz Bessone (1996) menciona la información del diario *La Prensa*:

"*Según las primeras apreciaciones, en el ataque principal habrían intervenido unos 70 hombres, apoyados por otros 200... Las operaciones..., se realizaron en otros puntos de la zona sur del Gran Buenos Aires... Las primeras operaciones contra los guerrilleros, fueron practicadas por helicópteros artillados de la VII Brigada Aérea... Los irregulares que contaban con armas pesadas... utilizaron tales armas para alejar a los helicópteros...La situación por entonces (22 horas) continuaba incierta, porque los agresores habían ocupado viviendas particulares en las proximidades de los cuarteles y desde ellas atacaban a las tropas de refuerzo.*"

7.8.- Transmisión histórica oral.

El accionar guerrillero terrorista provocaba un temor tan grande que las madres enseñaban a sus hijos pequeños a no levantar nada del suelo, no levantar ni patear ningún elemento, grande o pequeño, que pudieran encontrar en el suelo o en otro lado.

Se comentaba que los subversivos terroristas actuaban en todo el país, que las fronteras eran cruzadas hacia uno u otro lado y que extranjeros concurrían a través de ellas, para ayudar a los guerrilleros.

La interpretación de la población en general, era que la agresión terrorista con asesinatos, secuestros, juicios revolucionarios, salidas obligadas del país, contribuciones compulsivas, ataques a bases de las Fuerzas Armadas y de seguridad, afectaba la integridad del Estado, peligraba el país y su población.

Fue un alivio cuando por Decreto Presidencial, el Gobierno Constitucional convoca a las Fuerzas Armadas y ordena ejecutar las operaciones militares que sean necesarias a efectos de neutralizar y/o aniquilar el accionar de los elementos subversivos que actúan en la provincia de Tucumán. Más aun, cuando el accionar de las Fuerzas Armadas se extendió a todo el país.

Las charlas con familiares ponían en videncia que el temor no desaparecía, dado que aun con el accionar de la Fuerzas Armadas, se había iniciado una guerra entre dos partes, con casi igualdad de capacidad, los legales y los guerrilleros subversivos terroristas.

En la tarde del 23 de diciembre de 1975, el autor se encontraba jugando con su hijo de 5 años de edad en la terraza de su casa. Cuando pasadas los 19:30 horas se comienzan a ver, a lo lejos, luces que iluminaban el cielo, en dirección este, interpretada como fuegos artificiales o bengalas. Más tarde se supo que el ERP había atacado Batallón de Arsenales 601, Domingo Viejo Bueno de Monte Chincolo, a una distancia de donde el actor y su hijo miraban, de aproximadamente 9 kilómetros.

Este ataque produjo numerosa cantidad de muertos y heridos.

Capítulo 8.

8.1.- La subversión continuó actuando.

Para tener real idea del estado anímico que vivía la población argentina, desde muchos años atrás por el accionar subversivo, se puede mencionar a Blaustein y Zubieta (2015) que hacen referencia a la editorial de la revista católica Criterio, citada por el diario La Opinión el 5 de febrero de 1976:

"La vida no cuesta nada, la muerte violenta se convierte en un hecho habitual y aun deseado, particularmente para el adversario. Quién de nosotros es ya golpeado cuando lee en su diario la muerte de algún guerrillero o tantos policías y soldados. Es posible decir que el saldo impresionante, sabido y no sabido, del episodio de Monte Chingolo, produjo un sentimiento de alivio: cien muertos son cien enemigos menos y si fueran más mejor, cualquiera haya sido la manera de su muerte."

También los mismos autores mencionan al diario La Opinión del 19 de marzo de 1976, que con el título: *Un muerto cada cinco horas y una bomba cada tres*; dice:

"Diez cadáveres, siete de la provincia de Buenos Aires, dos en Rosario y uno en Córdoba, fueron el

trágico saldo de la violencia, ayer en Argentina. El escenario fue siempre el mismo un baldío, un descampado, una vía muerta. En conjunto, confirieron al país otro record nefasto, mientras la Nación política debate dramáticamente su futuro institucional. De jueves a jueves, entre el 11 y el 18 de marzo, treinta y ocho personas fueron asesinadas, en todo el territorio del país, sin que se produjera ninguna detención, ni se diese cuenta de ninguna pista. En el mismo período cincuenta y una bombas estallaron en diferentes sitios. El balance no puede ser más espantoso: cada cinco horas un asesinato, cada tres horas una bomba detona en algún lugar de la República.

8.1.1.- Estadística de las Acciones Terroristas Subversivas en Argentina.

Los muertos, heridos y secuestrados por el ERP, Montoneros u otros de los grupos subversivos, no aparecen en listas recordatorias en ningún organismo del Estado, ni en monumentos públicos. Esas son muertes invisibles para un Estado parcial, descartando los hechos reales, considera que murieron a manos de jóvenes que profesaban nobles ideales, entonces no hay victimarios y, por lo tanto, tampoco víctimas.

A modo de comparación se puede mencionar que la organización separatista vasca ETA, mató entre 1961 y 2011, en 50 años a 864 personas.

El período analizado entre el 1° de enero de 1969 al 31 de diciembre de 1979, en 11 años, el número de víctimas de la *"población civil"*: Muertos 1094; Heridos: 2368; y Secuestrados 758.

En total, las víctimas por delitos cometidos por los grupos guerrilleros en aquellos once años fueron 17.382, de amenazas, extorsiones, robos y daños colaterales.

Los datos más relevantes son los siguientes:

Niños: Total 142. Muertos 29; Heridos 79; Secuestrados 34.

Atentados con bombas: Total 4.380. Contra Personas Físicas1.600; Contra personas Jurídicas: 2.780.

Empresarios Víctimas: Total: 145. Muertos 12; Heridos 5; Secuestrados 128.

Militares y Policías Víctimas: Total 1.756. (No incluidos los muertos y heridos en combate) Muertos 653; Heridos 1.069; Secuestrados 34.

Sindicalistas: 215 con algún tipo de agresión grave.

En Tucumán: En marzo de 1974 el ERP instaló un frente rural: Total Muertos 50. Militares y Policías 31; Civiles 19. (No incluidos los muertos y heridos en combate)

Fuente: Reato (22-12-2020)

8.2.- José López Rega en el Gobierno de Estela Martínez de Perón.

Yofre (07-07-2024) refiere que cuando Ricardo Balbín el 1 de julio de 1974 concurre a la Quinta Presidencial de Olivos a saludar a María Estela "Isabel" Martínez de Perón, por la muerte de su esposo, ésta le refiere que su marido le había aconsejado consultar sus decisiones con el jefe radical, y estar permanentemente en contacto con él. Por ello, Balbín no se sorprendió cuando fue invitado a Olivos a entrevistarse con la presidenta de la Nación, a las 13 horas del viernes 5 de julio.

Cuando Balbín llegó a la residencia presidencial, acompañado de Enrique Vanoli, se encontró que no era una reunión privada dado que fueron llegando los miembros del gabinete nacional, los titulares de ambas cámaras del Parlamento, el presidente de la Corte Suprema de Justicia, los tres comandantes generales de las FFAA, los secretarios generales de la CGT y las 62 Organizaciones y el Secretario General de la Presidencia.

Luego de los saludos de estilo y agradecer la presencia de todos, planteó un tema que muchos hablaban en privado, sobre la inconveniencia de que José López Rega continuara viviendo en la residencia presidencial, no estando ya Perón. Elogió la capacidad de trabajo y lealtad de López Rega, a "quien Perón consideraba como un hijo".

Preguntó a los presentes qué opinaban.

Balbín manifestó: *"Si usted considera necesario el asesoramiento político del señor López Rega puede seguir contando con él, desde las funciones que desempeña como ministro de Bienestar Social".*

Sólo los ministros Llambí y Robledo coincidieron con sus palabras. Los demás mostraron tibieza o franco apoyo a López Rega.

María Estela Martínez de Perón cerrando la reunión con la frase: *"Lo que fue bueno para Perón, será bueno para mí; así como lo que fue malo para Perón, será malo para mí"*, mantuvo a José López Rega dentro de Olivos.

A los pocos días renunciaron Taiana y Lima. Luego partirían Benito Llambí y Robledo. José Antonio Allende dejó de ser vicepresidente provisional del Senado, y poco más tarde José López Rega, como secretario privado de la Presidenta, sería designado *"coordinador"* del gabinete conservando su cargo de Ministro de Bienestar Social.

El tema López Rega lo tratan Ruiz Núñez (1986 a y b) Corigliano (2007) y Amato (09-06-2022) y de su relatos se puede decir que nació el 17 de octubre de 1916, en una casa de la calle Tamborini al 3700, en el barrio de Saavedra. Cursó hasta cuarto grado en la escuela José Félix de Azara: no hay más registros de sus estudios posteriores.

López Rega plantó decenas de pistas falsas. Inventó cargos que no desempeñó; historias que no vivió y actividades que jamás cumplió.

En 1942 López Rega se casó en la Parroquia de la Santísima Trinidad, de Saavedra, con Flora Josefa Maceda, con quien tuvo a su hija Norma. Fue peón en la fábrica textil Sedalán, se asoció a la Escuela Científica Basilio y fue cantor en el club "*El Tábano*", de Saavedra, donde animó algún baile de barrio.

José López Rega fue cabo de policía durante las dos primeras presidencias de Perón (1946-1955) hasta que se retiró de la institución policial como cabo primero en 1962.

Tuvo estrechos contactos con la Alianza Libertadora Nacionalista (ALN), grupo de choque parapolicial del peronismo, durante la década del 50.

Existen varias versiones de como Lopez Rega llegó a la residencia de Perón en su exilio en España, entre ellas es cuando en 1965 Perón envía a Isabel Perón a Argentina para limitar el proyecto del sindicalista metalúrgico Augusto Vandor y su idea de llevar adelante "*un peronismo sin Perón*". En esa oportunidad el mayor Bernardo Alberte, que había sido edecán de Perón, lo presentó a Isabel Perón. Otra versión pone al gran maestro de la Logia Anael, José Cresto, como la persona que puso en contacto a Isabel Perón con López Rega.

Sea por esta u otra versión, López Rega se instala en el chalet "17 de Octubre", en el 6 de Navalmanzanos, en el barrio madrileño de Puerta de Hierro.

Fue sirviente de Isabel y a través de ella logró integrar el grupo de Madrid en el exilio de Perón como mayordomo, guardaespaldas y finalmente, secretario de Perón, estimulada por la fuerte inclinación de ambos hacia el esoterismo.

Habría mantenido informado al entonces embajador de Estados Unidos en Madrid, Robert Hill, un espía de la OSS, la organización que precedió a la CIA como central de inteligencia de su país. Hill sí conoció a Perón y a López Rega en Madrid y, a los pocos meses del primer regreso de Perón al país, el 17 de noviembre de 1972, el presidente Richard Nixon nombró a Hill embajador en Buenos Aires, donde se mantuvo hasta después del golpe militar del 24 de marzo de1976.

Durante los gobiernos de Héctor J. Cámpora, Raúl Lastiri y Juan Domingo Perón, López Rega fue ministro de Bienestar Social, cargo al que sumó, durante la gestión de Isabel Perón, el de secretario privado de la Presidente.

Dentro de la heterogeneidad ideológica del movimiento liderado por Juan Perón, López Rega resultaba una figura clave para satisfacer al ala derechista del movimiento y para contener y/o poner en jaque a los sectores izquierdistas. Los sectores de izquierda, y el propio Juan Perón en algún momento, identificaban a López Rega como un agente de la Agencia Central de Inteligencia norteamericana (CIA).

La "Triple A" fue un grupo parapolicial y paramilitar de ultraderecha, integrado por oficiales retirados de la Policía Federal y del Ejército. (Ver punto 6.1.6.-)

Inició su accionar en la masacre de Ezeiza el 20 de junio de 1973 que enfrentó a agrupaciones de izquierda y de derecha del peronismo durante la gestión de Héctor J. Cámpora, pero quedó definitivamente estructurada en septiembre de ese mismo año, con la jefatura política del ministro de Bienestar Social José López Rega, la supervisión del comisario de policía Alberto Villar, un especialista en la lucha antisubversiva, y la dirección militar del comisario mayor Juan Ramón Morales, secundado a su vez por el subinspector Rodolfo Almirón Sena, jefe de custodia presidencial de María Estela Martínez de Perón.

Por su parte, otros testimonios contradicen la idea de que López Rega era el jefe de la "Triple A". Así, el periodista argentino Ruiz Núñez (1986b) sostiene que el verdadero ideólogo y jefe de la agrupación no fue López Rega, sino el jefe de la logia masónica P-2, Licio Gelli, quien concibió un plan para el "control" sobre los "agentes de extrema izquierda" a escala regional, por medio de conexiones con Brasil, Chile, Uruguay y Venezuela. Según Núñez, López Rega actuaba siguiendo órdenes de Gelli.

En el gobierno de Perón y, luego en el de su viuda, López

Rega viajó dos veces a la Libia, que gobernaba el dictador Muhammar Khadafi, para firmar un acuerdo de intercambio de granos argentinos por petróleo libio. Legisladores de la entonces Juventud Peronista denunciaron que el acuerdo no había existido, que el país había pagado el petróleo a casi el doble del precio de mercado y que el ministro había recibido enormes comisiones que oscilaban entre los diez y treinta millones de dólares.

Enfrentado a los gremios, abandonado por el poder militar, que ya había decidido dar un golpe, López Rega tuvo que huir del país, con dos de los jefes de la triple A, los comisarios Rodolfo Almirón y Juan Ramón Morales, llegó a Brasil, siguió viaje a Madrid y se perdió en las sombras.

Años después de su huida, López Rega fue localizado en Suiza y, más tarde en un piso de la Torre Lucayan, en Freeport, isla Gran Bahama. Tenía también residencia en Miami donde vivía con María Elena Cisneros

El FBI no le había perdido pisada a López Rega durante su estada en Miami y en Bahamas. Un intento de renovar los pasaportes de la pareja alertó al consulado en Miami y, en 1986, el gobierno de Raúl Alfonsín decidió pedir su detención y extradición por los crímenes cometidos entre 1973 y 1976.

López Rega, con hipertensión y problemas visuales, por su diabetes. murió en la cárcel, mientras estaba procesado, no llegó a ser condenado.

8.3.- Se Incuba un Golpe de Estado.

Tratan el tema, entre otros, Yofre (24-03-2019) y Duzdevich (03-04-2022) de sus aportes se puede decir que el 13 de Septiembre de 1975, la Presidenta María Estela Martínez de Perón (Isabel) pide una licencia y viaja a Ascochinga. Para instalarse en una residencia de la Fuerza Aérea, acompañada por las esposas de los tres comandantes. El Presidente Provisional del Senado, Italo Argentino Luder, asume la presidencia.

El peronismo entra en crisis. En el Movimiento Obrero surgen sectores que se alejan de la Presidente. Existe un clima de mucha violencia en las calles de Argentina.

La prolongada licencia de Isabel abre un espacio de duda sobre su regreso al gobierno. Desde varios sectores se alimenta la idea de que el interinato de Luder se convierta en permanente.

Hubo un momento de expectativa cuando la presidenta Isabel Martínez de Perón decidió retornar al poder. Su vuelta al centro de la política iba a llevarse a cabo el 17 de octubre de 1975, nada menos que el Día de la Lealtad justicialista.

El embajador de los Estados Unidos, Robert Hill, informaba al Departamento de Estado, respecto de la Señora de Perón: "*Su autoridad y posición está tan socavada que no puede tomar las riendas del poder. La manera en que deje estas riendas, de buena voluntad, tendrá mucho que ver con quién la reemplazará. En caso de que retorne el 17 de octubre a retomar la presidencia y se dedique a gobernar, poco después tendría lugar un golpe militar, posiblemente hacia fin de año*".

El 5 de octubre de 1975, el ERP y Montoneros atacan el Regimiento de Infantería de Monte 29, Formosa, con un luctuoso saldo. El diario *La Opinión* titula: "*El país en guerra*" con un mapa de Argentina mostrando los distintos puntos donde hubo atentados.

El 17 de octubre Isabel retoma la presidencia. Se realiza un acto en plaza de mayo, con importante nivel de concurrencia, donde los cánticos abundan, entre ellos "*Si la tocan a Isabel habrá guerra sin cuartel*". Isabel hace un discurso de tono moderado poniendo énfasis en "*expresar nuestras banderas en términos de diálogo y convivencia de unidad y cohesión nacional, de democracia y de derecho*".

El clima político proseguirá entre las operaciones

periodísticas de licencias y renuncia y las desmentidas semanales de la Presidenta.

En agosto de 1975 asume como comandante del Ejército Jorge Rafael Videla, y comienza a madurar la idea de un golpe. Luego se tomó la decisión de preparar una carpeta con un plan para actuar en cualquier situación de emergencia política que se produjera para ser utilizado sin fecha.

En las reuniones del Ejército se fueron tratando varias alternativas para enfrentar la evolución de los acontecimientos, entre ellas:

1. Mantener actitud de prescindencia política de la Fuerza.
2. Alejamiento del Poder Ejecutivo y ante ello un interinato de Luder para crear un poder real.
3. Renuncia, ley de acefalía, facilitar un poder real.
4. Tomar el poder por parte de las FF.AA.

Numerosas eran las causas que impulsaban a que las reuniones del Ejército trataran el tema del estado de la Argentina, desde todo punto de vista, entre ellas:

La guerra civil de la que hablaban unos y otros, diciendo que estaba en su momento culminante y a punto de iniciar, sin dimensionar que la Guerra con la subversión, estaba instalada desde hacía mucho tiempo.

En la justicia no existiría, la Cámara Federal Penal, porque había sido disuelta en 1973 y sus jueces, secretarios y fiscales perseguidos. Jorge Vicente Quiroga asesinado por el ERP-22, otros marcharon al exilio, como el juez Jaime Smart.

Las Fuerzas Armadas y de Seguridad, habían sufrido secuestros y torturas en las llamadas "Cárceles del Pueblo", asesinatos no solo del personal militar o de seguridad, sino de sus esposas e hijos. Asaltos a las guarniciones y muertes en combate, en defensa de los valores y estilo de vida de la patria.

Del 1 al 17 de diciembre se contabilizan 59 asesinatos de

las bandas para-militares. En esos días Montoneros mata al general Jorge Caceres Monie y su esposa, al Intendente de San Martin, Alberto Campos; además hay otros nueve muertos entre militares, policías y sindicalistas.

El 18 de diciembre estalla una sublevación en la Aeronáutica. Su comandante brigadier Héctor Luis Fautario no compartía la idea del golpe, entonces con el discreto apoyo de ejército y marina el brigadier Orlando Capellini tomó Aeroparque y apresó a Fautario. Una escuadrilla de aviones Mentor sobrevuela la Casa Rosada en formación de ataque. Isabel ordena al personal civil evacuar la casa, pero pese a la amenaza de bombardeo, ella permanece en un despacho. La asonada que dura tres días concluye con el cambio de Fautario por Orlando Ramón Agosti.

El costo de la vida aumentó en enero 14% y en febrero tocó el 20%. El aumento salarial del 18% del mes de enero, fue absorbido por la inflación a los pocos días. El dólar subió, entre enero y los primeros 10 días de febrero, de 12.500 a 32.000 pesos.

La revista católica *"Criterio"* se describía: *"El país marcha a la deriva...En el curso de 1975, hubo: 4 ministros del Interior, 4 ministros de Economía, 5 ministros de Bienestar Social, 3 ministros de Trabajo, 3 ministros de Relaciones Exteriores, 3 ministros de Defensa, 3 comandantes generales del Ejército, 3 interventores en Mendoza, 4 hombres de confianza de la Presidenta, y 5 secretarios de Prensa y Difusión"*.

El 23 de diciembre el Ejército Revolucionario del Pueblo (ERP) ataca en Batallón 601 de Monte Chingolo, con un saldo de más de cien muertos entre guerrilleros, militares y vecinos de una villa cercana.

El 28 de enero una nueva central empresaria APEGE, constituida por los grandes grupos económicos, convoca un paro empresarial, *"en defensa de la iniciativa privada y en contra el esquema colectivista, estatizante y demagógico que padecemos"*. Los ganaderos se negaron a entregar hacienda por varios días y el precio del novillo en pie paso de $1.200 a $3.000 el kg.

Los hechos de terrorismo seguían produciéndose, así el diario La Prensa relata el 11 de febrero de 1976, el Coronel Rafael Raúl Reyes, jefe del Grupo de Artillería de Defensa Aérea 601, sale domicilio aproximadamente a las 06:00 horas para dirigirse al cuartel acompañado por los soldados Tempone y Gómez. En la esquina de Córdoba y 9 de Julio, de Mar del Plata, fue encerrado su automóvil por una camioneta y un automóvil. El soldado chofer intentó escapar dando marcha atrás, pero una mujer de unos 20 a 25 años estaba parada sola en esa esquina, bajó a la calle, y dispara con una pistola ametralladora, mata al Coronel e hirió a los soldados. Luego subió a la camioneta, y todo el grupo se esfumó en la ciudad.

A las 11 horas de la mañana del martes 23 de marzo el ministro de Defensa José Alberto Deheza, se reunió con los jefes militares y les dijo: *"Todos los diarios de la mañana coinciden en señalar que hoy es el día de las grandes decisiones, así también lo entiende el gobierno en cuyo nombre les pido una definición sobre la inminencia del golpe militar"*. Luego, pasó a leerles un documento con sugerencias de las Fuerzas Armadas que el gobierno había recibido el 5 de enero pasado. Los tres comandantes respondieron que el documento contenía sugerencias y no una exigencia de las FF.AA. La respuesta la formuló, en nombre de los tres, el almirante Emilio Eduardo Massera: *"Señor Ministro. Si usted nos dice que la señora presidente está afligida y acorralada por el gremialismo. Si, además, nos sondea para ver cómo podemos ayudarla. Nuestra respuesta es clara: el poder lo tienen ustedes. Si lo tienen úsenlo, si no que la señora presidente renuncie"*. La reunión se levantó.

Por supuesta razones de seguridad inducen a la señora Presidente se dirija desde la Casa Rosada a la Quinta de Olivos en helicóptero.

Yofre (24-03-2019) relata el helicóptero decoló, a la 0:50 del 24 de marzo de 1976, con la presidente; Julio González, su secretario privado; Rafael Luisi, jefe de la custodia personal; un joven oficial del Regimiento de Infantería 1° Patricios, el edecán de turno, teniente de fragata Antonio Diamante, y dos pilotos de la Fuerza Aérea.

En pleno vuelo, el piloto más antiguo le dice a la Presidente que la máquina tenía un desperfecto y que necesitaba bajar en Aeroparque. Cuando bajan, Luisi observa movimientos sospechosos de hombres e intenta manotear su pistola. "*Quédese tranquilo*", le dijo la señora de Perón. Pese a las sospechas de Luisi, ella bajó y se encaminó hacia el interior de las oficinas del jefe de la Base. Cuando entró, las puertas se cerraron para los otros miembros de la delegación. A la 0:1 horas, aproximadamente, entraron al salón principal del edificio el general José Rogelio Villarreal, el almirante Pedro Santamaría y el brigadier Basilio Lami Dozo.

- Villarreal: "*Señora, las Fuerzas Armadas se han hecho cargo del poder político y usted ha sido destituida*"

- Señora de Perón: "*¿Me fusilarán?*"

- Villarreal: "*No. Su integridad física está garantizada por las Fuerzas Armadas*"

Luego, ella se extendió en un largo parlamento:

"*Debe haber un error. Si llegó a un acuerdo con los tres comandantes. Podemos cerrar el Congreso. La CGT y las 62 me responden totalmente. El peronismo es mío. La oposición me apoya. Les doy a ustedes cuatro ministerios y los tres comandantes podrán acompañarme en la dura tarea de gobernar*".

En un momento de la conversación, amenazó con que iban a "*correr ríos de sangre*" por el país a partir de su destitución, de la movilización de los sindicatos y de las manifestaciones populares. Dijo que las Fuerzas Armadas no iban a poder contener la protesta popular por su caída.

Como toda respuesta, se le dijo: *"Señora, a usted le han dibujado un país ideal, un país que no existe"*.

En esos minutos, otro alto oficial se comunicó con los comandantes generales. Les pasó la contraseña: *"La perdiz cayó en el lazo". "Isabel Martínez de Perón había sido detenida"*.

Mientras Isabel hablaba con los tres delegados militares, se mandó a buscar a *"Rosarito"*, la empleada que la acompañaba desde España, a Olivos. Previamente se le había ordenado que hiciera dos valijas con ropa para la señora.

A la 1:50 horas un avión de la Fuerza Aérea partió con la ex presidente, en calidad de detenida, a Neuquén.

A las 10:40 horas de la mañana, la Junta Militar asumió el poder, previo a la firma del Acta para el Proceso de Reorganización Nacional.

8.4.- Proceso de Reorganización Nacional.

A las 10:40 horas de la mañana, la Junta Militar, integrada por General Videla (Comandante General del Ejército); Almirante Massera (Comandante General de la Armada): y Brigadier Fautario (Comandante General de la Fuerza Aérea) asumió el poder, previo a la firma del Acta para el Proceso de Reorganización Nacional. (Ver Anexo 13)

También, el 24 de marzo de 1976 firman el Propósito y Objetivos del Proceso de Reorganización Nacional (Ver Anexo 14)

El mismo 24 de marzo, a las 3:20 horas la Junta Militar realiza su Proclama a todo el país por la Red Oficial de Radiodifusión. (Ver Anexo 15)

El 29 de marzo subsiguiente, el teniente general Videla asumió el cargo de Presidente de la Nación Argentina. El reglamento establecía que dicho cargo se ejercería por un oficial superior, activo o retirado, designado por la Junta Militar, mientras no perteneciese a esta. En esta primera ocasión, Videla asumió en una excepcionalidad. El 31 de julio de 1978, el titular de la fuerza terrestre pasó a situación de retiro finalizando la excepción.

La composición de la Junta Militar fue variando a lo largo de la dictadura, sin coincidencia temporal exacta entre las fuerzas:

Primera etapa (24 de marzo de 1976 al 22 junio de 1982):

- Ejército:

Jorge Rafael Videla (24 de marzo de 1976);
Roberto Eduardo Viola (31 de julio de 1978);
Leopoldo Fortunato Galtieri (28 de diciembre de 1979),
Cristino Nicolaides (18 de junio de 1982).

- Marina:

Emilio Eduardo Massera (24 de marzo de 1976);
Armando Lambruschini (15 de septiembre de 1978);
Jorge Isaac Anaya (11 de septiembre de 1981).

- Fuerza Aérea:

Orlando Ramón Agosti (24 de marzo de 1976);
Omar Domingo Rubens Graffigna (25 de enero de 1979);
Basilio Lami Dozo (17 de diciembre de 1981).

Segunda etapa (10 de septiembre de 1982 al 5 de diciembre de 1983):

- Ejército:

Cristino Nicolaides (21 de septiembre de 1982).

- Marina:

Jorge Isaac Anaya (10 de septiembre de 1982);
Rubén Franco (1 de octubre de 1982).

• Fuerza Aérea:

Augusto Jorge Hughes (21 de septiembre de 1982).

8.5.- Actos sobresalientes del Año 1976.

8.5.1.- Secuestro del Coronel Pita.

Juan Alberto Pita (1934-2006) militar argentino ocupó el cargo de gobernador de facto de la Provincia de Corrientes, entre el 1 de abril de 1981 y 10 de diciembre de 1983, durante el Proceso de Reorganización Nacional. Se destacó como interlocutor entre los partidos políticos y sindicatos con los gobiernos militares.

El 30 de mayo de 1976, desempeñaba el cargo de interventor en la Confederación General del Trabajo (CGT) designado por el gobierno del Proceso, cuando cerca de Gonnet, provincia de Buenos Aires, fue secuestrado. Habría sido un grupo armado Ejército Popular de Liberación, brazo armado del Partido Comunista Marxista Leninista

Es alojado en una "*Cárcel del Pueblo*", semejante a la que padeció el Coronel Larrabure. Estuvo 192 días allí, bajó más de diez kilos de peso y fue sometido a simulacros de fusilamiento.

Díaz Bessone (1996) refiere que el día 7 de diciembre, un derrumbe de un trozo de pared de la "*cárcel del pueblo*" le abrió la puerta de la "celda". En el recinto carcelero no había nadie. El Coronel tomó la pistola ametralladora que había en un armario, y salió del pozo. No vio a nadie. Se alejó del lugar corriendo y cayéndose, fenómeno común por el largo encierro. Llegó a una calle de tierra por donde pasó una camioneta de Vialidad, que lo llevó a una comisaría ubicada a tres cuadras del lugar.

8.5.2.- Asesinato del General Cesario Ángel Cardozo.

Tratan el tema, entre otros, Díaz Bessone (1996), Serra (18-06-2020) y Yofre (18-06-2021), teniendo en cuenta sus publicaciones se puede decir que Ana María González, de 18 años, hija del médico Abel González y la psicóloga Ana María Corbijin, domiciliados en San Fernando, estudiaba en el último año del secundario. Los padres y un hermano de 21 años, tenían antecedentes por pertenecer a la organización terrorista que secuestró y asesinó al Teniente General Pedro Eugenio Aramburu. La autora del atentado había estado presa recientemente.

La hija del General Cardozo, María Graciela, de 18 años de edad, conoció a la autora del atentado en el Instituto de Lenguas Vivas, y le brindó confiada amistad. Ambas estudiaban juntas, y por ello Ana María González tenía libre acceso al departamento de la familia Cardozo, donde incluso dormía una vez por semana.

El plan de Ana María es estudiar con su compañera de aula, María Graciela, hija del General Cesario Ángel Cardozo.

En la tarde del 17 de junio de 1976 Ana María González llega al edificio de siete pisos de Zabala 1762, barrio de Belgrano. Sube al segundo B, donde vive la familia del general de división Cesáreo Ángel Cardozo, jefe de la Policía Federal Argentina, desde el 31 de marzo de ese año. Reside con su mujer, Chela, su hija María Graciela Cardozo, un hijo, ausente el 17 de junio, y una empleada.

Charlan, se ríen, estudian, toman el té, y entre otras confidencias, Ana le dice: *"Me peleé con mi novio, pero quiero hablarle por teléfono"*, y le pide permiso a Chela para usarlo. La mujer acepta, y le indica: *"El teléfono está en nuestro dormitorio"*.

Ana, serena, se encamina hasta el lugar. Lleva en sus

manos una caja de colonia Crandall: dentro, el trotyl y el mecanismo de relojería. Vuelve al living en menos de diez minutos.

Casi de inmediato dice: "Me siento mal, tengo que irme", y se va.

A la 1:36 del 18 de junio de 1976, una aterradora explosión hace temblar el departamento.

La bomba, puesta debajo del colchón por Ana María González, destroza el cuerpo del general, muerte en el acto, y casi demuele la habitación, donde la mitad de los muebles queda carbonizada. Chela, herida, salva su vida por no haberse acostado en el mismo momento que su marido.

Cardozo falleció inmediatamente tras la explosión de una bomba que demolió su habitación, colocada debajo de su colchón por la militante montonera Ana María González.

8.5.3.- Una Bomba Produjo una Masacre en el Comedor de Policía Federal Argentina.

Tratan el tema, entre otros, Díaz Bessone (1996), Reato (06-09-2023) Ministerio de Capital Humano – Cultura, y de sus aportes se puede decir:

Rodolfo Jorge Walsh Gill, conocido como Rodolfo Walsh (1927-1977) periodista y escritor argentino. En 1959, Walsh viajó a Cuba en plena revolución, y fue allí donde desarrolló su faceta periodística más exhaustiva en la Agencia Prensa Latina junto a Jorge Masetti, Rogelio García Lupo y Gabriel García Márquez. En los años 70, Walsh ingresó en el peronismo de base y en 1973 se unió a Montoneros y trabajó en el diario Noticias junto a Juan Gelman, Horacio Verbitsky, Paco Urondo y Miguel Bonasso.

Walsh, autor de *Operación Masacre* y de otros libros magistrales. Estaba a cargo de los montoneros infiltrados en el Ejército, la Marina, la Aeronáutica y la Policía. Por lo tanto era el responsable directo de José María Salgado, autor material del ataque al comedor de Policía Federal Argentina.

Walsh antes de morir dejó un legado escrito que sugería un drástico cambio de táctica para llegar al poder, que incluía el *"reconocimiento de la derrota militar"*, el *"abandono del terror individual"* y *"la apropiación de la bandera fundamental de los Derechos Humanos"*.

José María Salgado, *Pepe*, era un joven agente de Policía Federal Argentina de 21 años y estudiaba Ingeniería Electrónica en la Universidad de Buenos Aires. Los Salgado eran una familia de clase media alta, que vivía en una casa de dos plantas en Olivos; el papá era abogado con un estudio muy activo en la zona de Tribunales, y la mamá, profesora de Ciencias, aunque no ejercía; su tío, Enrique Salgado, era general.

Como sus cuatro hermanos, Pepe Salgado fue al Colegio Jesús en el Huerto de los Olivos, una institución católica dependiente del Obispado de San Isidro.

Pepe Salgado se fue convirtiendo en uno de los recursos principales del servicio de Inteligencia e Informaciones de Montoneros, donde el hombre clave era Walsh.

Salgado fue a comer al Casino de Seguridad Federal con su maletín Primicia negro de siempre; no se pudo sentar en el lugar que quería y tuvo que conformase con una mesa cerca de las dos columnas centrales del edificio. El mozo que lo atendió recordó luego del hecho, que unos minutos antes de la explosión depositó el maletín en la puerta del comedor. Además, que en un momento dado, Salgado se levantó de la silla, dejó sobre la mesa sin haber tocado, el plato de carne al horno con papas que él acababa de servirle, y caminó hacia la salida del comedor, como si fuera a saludar a algún conocido. Hasta se levantó sin su sobretodo, que quedó plegado sobre el respaldo de la silla.

El comunicado del Comando del Cuerpo de Ejército I, dice:

"El día 2 de julio a las 13 y 20 horas, explotó un artefacto de alto poder en el comedor del personal de la Superintendencia de Seguridad Federal, Policía Federal Argentina, sito en la planta baja del edificio de Moreno 1417, Capital Federal. Como consecuencia de la explosión es de lamentar el fallecimiento de 18 personas y 66 heridos, de éstos 11 de suma gravedad, (mutilados)".

Díaz Bessone (1996) relata que en el reportaje que la revista española *Cambio 16* le hizo a Horacio Mendizábal y Ana María González, a propósito del atentado contra el General Cardozo (Ver punto 8.5.2.-), Mendizábal habla de este atentado en el comedor de la Policía Federal y dice:

"La colocación de la potente bomba que destrozó el comedor de la Superintendencia de Seguridad Federal ofrece características similares a la Operación Cardozo, aunque el explosivo era sensiblemente mayor, nueve kilos de trotyl y cinco kilos de bolas de acero, accionado por un dispositivo de relojería, introducido en el edificio por un compañero que estaba infiltrado y que había entrado durante una semana con un paquete similar, pero inofensivo, como prueba. Cuando vimos que todo andaba bien se lanzó la operación que también sirvió para demostrar la alta moral y serenidad de nuestros combatientes, porque el compañero que accionó el dispositivo estuvo almorzando allí y se retiró siete minutos antes del lugar."

8.5.4.- Muerte de Mario Roberto Santucho, el líder del PRT-ERP y su Lugarteniente Benito Urteaga.

Tratan el tema, entre otros, Díaz Bessone (1996) Esquivada (27-04-2019) Cecchini (19-07-2021) y LT. (19-07-2024) de sus aportes se puede decir:

Para el Proceso de Reorganización Nacional, Mario

Roberto Santucho era un símbolo, que encarnaba las organizaciones guerrilleras.

El ERP siguió actuando militarmente luego de la recuperación de la democracia, en 1973.

El domingo 18 de julio de 1976, Mario Roberto Santucho, Urteaga, Menna, Mattini y otros dirigentes del PRT-ERP jugaron al fútbol en un potrero pegado al edificio de Venezuela 3149, en Villa Martelli, donde en el departamento "B" del cuarto piso vivía Santucho, muy cerca de la Avenida General Paz.

Estaba todo programado para que el lunes se desarrollase una reunión con el líder de Montoneros, Mario Firmenich, para tratar de concretar la idea de una organización conjunta del ERP, Montoneros y las Brigadas Rojas de la Organización Comunista Poder Obrero, para unir fuerzas en la resistencia a la dictadura. Por sugerencia de Firmenich, se llamaría Organización para la Liberación de Argentina (OLA). Asimismo, el martes 20, con pasaporte falso, Santucho, el máximo líder de la guerrilla marxista leninista, saldría de Ezeiza con una larga combinación de vuelos, con destino final en La Habana.

En Cuba establecería un plan de actividades que abarcaba todo el globo terrestre, principalmente estrechando vínculos con el campo socialista y el tercer mundo. Pero su misión fundamental era conseguir entrenamiento militar a nivel de oficiales para un centenar de cuadros del PRT-ERP.

A la una y media de la tarde del lunes 19 de julio de 1976 alguien llama a la puerta del departamento "B" del cuarto piso del edificio de Venezuela 3149, en Villa Martelli. Una mujer entreabre la puerta y ve cómo una bota se mete para evitar que vuelva a cerrarla, y un fuerte empujón desde afuera la abre del todo.

En el departamento hay dos hombres, dos mujeres, Liliana Delfino, la mujer de Santucho, y Ana María Lanzillotto, que está embarazada y es la pareja de otro integrante del Buró Político del PRT, Domingo Menna, que ha sido capturado pocas horas antes en la calle, cuando se dirigía a una cita. Un niño de dos años, José Urteaga, hijo de Benito y Nélida Augier.

Hay disparos de arma de fuego de uno y otro lado.

Quedan tres hombres tendidos en el suelo: uno es el *capitán Juan Carlos Leonetti,* jefe de los atacantes, muerto de un balazo; otro es *Benito Urteaga,* segundo en la estructura del Partido Revolucionario de los Trabajadores (PRT) y capitán del Ejército Revolucionario del Pueblo (ERP); el tercero es *Mario Roberto Santucho,* el hombre más buscado por el Proceso de Reorganización Nacional.

Cecchini (19-07-2021) comenta que junto con su colega Eduardo Anguita, entrevistaron Mario Antonio Santucho, el hijo menor del líder del PRT-ERP, psicólogo y director de la revista Crisis. Cuando ocurrieron los hechos de Villa Martelli tenía menos de un año y además, estaba en Cuba con otros miembros de la familia.

Mario Antonio Santucho le refiere a Cecchini y Anguita que varias fueron las hipótesis de las organizaciones subversivas, sobre cómo fue ubicado Mario Roberto Santucho, la más verosímil es la boleta del nebulizador. Agrega, que en su poder obra una carta de Eduardo Raúl Merbilháa Cortelezzi, (Alberto Vega y Mono) militante del PRT-ERP y miembro del buró político de PRT, que le enviara a su tío Julio Santucho. En la carta hay indicios ciertos de que a Domingo Menna lo entregó un ex militante del PRT, capturado por el Ejército un tiempo antes y que negoció entregarlo a cambio de que no mataran a su mujer y sus hijos.

Domingo Menna, tercero en la conducción del PRT, había alquilado un nebulizador en una farmacia. La boleta de ese nebulizador estaba en el bolsillo de Menna. Todo indica que los militares, tras capturar a Menna en la calle la mañana del 19 de julio, fueron a la farmacia para averiguar la dirección que había dejado para el alquiler del aparato: Venezuela

3149.

8.5.5.- Asesinato del General Omar Carlos Actis, Durante la Organización del Mundial de Futbol.

Tratan el tema, entre otros, Díaz Bessone (1996) Manfroni (17-11-2022) de sus aportes se puede decir que el general Carlos Omar Actis fue el presidente del Ente Autárquico Mundial 78.

La designación de Actis fue el triunfo de la posición de la Armada, que deseaba organizar el Mundial en la Argentina, en contra del equipo del ministro de Economía, José Alfredo Martínez de Hoz, que se oponía al desembolso que implicaría esa decisión. Aprobada la organización del Mundial en nuestro país, la confrontación se trasladó a los gastos que deberían realizarse.

El general Actis era un hombre austero, nacido en la tranquilidad de Villa María, en la provincia de Córdoba, quien en su adolescencia había jugado en la tercera división de River. Después de una carrera brillante en el ejército, el general Alejandro Agustín Lanusse lo había designado administrador general de YPF. Más tarde tuvo a su cargo la administración de la construcción de un enorme barrio militar y nunca se enriqueció, sino que vivía en un chalet de clase media en la localidad de Haedo. Con la misma austeridad con la que manejó las tareas encomendadas y así, pretendía organizar el Mundial, en oposición al entonces capitán de navío Carlos Alberto Lacoste, amigo del almirante Emilio Eduardo Massera, que sostenía la necesidad de una demostración faraónica.

El 19 de julio de 1976 el general Actis iba a dar una conferencia de prensa, para hacer saber cómo se organizaría el campeonato y cuáles serían sus prudentes erogaciones, pasó a la mañana a visitar a su hija, quien acababa de tener un varón. Después siguió a inspeccionar la obra del barrio militar y, en el camino, se detuvo un instante, motivado por un partido de fútbol que unos chicos jugaban en un potrero. Una camioneta cerró el paso a su automóvil, de la cual descendieron cuatro guerrilleros, que efecturon numerosos disparos de arma de fuego que produjeron la muerte, casi instantánea, del general Actis.

8.5.6.- La Llamada Masacre de Fátima.

Tratan el tema, entre otros, Esquivada (23-04-2019) Redacción Pilar a Diario (24-04-2019) y Cecchini (20-08-2024) de sus aportes se puede decir que en la tarde del viernes 20 de agosto de 1976, algunos curiosos se acercaron al descampado ubicado cerca del barrio Fátima, en el municipio de Pilar, pudieron ver a la distancia que un grupo de personas de civil cargaba cadáveres en camiones de obras públicas.

El Ministerio del Interior a cargo del general Albano Harguindeguy dio a conocer un comunicado que manifestaba que algún grupo guerrillero, habría sido responsable del "vandálico episodio". Agregaba que en la mañana de ese viernes *"se habían encontrado" restos humanos correspondientes a treinta personas, que "habían sido dinamitados"* en el partido de Pilar, al norte bonaerense, a apenas 1.500 metros de un camino de tierra a la altura del kilómetro 64 de la ruta 8. También aseguraba que el gobierno repudiaba *"terminantemente este vandálico episodio sólo atribuible a la demencia de grupos irracionales, que con hechos de esta naturaleza pretenden perturbar la paz interior y la tranquilidad del pueblo argentino, así como también crear una imagen negativa del país en el exterior."*

En el documento cuatro páginas, rotulado *"secreto"*, del último paquete de documentos desclasificados en los Estados Unidos sobre los años 1976-1983 se encuentra el cable de la Agencia Central de Inteligencia (*CIA*) IN019953. El Cable dio una versión de: *"Responsabilidad de la Policía*

Federal por asesinar a las treinta personas cuyos cuerpos aparecieron el 20 de agosto de 1976".

Según el cable secreto, *"los niveles operativos de la Policía Federal Argentina fueron responsables de matar a los 30 individuos tanto en represalia por el asesinato del general Actis como a modo de advertencia a la izquierda extremista para que no participe en otros actos de violencia durante el periodo del 22 de agosto"*, aniversario de la Masacre de Trelew).

Una hipótesis que hasta ahora no se ha refutado, considera que todos los muertos estaban detenidos en la Superintendencia de Seguridad Federal, en la calle Moreno al 1400 de la ciudad de Buenos Aires, más conocida por su nombre anterior, Coordinación Federal. Desde allí fueron trasladadas hasta Fátima. Así, aparecieron los 20 cadáveres de varones y 10 de mujeres, todos asesinados de un tiro en la cabeza, diseminados en pedazos en un círculo de 20 metros de diámetro cerca de un pozo de casi un metro de profundidad, causado por la explosión de los cuerpos.

En 2008, el Tribunal Oral Federal 5 condenó a prisión perpetua por el caso, a los policías retirados Juan Carlos Lapuyole, a quien se describió como hombre de confianza de Harguindeguy, y Carlos Gallone. Se absolvió a Miguel Ángel Timarchi. No se juzgó a Luis Alberto Martínez, prófugo, ni a Carlos Vicente Marcote, fallecido.

Dos años después, en octubre de 2010, la Sala IV de la Cámara de Casación Penal, integrada por Mariano González Palazzo, Gustavo Hornos y Augusto Diez Ojeda, rechazó distintos recursos de apelación y confirmó la condena de los acusados.

8.5.7.- Últimos meses del año 1976. Hechos y conceptos.

8.5.7.1.- 05 de Setiembre de 1976.

Blaustein y Zubieta (2015) consignan que el diario Clarín del día domingo 05 de setiembre de 1976 con el título: "Abatieron a extremistas en San Isidro y Tucumán", relata: *"Que tras un prolongado tiroteo, las fuerzas de seguridad abatieron a cinco extremistas que se resistieron a desalojar una finca en San Isidro, donde se realizaba una reunión. Otros tres sediciosos fueron muertos en Tucumán durante un procedimiento realizado en la Capital por tropas de la V Brigada de Infantería".*

Agrega, con el título*: "Abatidos". "Buenos Aires, Set 24 (ANCLA*) Miembros de la Comisión Argentina de Derechos Humanos (CADHU **) denunciaron a esta agencia que en varios procedimientos antisubversivos realizados últimamente por efectivos militares fueron eliminados físicamente hijos y familiares de los guerrilleros.*

En relación a los hechos registrados en la finca de la localidad de San Isidro, al norte de la capital argentina, en la noche del 3 del corriente mes, el parte oficial informó que habían sido abatidos cinco extremistas que se encontraban realizando una reunión. Testigos presenciales informaron sin embargo de modo categórico que los muertos fueron la pareja que vivía allí y sus tres hijitos.

El relato de los vecinos es el siguiente: al iniciarse el procedimiento, por parte de aproximadamente quince individuos de civil y numerosos integrantes de fuerzas militares, el padre solicitó a gritos sin resultado alguno que se produjera la evacuación de los niños. Después de cuatro horas de enfrentamiento, durante el cual la vivienda fue bombardeada con cohetes, el joven salió al frente de su vivienda gritando "Viva la Patria, vivan los montoneros, viva el socialismo", siendo abatido al arrojar una granada contra los efectivos militares, Fue entonces que el personal de civil irrumpió en la finca, escuchándose numerosos disparos de armas de fuego durante varios minutos. Momentos después eran trasladados en ambulancia los restos del matrimonio y de los niños".

* La Agencia de Noticias Clandestina (ANCLA) fue fundada por Rodolfo Walsh, era una organización político militar de Montoneros. Funcionó entre 1976 y 1977.

** La Comisión Argentina de Derechos Humanos (CADHU) se fundó en abril de 1976 a partir de la confluencia de distintos grupos. El más numeroso lo componían militantes del Partido Revolucionario de los Obreros Argentinos (PROA) Los miembros de la CADHU acordaron la disolución del organismo en el transcurso del año 1984, por la existencia de un gobierno elegido de manera democrática.

8.5.7.2.- 09 de Setiembre de 1976. Conceptos de Obispo de Mendoza, Monseñor Olimpo Santiago Maresma.

Blaustein y Zubieta (2015) consignan del diario La Nación 09-09-2076:

"...hoy la Patria está amenazada desde adentro y desde afuera. Por eso nuestro trabajo debe ser total: debe abarcar el cuerpo y el espíritu...Nos reconforta ver hoy aquí a los capitanes de las Fuerzas Armadas demostrando su fe en la protección de la Madre de Dios, fe que viene de muchos años atrás, cuando San Martín dio el primer ejemplo...Estamos en una guerra casi civil que no hemos declarado y que nos han declarado."

8.5.7.3.- 12 de Setiembre de 1976.

Tratan el tema, entre otros, Díaz Bessone (1996) y Reato (12-09-2022) de sus aportes se puede decir que el domingo 12 de septiembre de 1976, un ómnibus de la Guardia de Infantería, regresaba de la cancha de Rosario Central, con agentes de policía, que habían custodiado la seguridad de un partido de futbol.

Al paso del ómnibus, siendo las 18:15 horas, en la esquina de las calles Junín y Rawson, de la ciudad de Rosario, dos guerrilleros apostados a cien metros hicieron detonar los explosivos, tipo vietnamita, que habían colocado en un Citroën 3 CV colorado, estacionado casi en la bocacalle, proyectando bolas de acero.

Las nueve víctimas fatales del ómnibus estaban todas sentadas en el sector izquierdo del vehículo de la Guardia de Infantería. Hirió a otros veintitrés y al chofer del vehículo

También murieron otras dos personas: un fotógrafo social, Walter Ledesma, y su esposa, Irene Dib, que circulaban detrás del ómnibus en un Renault 12 junto a su hija adolescente, que viajaba en el asiento trasero, resultando herida.

Nunca hubo sospechosos ni detenidos, y la Justicia no investigó el atentado, ni en la dictadura ni luego en democracia

Los intentos de los familiares de las víctimas de abrir una investigación han chocado con la interpretación de la Justicia argentina de que solo los delitos cometidos desde el Estado son de lesa humanidad y, por lo tanto, no prescriben.

Desde ese punto de vista, el estallido del coche bomba en Rosario es un delito común y ya prescribió por el mero paso del tiempo.

8.5.7.4.- 15 de Setiembre de 1976.
Conceptos del vicario castrense Monseñor Adolfo Servando Tortolo.

Blaustein y Zubieta (2015) consignan del diario La Razón 15-09-2076, con el título "El ocaso de la guerrilla": "En San Luis, Monseñor Tortolo consideró que la guerrilla está en su ocaso. Añadió que sorprende la alegría y el valor de los jóvenes soldados que están luchando en Tucumán. Las estadísticas señalan que la mayor parte de los guerrilleros son hijos de hogares rotos o mal avenidos, otros fracasaron en sus estudios universitarios o tuvieron diversos problemas, sin excluir que subyace, en el fondo, un afán de aventuras. Respecto a las presuntas violaciones de los derechos humanos en la Argentina, afirmo categóricamente: No tengo ningún argumento ni pruebas fehacientes para decir que sí. Lo oído, lo escucho, hay voces, pero la realidad es la siguiente a mí no me consta y el mal tengo que probarlo, no basta con suponerlo".

8.5.7.5.- 02 de Octubre de 1976. Atentado frustrado contra Jorge Rafael Videla.

El atentado contra Videla es casi desconocido, con escasa o nula difusión en argentina, no así en la prensa extranjera.

El 2 de octubre de 1976, se celebraba el día del arma de Comunicaciones en Campo de Mayo. En el palco principal se colocó una bomba, los peritajes técnicos estiman en más de un kilogramo de trotyl. En el palco se encontraba Jorge Rafael Videla y altas autoridades del Ejército, que terminado el acto, descienden del palco a las 12:18 horas y la bomba estalló a las 12:20 horas

El hecho fue relatado en Evita Montonera en febrero de 1977, que dice: "Debido a fallas de tipo técnico en el mecanismo de relojería, el artefacto retrasó su explosión".

Fuentes: Díaz Bessone (1996), Esquivada (11-06-2019)

8.5.7.6.- 04 de Octubre de 1976. Atentado frustrado contra la actriz Rita Hayworth.

Rita Hayworth viajó a Buenos Aires como parte de la producción de una película que finalmente no se realizó.

El lunes 4 de octubre, a las 10:10 un patrullero de la

comisaría 46 halló seis granadas en lanzadores en un parque frente al hotel Sheraton. Estaban ubicadas en una caja de herramientas de una compañía de servicios y cubiertas con arpillera. La patrulla llamó de inmediato a la Brigada de Explosivos que desactivó las granadas a las 10:17, tres minutos antes de que fueran a ser lanzadas contra el hotel.

El comisario estimó que se las iba a lanzar aproximadamente cuando la actriz estadounidense Rita Hayworth, que se hospeda en el Sheraton, se disponía a salir. Dada la cobertura de prensa de Hayworth, el ataque con granadas hubiera sido un golpe publicitario para los terroristas.

Según los detalles técnicos, las granadas que debían impactar contra el Sheraton estaban una junta a otra en lanzadores de medio metro por siete centímetros, ubicadas en un ángulo que les permitiera recorrer aproximadamente 70 metros. Un reloj y una batería que activaría un detonador de cloruro de potasio se encargaría de encender una carga de polvo negro detrás de cada granada.

Fuentes: Esquivada (11-06-2019)

8.5.7.7.- 16 de Octubre de 1976. Poderoso Explosivo en el Microcine del Círculo Militar.

Un pelotón de la sección de informaciones del Ejército Montonero, colocó un poderoso explosivo detrás de la pantalla del microcine del Círculo Militar.

La explosión durante la exhibición de una película, provocó heridas a 60 personas y destrozos edilicios importantes.

Fuente: Díaz Bessone (1996), BWN Patagonia.

8.5.7.8.- 16 de Octubre de 1976. Estalla una Bomba en el Despacho del Subjefe de Policía de la Provincia de Buenos Aires.

La revista Evita Montonera, atribuye a un pelotón de Montoneros haber hecho estallar 5 Kg de explosivo y 5 Kg de metralla, el 16 de octubre de 1976, en el despacho del subjefe de policía de la provincia de Buenos Aires, Coronel Ernesto Trotz. Ocurrió

Los autores de este hecho fueron Alfredo Guillermo Martínez, de 24 años de edad, estudiante de derecho en la Universidad de La Plata, que trabajaba como recepcionista y telefonista en la secretaría privada del subjefe, y su esposa Diana Beatriz Wlichky, de 22 años, que desempeñaba tareas auxiliares en la misma. Este matrimonio colocó la bomba y pasó a la clandestinidad. Como consecuencia del hecho, el Coronel Trotz sufrió la amputación del brazo izquierdo, y también resultaron con heridas el Coronel Rospide, el Comisario Mayor Baldrich, el Comisario Bonnet y el Comisario Pino.

Fuente: Díaz Bessone (1996), BWN Patagonia.

8.5.7.9.- 22 y 24 de Noviembre de 1976. Desbaratan Bases Montoneras en la Ciudad de La Plata. Provincia de Buenos Aires.

Guillermo Marcos García Cano, estudió ingeniería y militó en Montoneros donde lo conocían como "El Ingeniero", por su habilidad en idear y construir lugares para ocultar armas, documentos y elementos diversos, que llamaban "*Embute*" (Del lunfardo: Escondrijo secreto de documentación subversiva) o "*Berretín*" (Como acepción de: Lugar donde se guarda una cosa)

Estos embutes lo había construido en varias casas de la ciudad de La Plata, uno de ellos fue realizado para montar una imprenta en la casa identificada con el número 1135 de la calle 30. En ese lugar, había un galpón que simulaba una fábrica familiar de conservas de conejo. El ingeniero había adelantado la medianera, detrás de la cual construyó un estrecho local donde funcionaba la imprenta clandestina, a la que se accedía por un pequeño hueco ubicado bajo una mesada de trabajo dispuesta contra una de las medianeras. Allí había una compuerta que se deslizaba sobre rieles, cuando se la activaba mediante un mecanismo electromecánico. Este mecanismo se ponía en funcionamiento uniendo dos cables pelados, que parecían dejados ahí por descuido. La ventilación se lograba por un conducto subterráneo que se conectaba con la chimenea de una parrilla adosada al galpón.

Además de la imprenta, en la casa de la calle 30 hay armas. No sólo las asignadas para su defensa sino también otras, que provienen de otra casa operativa de La Plata, casas que podrían haber sido identificadas por los militares.

Operativos del 22 de noviembre de 1976

El 22 de noviembre, alrededor de las seis de la mañana, un importante despliegue de tropas despierta a los vecinos de la calle 63 entre 15 y 16. A mitad de cuadra hay una casa como cualquier otra, donde viven Adolfo Berardi y Marisa Gau, embarazada de casi nueve meses, y el pequeño hijo del matrimonio, Nicolás.

Es una de las casas donde "El Ingeniero" ha construido "embutes".

En este caso, esta al fondo del patio, dentro de una habitación con techo de chapas de fibrocemento. Es una caja metálica subterránea de 1,20 x 1,20 m de lado y 1,00 m de profundidad donde se guardan ficheros: cuatro secciones de archivo y un compartimiento para ocultar máquinas plastificadoras, rotuladoras y sellos de goma que se utilizan para falsificar documentos de identidad y carnets destinados a los militantes que están en la clandestinidad.

La entrada al embute se abre mediante un mecanismo

que se acciona inyectando aire a través de un orificio en la pared del lavadero pegado a la habitación.

Con la cuadra entera cerrada y las tropas en posición de combate, se les ordena que salgan con las manos en alto. Adolfo envuelve a Nicolás con un colchón y lo pasa hacia la casa de un vecino por la pared medianera. Ni él ni su mujer piensan en entregarse. Media hora después están los dos muertos.

El 22 de noviembre y poco después de la caída de la casa de la calle 63, otro operativo militar se despliega en el barrio de Gambier, en las afueras de La Plata. El objetivo ahora es una casa ubicada en la calle 139, entre 47 y 49, donde también hay un embute diseñado por "El Ingeniero", parecido al de la casa de 63, pero que se utilizaba para guardar armas.

En la casa de la calle 139 viven María Graciela Toncovich, su compañero Miguel Tierno y su hijita María del Cielo. También se refugia allí Elida D'Ippolito, "La Negra Amalia", responsable de la Regional Sur de Montoneros, con su hija Laurita. Un mes antes su marido, Roberto Pampillo, había sido muerto junto a Miguel Orlando Galván Lahoz durante el ataque de diez horas a un departamento de calle 58 entre 7 y 8, en pleno centro platense.

Cuando las tropas llegan a la casa de 139 también están allí Enrique Desimone, Roald Montes y Mirta Diturbide, todos ellos integrantes de la conducción regional de Montoneros.

Nadie quiso entregarse, produciéndose un terrible enfrentamiento con un resultado similar a los anteriores.

Operativo del 24 de noviembre de 1976

Fuerzas conjuntas del Ejército y la Policía Bonaerense realizan un operativo en la ciudad de La Plata, objetivo la casa identificada con el número 1135 de la calle 30 entre 55 y 56, donde se imprime la revista "Evita Montonera" y otros materiales de difusión de Montoneros.

Supervisan el operativo el general Guillermo Suárez Mason, jefe del Cuerpo I del Ejército; el coronel Ramón Camps, jefe de la Policía Bonaerense, y su segundo, el comisario Miguel Osvaldo Etchecolatz.

Siendo las 13:25 horas del 24 de noviembre de 1976, dan la orden por megáfono a los ocupantes de la casa número 1135 de la calle 30:

- ¡A los que están en la casa, salgan con las manos en alto!
- ¡Están rodeados por efectivos de las fuerzas conjuntas!

En la casa se encuentran Diana Teruggi y otros cuatro militantes de Montoneros, Juan Carlos Peiris, Daniel Mendiburu Eliçabe, Roberto Porfidio y Alberto Bossio, almorzando. En un cochecito está Clara Anahí, la hija de tres meses de Diana y su marido Daniel Mariani, que un rato antes había salido de la casa para ir a trabajar a Buenos Aires.

Al escuchar la intimación, los cinco adultos, ocupantes de la casa, toman las armas de que disponen, se despliegan dentro de la casa, dispuestos a resistir e impedir el ingreso de las tropas.

Desde afuera, las ráfagas de ametralladora ingresan por las ventanas y las balas se incrustan en las paredes, destrozan muebles, voltean cuadros.

A las cinco de la tarde, con tres de sus compañeros muertos, Diana Teruggi trata de escapar por el patio con Clara Anahí, pero cae alcanzada por los proyectiles de arma de fuego, la menor es desaparecida.

Minutos después sacan a otro hombre, herido, con las manos en alto.

Fuente: Anguita y Cecchini (21-11-2020) Ottavianelli y Iocco (2012)

8.5.7.10.- Muerte de Norma Ester Arrostito. 02-12-1976 o el 15-01-1978.

Nora Esther Arrostito, alias "Paula", "Gaby" y "Gaviota" era una de las fundadoras de Montoneros, la única mujer que integraba su dirección.

Hija de un padre anarquista y su madre católica practicante, había iniciado su militancia política en la Federación Juvenil Comunista (FJC) pero pronto se integró a la Resistencia Peronista en su ala de izquierda, Acción Peronista Revolucionaria (APR), dirigida por Alicia Eguren y el ex delegado de Juan Domingo Perón, John William Cooke. Luego el Comando Camilo Torres, donde conoció a su pareja Fernando Abal Medina, con quien formaría el grupo original de Montoneros.

Arrostito era también la única mujer que había participado de la acción inaugural de Montoneros el 29 de mayo de 1970: el secuestro y la ejecución de Pedro Eugenio Aramburu".

El Comando del Ejército, Zona 1, informa que como resultado de las operaciones de lucha contra la subversión en desarrollo, fuerzas legales llevaron a cabo una operación el día 2 de diciembre, a las 21 horas, en las calles Manuel Castro y Larrea, de la localidad de Lomas de Zamora. En la oportunidad fue abatida la delincuente subversiva Esther Norma Arrostito de Roitvan, alias Norma (sic), alias Gaby.

Pero aquella noche de verano la mujer acribillada en Lomas de Zamora a la vista de los vecinos era otra.

Existen opiniones encontradas entre si fue o no Arrostito la muerta en el operativo.

Pero queda resulto con lo dictaminado en la Causa conocida como ESMA, actuaciones identificadas bajo el n° 14.217/03 *"Escuela de Mecánica de la Armada s/ delito de acción pública"*, en la que se dice:

"149) ARROSTITO, Norma Esther. Fue privada

ilegítimamente de su libertad el día 2 de diciembre de 1976, en la calle Larrea N° 470, de la localidad de Banfield, Provincia de Buenos Aires, aunque tampoco puede descartarse que el secuestro se haya ejecutado cuando asistió a un encuentro en la Ciudad de Buenos Aires. Al día siguiente, apareció en los medios de prensa un comunicado del I Cuerpo del Ejército, mediante el cual se informaba que Norma E. Arrostito había muerto en un enfrentamiento en la zona sur de Buenos Aires. Sin embargo, mediante los testimonios de varios sobrevivientes de la E.S.M.A., se desprende que la víctima fue conducida a la citada institución, donde se la sometió a condiciones inhumanas de vida y fue sometida a torturas permaneciendo recluida en el sector de "capucha" con grilletes en los pies, sujetos a una bala de cañón de 25 kg., durante más de un año. Finalmente, fue asesinada en la E.S.M.A. el día 15 de enero de 1978, luego de que el médico conocido como "Tommy" le aplicara una inyección. Posteriormente, algunos oficiales afirmaron que su cuerpo fue quemado en la E.S.M.A. Permanece desaparecida".

Su presencia en la E.S.M.A. fue confirmada por lo que en tal sentido declaró Miguel A. Lauletta a fs. 11.739 vuelta y María del Pilar Imaz de Allende. También da cuenta de esta víctima Norma Burgos (Conadep* 1293) indicando que en ESMA se corría la versión de que su cuerpo había sido incinerado al igual que el de aquellos que llegaban muertos a la ESMA.-

Su presencia en la E.S.M.A. puede ser confirmada por López (ver fojas 4 del Legajo identificado con el n° 7 – carpeta verde reservado en el Tribunal- correspondiente a Alejandro Hugo López. Allí indicó que supo que Norma Arrostito estuvo detenida en la E.S.M.A. y que iban del Ejército y de otras fuerzas a verla, es decir, a ver quién era la famosa Arrostito que debió haber permanecido varios días dentro de la Escuela.

Miriam Lewin (legajo CONADEP 2365) señaló que supo por otros detenidos que había sido llevada a la E.S.M.A. y la habían eliminado mediante la aplicación de una inyección, simulando una muerte natural. Era considerada irrecuperable.

También hizo referencia a esta víctima Graciela Beatriz Daleo en el Legajo CONADEP 4816".-

- La Comisión Nacional sobre la Desaparición de Personas (CONADEP) fue creada por Raúl Alfonsín el 15 de diciembre de 1983, cinco días después de asumir la presidencia, con el objetivo de aclarar e investigar la desaparición forzada de personas producidas durante la dictadura militar en Argentina, dando origen al Informe "Nunca Más", también conocido como "Informe Sábato", publicado en 1984.

Fuentes: Díaz Bessone (1996), Causa ESMA. (Creada en el 2003), Carrá (27-10-2015), Cecchini (04-12-2021) y Diario Infobae (05-01-2023)

8.5.7.11.- 15 de Diciembre de 1976. Estalla una Bomba en la Secretaría de Planeamiento del Ministerio de Defensa.

En la Secretaría de Planeamiento del Ministerio de Defensa, se desarrollaba una conferencia con la participación de militares, diplomáticos, y civiles. En tal circunstancia se hizo explotar una bomba del tipo "vietnamita", explosivo y metralla como en anteriores hechos.

El artefacto estalló en medio del salón. Había sido dejada sobre el piso, donde abrió un agujero de 80 cm. por 60 cm., que pasó al piso inferior

Su autor fue un asesor de la secretaría, de nombre José Luis Dios, que tenía antigüedad de once años en el trabajo. Había ingresado en 1966 en lo que fue la Secretaría del Consejo Nacional de Seguridad.

Como consecuencia de la explosión murieron 14 personas y hubo 19 heridos graves.

Fuentes: Diario El País. EFE. (16-12-1976) Díaz Bessone (1996)

8.5.7.12.- Opiniones Evaluativas del Año 1976 sobre los Ejércitos en Pugna.

Montoneros a través de su órgano oficial Evita Montonera, dice:

"A lo largo de 1976, las fuertes bajas sufridas en sus cuadros de conducción, militantes de distintas organizaciones y activistas, al par que la destrucción de buena parte de la logística, dejan a estas fuerzas con sus capacidades de ejecución a un nivel relativamente bajo..."

Señala sus mejores logros, que serán objetivos para el futuro:

"... campaña de propaganda y difusión de la resistencia del Pueblo argentino en Europa y en América Latina; constitución de organismos que luchan por la vigencia de los derechos humanos y democráticos; relaciones con organismos internacionales como Amnesty Internacional, Tribunal Russel, etc., relaciones con la socialdemocracia europea, y denuncias en el Congreso Norteamericano; presencia del Movimiento y del Partido a través de giras internacionales, en especial una estrecha relación con nuestros hermanos palestinos...".

Diario La Opinión. A través de Sergio Cerón.

La subversión tuvo 4.000 bajas en 1976.

Saldo de una aplastante derrota militar.

"El año 1976 ha sido el que parece marcar la declinación definitiva de la subversión en la Argentina como fuerza activa combatiente apta para la lucha frontal. Es muy difícil...hacer una evaluación aproximada de las bajas que sufrieron las organizaciones guerrilleras...es posible intentar una aproximación en base a las comunicaciones oficiales , a las apreciaciones personales de observadores responsables y a trascendidos...sumados a los muertos en

acción, la guerrilla experimentó en los últimos 12 meses, a partir del combate librado en el Batallón de Arsenales 601, de Monte Chingolo, alrededor de 4.000 bajas. De estas una 1.500, incluso podrían ser algo más, corresponden a elementos que desertaron y cuyo abandono de los puestos combatientes pudo haber sido comprobado sin duda alguna. El ERP ha sido la organización más castigada por la acción represiva, con unas 1.800 bajas...seguida por Montoneros, que habría sufrido alrededor de 1.600... En 1976 más de 150 combatientes del ERP cayeron en tierra tucumana. Montoneros...habría experimentado la pérdida del 80% de sus efectivos de combate...alrededor de 2.000 hombres...En los más altos niveles de conducción del gobierno, y de las Fuerzas Armadas existe, a pesar de ello, clara conciencia sobre dos aspectos: la violencia terrorista demorará, aún mucho tiempo en ser definitivamente erradicada del país y del mundo; es necesario, por otra parte, cegar futuros canales de reclutamiento subversivo. Para ello, como señalaron voceros autorizados del gobierno militar, es necesario ganar la paz".

8.6.- Transmisión histórica oral.

A nadie sorprendió el golpe de estado cuando el 24 de marzo de 1976, que instaló el Proceso de Reorganización Nacional en el gobierno, ya estaba todo el mundo acostumbrado por la reiteración de los cambios violentos de gobierno. No obstante se esperaba y deseaba un accionar más firme del gobierno para frenar el accionar de la Subversión Terrorista.

La subversión no disminuyo sus ataques, pero ahora se encontraba con una fuerte respuesta del Estado a través de las Fuerzas Armadas y de Seguridad. En tal forma, la subversión, a partir del combate librado en el Batallón de Arsenales 601, de Monte Chingolo, sufre en numerosos enfrentamientos y miles de bajas.

Es muy comentado en todas las reuniones familiares, la

nueva táctica que implementa la subversión terrorista, al ver disminuida su fuerza militar, la propaganda y difusión. Indudablemente recordando el legado de Rodolfo Walsh que sugería un drástico cambio de táctica para llegar al poder, que incluía el "*reconocimiento de la derrota militar*", el "*abandono del terror individual*" y "*la apropiación de la bandera fundamental de los Derechos Humanos*".

En tal forma, sin abandonar los hechos de violencia subversiva terrorista, inician una importante campaña de propaganda y difusión, de lo que denominan la Resistencia del Pueblo Argentino, en Europa y en América Latina. Crean organismos de lucha por los derechos humanos y los relacionan con organismos internacionales como Amnesty Internacional, Tribunal Russel, donde participaron Julio Cortázar y Gabriel García Márquez, etc. También se relacionaron con la socialdemocracia europea, efectuaron denuncias en el Congreso Norteamericano y realizaron giras de igual contenido con elementos palestinos.

Capítulo 9.

9.1.- Hechos sobresalientes del Año 1977.

9.1.1.- 04 de Enero de 1977. Muere Ana María González, Asesina del General Cardozo.

Luego de la muerte del general Cardozo, Ana María González estando prófuga cambiaba de un refugio a otro. (Ver punto 8.5.2.-)

El 4 de enero de 1977 a las 10:30 de la mañana, siete meses después del crimen, Ana María González viajaba en un auto, que conducía Roberto "Beto" Santi y otro hombre, todos pertenecientes a Montoneros, cuando a la altura de la fábrica Chrysler, en San Justo, una patrulla de control de tránsito intentó detenerlos. Desde el auto respondieron con disparos de arma de fuego y mataron al soldado conscripto Guillermo Dimitri, y en la réplica de los uniformados del retén fueron heridos los dos hombres y Ana María González.

Lograron huir hasta una posta sanitaria que manejaba un tal "Anselmo", Ana María González se negó a ser llevada a un hospital, por temor a ser identificada. Prefirió morir tomada de la mano de "Beto". Al día siguiente rociaron su cuerpo con nafta y prendieron fuego en la unidad sanitaria clandestina.

Meses más tarde, "Beto", que entre otros antecedentes había puesto una bomba en el edificio Libertad, cayó en manos de la Armada y desapareció.

Fuentes: Díaz Bessone (1996), Serra (18-06-2020) y Yofre (18-06-2021)

9.1.2.- 17 de Febrero de 1977. Intento de Destruir el Avión Presidencial con Cargas Explosivas. "Operación Gaviota".

Un informante de la organización guerrillera Ejército Revolucionario del Pueblo (ERP), pudo acceder a los planos de la red de tuberías del Arroyo Maldonado. Este arroyo atraviesa de oeste a este la ciudad de Buenos Aires, hizo una copia, lo pasó al hombre de inteligencia.

Llegado los planos a los Jefes del ERP, verificaron que el entubado pasaba justo por debajo de la pista del aeropuerto Jorge Newbery, ubicado al lado de la Costanera porteña, se percataron de que solo debían tener la agenda de viajes presidenciales, para uno de esos días para hacer volar por los aires a Videla y a quien lo acompañara.

El plan apuntaba a desarrollar consistía en poner dos poderosas cargas de explosivos adosadas al techo del Maldonado, justo bajo la pista del aeropuerto y detonarlas el día y en la hora exacta en que Videla viajara.

Eduardo Miguel Streger, nacido en Banfield en una familia de clase media, a través de amigos del secundario tomó contacto con las Fuerzas Armadas Revolucionarias (FAR) y luego se sumó a las filas del ERP. Allí, su apodo fue "Fino" o "la Tía". Actuó en el intento de incendiar el palco donde Lanusse asistiría para presenciar un desfile militar, fue detenido junto a sus camaradas y llevado a la Cárcel de Villa Devoto. Al ser llevado a Tribunales, consigue escapar. En la clandestinidad participa en acciones guerrilleras y llega a ser el "Teniente Martín".

En la segunda mitad de 1976, Streger fue convocado por la máxima jefatura para ponerlo al frente de la misión que en clave era "Operación Gaviota".

Streger y su segundo, que tenía importante actuación en la guerrilla rural, estudiaron los planos, recorrieron los accesos y bocas de tormenta del arroyo, para ubicar la más cercana al aeropuerto Jorge Newbery. Consiguieron una furgoneta con un agujero en el chasis para poder descender a una boca de tormenta, sin abrir las puertas para no despertar sospechas, y bajar sogas, linternas, un bote de fibra vidrio.

Por la inteligencia del ERP supieron que el jueves 17 de febrero de 1977, el Fokker F28, a las 8.30, partiría con destino a Bahía Blanca con Videla y su comitiva.

Finalmente bajaron iluminados con linternas y faroles, lograron amarrar ambas bombas en el techo del Maldonado, debajo de la pista, con un peso de 130 Kg. Las cargas estaban interconectadas por un cable eléctrico. La primera debía explotar una vez que el avión presidencial hubiera carreteado lo suficiente y decolara. La segunda casi de inmediato.

El explosivo de uso militar es el Trinitrotolueno (TNT) conocido como trotyl, combinado con gelamón, un explosivo menos estable, pero que al activarse junto al trotyl tiene altísima potencia.

Ese día observadores cercanos a la pista, se comunicaban a través de walkies talkies con Streger y su segundo

A las 8.40 las turbinas ya estaban en movimiento, el Fokker carreteó y en cuestión de segundos levantó vuelo. El vigía principal se comunicó, Streger y su segundo apretaron los botones.

El avión se elevó en un ángulo mayor al que los guerrilleros tenían previsto. La primera bomba explotó pero la onda expansiva apenas sacudió al avión. La segunda carga, la más letal, directamente no explotó.

Videla, Martínez de Hoz y nueve personas más salvaron sus vidas. El avión fue hasta la base de El Palomar, la comitiva cambió de aeronave y siguió camino a Bahía Blanca.

El ERP se hizo cargo de la autoría del fallido atentado.

Tres meses después, Streger el Fino, la Tía, el teniente Martín era capturado.

Anguita y Cecchini (18-02-2021)

9.1.3.- Propuestas subversivas en los Primeros Meses del Año 1977.

El año 1977 marcó una declinación en el accionar militar de la Guerra Revolucionaria. El ERP había sufrido bajas muy sensibles, había perdido a sus máximos jefes.

Montoneros mantuvo su actividad en forma de terrorismo urbano, propaganda interna e internacional, y acción política, con accionar militar restringido.

Febrero de 1977.

Montoneros propone un *Frente de Liberación Nacional.* "Luchemos por estos 5 puntos" y *Evita Montonera* de ese mes los publica:

1.- Modificación de la actual política nacional;
2.- Retiro de los militares de los sindicatos y la CGT;
3.- Plena vigencia de los derechos humanos:
    a. Cese de toda forma de represión y tortura;
    b. Libertad a todos los detenidos sin causa judicial;
    c. Publicación de la lista de presos, reconociendo a los miles de argentinos secuestrados;
    d. Vigencia de los derechos de defensa.
4.- Restitución de las libertades populares:
    a. Libertad a Héctor J. Cámpora, y de todos los presos políticos, gremiales, estudiantes y populares;

5.- Convocatoria a elecciones libres y sin proscripciones.

Marzo de 1977.

Evita Montonera proclama a 1977 "Año de la Resistencia Popular."

El secretario militar del partido Montonero escribe un artículo bajo el título: *Atacar, hostigar al enemigo, para apoyar la lucha Política del movimiento.* En él da las directivas al movimiento montonero:

"Miles de sabotajes, cientos de caños. Que patrones y milicos paguen los daños."

Área de Inteligencia de Montoneros y Reglamentos del ERP.

Se conoce el plan de instrucción para el *"Área de Inteligencia de Montoneros"*, que contempla la captación de soldados conscriptos.

También los reglamentos del ERP que fueron elaborándose desde fines de 1974. Uno de ellos, el de organización expone, en síntesis, los siguientes aspectos:

- Está inspirado en las formas orgánicas de los Ejércitos Rojos soviético y chino, y en las fuerzas armadas populares de Vietnam.
- Desarrolla la organización de la "Escuadra", 8 a 12 combatientes bajo el mando de un sargento. Los combatientes se dividen en una célula con 4 hombres y dos subequipos, cada uno con tres a cuatro hombres.
- Luego detalla la organización del pelotón o sección, que se integran con dos a cuatro escuadras, bajo el mando de un teniente. El pelotón o sección urbano cuenta con dos o tres escuadras de fusileros y una escuadra logística que incluye: sanidad, comunicaciones, cárcel (del pueblo), garaje y arreglo de armamentos.

- Señala la organización del pelotón de apoyo: una escuadra de ametralladoras, una escuadra de explosivos y una escuadra de morteros y bazookas.
- El pelotón comando y logística, agrega a los elementos de la escuadra logística (más amplios), un grupo de propaganda, un grupo de abastecimiento, un grupo depósitos y un grupo armeros.
- La compañía (urbana o rural) está integrada por 3 a 5 pelotones, bajo el mando de un capitán jefe de compañía y un capitán responsable político. La compañía urbana incluye *un pelotón caza-patrulleros.*
- El batallón (actuó en Monte Chingolo), se integra con 3 a 5 compañías bajo un comandante, jefe del batallón, y un comandante, responsable político.

9.1.4.- 25 de Marzo de 1977. Muerte de Rodolfo Walsh y su relación con el Servicio de Inteligencia de Montoneros.

El periodista y escritor Rodolfo Walsh era una persona muy conocida, con una trayectoria política mudable.

Se movía en los círculos más diversos, desde la Iglesia Católica, fuerzas armadas y seguridad hasta periodistas, escritores, actores y artistas. Esto le permitió tener una amplia red de informantes.

Rodolfo Walsh, ("profesor Neurus", en alusión al profesor de la tira de Hijitus, por su aspecto a veces enajenado) ingresó a Montoneros, en abril de 1973, cuando, junto a su colega y amigo Horacio Verbitsky y otros militantes, llegaron desde las Fuerzas Armadas Peronistas (FAP) como un grupo que ya se había especializado en tareas de Inteligencia e Información.

Walsh coordinaba desde la creación y el funcionamiento de una agencia clandestina de noticias (ANCLA), para difundir información útil para la lucha subversiva, influir a la opinión pública y confundir al enemigo de guerrilla, hasta la relación con los numerosos infiltrados en la policía, el Ejército, la Marina y la Aeronáutica. Walsh era el "responsable" o jefe de varias células, que se dedicaban a actividades bien diversas, siempre "tabicadas", es decir ningún grupo sabía bien a qué se dedicaba el otro.

Walsh seleccionó a los cuatro militantes que serían los editores de la agencia ANCLA, Lila Pastoriza, Lucila Pagliai, Carlos Aznárez y Eduardo Suárez, y una vez que la puso en funcionamiento, se dedicó a otras tareas relacionadas al departamento de Informaciones e Inteligencia de Montoneros.

ANCLA quedó bajo la responsabilidad de Pastoriza, Lidia, hasta que fue secuestrada en junio de 1977; Pagliai y Aznárez habían partido al exilio, y Suárez ya había sido detenido y seguía desaparecido. La agencia dejó de funcionar hasta el 10 de agosto de aquel año, cuando "Verbitsky se hace cargo de esta segunda y última etapa de la agencia, que se extiende por algunos meses más.

Walsh alquilaba un departamento de la calle Tucumán 456, con su pareja y compañera, Lilia Ferreyra. Más tarde se convertiría en una base de escuchas, principalmente de Policía Federal y de la Provincia de Buenos Aires.

Algunos de sus trabajos en el Servicio de Inteligencia de Montoneros fueron: el atentado contra el comedor de la Policía Federal, el viernes 2 de julio de 1976; el secuestro de los hermanos Born y en el asesinato del jefe de la Policía Federal, el comisario general Alberto Villar y su esposa.

El 25 de marzo de 1977, llegó a la esquina de las Avenidas Entre Ríos y San Juan, donde debía encontrarse con un compañero de Montoneros, luego de despachar cartas en la oficina postal de Plaza Constitución.

Un grupo de la Armada le da voz de alto y le piden se entregue, que se encontraba rodeado. Walsh saca un arma y es muerto por los disparos del comando del Grupo de Tareas.

Fuentes: Martín (25-03-2022) y Reato (11-04-2022)

9.1.5.- 07 de Abril de 1977. Comunicado de la Asociación de Entidades Periodísticas Argentinas (ADEPA).

Blaustein y Zubieta (2015) consignan del diario Clarín 07-04-1977:

ADEPA manifiesta: *"...la desaparición de algunos colegas, entre ellas la del ex secretario de prensa de la Presidencia de la Nación y miembro del directorio del diario La Opinión D. Edgardo Sajón, y la detención del directos de La Provincia de Mendoza, D. Juan Ramón Salomón, sin que se le someta a proceso ni se le informe de las razones de tal privación de la libertad, fortalecen el sentimiento de inquietud que predomina en la familia periodística. Ante tal situación ADEPA reitera al Poder Ejecutivo Nacional su pedido de garantías que amparen la labor regular de la prensa en un ámbito respetuoso de la libertad"* Firmado Juan Valmaggia y Antonio M. Maciel".

9.1.6.- 10 de Abril de 1977. Piden respeto de los principios fundamentales.

Blaustein y Zubieta (2015) consignan expresiones de José Ignacio López en el diario La Opinión 10-04-1977: *"...de la subsistencia de desapariciones como la del señor Sajón, de asesinatos como el del periodista Ferreirós, o de atentados como los que obligaron al cierre de una cadena de supermercados, quedó expuesta una problemática no por conocida menos ardua y complicada: aquella que exige una prudente armonía entre el derecho de reprimir y terminar con el flagelo de las bandas sediciosas y la obligación de evitar que en esa lucha se abdique del respeto a principios fundamentales."*

9.1.7.- 07 de Mayo de 1977. Atentado contra el Vicealmirante Cesar Augusto Guzzetti.

El Ministro de Relaciones Exteriores, Vicealmirante César Augusto Guzzetti, debía concurrir a una consulta médica a una clínica, en horas del mediodía del 7 de mayo de 1977. A las 10 y 30 aproximadamente, un comando guerrillero de la organización Montoneros, dos hombres y una mujer, irrumpieron en la sala de espera de esa clínica, reducen a pacientes, personal médico y auxiliar. Se dan a conocer: son Montoneros. Así esperan la llegada del Ministro.

Aproximadamente a las 11:50 llegó Guzzetti en un automóvil. El custodio quedó en la entrada de la clínica; el Ministro entró sólo, al llegar a la sala de espera fue atacado y desmayado. Lo arrastraron hasta un baño, en cuyo interior le dispararon con una pistola con silenciador, en la cabeza y lo dejaron por muerto.

Colocaron una bomba, que no llegó a estallar, y se retiraron. El custodio que estaba en la puerta reaccionó cuando los montoneros se alejaban en un automóvil.

Luego del atentado, Guzzetti permaneció en un prolongado estado de coma y posteriormente se sometió a una operación en los Estados Unidos que prolongó algún tiempo su vida. Como consecuencia de las heridas recibidas, el vicealmirante Guzzetti quedó cuadripléjico y privado de la facultad de hablar. Falleció el 23 de mayo de 1988.

Evita Montonera de junio de 1977 publicó el "Parte de Guerra" de Montoneros, con el detalle del atentado, llevado a efecto por el pelotón de combate "Dardo Cabo".

Fuentes: Díaz Bessone (1996), Historia (Biografía) y Tiempo Militar (Armada)

9.1.8.- 24 de Mayo de 1977. Abaten a diecisiete extremistas.

Blaustein y Zubieta (2015) consignan del diario La Opinión del 25-05-1977: *"Abatieron a diecisiete extremistas. En un solo enfrentamiento las fuerzas de seguridad abatieron ayer a dieciséis delincuentes subversivos durante un enfrentamiento sostenido en la localidad bonaerense de Monte Grande donde, a raíz de denuncias formuladas por vecinos de una vivienda ubicada en Uriburu 1151, fueron localizados terroristas de distintas bandas que participaban de una reunión según informó un comunicado del Comando de la Zona 1. Posteriormente, otro parte dado a conocer en Rosario por el Comando del Segundo Cuerpo de Ejército, reveló que el pasado sábado 21 efectivos de las fuerza conjuntas dieron muerte a otro sedicioso, integrante de la banda autodenominada montoneros, con lo que el número de abatidos llegó a 17...La intervención de la fuerzas conjuntas tuvo origen en denuncias de vecinos, que el lunes 23 advirtieron a las autoridades sobre movimientos inusuales en un chalet de la calle Uriburu 1151...".*

9.1.9.- Diciembre de 1977. El presidente Videla se refiere a los desaparecidos.

Balasten y Zubieta (2015) consignan del diario La Opinión del 13-12-1977: *"Al detallar las alternativas antisubversivas. A los desaparecidos se refirió el general Videla. Escribe Abel Maloney. El presidente Videla ha dicho ante periodistas japoneses que la historia juzgará, en su momento, las dramáticas alternativas de la guerra contra la subversión en la Argentina. Sin mayores rodeos, Videla habló de los desaparecidos en la acción contra el terrorismo. Ampliando sus anteriores declaraciones de Caracas y Washington, el presidente mencionó cuatro causas determinantes del desconocimiento oficial del paradero o la suerte corrida por numerosas personas: - Paso clandestino a las filas de la subversión; - Abandono del país con cambio de nombre; - Imposibilidad de reconocimiento de cuerpos mutilados por explosiones, el fuego o los proyectiles a raíz de enfrentamientos bélicos entre fuerzas legales y elementos terroristas; - Un exceso en la represión. La Argentina está finalizando esta guerra y consiguientemente debe estar preparada para afrontar sus consecuencias. La desaparición de algunas personas es una consecuencia no deseada de esta guerra.*

9.2.- - Hechos sobresalientes del Año 1978.

Era notoria la derrota militar que las organizaciones terroristas subversivas habían sufrido al finalizar el año 1977, pero quedaban grupos produciendo importantes hechos terroristas.

9.2.1.- 9 de Febrero de 1978. Preside Videla el Acto del Tercer Aniversario del Operativo Independencia.

El acto en conmemoración del tercer aniversario de la iniciación del Operativo Independencia, desplegado el 5 febrero de 1975, fue realizado frente a la casa de gobierno de la provincia de Tucumán.

El presidente Jorge Rafael Videla presidió el 09 de febrero de 1978, el acto, realizó un reconocimiento a los militares que participaron en la acción. Señala que el operativo pudo garantizar la victoria en un nuevo tipo de combate, llevado a cabo por un enemigo, "la delincuencia subversiva", especialmente preparado para luchar en el monte; y destaca que si bien se pudo derrotar a los grupos armados en la provincia, la victoria militar debe consolidarse en el marco del Proceso de Reorganización Nacional, teniendo en cuenta que el adversario continúa acudiendo a otras formas de para agredir a la sociedad argentina.

Fuente: Archivo Histórico de RTA (09-02-1978)

9.2.2.- Marzo de 1978. Se publica la Nómina del Consejo Superior del Movimiento Peronista-Montonero.

Díaz Bessone (1996) refiere: *"En marzo de 1978, una nueva publicación del movimiento peronista-montonero, El Descamisado, hizo conocer las directivas para la acción durante el año 1978. Uno de sus párrafos dice:*

Todas las formas de resistencia son válidas. Aparece allí la nómina del "Consejo superior del Movimiento Peronista Montonero":

Secretario General: *Comandante Mario E. Firmenich.*

Rama Política: *Oscar Bidegain; Ricardo Obregón Cano; Rodríguez Anido; Rubén J. Dri; Eduardo Yacussi (presbítero de Rosario en actividad); Norberto Hableger, Arnaldo Lizaso.*

Rama Juvenil: *Rodolfo Galimberti, Guillermo Amarilla; H. O. Fernández Long; Manuel Pedreira; Jorge Gullo.*

Rama Gremial: *Armando Croatto; González Chávez; J. A. Herrera.*

Rama Femenina: *Adriana Lesgart; Lilí Mazzaferro y Rosa Chávez.*

Rama Profesionales, Intelectuales y Artistas*: Rodolfo Puiggrós; H. Martínez Borelli y Norman Brisky.*

Rama Pequeños Productores Agropecuarios*: Osvaldo Lovey.*

Secretario de Prensa y Difusión: Miguel Bonasso y Juan Gelman.

Secretario de Reuniones Internacionales: Segundo Comandante Fernando Vaca Narvaja.

Aparece también una fotografía de Yasser Arafat, el jefe de la OLP (Organización para la Liberación de Palestina) entre Firmenich y Vaca Narvaja".

9.2.3.- 31 de Julio de 1978. Atentado Contra el Vicealmirante Armando Lambruschini.

El mayor esfuerzo de *Montoneros* se centró en propiciar el *boicot* al Mundial de fútbol*, mediante una intensa propaganda que se desarrolló en Europa occidental, y que en buena medida logró su objetivo. Sus planes internos para realizar operaciones espectaculares durante el torneo fracasaron. No obstante continuaron con sus acciones terroristas subversivas.

* Mundial de fútbol, que se desarrolló del 1 al 25 de junio de 1978.

Los guerrilleros se plantearon el objetivo de atacar al vicealmirante Armando Lambruschini, Jefe del Estado Mayor Naval, por ser el elegido para reemplazar al almirante Emilio Eduardo Massera al frente de la Armada.

El domicilio del vicealmirante Lambruschini estaba ubicado en la calle Pacheco de Melo 1957, de la ciudad de Buenos Aires. El explosivo fue colocado en un departamento, deshabitado, de un edificio colindante y sobre la pared medianera que daba al dormitorio de Paula, una de las hijas de Lambruschini, que tenía 15 años.

Como consecuencia de la explosión murieron una de las hijas de Lambruschini, Paula, de 15 años, y uno de los custodios, mientras que otro sufrió graves heridas y dos vecinos del edificio donde se produjo la explosión: Margarita

Obarrio de Villa de 82 años y Ricardo Álvarez. Otros diez vecinos del edificio resultaron heridos.

El atentado se produjo a la 1:40 del día 1° de agosto. Lo realizó el *Pelotón de Combate Especial Eva Perón* de *Montoneros*.

Días antes, dos guerrilleros simularon ser policías que investigaban el tráfico de drogas, y de ese modo pudieron entrar en un departamento desocupado, que lindaba con el departamento de la familia Lambruschini.

El "Parte de Guerra" de *Montoneros* dice:

"El día 31 de julio a las 23 horas, el Pelotón... procedió a colocar una carga explosiva,... que detonó a la 1 y 40..."

Se derrumbaron cuatro pisos y peligro la estabilidad de los dos edificios, lo que festejaron los *Montoneros* porque era una *"zona oligárquica"* de la ciudad.

El "Parte de Guerra" dice que *"el explosivo produjo la muerte de uno de los custodios (del Almirante) y graves heridas a otro. Lamentablemente también murieron la hija y una anciana, Víctimas inocentes de esta guerra declarada por la dictadura..."*.

Fuentes: Díaz Bessone (1996); Yofre (2007); Diario La Nación (02-08-2003 y 06-06-2020) y Diario La Nación (01-08-2018 y 11-02-2021)

9.2.4 – 20 de Diciembre de 1978. Secuestro y Asesinato de Elena Holmberg.

Tratan el tema, entre otros, Diario La Nación (22-02-2001 / 20-06-2020); Gilardi (08-08-2012); Martínez Carricart (02-08-2021) y Alaniz (06-08-2014) de sus aportes se puede decir que Elena Angélica Dolores Holmberg Lanusse era una diplomática, destacada por haber sido la primera mujer egresada del Instituto del Servicio Exterior de la Nación, y de larga trayectoria.

Proviene de una familia aristocrática, ferviente antiperonista, anticomunista, defensora a ultranza de la dictadura, pariente del ex presidente de facto Alejandro Agustín Lanusse, con amistad con Martínez de Hoz y con llegada a Jorge Rafael Videla, con quien mantenía diálogo.

En 1969, se desempeña en la Dirección General de Antártida y Malvinas. En 1972 es promovida a la categoría de Secretaria de Embajada y Cónsul de Tercera Categoría. Es destinada a la representación de la República Argentina ante Francia.

El gobierno monta un Centro Piloto en la representación Argentina en Francia, para contrarrestar la creciente "*campaña antiargentina*" que se incrementaba desde el exterior. Este centro a cargo del embajador Tomas de Anchorena y Elena Holmberg, al igual que su administración

A finales del 77, principios del 78, Massera manda a su gente al Centro Piloto. Elena tiene enfrentamientos permanentes con estos marinos porque, entre todas las falencias que ella encontraba, destacaba que no hablaban francés y no tenían relaciones con la prensa, que era para lo que se había creado el Centro Piloto. Los marinos empiezan a hacerse cargo de a poco de la administración de los recursos del Centro, y ahí ella empieza a ver que hay movimientos permanentes de estos marinos relacionados con los pasos de Massera en Europa. Notan que el Centro empieza a dejar de tener la función para la que fue creado y a funcionar como una base de operaciones del proyecto político de Emilio Eduardo Massera.

Holmberg es convocada a Buenos Aires, obligada a salir de la representación de la República Argentina ante Francia.

Llegada a Buenos Aires a mediados de 1978, Holmberg continuó reuniendo datos para probar las maniobras de Massera y sus hombres en Europa, apoyados por la logia liderada por el venerable Licio Gelli y la complicidad del jefe montonero, Mario Eduardo Firmenich.

Un par de semanas antes de su secuestro, Holmberg se reunió con Gustavo Dupont en un bar de la Recoleta y le explicó lo que estaba haciendo. Dupont también era diplomático y, además, compañero de promoción de Elena. Ella le dice: *"Gordo, ando en problemas con la Marina"*. Y después lo puso al tanto de los pormenores. *"Elena, por Dios, tené mucho cuidado, no hables con nadie"*, le dijo Dupont antes de separarse. Algo parecido le iba a decir su colega y amigo Urrutia.

El día 20 de diciembre de 1978, almuerza en un club distinguido de Barrio Norte, con los periodistas franceses Laure Buclay y Bruno Bachelet. Fueron convocados por Elena para ponerlos al tanto de las relaciones del "Almirante Cero" con el comandante montonero, Licio Gelli y Khadafi.

Según trascendidos, Elena tenía fotos que registraban las reuniones de Massera con Firmenich en el Hotel Intercontinental. Las fotos nunca aparecieron.

A la tarde la vieron en la Cancillería. Alrededor de las 19, Elena pasó por su departamento de calle Uruguay. Esa noche estaba invitada a una cena en el piso de una amiga, de la que sólo se sabe que se llamaba Josefina. Luego de la cena se encontraría con su amigo Urrutia. Aproximadamente una hora y media después salió de su casa en dirección a la cochera, para cumplir con lo programado.

Alaniz (06-08-2014) refiere que el 20 de diciembre, a las 20.45, Holmberg fue secuestrada en la calle. Según los testigos Mónica Turpin, Jorge Alejandro Ruiz y Víctor Bogado, dos hombres se bajaron de un auto Chevy y redujeron a una mujer que salía con su auto de la cochera, ubicada en calle Uruguay entre Santa Fe y Alvear.

Sus influyentes hermanos se reunieron con las principales autoridades políticas de la dictadura militar. Todas las puertas se les abrieron, pero nadie pudo impedir el crimen. De nada sirvió que la víctima haya sido hija y hermana de militares, prima del teniente general Alejandro Agustín Lanusse y amiga personal de Martínez de Hoz.

El 22 de diciembre de 1978 el cadáver de Elena Holmberg fue encontrado en el río Luján. En su momento, las autoridades lo registraron como NN y la autopsia se la hicieron cuatro días después.

La investigación judicial nunca pudo probar quienes fueron los autores materiales e intelectuales del crimen

Gilardo (08-08-2012) hace referencia al libro de Andrea Basconi, "*La mujer que sabía demasiado. El crimen que desnuda la interna de la dictadura militar*", de editorial Sudamérica, y relata que: "…la escritora Andrea Basconi intenta responder este y otros interrogantes, partiendo de la base de que la mujer asesinada no era el "*enemigo*" típico al que apuntaban los jerarcas del Proceso, sino alguien que bien podría considerarse "*uno de ellos*"…A lo largo de la lectura del libro, parece quedar claro que la diplomática vio o supo algo relacionado con las maniobras que Emilio Eduardo Massera, desarrollaba a espaldas de los otros miembros de la Junta en pos de su propio proyecto político.

9.3.- Hechos sobresalientes del Año 1979.

9.3.1.- 30 de junio de 1979. Estadística Aportada por el Ministro de Interior.

En ministro del Interior Albano Harguindeguy informa a través del diario La Razón del 30 de junio de 1979, la siguiente estadística sobre la cantidad de detenidos:

"Desde el 24 de marzo de 1976: 3.463 arrestos. Año 1977: 1.275 arrestos. Año 1978: 386. Año 1979 al 28 de junio: 42 arrestos, 160 personas bajo libertad vigilada, 12 con arresto domiciliario, 713 opciones concedidas, 192 expulsiones. Quedan 1.723 detenidos a disposición del PEN".

9.3.2.- 6 al 20 de Setiembre de 1979. Visita Argentina la Comisión Interamericana de Derechos Humanos.

Argentina se encontraba en 1979 en una situación socioeconómica especial, algunos de los relatos realizados por Blausteiny Zubieta (2015) son útiles para dar una clara idea del estado de Argentina, considerando y poniendo en práctica lo que alguna vez dijo Bill Kovachs, que *"el periodismo es la primera visión de la historia"* reflejada en los diarios de la época:

- "Un microcentro lleno de gente ha sido tradición en Buenos Aires. La constante se mantiene aun cuando la población estable del área metropolitana creció en 1.613.000 habitantes durante los últimos 10 años. El declive se advierte en el consumo que ha sido contante en el habitante de Buenos Aires. El porteño camina y mira vidrieras, pero los lugares de diversión, los cines y los teatros, los restaurantes, ya no son ocupados en su totalidad, ni siquiera el fin de semana. Buenos Aires tiene un microcentro apto para caminatas, y tiene un habitante sin capacidad para el consumo. El movimiento le da vida a la ciudad. Pero la noche que fue – de pucheros y champaña – agoniza. Copete de la nota titulada: "La agonía de la noche porteña". Firmada por A.D.P. Clarín 18/8/79".

- "Según el matutino porteño de lengua inglesa The Buenos Aires Herald, en edición de ayer, durante el mes de agosto que acaba de finalizar, diez personas fueron secuestradas por grupos armados que dijeron pertenecer a fuerzas de seguridad. El diario destaca que esos hechos se cumplieron faltando pocos días para la llegada a esta Capital de la Comisión Interamericana de Derechos Humanos. De un recuadro titulado "Diez desaparecidos". Clarín 1/9/79".

- "**BUENA VOLUNTAD.** Hoy 6 de setiembre llegan ustedes a la Argentina. Llegan a este país invitados por el gobierno nacional, con la difícil misión de investigar las supuestas violaciones a los derechos humanos (...) Acaso por primera vez en la historia. La Argentina abre sus puestas a un grupo de hombres que tienen la misión de investigar que pasa dentro de sus fronteras (...) Llegan ustedes a una tierra de paz. Pero, esto deben ustedes saberlo, llegan ustedes una tierra que todavía está intentando cicatrizar las heridas de una dura, cruel, sórdida, sucia y prolongada guerra que abarcó prácticamente los últimos nueve años de la historia del país. Hay una parte de esa historia que ustedes también tienen derecho a conocer, además de los testimonios que recogerán en veinte días de trabajo, acaso un lapso demasiado corto para analizar nueve años de historia del país. Hacia ese período apunta esta carta abierta. Hacia esa parte de la reciente historia argentina en la que el terror fue dueño del país, en la que la subversión se permitió asesinar a quien quiso, en el momento en que lo propuso y de la manera más artera, muchas veces cobrando víctimas inocentes (...) Nosotros quisiéramos en estas páginas, acercarles las palabras de aquellas que ya no pueden hablar y el de sus familiares. Les hemos acercado también los testimonios de los inocentes. Las palabras de las madres que perdieron a sus hijos, de las hermanas que perdieron a sus hermanos y de las compañeras de colegio que quedaron sin la amiga con quien comentar la elegancia del galán de moda. Llegan ustedes a un país de buena voluntad. Empiezan hoy ustedes su difícil y ardua tarea. Este país que los recibe en paz, les abre sus puertas. Este país, está dolido y todavía doliente Argentina, les pide justicia. Que Dios los ilumine. Carta abierta a los miembros de la Comisión Interamericana de Derechos Humanos. Gente N° 737, 6 de setiembre de 1979".
- "En primer lugar hay que subrayar la actitud demostrada por las autoridades argentinas al comunicar al organismo interamericano su deseo de que se registrara la visita de

la delegación. Se ha respondido con acierto, pues, al contestar a la campaña desatada contra nuestro país en buena medida por personas o grupos terroristas culpables de las principales violaciones de los derechos humanos conocidas aquí...En segundo lugar, es necesario plantearse el interrogante sobre la manera en que desarrollará su labor la misión invitada. Habrá que confiar en que dispondrá de los elementos suficientes para poder evaluar correctamente la situación actual del país y el papel que le corresponde cumplir al actual gobierno. Es, en este sentido, de confiar que tenga presente el estado de disolución de la sociedad argentina existente a comienzos de 1976 cuando, por la ineptitud y corrupción de funcionarios y por la acción de grupos terroristas, el Estado había perdido totalmente el monopolio de la fuerza, lo que ponía en peligro su propia existencia, sin la cual es ilusorio hablar de derechos humanos. Del editorial de la Nación. 6/09/79."

- "Opinan en nuestro país en el exterior. En varias capitales del exterior se reiteraron las manifestaciones, declaraciones y solicitudes vinculadas con los derechos humanos en nuestro país. Por cuadragésima novena vez hubo una manifestación silenciosa en la Embajada Argentina en Madrid, donde también comenzó una huelga de hambre de 30 personas contra el proyecto de ley que fija plazos para dar por muertos a desaparecidos. En Washington se recibió un petitorio. Título y copete de Clarín 7/9/79."

- "Repudiamos la violencia como método de acción política. Condenamos la guerrilla y el terrorismo que siembra destrucción y muerte. Repudiamos también la acción de grupos autónomos que, desde otro extremo ideológico, bajo el pretexto de ayudar a combatir al otro extremo, son responsables de excesos en la represión, violación de los derechos humanos y también indiscriminadamente hacen víctimas. De un comunicado de la UCR tras la entrevista de Ricardo Balbín. 9/9/79."

La visita de la Comisión Interamericana de Derechos Humanos (CIDH) de la Organización de los Estados Americanos (OEA) a la Argentina del 6 al 20 en septiembre de 1979, estuvo integrada por los siguientes miembros de la Comisión: Dr. Andrés Aguilar, Presidente; Dr. Luis Demetrio Tinoco Castro, Vicepresidente; Dr. Marco Gerardo Monroy Cabra; Profesor Carlos A. Dunshee de Abranches; Profesor Tom J. Farer y Dr. Francisco Bertrand Galindo.

La Comisión Especial fue acompañada por el siguiente personal técnico de la Secretaría Ejecutiva: Dr. Edmundo Vargas Carreño, Secretario Ejecutivo de la Comisión; Dr. Edgardo Paz Barnica; Dr. Guillermo Fernández de Soto; Dr. Manuel Velasco Clark y Dr. Robert Norris.

El personal administrativo de la Secretaría Ejecutiva que prestó servicios en la visita a Argentina, estuvo integrado por las señoras Hildi Wicker, Elia Dodd, Elsa Ergueta, Yoly de Toro y Vickie Pitts; la señorita Gabriela Restrepo y los intérpretes señor George Lawton y señora Eva Desrossier.

La CIDH estableció su sede en las oficinas de la Representación de la Organización de los Estados Americanos en Argentina, Avenida de Mayo 760, en la ciudad de Buenos Aires.

Se expide en un informe completo el 11 de abril de 1980, pero las recomendaciones finales son entregadas al Gobierno Argentino al terminar su investigación in loco.

La comisión efectuó entrevista a autoridades, personalidades públicas, privadas, religiosas e instituciones. Visitas a centros de detención y recepcionó denuncias. Al término realizó recomendaciones fechada el 20 de setiembre de 1989, la más grave se refiere a las personas desaparecidas. (Ver Anexo 16)

9.3.3.- 27 de Setiembre de 1979. Atentado con Carga Explosiva en el Domicilio de Guillermo Walter Klein.

Al terminar el año 1978, la victoria militar sobre las organizaciones terroristas subversivas en la Argentina era un hecho. Pero la guerra seguiría en el plano político.

El golpe de Estado de 1976 fue un punto de quiebre para la estructura de Montoneros, las pérdidas humanas y las detenciones producto del accionar represivo.

Montoneros, según las estimaciones de los servicios de inteligencia del Estado, para 1977, apenas contaba con 600 militantes, de los cuales la mitad había abandonado el país

A fines de 1976, la cúpula Montonera definió preservar a sus militantes y sus jerarquías y permitir la salida orgánica del país. La *"retirada estratégica"* redefinió el marco de acción de la política.

Al partir hacia el exilio, el Consejo Nacional de Montoneros encabezado por Mario Firmenich reorientó la política, con tareas no armadas, como la denuncia de los crímenes de la dictadura militar desde los organismos y redes que se habían conformado en el extranjero. México y Madrid fueron las ciudades principales. En Roma, el 20 de abril de 1977, se presentó el Movimiento Peronista Montonero (MPM) como parte de la nueva etapa.

Rápidamente la estrategia de Montoneros, con su afán centralizador de exiliados y las diferencias de cómo enfrentar a la dictadura, produjo fracturas; pero en la cúpula se mantuvo el concepto que la política y la violencia no eran antagónicas.

En 1978, la dictadura encabezada por Jorge Rafael Videla comenzó a tener conflictos sindicales y huelgas. En ese contexto, la conducción de Montoneros resolvió, ya instalada en México, pasar de la defensiva estratégica a una Contraofensiva popular.

Los militantes volvían con un objetivo claro: desplegar acciones armadas y de propaganda para socavar una dictadura militar que ya mostraba signos de debilidad.

La Contraofensiva de 1979 fue protagonizada por un centenar de militantes, que integraban los dos destacamentos del Ejército Montonero: las *"Tropas Especiales de Infantería (TEI)"* y las *"Tropas Especiales de Agitación (TEA)"*. Los voluntarios se reclutaron en México y España, pero las TEI se entrenaron en el Líbano a raíz de una alianza con la Organización para la Liberación de Palestina (OLP).

El objetivo de las TEA era ponerse en contacto con dirigentes gremiales combativos y realizar transmisiones clandestinas para interferir en las señales de televisión de los barrios populares y difundir los comunicados de la organización. Las TEI debían atentar contra funcionarios del Ministerio de Economía del gabinete Martínez de Hoz, Juan Alemann, Guillermo Klein y Francisco Soldati.

La conducción de Montoneros ya transitaba tensiones internas, en especial con la regional de la Columna Norte. Reclamos por la pérdida de independencia que habían sufrido las columnas desde el retorno de la organización de la clandestinidad, la conformación del *"partido leninista"* y la exposición de los miembros ante el accionar represivo.

En febrero de 1979, el sector disidente, encabezado por Rodolfo Galimberti y Juan Gelman, sincera la ruptura. Este grupo es considerado desertor y condenado a muerte por el mando revolucionario. La fractura no impidió que la conducción continuara adelante con la Contraofensiva.

Resulto que en la llamada Contraofensiva de 1979, las transmisiones clandestinas de TEA no concitaban alegría en algunos barrios obreros, ninguna movilización sindical ocurría y la dictadura no parecía pronta a caerse. Esto produjo en los militantes terroristas subversivos, escaso convencimiento por las acciones que producían y la sensación de peligro constante.

La Contraofensiva se sustentó en dos premisas centrales: la crisis de la dictadura y las internas militares en torno a las políticas económicas. Atacando militarmente a los funcionarios de la cartera económica y transmitiendo proclamas de los dirigentes de la organización en interferencias clandestinas, Montoneros tenía la intención de potenciar esas rispideces.

No obstante las *Tropas Especiales de Infantería (TEI)* produjeron hechos terroristas. Tratan estos hechos, entre otros, Díaz Bessone (1996); Larraquy (13-11-2021) Piscetta (Diciembre de 2021) y De Vedia (02-08-2022) de sus aportes se puede decir que:

9.3.3.1.- 27 de Setiembre de 1979. Atentado con Carga Explosiva en el Domicilio de Guillermo Walter Klein.

Guillermo Walter Klein, se desempeñaba como Secretario de Coordinación y Programación Económica del Ministerio de Economía, integraba el equipo de Martínez de Hoz.

El primer ataque de las TEI fue la colocación de una bomba y una acción comando en el domicilio de Guillermo Walter Klein, a cinco cuadras de la residencia presidencial de Olivos.

El artefacto explosivo había sido colocado el día anterior por un plomero que había sido llamado para arreglar una cañería.

La casa quedó totalmente reducida a escombros. Fue un milagro que el Dr. Klein, su esposa y sus hijos Marina de 12 años, Esteban de 11, Pedro de 9 y Matías de 6, así como las empleadas y el bebé de ocho meses de una de ellas, salvaran todos la vida. Murieron dos de los custodios

Un parte de guerra de *Montoneros* firmado por Raúl Yaguer se adjudicó el hecho y relató su realización.

9.3.3.2.- 07 de Noviembre de 1979. Intento de Asesinato de Juan Alemann.

El Dr. Juan Alemann se desempañaba como Secretario de Hacienda, siendo Ministro de Economía Martínez de Hoz

En horas de la mañana salía de su domicilio en Belgrano, Capital Federal, para dirigirse al Palacio de Hacienda. Al subir al automóvil que lo aguardaba, se acercó una camioneta desde la que un guerrillero acribilló al automóvil con disparos de un fusil automático.

Desde otro lugar se lanzó contra el automóvil un cohete, PG-7 antitanque de fabricación soviética y una granada perforante. Intervinieron en el hecho de 12 a 15 guerrilleros.

El Dr. Alemann salió ileso, y resultaron heridos el agente Miño y el chofer Cancilliri.

9.3.3.3.- 13 de Noviembre de 1979. Asesinato de Francisco Soldati.

El blanco elegido, integraba uno de los grupos económicos que apoyaba la gestión de José Alfredo Martínez de Hoz, el empresario Francisco Soldati, que hasta hacia cinco meses había sido presidente de la compañía de electricidad Ítalo Argentina.

Soldati, como Martínez de Hoz, era miembro del Consejo Empresario Argentino (CEA) y formaba parte de lo que Montoneros llamaba *"la patria contratista"* y acusaban de provocar el vaciamiento del Estado.

Por investigaciones previas detectaron que Soldati vivía en Cerrito 1364, que todas las mañanas se dirigía a su oficina en la Sociedad Comercial Del Plata, a pocas cuadras de su edificio. Viajaba en el asiento trasero derecho de un Torino, con un policía que actuaba de chofer.

La planificación del atentado preveía que los integrantes del auto de apoyo, un Peugeot 504 gris, debían obstaculizar el vehículo de Soldati cuando cruzara la Avenida 9 de Julio. Además, el uso de una bomba de retardo, programada a un tiempo máximo de veinte minutos, para ser colocada debajo del Torino.

La responsable de esa misión era "Irene" o "La Negra". Había sido una de las más ágiles en la instrucción militar en el campamento montonero instalado en el sur del Líbano.

El pelotón montonero estaría integrado por doce combatientes y dirigido por el teniente primero "Chacho". Era el jefe del grupo TEI (Tropas Especiales de Infantería) número 3. Un hombre que no superaba los 30 años, que había integrado el Grupo Especial de Combate del Ejército Montonero entre 1976 y 1977. Entrenado en España y Francia, luego instruyó a las tropas del Grupo 3 en Siria.

El 13 de noviembre, a las diez y cuarenta, el Torino iba por la calle Arenales y atravesaba la Avenida 9 de Julio. El Peugeot 504 lo obligó a reducir la velocidad. Una camioneta pick up Ford, que lo esperaba en la avenida, aprovechó la momentánea detención para embestirlo sobre el costado izquierdo. De inmediato, tres combatientes, vestidos con uniforme montonero, con fusiles AK47 y ametralladoras Uzi bajaron de la caja trasera de la camioneta; dos de ellos se desplazaron hacia la parte delantera del Torino y otro lo hizo sobre la puerta trasera derecha. Este último, el jefe de la operación, con la misión de ultimar a Soldati, y cumplió efectuando una serie de disparos.

Lo sorpresivo, fue que Irene trastabillara al descender de la camioneta y la bomba explotara cuando la llevaba en sus manos para colocarla debajo del Torino.

La explosión prematura hizo volar toda la estructura trasera de la camioneta. Granadas, armas largas y de puño, proyectiles y clavos "miguelitos" se esparcieron en un radio de cincuenta metros. También los panfletos con la inscripción: *"A Martínez de Hoz y sus personeros los revientan los montoneros"*.

La onda expansiva de la bomba también impactó sobre el vehículo de Soldati y su chofer Ricardo Durán, que ya estaban muertos, y lo envolvió en una llamarada de más de diez metros de altura.

Los disparos y la explosión alertó a integrantes de fuerzas de seguridad que cumplían funciones en los alrededores, y se dirigieron al lugar.

Los tres montoneros que habían cumplido con la misión de matar a Soldati, escaparon en Peugeot 404 color ladrillo, arrebatado a una mujer y luego abandonado en la intersección de la calle French y pasaje Bollini, en Barrio Norte.

El chofer de la camioneta pick up, "Patrón", Horacio Firelli, de 28 años, murió con su frente en el volante y una Uzi en la mano.

A su derecha, tendido sobre la avenida 9 de Julio, se veía el cuerpo sin vida de "Esteban", Remigio Elpidio González, de 28.

Irene quedó atrapada, sin vida, entre los hierros de la cabina y la caja trasera de la camioneta, identificada como Graciela Rivero

Otros dos miembros del pelotón, "Lalo", Luis Alberto Lera, de 23, y "Alejandra", Patricia Susana Ronco, de 27, luego de intercambiar disparos con fuerza de seguridad, fueron atrapados con vida.

9.3.3.4.- 27 de Diciembre de 1979. Operativo Guardamuebles.

Tratan estos hechos, entre otros, Peiró (11-12-2016) y Piscetta (21-12-2021) de sus aportes se puede decir que: el 27 de diciembre de 1979, tiene lugar un incendio en un guardamuebles en la calle Conde 2400, Capital Federal, dejando al descubierto un escondite de armas montoneras

Los militares montaron de inmediato el "Operativo Guardamuebles", por el cual detectaron varios depósitos más y emboscaron a sus dueños, controlando las empresas del rubro en Capital y Gran Buenos Aires, Córdoba, etc. Tenían en cuenta que los guerrilleros depositaban pocos elementos, que las armas, explosivos, los documentos y los equipos de interferencia ocultos en sillas tapizadas, sillones, bafles, termotanques, televisores, etc.

La Operación Guardamuebles tendrá una enorme eficacia y en 3 días, del 27 al 29 de febrero, detienen a diez militantes de la segunda ola de la contraofensiva, apenas ingresados al país, entre ellos, Ricardo Zucker (hijo del actor Marcos Zucker). Los arrestos siguen hasta mayo, completando un total de 20.

La mayoría de los caídos en este grupo eran personas que habían sobrevivido a la primera ola de la Contraofensiva, en 1979, se exiliaron, pero fueron enviados nuevamente al país.

La Operación Guardamuebles permitió conocer que Montoneros retomaría sus actividades en marzo de 1980 e ingresarían "desde el exterior", aprovechando el caudal turístico veraniego. Lógicamente, esas fronteras serán especialmente vigiladas con la "Operación Murciélago".

9.4.- Transmisión histórica oral.

Con el paso de los años y la angustia creada por los hechos de terror en la mayoría de las familias argentinas, todas tienen dos puntos de comentario. El primero, la alegría de la derrota militar de la subversión terrorista, el segundo alarmante, por la buena repercusión política de la campaña de propaganda y difusión, realizada por los grupos subversivos en Europa y América.

Este triunfo político incipiente de la subversión sobre el

gobierno del Proceso de Reorganización Nacional, hace que este último invite a la Comisión Interamericana de Derechos Humanos a visitar el país.

La Comisión Interamericana de Derechos Humanos se instala en la Argentina desde el 6 al 20 en septiembre de 1979 y al terminar entrega las conclusiones al gobierno, aun cuando la difusión la realiza con posterioridad.

La Comisión estimó que el punto más álgido era el de los desaparecidos, y consideraba como personas desaparecidas aquellas que han sido aprehendidas en operativos, que por las condiciones en que se llevaron a cabo y por sus características, hacen presumir la participación en los mismos de la fuerza pública.

El presidente Videla había hablado sobre el tema, con anterioridad a la visita de la Comisión Interamericana de Derechos Humanos, y dijo que las causas del desconocimiento oficial del paradero o la suerte corrida por numerosas personas era el paso clandestino a las filas de la subversión; - Abandono del país con cambio de nombre; - Imposibilidad de reconocimiento de cuerpos mutilados por explosiones, el fuego o los proyectiles a raíz de enfrentamientos bélicos entre fuerzas legales y elementos terroristas. Similares dichos se menciona en el Documento Final de la Junta Militar en el año 1982.

Después de tantos años de secuestros, asesinatos, robos, artefactos explosivos en distintos lugares, tomas de ciudades, combates, tomas de comisarías e intentos de ataques a batallones del ejército, con terror la población debía evaluar noticias reales y falsas que abundaran. Se conversaban en reuniones con familiares o amigos, entre ellas la desaparición de personas, pero no había certeza de esos dichos.

Si había certeza de los hechos realizados por los guerrilleros subversivos terroristas y sus luctuosas consecuencias.

Dr. Luis Anunziato

Capítulo 10.

10.1.- Fin de la Guerra Terrorista Subversiva.

Llegado el fin del año 1979, la derrota militar de las organizaciones terroristas subversivas era total.

Pero con anterioridad había comenzado la batalla política, con una poderosa arma propagandística. En todos los medios de comunicación europeos, con centro en París, hablaban de la violación de los derechos humanos en Argentina, no de los hechos terroristas.

10.1.1.- Partido Revolucionario de los Trabajadores (PRT) y el Ejército Revolucionario del Pueblo (ERP).

En el exilio, el Partido Revolucionario de los Trabajadores (PRT) se dividió en dos fracciones; la representada por Luis Mattini (Juan Arnol Kremer Balugano) que como secretario general la organizó, en Italia.

El otro sector, comandado por Gorriarán Merlo, se dirigió a Nicaragua para combatir en las filas del Frente Sandinista de Liberación Nacional (FSLN). Diez años más tarde y en plena democracia argentina, con pocos sobrevivientes del PRT-ERP, Gorriarán Merlo lanzó un incomprensible intento de ocupación de la guarnición del Ejército Argentino ubicada en La Tablada, en la provincia de Buenos Aires, el 23 y 24 de enero de 1989, por un comando del *Movimiento Todos por la Patria (MTP)*, durante la presidencia constitucional de Raúl Alfonsín. Este hecho dejó el saldo de 42 víctimas, 33 militantes del MTP muertos, 7 muertos del Ejército Argentino y 2 policías.

En el año 1979, el *Sexto Congreso* del Partido Revolucionario de los Trabajadores/ERP/JG se dispuso, entre otras cosas, la disolución del ERP, Brazo armado del Partido Revolucionario de los Trabajadores. La decisión que fue discutida y desobedecida por algunos militantes que se habían quedado en el país.

10.1.2.- Montoneros a partir del año 1980.

Tratan estos hechos, entre otros, Confino (2000) y Roland, E. (2023) de sus aportes se puede decir que: A principios de 1980, la dirigencia montonera, se reúne en La Habana, destaca positivamente la Contraofensiva Estratégica realizada en el año 1979. Deciden no continuar la acción armada dado que la organización estaba diezmada, si incrementar las políticas de propaganda y de acercamiento con otros grupos opositores a la dictadura, mediante una *"Segunda Contraofensiva"*. Además, conversaron sobre las modalidades que tendrían las futuras acciones montoneras. La estrategia continuaba siendo la misma, esto es, atentados militares contra el gabinete económico dictatorial.

Al mismo tiempo en Argentina las Fuerzas Armadas detectaron la forma en que los militantes habían resguardado sus recursos, ya que a fines de 1979, los montoneros habían dejado las armas, los documentos y los equipos de interferencia en diversos depósitos de empresas de mudanza.

El plan continuó y los integrantes de las *"Tropas Especiales de Infantería (TEI)"*, de la *"Segunda Contraofensiva"*, fueron capturados entre el 21 de febrero y el 20 de marzo.

La Contraofensiva no se detendría, si bien prescindía de su costado militar, los montoneros continuaron ingresando a la Argentina durante 1980 en el marco de las *"Unidades Integrales (UI)"*, con objetivos a largo plazo y directivas de reinserción y asentamiento en el país, incluso a costa de ocultar su identidad política.

Con las UI Montoneros buscaba reactivar vínculos políticos en el ámbito gremial, rearmar el Movimiento Peronista Montonero y, también, montar una estructura clandestina de prensa en el país.

Los militantes ingresaron por tierra desde los países limítrofes, al igual que en 1979. Por este motivo, el gobierno diseñó un plan represivo, conocido como *"Operación Murciélago"*, que estipulaba el control de los pasos fronterizos y la utilización de militantes cautivos como "marcadores" para que reconocieran a sus compañeros al momento de ingresar a la Argentina.

Se ha podido reconstruir la existencia de ocho UI conformadas por entre cuatro y seis militantes cada una. Contenidos en ellas, alrededor de cincuenta militantes ingresaron al país desde fines de abril de 1980 para cumplir con diferentes tareas. No tenían plazo para cumplir con sus objetivos y se podían instalar con sus familias en Argentina si no eran conocidos. Dos células fueron completamente desarticuladas por el gobierno. Otras tres, fueron detectadas, y algunos de sus integrantes muertos.

La conducción de Montoneros decidió abandonar la lucha armada entre abril y mayo de 1980.

Roland (2023) y otros autores, discrepan con la interpretación que encuentra un supuesto fin de Montoneros luego del fracaso de la Contraofensiva Estratégica (CE). Ese fracaso llevó, entre otras cosas a la desarticulación de la lucha armada, pero no fue el motivo de la desaparición de Montoneros. Más bien, a partir de allí y fundamentalmente luego de la guerra de Malvinas, la Organización Montonera impulsó una nueva estrategia de introducción en política sosteniendo su ideología.

Con el correr de los años se podrá comprobar el éxito de Montoneros en su ingreso en cargos importantes en los tres poderes de gobierno de la Repúlica Argentina.

Esta ideología tiene su génesis en la "Resistencia Peronista" de John William Cooke, con su Plan Abrahan Guillén- John William Cooke y sostenida e impulsada por Ernesto "Che" Guevara desde Cuba. (Ver puntos 1.1.-; 1.2.-; 2.4.- y Anexo 1.-)

10.2.- Gobierno del General Roberto Eduardo Viola.

El 3 de octubre de 1980 la Junta Militar anuncia la designación del teniente general (RE) Roberto Eduardo Viola para ocupar el cargo de Presidente de la República Argentina.

El ministro de economía José Alfredo Martínez de Hoz es reemplazado por Lorenzo Juan Sigaut que desdobla el mercado cambiario, mediante la creación de un "dólar financiero" libre y un "dólar comercial" regulado, con diferentes valores. De esta manera buscaba favorecer las exportaciones que se habían visto perjudicadas por el dólar alto implementado por Martínez de Hoz. Durante su gestión la deuda externa aumentó un 31% y se inició la mayor recesión de la economía argentina desde la crisis de 1930, cayendo el PBI en ese año y el siguiente un 9%.

El 9 de noviembre de 1981 el General Viola es internado en el Hospital Militar Central, Luego de ser estudiado medicamente, decide delegar interinamente sus funciones en el general Horacio Tomás Liendo y ante su la renuncia, ocupa el lugar el general Carlos Alberto Lacoste.

Ante la situación general del país la Junta Militar resuelve remover a Viola por razones de estado y designa al general Leopoldo Fortunato Galtieri Presidente de la Nación.

10.3.- Gobierno del General Leopoldo Fortunato Galtieri.

Galtieri nombró a Roberto Alemann como ministro de Economía. Las políticas económicas aplicadas implicaron la restricción del gasto público, la disminución del circulante, la privatización de bienes estatales y la congelación de los salarios. Su gobierno estuvo signado por la guerra de Las Malvinas que ocurrió en 1982.

El 2 de abril se lleva a cabo un operativo de recuperación de las Islas Malvinas mediante la toma de la capital de las islas. Se desencadena un conflicto bélico que termina el 14 de junio de 1982.

10.4.- Gobierno del General Reynaldo Benito Antonio Bignone.

González, M. (05-12-2023) refiere que la derrota en la guerra por la recuperación de las Islas Malvinas, el destrato a los soldados que regresaban y que habían combatido con total entrega y valentía, sumado a los largos años del accionar de la subversión terrorista, hizo que las manifestaciones a favor del retorno a la democracia se hiciera frecuente.

Con la Renuncia de Galtieri a la presidencia el 18 de junio de 1982, se nombra en su reemplazo interinamente al general de división Alfredo Saint-Jean.

El 23 de junio se disuelve la Junta Militar y luego del interinato de Saint-Jean, que duró 12 días, el general de división Reynaldo Bignone asumió la presidencia de la Nación el 1 de julio de 1982.

Bignone anunció y desde su primer discurso público que su intención era convocar a elecciones. El 12 de julio de 1983, Bignone y su ministro del Interior, el general de división Llamil Reston, promulgaron el decreto-ley 22.847, que convocaba a elecciones presidenciales, legislativas y provinciales para el domingo 30 de octubre de 1983.

Bignone el 10 de diciembre de 1983 entregó el mando al presidente Raúl Ricardo Alfonsín, ganador de las elecciones democráticas realizadas ese mismo año.

10.5.- Documento Final de la Junta Militar sobre la Guerra contra la Subversión Terrorista.

El 28 de abril de 1983 se dio a conocer el *Documento Final de la Junta Militar sobre la Lucha contra la Subversión y el Terrorismo*. Allí se presentaba una síntesis histórica de los años de dictadura, incluyendo el período previo y posterior al golpe de 1976, y un balance del accionar de las Fuerzas Armadas.

El documento fue presentado a la sociedad argentina a través de un programa especial de 44 minutos, emitido por Cadena Nacional (Ver Anexo 17)

Anexos.

Anexo 1. Plan Abraham Guillén-John William Cooke.

1.-Vanguardia popular armada: Debe haber una vanguardia armada, organizada sobre las bases de los más avanzados cuadros políticos peronistas. Debe ser rigurosamente clandestinas, y no sólo servir para asustar al enemigo. Teniendo en cuenta que el ejército profesional está preparado para resistir exitosamente cualquier tipo de ataque que ponga en peligro su monopolio del uso de la fuerza, organizar guerrillas para defensa propia y con el consenso de un gobierno popular es una invitación a un Golpe de Estado. La única alternativa factible es organizar guerrillas en secreto, clandestinas.

2.-Ejército y guerrillas: Si bien el ejército regular es muy grande y la guerrilla es en principio muy chica, el balance de las fuerzas sociales debe inclinar la balanza a favor de las guerrillas. Un gran ejército represor debe ser derrotado por una resistencia popular con la condición de que la vanguardia armada ponga en movimiento un movimiento insurreccional apoyado por el pueblo y operando en grandes ciudades, donde las guerrillas cuentan con un mayor apoyo de la población.

3.-Ejército de superficie versus tácticas de frente y línea: Cuando un enemigo es más fuerte en número y capacidad de fuego, se puede derrotarlo únicamente haciendo lo contrario de lo que él hace. Si el ejército regular concentra su poder y sus fuerzas en un solo lugar, hay que atacarlo simultáneamente en otros lugares en los que no esté preparado para entrar en combate. El enemigo debe ser tomado por sorpresa y atacado en los puntos en los que el número y la capacidad de fuego favorezcan a la guerrilla, que debe ser más fuerte que el enemigo en una situación dada. A pesar de que el Ejército represivo es más fuerte en general, siempre es más débil durante períodos de tiempo y espacio determinados por la guerrilla. La resistencia debe ser más fuerte que el Ejército Regular, pero en un punto y en un instante. Poco importa que el ejército sea más fuerte en otros lugares; siempre habrá un punto en el que las guerrillas puedan derrotarlo. De este modo, las guerrillas pueden derrotar al ejército en una operación tras otra hasta que se vuelvan más fuertes y el ejército se vuelva más débil. Ésta es una regla fundamental de la guerra revolucionaria.

4.-Espacio y población: Las guerrillas nunca deben aferrarse o defender un terreno fijo. Enfrentadas con un ejército contrarrevolucionario, deben morder y desaparecer. Teniendo en cuenta que el enemigo es superior en la dimensión espacio, las guerrillas deben ser más fuertes en la dimensión tiempo. Pueden crecer ganando cada vez más población. Las fuerzas represivas y contrarrevolucionarias aspiran a dominar no sólo el espacio, sino también la gente que allí vive. Nada los detendrá en su camino, ni siquiera las masacres de personas indefensas. Pero este uso de la fuerza, en violación de principios morales elementales y de los derechos humanos, es un signo de debilidad. Las guerrillas deben tomar ventaja de esa debilidad asistiendo a las víctimas de la represión y alentando la resistencia de las masas a través de la propaganda armada y política capaces de catalizar un movimiento insurreccional. El secreto es ceder espacio y durar en el tiempo. En resumen, la estrategia de la guerrilla debe ser durar hasta que la conciencia y voluntad de la gente se hayan transformado, hasta que la vanguardia armada se convierta en popular.

5.-Estrategia de la guerrilla: Enfrentada con un golpe militar que haya depuesto un gobierno popular, es suficiente con tener grupos de guerrilla urbana que entren en acción en una o en varias grandes ciudades para que el ejército no pueda establecer su propio orden y leyes. Si las poblaciones tanto urbanas como rurales, son arrastradas por la guerrilla hacia una resistencia popular el ejército se verá entonces rodeado y obligado a retroceder. La lucha contra un gobierno de facto es básicamente política. Sumergida en las unidades básicas del peronismo, en los barrios obreros y en los principales lugares de trabajo, las guerrillas urbanas cuentan con una enormidad de recursos para lanzar acciones recurrentes contra las fueras de represión. El rol político de las Guerrillas es servir de locomotora al tren popular. Deben por ende perseverar en sus operaciones y forzar al ejército a retroceder frente a una población hostil.

6.-**Política, Estrategia y Táctica:** Si "la guerra es la continuación de la política por otros medios" (Clausewitz), entonces un partido popular debe llegar a ella cuando todos los caminos legales están cerrados. Cuando un gobierno popular es amenazado o depuesto por un golpe militar, la única estrategia efectiva es la del 'pueblo en armas'. Cuando la paz de rodillas es peor que el riesgo de muerte a través de la violencia, la población debe tratar de arrojar fuera a sus tiranos. No obstante, la violencia de los oprimidos no triunfará si no tiene una visión clara de sus objetivos políticos, si su estrategia es improvisada y sus tácticas espontáneas. Una escalada militar contra un gobierno popular es una gran ocasión para transformar el golpe militar en una guerra civil. La Guerra Civil Española comenzó de esta manera y ofreció varias posibilidades de victoria para las fuerzas populares. Desde que el Gobierno Peronista estuvo al margen de la legalidad, pudo haber sido posible dividir las fuerzas armadas y la policía como en España en 1936. Se pudo haber derrotado al enemigo en unos pocos días, antes de que los gobiernos imperialistas hubieran intervenido y apoyado a los golpistas. Una Guerra Civil rápida ofrece la mejor estrategia: impide que el enemigo restablezca la ley y el orden; toma gran ventaja del momento de entusiasmo de las masas para el combate, minimiza el posible daño a las fueras productivas y salva al pueblo de un sufrimiento prolongado. Pero para eso, es necesario el apoyo popular a escala nacional.

Anexo 2. Decreto-Ley 3855. Buenos Aires. 24/11/1955.

"Se declaran disueltos en todo el País los Partidos Peronistas Masculino y Femenino.

Decreto-Ley 3.855. Buenos. Aires. 24 de Noviembre de 1955.

CONSIDERANDO:

Que la finalidad sustancial de la Revolución Libertadora ha sido reintegrar al país a la vigencia plena y actual del derecho;

Que tal objetivo se traduce en el plano político en el establecimiento de una verdadera democracia y un efectivo sistema de libertad de acuerdo con nuestra tradición occidental;

Que el régimen desaparecido tuvo por instrumento fundamental del entronizar a la dictadura totalitaria que tantos y tan enormes daños causó al país, al llamado Partido Peronista, cuya personería política fue acordada en fecha 31 de enero de 1948;

Que dicho partido se identificó prácticamente con el Estado Totalitario y sirvió en forma incondicional a todas las desviaciones, violaciones y arbitrariedades del ex gobernante;

Que es imposible desconocer que ese supuesto partido en su actuación vulneró todas las normas jurídicas vigentes en la República para los partidos políticos y desnaturalizó todos los principios éticos y sociales conocidos en los países democráticos sobre la existencia y sentido de las asociaciones o grupos políticos;

Que tal afirmación se convierte en indiscutible ante las extraordinarias comprobaciones que está realizando el Gobierno de la Revolución;

Que así, el Partido Peronista violó la Constitución Nacional, al haber servido de elemento permanente de una dictadura totalitaria, a la que otorgó prácticamente facultades extraordinarias y la suma del poder público con leyes y resoluciones de todo carácter haciéndose pasible de la infamante calificación constitucional;

Que el Partido Peronista violó la Constitución Nacional en cuanto autorizó, propició y votó la supresión de la vida política democrática al convertir en ley la llamada 'doctrina nacional', y darle en forma pública compulsiva fuerza;

Que el Partido Peronista violó la Constitución Nacional en cuanto propició y votó la derogación paulatina de todos o casi todos los derechos y garantías de la libertad al sancionar, entre otras, la ley sobre delito de desacato por la que se suprimió el derecho de opinión y crítica en los actos de gobierno; la ley N° 14.400 con la que se restringió totalmente el derecho de reunión y se impidió en forma realmente increíble el libre ejercicio del culto religioso, la ley sobre los llamados Delitos contra la Seguridad del

Estado, por la que se limitaron los derechos individuales frente al gobierno. Intervino además legislativamente en actos inicuos contra la libertad de prensa con la llamada Comisión Bicameral y, en general, conculcó, restringió y avasalló los derechos y garantías de las personas, bajo apariencia legislativa;

Que el Partido Peronista violó la Constitución en cuanto en los hechos y el derecho votó y suprimió el federalismo argentino, cercenando las autonomías provinciales con leyes de intervención fundadas desembozadamente en el mero capricho, disminuyendo al máximo las facultades económicas y jurídicas de las Provincias y avasallando en todo el país el régimen municipal;

Que el Partido Peronista violó la Constitución Nacional en forma abierta y concluyente cuando dictó la inaudita Ley número 14.002, creando el Estado de Guerra Interno verdadera monstruosidad jurídica que significó la supresión lisa y llana de la Constitución Nacional y el tardío reconocimiento oficial de que las disposiciones constitucionales para el régimen y su partido no importaban otra cosa que un falaz medio de disimular el totalitarismo arbitrario e incapaz que sufría la Nación;

Que el Partido Peronista violó asimismo normas legales y constitucionales en su organización interna, actuando para sí como un verdadero instrumento totalitario. De sus propios estatutos resulta la sujeción de todos los cuerpos y afiliados del partido a la voluntad arbitraria y omnímoda del ex dictador. Se llegó incluso al extremo inadmisible de designarlo con el nombre de una persona, lo que sin duda es intolerable en cualquier sociedad democrática y por sí solo causal suficiente de disolución. Además la coacción ha sido el signo permanente de su creación, existencia y funcionamiento en relación a todos los sectores de la población argentina, habiendo llegado el desprecio del partido a toda norma política a manifestarse oficialmente cuando reconoció haber actuado en total desacuerdo con su carta orgánica originaria;

Que el Partido Peronista violó las normas legales sobre funcionamiento de los partidos políticos convirtiéndose en parte de la organización estatal al servicio del dictador, ya que sus candidatos eran impuestos, a veces hasta públicamente por el gobernante depuesto; sus autoridades provinciales o departamentales estaban sometidas a permanente intervención; su patrimonio aparecía confundido con los bienes del Estado, y los aportes de afiliados o extraños se obtenían compulsivamente; sus más altos cargos directivos eran ejercidos públicamente y sin recato por autoridades oficiales, a tal punto que el presidente del partido fue simultáneamente Vicepresidente de la Nación, no informando en caso alguno sobre el número de sus afiliados, ni sobre los fondos sociales y ocupando discrecionalmente inmuebles y otros bienes de la Nación;

Que igualmente el Partido Peronista violó todos los principios republicanos y democráticos vigentes sobre partidos políticos, disponiendo medidas que importaron verdadera humillación para sus afiliados y que no tienen parangón en la historia de las comunidades políticamente civilizadas. Así, propició, reconoció y propagó una jefatura espiritual de la Nación en contra no sólo de la libertad de creencias y de pensamiento, sino también de las más elementales normas éticas; preconizó y autorizó la inmoral afiliación obligatoria de empleados, funcionarios y hasta de simples habitantes de la Nación como método de afianzar la dictadura; permitió la afiliación de magistrados judiciales en violación flagrante a normas legales y de Constituciones Provinciales; exigió y controló el uso del luto obligatorio en sus afiliados por el fallecimiento de la esposa del dictador, pretendiendo imponer en el país costumbres y actitudes propias de sociedades primitivas; inventó y realizó las formas más extremas del homenaje, la sumisión, la reverencia y la adulonería a la persona y los actos del gobernante depuesto y su esposa; expulsó a miembros de su partido y a sus propios legisladores por cualquier intento de desviación a las opiniones y órdenes del ex presidente, etc.;

Que el Partido Peronista violó asimismo todos los principios republicanos y democráticos sobre la conducta debida a otros grupos políticos, expulsando en forma arbitraria e ilegal a representantes parlamentarios de otros partidos políticos en todos o casi todos los cuerpos legislativos del país; impidió en forma permanente y solapada el planteamiento ante las Cámaras de grandes problemas nacionales; votó leyes de importancia trascendente para el país sin autorizar su discusión previa y restringió y suprimió el uso de la palabra a legítimos representantes del pueblo de una manera desconocida en la historia parlamentaria;

Que, por otra parte, el Partido Peronista condicionaba toda su pretendida actuación en defensa de los trabajadores argentinos, a una exclusivista política del partido de la dictadura, tratando de corromper así la verdadera naturaleza de las organizaciones sindicales, en violación de normas expresas constitucionales y legales sobre igualdad ante la ley y prescindencia partidista de las asociaciones laborales;

Que, en consecuencia, los argentinos y las organizaciones sindicales que apoyaron esa falsa democracia son por completo ajenos a las actividades, infracciones y desviaciones de todo orden cometidos por el Partido Peronista, quien inventó también la mentida doctrina de la justicia social sin libertad;

Que, por tanto, debe tenerse plena seguridad que todo ciudadano argentino gozará y ejercerá sus derechos cívicos con total libertad dentro del más amplio marco democrático;

Que finalmente, el Partido Peronista al adherirse oficialmente a la actitud del dictador depuesto, en su discurso del 31 de agosto del corriente año, por el cual no sólo se declaraba la desaparición de toda norma jurídica del país sino que se pretendía sancionar como único precepto para la sociedad argentina, el crimen y la violencia entre hermanos reconoció definitivamente su apartamiento voluntario como partido político a todo orden jurídico, y reconoció también la absoluta imposibilidad de su coexistencia en un estado civilizado;

Que por todo ello es inexorable obligación de este Gobierno Provisional disolver el principal elemento político del régimen totalitario, sin lo cual sería imposible el auténtico y definitivo reencuentro de la República con el derecho, la libertad y la democracia;

Que la existencia y regulación de las actividades de los partidos políticos resulta implícitamente de la forma representativa de gobierno adoptada por la Constitución y las facultades consiguientes del Estado, de acuerdo a principios no discutidos consagrados en las constituciones y leyes modernas y reconocidos por los tratadistas nacionales y extranjeros;

Que todo lo dicho es igualmente aplicable al llamado Partido Peronista Femenino;

Por tanto,

El Presidente Provisional de la Nación Argentina, en Ejercicio del Poder Legislativo, Decreta con Fuerza de Ley,

Artículo 1°- Declarar disueltos los Partidos Peronistas Masculino y Femenino en todo el territorio de la República.

Artículo 2°- Ordenar se haga cargo de sus bienes, provisionalmente, el Ministerio del Interior en el orden nacional y las Intervenciones Federales en el orden provincial, hasta tanto se resuelva en definitiva sobre su situación y destino.

Artículo 3°- El presente decreto será refrendado por el Excelentísimo Señor Vicepresidente de la Nación y los señores Ministros Secretarios de Estado en Acuerdo General.

Artículo 4°- Derogase toda disposición que se oponga al presente.

Artículo 5°- Comuníquese, publíquese, dese a la Dirección General del Registro Nacional y, archívese.

ARAMBURU.- Isaac Rojas.- Luis A. Podestá Costa.- Eduardo B. Busso.- Raúl C. Migone.- Atilio Dell'Oro Maini.- Manuel A Argibay Molina.- Luis M. Ygartúa.- Pedro Mendiondo.- Sadi T. Bonnet.- Eugenio A. Blanco.-Alberto F. Mercier.- Alvaro C. Alsogaray.- Julio Alizón García.- Juan Llamazares.- Arturo Ossorio".

Anexo 3. Decreto-Ley 4161. Buenos Aires. 5/3/1956.

"Decreto-Ley N° 4.161 Bs. As., 5/3/1956.

VISTO:

El Decreto 3.855/56, por el cual se disuelve el Partido Peronista, en sus dos ramas, en virtud de su desempeño y vocación liberticida, y

CONSIDERANDO:

Que en su existencia política, el Partido Peronista, actuando como instrumento del régimen depuesto, se valió de una intensa propaganda destinada a engañar la conciencia ciudadana, para lo cual creó imágenes, símbolos, signos, expresiones significativas, doctrina, artículos y obras artísticas;

Que dichos objetos, que tuvieron por fin la difusión de una doctrina y una posición política que ofende el sentimiento democrático del pueblo argentino, constituyen para éste una afrenta que es imprescindible borrar; porque recuerdan una época de escarnio y de dolor para la población del país, y se utilización es motivo de perturbación de la paz interna de la Nación y una rémora para la consolidación de la armonía entre los argentinos;

Que, en el campo internacional, también afectan el prestigio de nuestro país, porque esas doctrinas y denominaciones simbólicas, adoptadas por el régimen depuesto, tuvieron el triste mérito de convertirse en sinónimo de las doctrinas y denominaciones similares utilizadas por las grandes dictaduras de este siglo, que el régimen depuesto consiguió parangonar.

Que tales fundamentos hacen indispensable la radical supresión de esos instrumentos o de otros análogos, y esas mismas razones imponen también la prohibición de su uso al ámbito de las marcas y denominaciones comerciales, donde también fueron registradas con fines publicitarios y donde su conservación no se justifica, atento el amplio campo que la fantasía brinda para la elección de insignias mercantiles;

Por ello, El Presidente Provisional de la Nación Argentina, en ejercicio del Poder Legislativo, Decreta con Fuerza de Ley:

Artículo 1°. - Queda prohibida en todo el territorio de la Nación:

a) La utilización, con fines de afirmación ideológica peronista, por cualquier persona, ya se trate de individuos aislados, grupos de individuos, asociaciones, sindicatos, partidos políticos, sociedades, personas jurídicas públicas o privadas, de las imágenes, símbolos, signos, expresiones significativas, doctrinas, artículos y obras artísticas, que pretendan tal carácter o pudieran ser tenidas por alguien como tales, pertenecientes o empleados por los individuos representativos u organismos del peronismo. Se considerará especialmente violatoria de esta disposición, la utilización de la fotografía, retrato o escultura de los funcionarios peronistas o sus parientes, el escudo y la bandera peronista, el nombre propio del presidente depuesto, el de sus parientes, la expresiones "peronismo", "peronista", "justicialismo", "justicialista", "tercera posición", la abreviatura "P. P.", las fechas exaltadas por el régimen depuesto, las composiciones musicales denominadas "Marcha de los muchachos peronistas" y "Evita capitana" o fragmentos de las mismas, la obra "La razón de mi vida" o fragmentos de las mismas y los discursos del presidente depuesto y de su esposa o fragmentos de los mismos.

b) La utilización, por las personas y con los fines establecidos en el inciso anterior, de las imágenes, símbolos. signos, expresiones significativas, doctrina, artículos y obras artísticas, que pretendan tal carácter o pudieran ser tenidas por alguien como tales, creados o por crearse, que de alguna manera cupieran ser referidos a los individuos representativos, organismos o ideología del peronismo;

c) La reproducción por las personas y con los fines establecidos en el inciso a), mediante cualquier procedimiento, de las imágenes, símbolos y demás objetos señalados en los dos incisos anteriores.

Artículo 2°. — Las disposiciones del presente decreto-ley se declaran de orden público y en consecuencia no podrá alegarse contra ellas la existencia de derechos adquiridos. Caducan las marcas de industria, comercio y agricultura, y las denominaciones comerciales, principales o anexas, que consistan en las imágenes, símbolos y demás objetos señalados en los incisos a) y b) del artículo 1°. Los Ministerios respectivos dispondrán las medidas conducentes a la cancelación de tales registros;

Artículo 3°. — El que infrinja el presente decreto-ley será penado:

a) Con prisión de treinta días a seis años y multa de quinientos (m$n. 500) a un millón (m$n. 1.000.000) de pesos;

b) Además, con inhabilitación absoluta por doble tiempo del de la condena para desempeñarse como funcionario público o dirigente político o gremial;

c) Además, con clausura por quince días, y en caso de reincidencia, clausura definitiva cuando se trate de empresas comerciales. Cuando la infracción sea imputable a una persona colectiva, la condena podrá llevar como pena accesoria la disolución. Las sanciones del presente decreto-ley no serán susceptibles de cumplimiento condicional, ni será procedente la excarcelación.

Artículo 4°. — El presente decreto-ley será refrendado por el Excmo. Señor Vicepresidente Provisional de la Nación y por todos los señores Ministros Secretarios de Estado en acuerdo general.

Artículo 5°. — Comuníquese, publíquese, dese a la Dirección General del Registro Nacional y archívese. — ARAMBURU. — Isaac Rojas. — Eduardo B. Busso. — Luis A. Podestá Costa. — Laureano Landuburu. — Raúl C. Migone. — Atilio Dell'Oro Maini. — Francisco Martínez. — Luis M. Ygartúa. — Pedro Mendiondo. — Sadi E. Bonnet. — Eugenio A. Blanco. — Alberto F. Mercier. — Alvaro C. Alsogaray. Juan Llamazares. — Julio Alizón García. — Arturo Ossorio Arana. — Teodoro Hartung. — Julio C. Krause".

Anexo 4. Decreto Secreto 9.880- Buenos Aires. 14/11/1958.

"Decreto Secreto 9880/1958", Bs. As., 14/11/1958

VISTO el estado de sitio que rige en todo el país, las graves perturbaciones advertidas en distintos aspectos de la vida nacional, y

CONSIDERANDO:

Que la intensa agitación que perturba esenciales actividades de la vida de la República constituye un evidente peligro para las instituciones y el orden público;

Que es un expreso deber constitucional del Poder Ejecutivo Nacional mantener con energía y decisión el orden nacional y la paz interior;

Que el grave estado de necesidad que ha motivado la declaración del estado de sitio hace necesario que las Fuerzas Armadas de la Nación ejecuten los planes previstos en los Artículos 13, inciso 7; 25, inciso 9; 26, incisos 9 y 27, inciso 9 de la Ley Orgánica de los Ministerios N° 14.439; que en el cumplimiento de su misión, las Fuerzas Armadas deben proceder con toda rapidez y absoluta energía a efectos de asegurar el pronto restablecimiento del orden público;

Que como lo tiene declarado la Corte Suprema de Justicia Nacional, las graves perturbaciones advertidas y la doctrina que informa el texto del Artículo 31 de la Constitución Nacional, facultan al Gobierno Federal a subordinar las policías provinciales a las fuerzas militares para asegurar el cumplimiento de su objetivo;

Que es innegable el derecho que en tales circunstancias le asiste al Poder Ejecutivo Nacional de ejercer el poder de policía en todo el territorio de la República, sin que ello signifique una mengua de las autonomías provinciales,

EL PRESIDENTE DE LA NACION ARGENTINA EN ACUERDO GENERAL DE MINISTROS

DECRETA:

Artículo 1° — Declárase, a partir de las 12 horas del día 14 la vigencia del Plan de Conmoción Interior del Estado (Plan "Conintes"), en todo el territorio del país.

Artículo 2° — Desde ese mismo momento quedan subordinadas a las autoridades militares las respectivas policías provinciales.

Artículo 3° — Por el Ministerio de Defensa Nacional y Secretarías de Guerra, Marina y Aeronáutica se adoptarán las medidas necesarias para poner en ejecución de inmediato, el Plan de Conmoción Interior del Estado (Plan "Conintes").

Artículo 4 — El Ejército, la Armada Nacional y la Aeronáutica

Militar actuarán con toda rapidez y máxima energía en el cumplimiento de las misiones que les sean asignadas.

Artículo 5° — Los gastos que demande el cumplimiento del presente decreto, se afectarán a Rentas Generales con imputación al mismo, de conformidad con lo establecido en el Artículo 17, inciso a) de la Ley de Contabilidad (Decreto Ley N° 23.354/56), debiendo el Ministerio de Economía resolver se anticipe en forma inmediata a las Secretarías de Guerra, Marina y Aeronáutica, los importes que éstas requieran, para el cumplimiento de sus respectivas misiones.

Artículo 6° — El presente decreto será refrendado por la totalidad de los Ministros del Poder Ejecutivo Nacional y firmado por los Señores Secretarios de Estado de Guerra, Marina, Aeronáutica y Hacienda.

Artículo 7° — Comuníquese y archívese en el Ministerio de Defensa Nacional. — FRONDIZI.

Anexo 5. Decreto 2.628 - Buenos Aires. 13/03/1960.

"Decreto 2628/1960", Bs. As., 13/02/1960.
Subordinación de las policías provinciales a las Fuerzas Armadas; ejecución del Plan Conintes (B. O. 16-III-60).

Artículo 1°. Se pone en ejecución pública en todo el territorio del país a partir de las 0 horas del día 14 de marzo de 1960, el estado de Conmoción Interior del Estado (Plan Conintes) declarado con fecha 14 de noviembre de 1958, por decreto dictado en acuerdo general de ministros.

Artículo 2°. En consecuencia de lo anterior, los secretarios de Estado de las Fuerzas Armadas dispondrán que las autoridades de ejecución del Plan Conintes (Comandante en jefe del Ejército "Conintes" y Comandos equivalentes en Marina y Aeronáutica), hagan efectiva la subordinación de las policías provinciales, previstas en el dec. "S" 9880 del 14 de noviembre de 1958, en la medida indispensable a las necesidades concretas de cada zona o subzona de defensa.

Artículo 3°. El presente decreto será refrendado por el señor Ministro Secretario en el Departamento del Interior, de Defensa Nacional y firmado por los señores secretarios de Estado de Guerra, Marina y de Aeronáutica.

Artículo 4°. Comuníquese, etc.

Frondizi. Vítolo. Villar. Larcher. Clement. Abrahín

Anexo 6. Decreto 2.639 - Buenos Aires. 15/03/1960.

El presidente de la Nación Argentina, en Acuerdo General de Ministros, DECRETA:

Artículo 1º. Declárase producida la situación de emergencia grave prevista en los artículos 27, 28, 36 y 37 de la ley 13.234. En consecuencia, en todo el territorio de la República a partir de la cero hora del día 16 de marzo de 1960, quedan sometidos a la jurisdicción militar y sujetos a las sanciones de los artículos 669, 671, 826, 827, 828, 829, 830, 831, 859 y 870 del Código de Justicia Militar y de los artículos 156, 157, 188, 189, 190, 191, 192, 193, 194, 197, 200, 226, 229, 230, 233, 234, 235 y 236 del Código Penal de la Nación; de la ley Nº 15.276; y de los artículos 4, 7, 9, y 12 de la ley Nº 13.985, las personas que incurrieren en los hechos o situaciones previstos en tales disposiciones legales; como así también quienes se encontraren en las situaciones previstas en los artículos del Código Penal de la Nación que se refieren a tentativa (Arts. 42, 43, 44), participación criminal (Arts. 45, 46, 47, 43, 49), instigación (Art. 209), asociación ilícita (Art. 210), apología del crimen (Art. 213) encubrimiento (Arts. 277, 278, 279), relacionadas con la comisión de los delitos indicados anteriormente.

Artículo 2º. Los Comandantes de zonas de Defensa, en jurisdicción del Ejército y los Comandantes de Áreas en jurisdicción de Marina y Aeronáutica, ordenarán en cada caso la constitución de los Consejos de Guerra establecidos en el artículo 453 del Código de Justicia Militar que aplicarán el procedimiento sumario del artículo 503 del mismo Código.

Artículo 3º. Dese cuenta oportunamente al Honorable Congreso de la Nación.

Artículo 4º. El presente decreto será refrendado por los señores Ministros, y firmado por los señores Secretarios de Estado.

Artículo 5º. Comuníquese, publíquese, dese a la Dirección General del Boletín Oficial e Imprentas y archívese.

FRONDIZI—Justo P. Villar—Alfredo R. Vitolo—Diógenes Taboada- Álvaro Alsogaray—Luis R. Mc Kay—Héctor V. Noblía—

Alberto R. Costantini—Rodolfo A. Larcher—Gastón C. Clement—
Ramón Amado Abrahín- Ernesto Malaccorto—Carlos A. Juni—
Guillermo Walter Klein—Miguel Francisco Mugica—Pascual
Palazzo—Manuel F. Castello

Anexo 7. Fundación del Ejército Revolucionario del Pueblo (ERP)

A mediados de 1970, se decide formar el Ejército
Revolucionario del Pueblo, a través de una resolución interna que
textualmente dice:

"Julio de 1970. "Resolución del Vº Congreso del Partido
Revolucionario de los Trabajadores (PRT): Fundación del Ejército
Revolucionario del Pueblo (ERP).

CONSIDERANDO:

Que en el proceso de guerra revolucionaria iniciado en
nuestro país, nuestro partido ha comenzado a combatir con el
objeto de desorganizar a las Fuerzas Armadas del régimen para
hacer posible la insurrección del proletariado y del pueblo.

Que las Fuerzas Armadas del régimen sólo pueden ser
derrotadas oponiéndoles un ejército revolucionario...

Que durante toda una larga etapa, nuestra guerra
revolucionaria adquirirá formas guerrilleras, urbanas y rurales,
extendida a distintas ciudades y zonas campesinas, sobre la base
de cuya ampliación y extensión política y militar será posible
pasar a la guerra de movimientos en el campo y a la constitución
de importantes unidades estratégicas en las ciudades.

Que el otro principio fundamental de la guerra revolucionaria a
aplicar por nuestra Fuerza militar es la ejecución de operaciones
militares con una línea de masas, es decir, orientadas hacia la
movilización de las masas y su participación directa o indirecta en
la guerra.

EL V CONGRESO DEL PRT RESUELVE:

1. Fundar el Ejército Revolucionario del Pueblo y dotarlo de
una bandera.

2. Considerar al ERP y sus distintos destacamentos
armados, como los instrumentos militares del Partido para su
política en la presente etapa de la lucha de clases y el embrión
del futuro Ejército revolucionario y popular".

Anexo 8. Alejando Agustín Lanusse se Refiere al Gran Acuerdo Nacional.

Lanusse se refirió al GAN y a la apertura política que implicaba en estos términos:

"En determinadas circunstancias especiales en la vida del país, las FFAA han debido asumir transitoriamente el poder del Estado, pero nunca con el objetivo de perpetuarse en él indefinidamente. Fieles a sus convicciones y tradición democrática, siempre han promovido y facilitado la participación activa e imprescindible de la ciudadanía que integran para, en común, realizar la tarea de resolver el futuro de la Patria. En la hora presente, una vez más, anhelan y reclaman esa participación. Para hacerla efectiva es indispensable superar los prejuicios y antinomias que pertenecen al pasado y que sólo han servido para perturbar la cohesión nacional.

Todos los argentinos, con la única excepción de los muy jóvenes, debemos sentirnos responsables de lo sucedido en nuestro país en las últimas décadas. La historia pronunciará al respecto el juicio definitivo, más hoy adquiere mayor relevancia la responsabilidad que compartiremos, en el acierto o en el error, en la elección de los caminos que nos conducirán al porvenir de grandeza que nuestra dignidad nos exige. El Gran Acuerdo Nacional es el imperativo de la hora presente. Solo así, se podrá llevar a feliz término la gran empresa de encauzar al país en la senda de la libertad, el progreso y la justicia, como condición básica para el pleno restablecimiento de una democracia representativa, eficiente y estable

Será necesario modernizar la actual estructura política, para adecuarla al objetivo perseguido: garantizar el ejercicio de los derechos y libertades individuales y mantener el pluralismo político, respaldado por una activa participación de la población y su representación legítima y auténtica en el Congreso. A través de los partidos políticos.

También será necesario propender a la nacionalización de la economía, que no debe confundirse con estatización, para lograr una mayor libertad de acción en la toma de decisiones fundamentales en este campo, orientar todo el sistema al servicio exclusivo del interés nacional y conquistar una efectiva independencia económica, así como canalizar los beneficios del crecimiento económico hacia una equitativa distribución de la riqueza generada por el esfuerzo común, atendiendo en primer lugar a las exigencias de los sectores más necesitados.

Nuestra conducta, como miembros de las instituciones castrenses, y nuestra claridad de procedimientos deben generar en este pueblo la cuota de confianza necesaria para que podamos hacer realidad el anhelo ya expresado de ver a las Fuerzas Armadas y a la ciudadanía unidas sin distinción en la gran empresa de promover la grandeza nacional".

Anexo 9. Acta de Unidad de Fuerzas Armadas Revolucionarios (FAR) y Montoneros.

12 de octubre de 1973.

VISTO:

Que en el día de hoy, con la recuperación de la presidencia por el General Perón, se cumple un objetivo crucial en la historia de nuestro Movimiento, alcanzado después de 18 años de cruenta lucha;

Que este objetivo es alcanzado por el Movimiento en el marco de un agudo deterioro de nuestra economía, con un cuadro de desocupación masiva y profundización de las condiciones que causan nuestra dependencia;

Que el momento político se caracteriza por una creciente ofensiva del imperialismo yanqui tendiente a sofocar nuestro proceso de Liberación para perpetuar la dominación y la explotación de nuestro pueblo; ofensiva que, en la salvaje represión al hermano pueblo chileno, muestra una vez más la determinación imperialista para aplicar cualquier medio de defensa de sus intereses;

Que el enemigo imperialista no está sólo más allá de nuestras fronteras, sino que también se expresa a través de fuerzas económicas, políticas y militares internas de nuestro país, que están interesadas en el debilitamiento de las fuerzas populares y en la destrucción del Movimiento Peronista en particular;

Que dentro de nuestro propio Movimiento, hay ciertos sectores dirigentes que actúan en estrecha alianza con las fuerzas imperialistas y oligárquicas de la antipatria; y

CONSIDERANDO:

Que nuestras organizaciones son producto del desarrollo y profundización de las luchas del Movimiento y del crecimiento y maduración de la consciencia de la clase trabajadora y el pueblo peronista que nos llevó a adoptar nuevas formas de organización y lucha para enfrentar al imperialismo y a la oligarquía;

Que bajo el rigor de la dictadura militar, el Movimiento Peronista se vio obligado a apelar a todas las formas de lucha posibles: la acción armada, las explosiones insurreccionales, las huelgas y movilizaciones y la lucha electoral;

Que en cada una de estas expresiones de las aspiraciones de un pueblo por su dignidad, derechos y reivindicaciones, nuestras organizaciones estuvieron presentes alistándose en las primeras líneas de combate, como lo testimonian todos nuestros compañeros encarcelados, torturados y muertos;

Que no sólo contribuimos con nuestras armas y nuestras vidas a la victoria popular, sino que también trabajamos activamente en la construcción de las fuerzas populares, en la consolidación y desarrollo doctrinario, político y organizativo de la clase trabajadora y el pueblo peronista;

Que al cumplirse hoy la máxima aspiración de 18 años de lucha, el Movimiento Peronista termina una de sus batallas más heroicas y difíciles, iniciando una nueva batalla en esta larga guerra de liberación, tan dura y compleja como la anterior, y que para continuar con este proceso, el General Perón ha llamado a la unidad del Movimiento en torno de su conducción, para alcanzar por todos los medios posibles los objetivos de unidad, reconstrucción y liberación del pueblo argentino;

Que para que esa unidad se haga realidad, el General Perón ha convocado a reorganizar e institucionalizar al Movimiento, lo que significa dotarlo de estructuras democráticas y representativas de la clase trabajadora y el pueblo peronista, depurándolo de traidores y oportunistas;

Que esa unidad del Movimiento es el eje necesario para lograr la unidad del pueblo argentino en un Frente de Liberación Nacional capaz de enfrentar al imperialismo en la etapa que se inicia.

Por todo ello:

LAS ORGANIZACIONES FAR Y MONTONEROS RESUELVEN:

1°) A partir de la fecha ambas organizaciones se fusionan pasando a constituir una sola y quedando unificadas definitivamente todas sus estructuras y mandos;

2°) La organización resultante de la fusión se denominará MONTONEROS, desapareciendo la denominación FAR a partir de la firma de la presente acta;

3°) La unidad de nuestras organizaciones está orientada a contribuir al proceso de reorganización y democratización del Movimiento Peronista a que nos ha convocado el General Perón para lograr la participación orgánica de la clase trabajadora en su conducción, única garantía de que la unidad del pueblo argentino en el Frente de Liberación bajo la dirección del Movimiento Peronista, haga efectivos los objetivos de Liberación Nacional y Justicia Social, hacia la construcción del Socialismo Nacional y la unidad latinoamericana.

Libres o muertos, ¡jamás esclavos!

¡Perón o muerte! ¡Viva la Patria!

Fuerzas Armadas Revolucionarias – Montoneros.

Fuente: CeDeMa.Org

Anexo 10. Ataque al Regimiento 29 Infantería de Monte, Formosa. "Coronel Ignacio José Javier Warnes".

La elección del ataque al Regimiento 29 de Infantería de Monte de Formosa, por parte de Montoneros, estuvo determinada por:

1. El cuartel estaba alejado de otras unidades que pudieran acudir rápidamente en su auxilio.
2. Poseía información de Inteligencia sobre la dependencia a través del soldado Luis Roberto Mayol Alcalá, alias "Lorenzo", que cumplía su servicio militar y pertenecía a Montoneros.
3. Se preveía escasa resistencia dado que había una gran cantidad de conscriptos de la provincia que una vez iniciadas las acciones y se rendirían con facilidad.

El Ataque llamado "*Operación Primicia*" fue diseñada y dirigida por el "oficial superior" Raúl Yaguer, más conocido como "El Gringo", "Roque" o "Mario", un ingeniero químico santafesino metódico y cáustico que era el número cuatro de la cúpula nacional de Montoneros. Los tres primeros en la jerarquía, Mario Firmenich, Roberto Perdía y Roberto Quieto, aprobaron el copamiento.

El esquema de acción puede sintetizarse en:

1. **Fase 1**: concentración de los recursos humanos y materiales.
2. **Fase 2**: asalto al Regimiento 29 y copamiento de un avión comercial y del aeropuerto de Formosa.
3. **Fase 3**: retirada de los efectivos y el armamento sustraído.

La estructura para la *Operación Primicia* fue:

1. **Planificador Estratégico**: Raúl Clemente Yaguer, alias *Federico, Jorge, Paco* y *Roque*. Fue Secretario General de la Regional Litoral y parte de la Conducción Nacional de Montoneros.
2. **Jefe del Operativo**: Mario Lorenzo Koncurat, alias *Jote* y *Sebastián*. Secretario General de la Regional Nordeste.
3. **Unidad empleada**: Sección de Combate *Fred Mario Ernst*. Dividida a su vez en dos Grupos de Combate.

a. **Grupo de Combate** *Carlos Tuda*. Formado por 3 pelotones, encargado de la preparación y señalización del campo de la localidad de Susana, cercana a Rafaela en Santa Fe, donde aterrizaría el avión secuestrado. Comandado por Vicente Víctor Carlos Ayala, alias *Carlos*, subdividido en tres pelotones.

b. **Grupo de Combate**: *Zulema Willimer*. Integrado por 7 pelotones que atacarían el Regimiento 29 de Infantería de Monte, coparían el aeropuerto *El Pucú* de la ciudad de Formosa y asaltarían la Unidad Carcelaria 10 para liberar a montoneros que estaban recluidos allí. Este Grupo fue dirigido por Miguel Ángel Bustos, alias *Salvador* y *Negro*.

- **Pelotón 1**: atacaría una de las compañías (no identificada cuál finalmente atacó).
- **Pelotón 2**: a cargo del asalto a otra de las Compañías y tomar la ametralladora Mag de la Plaza de Armas.
- **Pelotón 3**: atacaría otra de las compañías (no identificada cuál finalmente atacó).
- **Pelotón 4**: operaría contra el Casino de Suboficiales.
- **Pelotón 5**: a cargo de la toma de la Guardia.
- **Pelotón 6**: tenía como objetivo una de las compañías (no identificada cuál finalmente atacó).
- **Pelotón 7**: su misión era tomar el Retén donde estaban alojados los efectivos que permanecían en alerta para

responder a primera orden.

Se establecieron postas sanitarias en la arrocera Nueva Valencia, en la Clínica del Rosario y en una Clínica Veterinaria, todas en la ciudad de Corrientes.

Para la compleja operación se reunieron efectivos de las Unidades Básicas de Combate de Montoneros del Nordeste, el Litoral y Capital, de las bases de operaciones ubicadas en las ciudades de Resistencia, Posadas, Corrientes, Santa Fe, Rosario y Buenos Aires.

Anexo 11. Decreto Secreto y Reservado 261/1975

Decreto S 261/1975

Buenos Aires, 5/2/1975

VISTO:

Las actividades que elementos subversivos desarrollan en la Provincia de TUCUMAN y la necesidad de adoptar medidas adecuadas para su erradicación:

LA PRESIDENTE DE LA NACION ARGENTINA en Acuerdo General de Ministros,

DECRETA:

Artículo 1° — El Comando General del Ejército procederá a ejecutar las operaciones militares que sean necesarias a efectos de neutralizar y/o aniquilar el accionar de los elementos subversivos que actúan en la Provincia de TUCUMAN.

Artículo 2° — El Ministerio del Interior pondrá a disposición y bajo control operacional del Comando General del Ejército los efectivos y medios de la Policía Federal que le sean requeridos a través del Ministerio de Defensa, para su empleo en las operaciones a que se hace referencia en el Artículo 1°.

Artículo 3° — El Ministerio del Interior requerirá al Poder Ejecutivo de la Provincia de TUCUMAN que proporcione y coloque bajo control operacional el personal y los medios policiales que le sean solicitados por el Ministerio de Defensa (Comando General del Ejército), para su empleo en las operaciones precitadas.

Artículo 4° — El Ministerio de Defensa adoptará las medidas pertinentes a efectos de que los Comandos Generales de la

Armada y la Fuerza Aérea presten a requerimiento del Comando General del Ejército el apoyo necesario de empleo de medios para las operaciones.

Artículo 5° — El Ministerio de Bienestar Social desarrollará, en coordinación con el Ministerio de Defensa (Comando General del Ejército), las operaciones de acción cívica que sean necesarias sobre la población afectada por las operaciones militares.

Artículo 6° — La Secretaría de Prensa y Difusión de la Presidencia de la Nación desarrollará a indicación del Ministerio de Defensa (Comando General del Ejército), las operaciones de acción sicológica concurrentes que le sean requeridas.

Artículo 7° — El gasto que demande el cumplimiento de la misión encomendada por el presento decreto hasta la suma de pesos CUARENTA MILLONES será incorporado a la Jurisdicción 46, Comando General del Ejército, correspondiente al Presupuesto del Año 1975.

Artículo 8° — Las disposiciones del presente decreto rigen a partir de la fecha.

Artículo 9° — Comuníquese, dese a la Dirección Nacional del Registro Oficial y Archívese. — MARTINEZ DE PERON.

Anexo 12. Decretos 2770, 2771 y 2772/1975

Decreto 2770/75

Fecha: 6 de octubre de 1975

Publicación. Boletín Oficial, 4 de noviembre de 1975.

VISTO:

La necesidad de enfrentar la actividad de elementos subversivos que con su accionar vienen alterando la paz y tranquilidad del país, cuya salvaguardia es responsabilidad del gobierno y de todos los sectores de la Nación, y

CONSIDERANDO:

Lo propuesto por los señores ministros del Interior, de Relaciones Exteriores y Culto, de Justicia, de Defensa, de Economía, de Cultira y Educación, de Trabajo y Bienestar Social, el presidente provisional del Senado de la Nación en Ejercicio del Poder Ejecutivo en acuerdo general de ministros:

DECRETA:

Artículo 1°-- Constitúyese el Consejo de Seguridad Interna que estará presidido por el Presidente de la Nación y será integrado por todos los ministros de Poder Ejecutivo Nacional y los señores comandantes generales de las Fuerzas Armadas. El Presidente de la Nación adoptará, en todos los casos las resoluciones en los actos que originen su funcionamiento

Artículo 2°-- Compete al Consejo de Seguridad interna:

a. La dirección de los esfuerzos nacionales para la lucha contra la subversión;

b. La ejecución de toda tarea que en orden a ello el Presidente de la Nación le imponga.

Artículo 3°-- El Consejo de Defensa, presidido por el ministro de Defensa e integrado por los comandantes generales de las Fuerzas Armadas, además de las atribuciones que le confiere el art. 13 de la ley 20.524, tendrá las siguientes:

a. Asesorar al Presidente de la Nación en todo lo concerniente a la lucha contra la subversión;

b. Proponer al Presidente de la Nación las medidas necesarias a adoptar en los distintos ámbitos del quehacer nacional para la lucha contra la subversión.

c. c) Coordinar con las autoridades nacionales, provinciales y municipales, la ejecución de medidas de interés para la lucha contra la subversión;

d. d) Conducir la lucha contra todos los aspectos y acciones de la subversión;

e. e) Planear y conducir el empleo de las Fuerzas Armadas, fuerzas de seguridad y fuerzas policiales para la lucha contra la subversión.

Artículo 4°-- La Secretaría de Prensa y Difusión de la Presidencia de la Nación y la Secretaría de Informaciones de Estado quedan funcionalmente afectadas al Consejo de Defensa, a los fines de la lucha contra la subversión, debiendo cumplir las directivas y requerimientos que en tal sentido les imparta el referido Consejo

Artículo 5°-- La Policía Federal y el Servicio Penitenciario Nacional quedan subordinados, a los mismos fines al Consejo de Defensa.

Artículo 6°-- El Estado Mayor Conjunto sin perjuicio de las funciones que le asigna la reglamentación del dec.-ley 16.970/66, a los fines del presente decreto, tendrá como misión asistir al Consejo de Defensa en lo concerniente al ejercicio de las atribuciones que en él se le asignan.

Artículo 7°-- El Ministerio de Economía proveerá los fondos necesarios para el cumplimiento del presente decreto.

Artículo 8°-- Comuníquese, etc.

Luder, Aráuz, Castex, Vottero, Emery, Ruckauf, Cafiero, Robledo.

Decreto 2771/75

Fecha: 6 de octubre de 1975

Publicación: Boletín Oficial, 4 de noviembre de 1975

VISTO:

Lo dispuesto por el dec. 2770 del día de la fecha y la necesidad de contar también con la participación de las fuerzas policiales y penitenciarias de las provincias en la lucha contra la subversión, por ello el presidente provisional de Senado de la Nación en ejercicio del Poder Ejecutivo y en acuerdo general de ministros:

DECRETA:

Artículo 1°-- El consejo de Defensa a través del Ministerio del Interior, suscribirá con los gobiernos de las provincias, convenios que coloquen bajo control operacional al personal y a los medios policiales y penitenciarios provinciales que les sean requeridos por el citado Consejo bajo su empleo inmediato en la lucha contra la subversión.

Artículo 2° -- Comuniquese, etc. Luder – Arauz Castex – Vottero – Emery – Ruckauf – Cafiero – Robledo.

Decreto 2772/75

Fecha: 6 de octubre de 1975.

Publicación: Boletín Oficial, 4 de noviembre de 1975

VISTO:

Los Decretos 2770, 2771 del día de la fecha y la necesidad de reglar la intervención de las Fuerzas Armadas en la ejecución de las operaciones militares y de seguridad a efectos de aniquilar el accionar de los elementos subversivos, en todo el territorio del país;

Por ello:

El Presidente Provisorio del Senado de la Nación en ejercicio del Poder Ejecutivo. En Acuerdo General de Ministros

DECRETA:

Artículo 1° Las Fuerzas Armadas bajo el Comando Superior

del Presidente de la Nación, que será ejercido a través del Consejo de Defensa, procederán a ejecutar las operaciones militares y de seguridad que sean necesarias a los efectos de aniquilar el accionar de los elementos subversivos en todo el territorio del país.

Art. 2°-- El Ministerio de Economía proveerá los fondos necesarios para el cumplimiento del presente decreto.

Art. 3°-- Comuníquese, etc.—

Firman: Italo Luder, Carlos F. Ruckauf, Ángel F. Robledo, Antonio Cafiero, Tomás S. E. Vottero, Carlos A. Emery y Manuel Arauz Castex.

Anexo 13. Acta para el Proceso de Reorganización Nacional.

PROCESO DE REORGANIZACION NACIONAL

Fecha 24 de Marzo de 1976

Constitúyese la Junta Militar que asume el poder político de la República.

En la ciudad de Buenos Aires, Capital de la República Argentina, a los veinticuatro días del mes de marzo del año mil novecientos setenta y seis, reunidos en el Comando General del Ejército el Comandante General del Ejército. Teniente General D. Jorge Rafael Videla, el Comandante General de la Armada, Almirante D. Emilio Eduardo Masera, el Comandante General de la Fuerza Aérea Argentina, Brigadier General D. Orlando Ramón Agosti, visto el estado actual del país, proceden a hacerse cargo del Gobierno de la República.

Por ello resuelven:

1. Constituir la Junta Militar con los Comandantes Generales de las FFAA de la Nación, la que asume el poder político de la República.

2. Declarar caducos los mandatos del Presidente de la Nación Argentina y de los Gobernadores y Vicegobernadores de las provincias.

3. Declarar el cese en sus funciones de los Interventores Federales en las provincias al presente intervenidas, del Gobernador del Territorio Nacional de Tierra del Fuego, Antártida e Islas del Atlántico Sur, y del Intendente Municipal de la Ciudad de Buenos Aires.

4. Disolver el Congreso Nacional, las Legislaturas Provinciales, la Sala de Representantes de la Ciudad de Buenos Aires y los Consejos Municipales de las Provincias u organismos similares.
5. Remover a los miembros de la Corte Suprema de Justicia de la Nación, al Procurador General de la Nación y a los integrantes de los Tribunales Superiores Provinciales.
6. Remover al Procurador del Tesoro.
7. Suspender la actividad política y de los Partidos Políticos, a nivel nacional, provincial y municipal.
8. Suspender las actividades gremiales de trabajadores, empresarios y de profesionales.
9. Notificar lo actuado a las representaciones diplomáticas acreditadas en nuestro país y a los representantes argentinos en el exterior, a los efectos de asegurar la continuidad de las relaciones con los respectivos países.
10. Designar, una vez efectivizadas las medidas anteriormente señaladas, al ciudadano que ejercerá el cargo de Presidente de la Nación.
11. Los Interventores Militares procederán en sus respectivas jurisdicciones por similitud a lo establecido para el ámbito nacional y a las instrucciones impartidas oportunamente por la Junta Militar.

Adoptada la resolución precedente, se da por terminado el acto, firmándose cuatro ejemplares de este documento a los fines de su registro, conocimiento y ulterior archivo en la Presidencia de la Nación, Comando General del Ejército, Comando General de la Armada y Comando General de la Fuerza Aérea.

Firman

VIDELA. MASSERA. AGOSTI.

Anexo 14. Acta fijando el Propósito y Objetivos para el Proceso de Reorganización Nacional.

PROCESO DE REORGANIZACION NACIONAL

Propósito y objetivos básicos.

Buenos Aires, 24 de marzo de 1976

La Junta Militar fija como propósito y objetivos básicos del proceso de reorganización nacional en desarrollo, los que se enuncian a continuación:

1. PROPOSITO.

Restituir los valores esenciales que sirven de fundamento a la conducción integral del Estado, enfatizando el sentido de moralidad, idoneidad y eficiencia, imprescindibles para reconstituir el contenido y la imagen de la Nación, erradicar la subversión y promover el desarrollo económico de la vida nacional basado en el equilibrio y participación responsable de los distintos sectores a fin de asegurar la posterior instauración de una democracia, republicana, representativa y federal, adecuada a la realidad y exigencias de solución y progreso del Pueblo Argentino.

2. OBJETIVOS BASICOS.

2.1. Concreción de una soberanía política basada en el accionar de instituciones constitucionales revitalizadas, que ubiquen permanentemente el interés nacional por encima de cualquier sectarismo, tendencia o personalismo.

2.2. Vigencia de los valores de la moral cristiana, de la tradición nacional y de la dignidad del ser argentino.

2.3. Vigencia de la seguridad nacional, erradicando la subversión y las causas que favorecen su existencia.

2.4. Vigencia plena del orden jurídico y social.

2.5. Concreción de una situación socio-económica que asegure la capacidad de decisión nacional y la plena realización del hombre argentino; en donde el Estado mantenga el control sobre las áreas vitales que hacen a la seguridad y al desarrollo y brinde a la iniciativa y capitales privados, nacionales y extranjeros, las condiciones necesarias para una participación fluida en el proceso de explotación racional de los recursos, neutralizando toda posibilidad de interferencia de aquéllos en el ejercicio de los poderes públicos.

2.6. Obtención del bienestar general a través del trabajo fecundo, con igualdad de oportunidades y un adecuado sentido de justicia social.

2.7. Relación armónica entre el Estado, el capital y el trabajo, con fortalecido desenvolvimiento de las estructuras empresariales y sindicales, ajustadas a sus fines específicos.

2.8. Conformación de un sistema educativo acorde con las necesidades del país, que sirva efectivamente a los objetivos de la Nación y consolide los valores y aspiraciones culturales del ser argentino.

2.9. Ubicación internacional en el mundo occidental y cristiano, manteniendo la capacidad de autodeterminación, y asegurando el fortalecimiento de la presencia argentina en el concierto de las naciones.

Firman

Teniente General Jorge Rafael Videla, el

Comandante General de la Armada, Almirante Emilio Eduardo Masera,

Comandante General de la Fuerza Aérea Argentina, Brigadier General Orlando Ramón Agosti,

Anexo 15. Proclama de las Fuerzas Armadas. Su Determinación.

25 de marzo de 1976.

Fuente: *Diario La Nación, 25 de marzo de 1976*

Agotadas todas las instancias del mecanismo constitucional, superada la posibilidad de rectificaciones dentro del marco de las instituciones y demostrada en forma irrefutable la imposibilidad de la recuperación del proceso por las vías naturales, llega a su término una situación que agrava a la Nación y compromete su futuro.

Nuestro pueblo ha sufrido una nueva frustración. Frente a un tremendo vacío de poder, capaz de sumirnos en la disolución y la anarquía, a la falta de capacidad de convocatoria que ha demostrado el gobierno nacional, a las reiteradas y sucesivas contradicciones demostradas en las medidas de toda índole, a la falta de una estrategia global que, conducida por el poder político, enfrentara a la subversión, a la carencia de soluciones para el país, cuya resultante ha sido el incremento permanente de todos los exterminios, a la ausencia total de los ejemplos éticos y morales que deben dar quienes ejercen la conducción del Estado, a la manifiesta irresponsabilidad en el manejo de la economía que ocasionara el agotamiento del aparato productivo, a la especulación y corrupción generalizadas, todo lo cual se traduce en una irreparable pérdida del sentido de grandeza y de fe.

Las Fuerzas Armadas, en cumplimiento de una obligación irrenunciable, han asumido la conducción del Estado. Una obligación que surge de serenas meditaciones sobre las consecuencias irreparables que podía tener sobre el destino de la Nación, una actitud distinta a la adoptada.

Esta decisión persigue el propósito de terminar con el desgobierno, la corrupción y el flagelo subversivo, y solo está dirigida contra quienes han delinquido y cometido abusos del poder.

Es una decisión por la Patria, y no supone, por lo tanto, discriminaciones contra ninguna militancia cívica ni sector social alguno.

Rechaza por consiguiente la acción disociadora de todos los extremismos y el efecto corruptor de cualquier demagogia.

Las Fuerzas Armadas desarrollarán, durante la etapa que hoy se inicia, una acción regida por pautas perfectamente determinadas. Por medio del orden, del trabajo, de la observancia plena de los principios éticos y morales, de la justicia, de la realización integral del hombre, del respeto a sus derechos y dignidad. Así la República llegará a la unidad de los argentinos y a la total recuperación del ser nacional, metas irrenunciables, para cuya obtención se convoca a un esfuerzo común a los hombres y mujeres, sin exclusiones, que habitan este suelo.

Tras estas aspiraciones compartidas, todos los sectores representativos del país deben sentirse claramente identificados y, por ende, comprometidos en la empresa común que conduzca a la grandeza de la Patria.

No será un gobierno patrimonio de sectores ni para sector alguno. Estará imbuido de un profundo sentido nacional y solo responderá a los más sagrados intereses de la Nación y de sus habitantes.

Al contraer las Fuerzas Armadas tan trascendente compromiso formulan una firme convocatoria a toda la comunidad nacional.

En esta nueva etapa hay un puesto para cada ciudadano. La tarea es ardua y urgente, pero se la emprende con el absoluto convencimiento de que el ejemplo se predicará de arriba hacia abajo y con fe en el futuro argentino.

La conducción del proceso se ejercitará con absoluta firmeza y vocación de servicio. A partir de este momento, la responsabilidad asumida impone el ejercicio severo de la autoridad para erradicar definitivamente los vicios que afectan al país.

Por ello, a la par que se continuará sin tregua combatiendo a la delincuencia subversiva, abierta o encubierta, se desterrará toda demagogia, no se tolerará la corrupción o la venalidad bajo ninguna forma o circunstancia, ni tampoco cualquier trasgresión a la ley en oposición al proceso de reparación que se inicia.

Las Fuerzas Armadas han asumido el control de la República. Quiera el país todo comprender el sentido profundo e inequívoco de esta actitud para que la responsabilidad y el esfuerzo colectivo acompañen esta empresa que, persiguiendo el bien común, alcanzará con la ayuda de Dios, la plena recuperación nacional.

Firmado:

Jorge Rafael Videla, teniente general, comandante general del Ejército;

Emilio Eduardo Massera, almirante, comandante general de la Armada;

Orlando Ramón Agosti, brigadier general, comandante general de la Fuerza Aérea.

Anexo 16. Recomendaciones de la Comisión Interamericana de Derechos Humanos al Gobierno de Argentina.

La Comisión Interamericana de Derechos Humanos, con motivo de su visita de observación in loco a la República Argentina, se permite formular al Gobierno argentino las siguientes recomendaciones preliminares:

I.- Desaparecidos:

La Comisión estima que el problema de los desaparecidos es uno de los más graves que en el campo de los derechos humanos confronta la República Argentina.

En tal sentido la Comisión recomienda lo siguiente:

a) Que se informe circunstancialmente sobre la situación de personas desaparecidas, entendiéndose por tales aquellas que han sido aprehendidas en operativos que por las condiciones en que se llevaron a cabo y por sus características, hacen presumir la participación en los mismos de la fuerza pública.

b) Que se impartan las instrucciones necesarias a las autoridades competentes a fin de que los menores de edad desaparecidos a raíz de la detención de sus padres y familiares y los nacidos en centros de detención, cuyo paradero se desconoce, sean entregados a sus ascendientes naturales u otros familiares cercanos.

c) Que se adopten las medidas pertinentes a efecto de que no continúen los procedimientos que han traído como consecuencia la desaparición de personas. Al respecto, la Comisión observa que se han producido recientemente casos de esta naturaleza que como todos los demás deben ser esclarecidos lo antes posible.

II. Detenidos a disposición del Poder Ejecutivo Nacional y derecho de opción para salir del país:

La Comisión ha podido enterarse de la situación de los detenidos a disposición del Poder Ejecutivo Nacional así como de los mecanismos para hacer uso del derecho de opción para salir del país. A este respecto, la Comisión recomienda lo siguiente:

a) Que la facultad que el Artículo 23 de la Constitución otorga al Jefe de Estado para detener personas bajo el régimen de Estado de Sitio, se sujete a un criterio de razonabilidad y no se extiendan las detenciones indefinidamente en tiempo.

b) Que, en consecuencia, se ponga en libertad a las siguientes personas detenidas a disposición del Poder Ejecutivo Nacional:

    i.   Aquellas que sin causa razonable y por tiempo prolongado se encuentran detenidas para que la detención no se convierta en pena, que sólo el Poder Judicial puede imponer;

    ii.   Los que han sido absueltos o que ya han cumplido sus penas;

    iii.   Los que son elegibles para gozar de libertad condicional, en caso de haber sido condenados.

c) Que se restablezca a plenitud el ejercicio del derecho de opción para salir del país, a efecto de que el trámite de las solicitudes no sufra dilaciones que entorpezcan la efectividad del ejercicio de dicho derecho.

III. Métodos de Investigación

En lo referente a los métodos de investigación, la Comisión recomienda lo siguiente:

Que se investiguen a fondo las denuncias acerca de la utilización de torturas y otros apremios ilegales en los procedimientos de investigación de las personas detenidas, que los responsables de actos de esa naturaleza sean sancionados con todo el rigor de la ley y se tomen las medidas necesarias para prevenir la aplicación de tales métodos.

IV. Régimen Carcelario:

En lo referente al régimen carcelario la Comisión recomienda lo siguiente:

Tomar las medidas pertinentes para que los detenidos en algunos centros penitenciarios no sigan privados de condiciones elementales para su salud física y psíquica, tales como la luz solar, lectura y ejercicios físicos, reducir el tiempo excesivo de permanencia en las celdas y evitar la imposición de castigos por faltas triviales.

V. Jurisdicción Militar:

En lo referente a las personas que se encuentran procesadas o sentenciadas por la jurisdicción militar, la Comisión recomienda lo siguiente:

a) Asegurar a las personas sometidas a juicio ante los tribunales militares, las garantías del debido proceso legal, especialmente el derecho de defensa por un abogado elegido por el procesado.

b) Designar una comisión de juristas calificados para que estudie los procesos llevados a cabo por tribunales militares durante la vigencia del Estado de Sitio, y que en los casos en que se hayan omitido las garantías inherentes al debido proceso haga las recomendaciones pertinentes.

VI. Garantías procesales y de defensa en juicio:

En relación con las garantías procesales y de la defensa en juicio, la Comisión recomienda lo siguiente:

a) Que se den las seguridades y facilidades para que los jueces procedan a investigar, en forma efectiva, los casos de las personas detenidas en virtud de las leyes de seguridad.

b) Que se otorguen las garantías indispensables para la eficaz defensa que corresponde ejercer a los abogados que patrocinan a los procesados.

Buenos Aires, Capital Federal
20 de septiembre de 1979

https://www.cidh.oas.org/countryrep/Argentina80sp/introduccion.htm

Anexo 17. Documento Final de la Junta Militar Sobre la Guerra Contra la Subversión Terrorista.

"Transmite LS 82, Canal 7, Argentina televisora color, para todas las emisoras de la Cadena Nacional de Televisión del país.

A continuación se dará a conocer el Documento Final de la Junta Militar sobre la guerra contra la subversión y el terrorismo:

I.- Introducción.

La junta militar presenta la ciudadanía un cuadro del desarrollo de la agresión terrorista a lo largo de casi dos décadas, y por su intermedio las fuerzas armadas asumen la cuota de responsabilidad histórica, que le compete frente a la Nación, en el planteamiento y ejecución de las acciones, en las que no se agotan las responsabilidades que frente a la República pudieran corresponder a otros estamentos, sectores e instituciones.

Esta síntesis histórica de un doloroso pasado, todavía cercano, quiere ser un mensaje de fe y reconocimiento a la lucha por la libertad, por la justicia y por el derecho a la vida.

Ha llegado el momento de que encaremos el futuro. Será necesario mitigar las heridas, que toda guerra produce, afrontar con espíritu cristiano la etapa que se inicia y mirar hacia el mañana con sincera humildad.

Su destinatario primero somos nosotros, el pueblo de la nación, víctimas de una agresión que nunca mereció y participe invalorable y decidido de las operaciones finales. Su segundo destinatario es el mundo de los hombres libres, al que pertenece y seguirá perteneciendo la República, fiel a su destino histórico.

Se somete a la reflexión del pueblo argentino y del mundo, una experiencia que la Nación jamás deberá repetir, anhelando que, con la misma gracia de Dios, los hermanos de nuestra América y los pueblos de otros continentes la recojan, la comprendan y la eviten.

II.- Los hechos.

La República Argentina a partir de mediados de la década de los 60, comenzó a subir la agresión del terrorismo, que mediante el empleo de la violencia, intentaba hacer efectivo un proyecto político, destinado a subvertir los valores morales y éticos compartidos por la inmensa mayoría de los argentinos. Procuraba modificar la concepción que del hombre y del estado tiene nuestra comunidad, conquistando el poder por medio de la violencia, empleando el terror para tomar el poder, se proponía llegar a la desaparición de la república, como estado democrático, jurídica y políticamente organizado, en una acción a nivel nacional y continental.

La agresión tomó inicialmente la forma de guerrilla rural, pero sus intentos fracasaron. Su derrota en un país limítrofe, marcó a escala continental un cambio de estrategia en la que progresivamente la Argentina pasaba a constituirse en uno de los objetivos prioritarios de la acción del terrorismo internacional.

En este contexto adquirió mayor gravitación el accionar del terrorismo urbano, robos de armas, asaltos a bancos y otras instituciones, secuestros, extorsiones y asesinatos en escalada creciente, hicieron que la opinión pública tomara conciencia de la acción delictiva de las tres agrupaciones terroristas más poderosas: Fuerzas Armadas Revolucionarias, Ejército Revolucionario del Pueblo y Montoneros.

El accionar de las mismas dirigidos a paralizar a la población, estuvo asignado por una permanente e indiscriminada violación de los más fundamentales derechos humanos, asesinatos, tortugas y prolongados secuestros, son pruebas indiscutibles de sus actos y propósitos criminales. Sus víctimas abarcaron todos los estratos sociales, obreros, sacerdotes, intelectuales hombres de empresa, periodistas, funcionarios públicos, jueces, militares, agentes del orden, dirigentes políticos, sindicales y hasta niños.

La escalada del terror fue acompañada por una captación ideológica, que indujo a muchos a aceptar la violencia criminal como un modo de acción política.

Las bandas terroristas continuaron su organización y llegaron, en su apogeo, a reclutar miles de personas, a las que instruyeron el manejo de las armas, la mayoría de ellas las poseían y utilizaban que efectivamente, constituyendo de hecho un ejército clandestino, mercenario de la violencia

La infiltración en el aparato del estado abrió el camino para que a partir del 25 de mayo de 1973, con la asunción del gobierno constitucional, los grupos terroristas abandonaran la clandestinidad y sumados a los que obtuvieron la libertad iniciaran el ataque al poder. Miembros activos y simpatizantes decididos de las organizaciones terroristas, ocuparon posiciones relevantes en el gabinete nacional y en los gobiernos provinciales, en el congreso nacional, en las legislaturas provinciales y en el poder judicial. Ni las organizaciones religiosas, ni las fuerzas legales, estuvieron a cubiertos de esta infiltración.

La nación estaba en guerra. Una prueba de ello fueron los enfrentamientos entre grupos antagónicos, registrados en la localidad de Ezeiza, el 20 de junio de 1973, los que generaron una verdadera masacre, con un saldo lamentable de muertos y heridos, cuya identidad y número total, el gobierno de entonces nunca pudo llegar a determinar, ni a esclarecer.

Posteriormente, los elementos terroristas que intentaron infructuosamente copar el comando de sanidad del ejército el 06 de setiembre de 1973 y la guarnición militar de azul, una de las más poderosas del país, el 19 de enero de 1974.

En medio de ese generalizado clima de inseguridad y confusión, el acceso del general Perón a la primera magistratura, con el apoyo de una amplia mayoría del electorado, parecía perfilar en el horizonte político nacional una alternativa viable de paz y orden

Sin embargo, el terrorismo no reduzco su accionar durante el gobierno constitucional, por el contrario, la naturaleza criminosa de sus fines y sus métodos quedaron definitivamente en evidencia. Los funcionarios y los dirigentes, que comprendieron la magnitud de este problema aún con peligro de sus propias vidas, intentaron detener el copamiento terrorista del aparato del estado y de las organizaciones intermedias, la dirigencia empresaria y gremial es claro ejemplo y doloroso testimonio del riesgo que afrontaron quienes se les opusieron.

En los actos de plaza, de mayo celebratorios del Día del Trabajo en el año 1974, el presidente de la Nación denunció a los elementos montoneros como mercenarios e infiltrados y los repudió públicamente.

Las bandas terroristas continuaron perfeccionando sus estructuras, montaron imprentas, donde falsificaban documentos de identidad, y fábricas, donde clandestinamente elaboraban armas y explosivos, apoyados por un sólido respaldo financiero, producto de sus actos delictivos. Su insidioso accionar produjo la desviación de miles de jóvenes, muchos de ellos aun adolescentes, incorporados a bandas mediante cualquier técnica de captación o simplemente a través del miedo, muchos murieron enfrentando a las fuerzas del orden, otros se suicidaron para evitar su captura, algunos desertaron debiendo ocultarse de las autoridades y de sus propias bandas.

Los denominados códigos de justicia penal revolucionarios sancionaron con la muerte a quienes pretendieron dejar las filas terroristas y liberarse del engaño en que habían caído

La seguridad y el orden no existían. A la etapa de los asesinatos selectivos, siguió la fase del terrorismo indiscriminado, reduciendo víctimas en todos los sectores de la sociedad Argentina.

A principios de 1975, como último recurso para preservar los valores en peligro, el Gobierno Constitucional impuso el "*Estado de Sitio"* en todo el país y ordenó el empleo de las fuerzas armadas para neutralizar y o aniquilar el foco terrorista que actuaba y se extendía desde la provincia de Tucumán. La responsabilidad de ese gobierno era insoslayable y el desafío inédito para las fuerzas armadas, ya que la doctrina orgánica, la estructura y el despliegue de estas, respondían a previsiones de lucha clásica. Imperfecciones e imprecisiones en las etapas iniciales de una lucha no convencional, fueron superadas gradualmente aprovechando la experiencia adquirida en el desarrollo de las operaciones.

Doblegadas en el monte tucumano, las bandas terroristas reforzaron y acentuaron su accionar en las grandes concentraciones urbanas, las operaciones de sus elementos armados por su magnitud recursos y procedimientos, iban adquiriendo a nivel similar al de las fuerzas regulares

El año 1975 registra los más ambiciosos intentos de copamiento de unidades militares, el Batallón de Arsenales de San Lorenzo el 19 de abril, el Regimiento de Monte 29 de Formosa el 5 de octubre, el Batallón de Arsenales de Monte Chingolo el 23 de diciembre, siendo esta la mayor operación del terrorismo urbano que recuerda la historia.

Las derrotas sufridas en los grandes enfrentamientos mostraron a los dirigentes terroristas la necesidad de volver a las tácticas originarias basadas en la acción celular e individual una secuela interminable de muertes secuestros y atentados afectaron durante 3 largos años la paz de la República y la seguridad de sus habitantes.

Los ataques terroristas se extendieron a toda la comunidad. Los atentados contra la vida y los bienes públicos y privados fueron hechos cotidianos. Los periódicos de la época documentan que ese cuadro era parte de la vida diaria del país y todos sus habitantes que vivieron y sufrieron esa experiencia son testigo de ello.

En la lucha contra el terrorismo, las fuerzas legales detectaron innumerables celdas secretas denominadas por las bandas terroristas *"Cárceles del Pueblo"*, ellas además de haber alojado a ciudadanos de todos los niveles, en oportunidades allí mismo asesinados, fueron también usadas para castigar y ejecutar a integrantes de las propias bandas.

Para tener una clara idea de la magnitud del accionar terrorista por medio de las cifras, merece destacarse que en el año 1974 se registraron 21 intentos de copamiento de Unidades de la Fuerzas

Legales, 466 atentados con artefactos explosivos y 16 robos de sumas importantes de dinero, 117 personas fueron secuestradas y 110 fueron asesinadas.

El año 1976 marcaba la máxima escalada de la violencia, los secuestros llegaron a 600 y los asesinatos a 646.con un promedio de 2 víctimas diarias del terrorismo. Se registraron 4.150 acciones terroristas, entre copamiento de localidades, acciones de propaganda armada, intimidaciones extorsivas y atentado con explosivos.

El examen de la crónica periodística correspondiente a los años 1973 al 79 informa que en ese lapso en 742 enfrentamientos resultaron muertas 2.050 personas, cifra que no incluye las bajas sufridas por la fuerza legales.

Entre 1969 en 1969 se registraron 21.642 hechos terroristas, esta cifra guarda relación con la magnitud de la estructura subversiva que llegó a contar en su apogeo con 25.000 adherentes, de los cuales 15.000 fueron combatientes, es decir individuos técnicamente capacitados e ideológicamente fanatizados para matar.

La naturaleza y características propias de esta forma de ataque, sorpresivo, sistemático y permanente, obligaron a adoptar procedimientos inéditos en la guerra afrontada. Debió imponerse el más estricto secreto sobre la información relacionada con las secciones militares, sus logros, las operaciones en desarrollo y los descubrimientos realizados.

Se tornaba imprescindible no alertar al adversario, no descubrir las propias intenciones, recuperando la iniciativa y sorpresa en las acciones, hasta ese momento en manos del oponente.

Durante todas estas operaciones fue prácticamente imposible establecer, con precisión, las bajas totales sufridas por las bandas de delincuentes terroristas y la identidad de su componentes, incluso cuando sus cadáveres quedaron en el lugar de los episodios, dado que actuaban bajo nombres falsos y con apodos conocidos como "Nombres de Guerra" y porque su estructura celular, modo de operar y compartimentación de sus secciones, imposibilitaron disponer de un programa más completo de los acontecimientos.

Los esfuerzos realizados por las fuerzas armadas, de seguridad y policiales para restablecer la paz y el orden, arrojaron resultados progresivos.

La agresión terrorista fue cediendo y la sociedad argentina comenzó a recuperar el espacio perdido, en cuanto a paz y seguridad.

Los jefes de las bandas terroristas y varios de sus seguidores, comenzaron a dejar el territorio nacional al vislumbrar su derrota, abandonando en el país a muchos de sus integrantes y protegiendo, en otros casos, su vida en la clandestinidad.

Fue culminando así una dolorosa y dura etapa, en la que la victoria finalmente alcanzada, posee un contenido coincidente con el propio significado de la derrota de los violentos. Eso fue así, porque la sociedad argentina se mantuvo fiel a sus convicciones, leal a su conciencia y firme en su decisión.

Para cada uno de los sectores sociales, la subversión elaboró y puso en marcha diversas metodologías, todas ellas convergentes al fin común de destruirlos, dominarlos o paralizarlos. Pero también fracasó, al hervir en sus valores más firmes a un pueblo pacífico y libre.

III.- Los principios y los procedimientos.

La preservación y el mantenimiento efectivo del goce de los derechos y las garantías, que la Constitución reconoce a todos los habitantes de la nación, es decir la salvaguardia de los derechos humanos, constituye la finalidad sustancial de la seguridad de un estado democrático como lo es la República Argentina, por su tradición histórica, política y jurídica.

Este concepto de seguridad, incluye también el resguardo de la inviolabilidad de su territorio contra amenazas externas e internas, y la consolidación de un funcionamiento eficiente de su gobierno en el marco de la ley.

La Constitución Nacional, reconoce la adopción de mecanismos que suspenden transitoriamente los derechos y garantías individuales, cuando situaciones objetivas de peligro, crean riesgos graves para el bien común y para la seguridad de la nación.

Las condiciones de excepcionalidad que vivía el país, durante el periodo de la agresión terrorista, hicieron que los elementos esenciales del Estado fueran afectados en niveles que dificultaban su supervivencia, el ejercicio de los derechos humanos quedó a merced de la violencia selectiva o indiscriminada impuesta por el accionar terrorismo, traducido en asesinatos, secuestros, juicios revolucionarios, salidas obligadas del país y contribuciones compulsivas.

En extensas zonas del territorio grupos subversivos actuaban desembozadamente con la mayor impunidad, mientras las fronteras nacionales eran traspuestas en ambos sentidos, por terroristas argentinos y extranjeros, munidos de documentación falsa o que eludían los puestos de control habilitados.

La capacidad de actuar del gobierno se veía seriamente comprometida por la infiltración de la subversión y el vacío político causado por la muerte del presidente Perón.

La sanción por parte del Congreso de la Nación de leyes que penalizaban en forma específica y con mayor gravedad las conductas subversivas y los actos terroristas y la declaración del estado de sitio, no fueron suficientes para conjurar la situación

En ese crucial momento histórico, las fuerzas armadas fueron convocadas por el Gobierno Constitucional para enfrentar a la subversión. Esta convocatoria se materializó en dos resoluciones Decreto número 261 del 05 de febrero de 1975, que ordena ejecutar las operaciones militares que sean necesarias a efectos de neutralizar y/o aniquilar el accionar de los elementos subversivos que actúan en la provincia de Tucumán. Decreto número 2.772 del 06 de octubre de 1975 que ordenan ejecutar las operaciones militares y de seguridad que sean necesarias, a efectos de aniquilar el accionar de los elementos subversivos en todo el territorio del país.

El Gobierno Nacional en procura del bien común, por vía de este mandato legal y por intermedio de las fuerzas armadas, imponía el logro del restablecimiento de los derechos de todos los habitantes y de las condiciones esenciales que deben garantizar la inviolabilidad del territorio, la convivencia social y así facilitaron la capacidad de funcionamiento del gobierno.

La naturaleza y características propias del accionar terrorista, cuyos elementos se organizaban en sistema celular y compartimentación de acciones, obligaron a adoptar procedimientos inéditos. El eventual deterioro de la dimensión ética del estado y la necesidad de salvaguardarla, ante el riesgo de imputación de adscripción a teorías totalitarias no compartidas sobre la seguridad, estuvieron también presentes en la adopción de las decisiones que materializaron el ataque frontal, definitivo y victorioso contra la subversión y el terrorismo.

Las fuerzas armadas, de seguridad y policiales, actuaron en defensa de la comunidad nacional cuyos derechos esenciales no estaban asegurados y a diferencia del accionar subversivo, no utilizaron directamente su poder contra terceros inocentes y aun cuando indirectamente esto pudieran haber sufrido sus consecuencias

Las acciones así desarrolladas fueron la consecuencia de

apreciaciones que debieron efectuarse en plena lucha, con la cuota de pasión que el combate y la defensa de la propia vida genera, en un ambiente teñido diariamente de sangre inocente, destrucción y ante una sociedad en la que el pánico reinaba.

En este marco casi apocalíptico, se cometieron errores que, como sucede en todo conflicto bélico, pudieron traspasar, a veces, los límites del respeto a los derechos humanos fundamentales y que quedan sujetos al juicio de Dios, en cada conciencia y a la comprensión de los hombres.

Fue por ello, que con la aprobación expresa o tácita de la mayoría de la población y muchas veces con una colaboración inestimable de su parte, operaron contra la acción terrorista orgánicamente y bajo sus comandos naturales En consecuencia todo lo actuado fue realizado en cumplimiento de órdenes propias del servicio.

No es fácil encontrar en la historia reciente un antecedente de las características que ofreció la situación Argentina, por eso los calificativos de inmensa, excepcional, sin límite son ciertos y no guardan ningún propósito exculpatorio.

Aquellas acciones que, como consecuencia del modo de operar, pudieron facilitar la comisión de hechos irregulares y que fueron detectados han sido juzgados y sancionados por los Consejos de Guerra.

Las fuerzas armadas aspiran a que está dolorosa experiencia ilumine a nuestro pueblo, para que todos podamos hallar los instrumentos compatibles con la ética y con el espíritu democrático de nuestras instituciones, que permitan asegurar con indiscutible legitimidad, la defensa contra todo riesgo de disolución por la violencia y el terror.

IV.- Las secuelas del conflicto.

Un conflicto que por su extensión temporal y geográfica sacudió a toda la República, porque en cualquier lugar de nuestro suelo podía transformarse súbitamente en campo de batalla, y porque cualquier habitante podía haberse envuelto y caer víctima de enfrentamientos o atentados, debía inexorablemente dejar profundas secuelas de inseguridad, pérdidas humanas, destrucción y dolor.

Muchos argentinos han sufrido y aún hoy padecen, en respetable silencio, la secuela de una pérdida irreparable, sabiendo todo el país, que no pocos de los autores materiales e ideológicos de esos asesinatos, se encuentran en el exterior gozando de una impunidad y en algunos casos de un apoyo, que torna sospechosa la parcial y por lo tanto injusta preocupación, que se expresa una sola de las secuelas de esta peculiar guerra.

Por ello, es preciso puntualizar claramente que son muchas las heridas no cerradas de la sociedad argentina.

Largos años de profunda inseguridad, frecuentes momentos de terror, pérdida de familiares y seres queridos se cayeron por obra de un ataque tan injustificado como artero, mutilaciones, largas detenciones y desaparición física de personas, todas ellas individuales y colectivas físicas y espirituales son las secuelas de una guerra que los argentinos debemos superar.

Ello solo será posible con humildad y sin espíritu de revancha pero fundamentalmente sin parcializaciones, que por injustas solo servirán para que emerja a la superficie el dolor de quienes contribuyendo a la paz de la república han soportado con estoica conducta las secuelas de una agresión que no provocaron ni merecieron.

En todo conflicto armado resulta difícil dar datos completos, en la guerra clásica donde los contendientes son de nacionalidades distintas, usan uniformes que los diferencian y están separados por líneas perfectamente identificables, existen numerosos desaparecidos. En una guerra de características tan peculiares como la vivida, donde el enemigo no usa uniformes y sus documentos de identificación eran apócrifos, el número de muertos no identificados se incrementa significativamente.

Las fuerzas armadas, fieles a la finalidad de restañar las heridas dejada por la lucha y deseosa de aclarar las situaciones de duda que pudieran existir, ponen a disposición para consulta en el Ministerio del Interior la siguiente información:

- Nómina de los integrantes de las organizaciones terroristas actualmente condenados y bajo proceso por la Justicia Federal y los Consejos de Guerra, y detenidos a disposición del Poder Ejecutivo Nacional en virtud del artículo 23 de la Constitución Nacional.
- Pedidos de paradero (Presuntos desaparecidos) registrados por el Ministerio del Interior desde el año 1974 hasta la fecha.
- Pedidos de paradero solucionados por vía judicial o administrativa.
- Bajas producidas por la acción terrorista.

Es el tema de los desaparecidos, el que con más fuerza golpea los sentimientos humanitarios legítimos, el que con mayor insidia se emplea para sorprender la buena fe de quienes no conocieron ni vivieron los hechos que nos llevaron a esta situación límite.

En reiteradas oportunidades el gobierno nacional expresó a las comisiones específicas de los organismos internacionales competentes, la circunstancia de que en los listados presentados entre nombres incompletos y referencias confusas, figuraban personas que nunca se encontraron en esa situación, detenidos sobre los cuales las autoridades habían dado la información respectiva y esta persona fallecidas de muerte natural o simplemente inexistentes.

La experiencia vivida permite afirmar que muchas de las desapariciones son una consecuencia de la manera de operar de los terroristas. Ellos cambian sus auténticos nombres y apellidos, se conocen entre sí por lo que denominan *"Nombres de Guerra"*, y disponen de abundante documentación personal fraguada. Las mismas están vinculadas con lo que se denomina como el *"Pasaje a la Clandestinidad"*.

Quienes deciden incorporarse a las organizaciones terroristas lo hacen en forma subrepticia, abandonando su medio familiar, laboral y social. Es el caso más típico: los familiares denuncian una desaparición, cuya causa no se explican o conociendo la causa, no la quieren explicar.

Así, algunos *"desaparecidos"* cuya ausencia se había denunciado, aparecieron luego ejecutando acciones terroristas. En otros casos, los terroristas abandonan clandestinamente el país y viven en el exterior con identidad falsa. Otros, después de exiliarse, regresaron al país con identidad fraguada, y existen también terroristas prófugos aun en la República o en el exterior

Hay casos de desertores de las distintas organizaciones que viven hoy con identidad falsa, para proteger su propia vida, en el país o en el exterior

Muchos de los caídos en enfrentamientos con las fuerzas legales no tenían ningún tipo de documento o poseían documentación falsa y en muchos casos con las impresiones digitales borradas.

Ante la inminencia de captura, otros terroristas se suicidaron, normalmente mediante la ingestión de pastillas de cianuro. En estos casos, los cadáveres no fueron reclamados y ante la imposibilidad de identificarlos, fueron sepultados legalmente como "NN".

Siempre que les fue posible, los terroristas retiraron los cuerpos de sus muertos del lugar de un enfrentamiento. Los cadáveres, lo mismo que los heridos que fallecieron como consecuencia de la acción, fueron destruidos o enterrados clandestinamente por ellos.

La lucha por la hegemonía del terror determinó asesinatos y secuestros entre organizaciones de distinto signo.

El terrorismo amparándose en un seudo código revolucionario, hizo parodias de juicios y asesinó a aquellos de sus integrantes que defeccionaron o fracasaron en misiones impuestas. Estos fueron sepultados con identidad falsa o en lugares y circunstancias desconocidas.

Las fuerzas legales, durante el desarrollo de la lucha, infiltraron hombres en las organizaciones terroristas, descubiertos fueron ultimados, sin que se registrara el lugar de sepultura

Asimismo, se han presentado casos de personas denunciadas como desaparecidas, que luego aparecieron y desarrollaron una vida normal, sin que esta circunstancia hubiera sido puesta en conocimiento de las autoridades judiciales o administrativas competentes.

Finalmente, la nómina de desaparecidos puede ser artificialmente aumentada, si se computan los casos no atribuibles al fenómeno terrorista, que se registran habitualmente en todos los grandes centros urbanos.

Cabe destacar que los supuestos en que se denuncia la comisión de un secuestro son materia de investigación judicial, gran número de causas por presuntos delitos de privación ilegítima de la libertad han sido iniciadas de oficio por los jueces competentes.

La posibilidad de que personas consideradas desaparecidas pudieran encontrarse sepultadas como no identificadas, han sido siempre una de las principales hipótesis aceptadas por el gobierno. Coincidió con ese criterio el informe elaborado por la Comisión Interamericana de Derechos Humanos, que visitó el país en 1979, al expresar que, en distintos cementerios se podía verificar la inhumación de personas no identificadas que podían haber fallecido en forma violenta, en su mayoría en enfrentamientos con fuerzas legales.

Se habla asimismo de personas "desaparecidas" que se encontrarían detenidas por el Gobierno Argentino en los más ignotos lugares del país. Todo esto no es más que una falsedad utilizada con fines políticos, ni hay en los establecimientos carcelarios personas detenidas clandestinamente

En consecuencia, debe quedar definitivamente claro que quienes figuran en nóminas de desaparecidos y que no se encuentran exiliados o en la clandestinidad, a los efectos jurídicos y administrativos se consideraran muertos, aun cuando no pueda precisarse, hasta el momento, la causa y oportunidad del eventual deceso ni la ubicación de las sepulturas.

V.- Consideraciones finales.

No obstante ser el desprecio absoluto de los derechos humanos, la expresión más trágica del fenómeno subversivo, el terrorismo es solo uno de los procedimientos.

La agresión subversiva existe en virtud de que antes y durante su desarrollo, la ideología de la violencia se introdujo y dominó la educación y la cultura, el sector de trabajo, las estructuras de la economía y hasta llegó a entronizarse en agrupaciones políticas y en el aparato del estado

La victoria obtenida a tan alto precio, contó con el consenso de la ciudadanía, que comprendió el complejo fenómeno de la subversión y expresó, a través de sus dirigentes, su repudio a la violencia.

De esta actitud de la población se desprende, con claridad, que el deseo de la Nación toda es poner punto final a un período doloroso de nuestra historia para iniciar, en unión y libertad, la definitiva institucionalización constitucional de la República.

Para lograr éxito de este camino, es imprescindible que tengamos el equilibrio suficiente para comprender lo acaecido, sin olvidar las circunstancias que nos llevaron al borde mismo de la disgregación, como así tampoco las responsabilidades que, por acción u omisión, les correspondieron a los distintos sectores de la comunidad, a fin de no recorrer, otra vez, ese doloroso camino que no queremos volver a transitar.

Quienes dieron su vida por combatir al flagelo terrorista, merecen el eterno homenaje de respeto y agradecimiento.

Quienes supieron sostener los principios de un estilo de vida sustentado en el respeto de los derechos fundamentales de las personas y en los valores de la libertad, la paz y la democracia, arriesgando su seguridad personal y la de su familia, cuales fueran dirigentes políticos, sacerdotes, empresarios, sindicalistas, magistrados o simples ciudadanos, merecen el reconocimiento de la comunidad.

Quienes han puesto su inteligencia, buena voluntad, solidaridad y piedad, ejerciendo todo el peso de su estrega al servicio de la reconciliación de la familia argentina, son dignos de reconocimiento y respeto.

Quienes perdieron la vida enrolados en las organizaciones terroristas, que agredieron a esa misma sociedad que los había nutrido, más allá de las diferencias ideológicas, y unificados por la condición de hijos de Dios, reciban su perdón.

Quienes han reconocido su error y han purgado sus culpas, merecen ayuda. La sociedad argentina, en su generosidad, está dispuesta a recuperarlos en su seno.

La reconciliación es el comienzo difícil de una era de madurez y de responsabilidad asumidas con realismo por todos. Las cicatrices son memoria dolorosa, pero también cimiento de una democracia fuerte de un pueblo unido y libre. Un pueblo que aprendió que la subversión y el terrorismo son la muerte inexorable de la libertad.

Las fuerzas armadas entregan a sus conciudadanos esta información para que juzguen en comunidad esta luctuosa etapa de nuestra historia que, como tal, es un problema que toca a todos los argentinos y que todos los argentinos debemos resolver en común, si queremos asegurar la supervivencia de la República.

Por todo lo expuesto la Junta Militar declara:

1.- Que la información y las explicaciones proporcionadas en este documento, es todo cuanto las fuerzas armadas disponen para dar aconocer a la Nación, sobre los resultados y concecuencias de la guerra contra la subversión y el terrorismo.

2.- Que en este marco de referencia, no deseado por las fuerzas armadas y al que fueron impelidas para defender el sistema de vida nacional, únicamente el juicio histórico podrá determinar con exactitud a quien corresponde la responsabilidad directa de métodos injustos o muertes inocentes.

3.- Que el accionar de los integrantes de las fuerzas armadas en las operaciones realizadas con la guerra librada, constituyeron actos de servicio.

4.- Que las fuerzas armadas actuaron y lo harán toda vez que sea necesario en cumplimiento de un mandato emergente del Gobierno Nacional, aprovechando toda la experiencia recogida en esta circunstancia dolorosa de la vida nacional

5.- Que las fuerzas armadas someten ante el pueblo y el juicio de la historia estas decisiones que traducen una actitud que tuvo por meta defender el bien común, identificado en esta instancia con la supervivencia de la comunidad y cuyo contenido asumen con el dolor auténtico de cristianos que reconocen los errores que pudieron haberse cometido en cumplimiento de la misión asignada.

Ha transmitido LS 82, Canal 7, Argentina televisora color, para todas las emisoras que integran la Cadena Nacional de Televisión del país las que a partir de este momento continuarán la difusión de sus respectivos programas."

Tomado de: https://www.youtube.com/watch?v=_5zCfhEGZak&t=31s

Bibliografía.

Ainchil, C. (2013) Las tomas en Nuevediario. Medios de comunicación y política en las ocupaciones de establecimientos en Mayo-Junio de 1973. *Instituto de Investigaciones Gino Germani VII Jornadas de Jóvenes Investigadores 6, 7 y 8 de noviembre de 2013.* https://jornadasjovenesiigg.sociales.uba.ar/wp-content/uploads/sites/107/2013/10/eje3_ainchil.pdf

Alaniz, R. (06-08-2014) Secuestro y muerte de Elena Holmberg. *Diario El Litoral. Opinión.* https://www.ellitoral.com/opinion/secuestro-muerte-elena-holmberg_0_XZ6Taimx9H.html

Alconada Mon, H. (27-05-2020) Aramburu a 50 años del crimen de Montoneros que dividió al País. *Diario La Nación.* https://www.lanacion.com.ar/politica/aramburu-50-anos-misterios-intrigas-del-crimen-nid2370458/

Amaral, S. (2010) Ezeiza, 20 de junio de 1973. Repositorio Institucional. *CONICET Digital.* https://ri.conicet.gov.ar/handle/11336/193898?show=full

Amaral, S.; Ratliff, W. (1991) *Juan Domingo Perón. Cartas del exilio.* Buenos Aires. Editorial Legasa.

Amato, A. (29-05-2020) Un crimen que estremeció al país: a medio siglo del secuestro y asesinato del General Aramburu. *Diario Clarín. Política.* https://www.clarin.com/politica/crimen-estremecio-pais-medio-siglo-secuestro-asesinato-general-aramburu_0_cbBTtOPlc.html

Amato, A. (31-08-2021) "Por cada uno de los nuestros, caerán cinco de los de ellos": el furioso discurso de Perón que encendió la violencia. *Diario Infobae. Sociedad.* https://www.infobae.com/sociedad/2021/08/31por-cada-uno-de-los-nuestros-caeran-cinco-de-los-de-ellos-el-furioso-discurso-de-peron-que-encendio-la-violencia/

Amato, A. (09-06-2022) Esoterismo, crímenes y poder: la vida secreta de López Rega, el "brujo" que bendijo Perón y creó la Triple A. *Diario Infobae Sociedad.*

https://www.infobae.com/sociedad/2022/06/09/esoterismo-crimenes-y-poder-la-vida-secreta-de-lopez-rega-el-brujo-que-bendijo-peron-y-creo-la-triple-a/

Amato, A. (17-11-2022) Quiénes fueron "los elegidos" que viajaron en el vuelo chárter que trajo a Perón de Europa tras el largo exilio. *Diario Infobae. Sociedad.*
https://www.infobae.com/sociedad/2022/11/17/quienes-fueron-los-elegidos-que-viajaron-en-el-vuelo-charter-que-trajo-a-peron-de-europa-tras-el-largo-exilio/

Amato, A. (25-05-2023) "Libérelos de una vez": la tensa noche en la que Perón ordenó que los presos políticos salieran de la cárcel de Devoto. *Diario Infobae Sociedad.*
https://www.infobae.com/sociedad/2023/05/25/liberelos-de-una-vez-la-tensa-noche-en-la-que-peron-ordeno-que-los-presos-politicos-salieran-de-la-carcel-de-devoto/

Amato, A. (12-06-2024) Un mensaje olvidado que dio pasó a "la más maravillosa música": a 50 años del último discurso de Perón. *Diario Infobae. Historias.*
https://www.infobae.com/historias/2024/06/12/un-mensaje-olvidado-que-dio-paso-a-la-mas-maravillosa-musica-a-50-anos-del-ultimo-discurso-de-peron/

Anguita, E.; Cecchini, D. (25-05-2018) 25 de mayo de 1973: la historia secreta de la vertiginosa noche en que Cámpora liberó a los presos políticos. *Diario Infobae.*
https://www.infobae.com/sociedad/2018/05/25/25-de-mayo-de-1973-la-historia-secreta-de-la-vertiginosa-noche-en-que-campora-libero-a-los-presos-politicos/

Anguita, E.; Cecchini, D. (30-06-2019) Quién mató a Vandor, a medio siglo de la muerte del líder metalúrgico. *Diario Infobae.*
https://www.infobae.com/sociedad/2019/06/30/quien-mato-a-vandor-a-medio-siglo-de-la-muerte-del-lider-metalurgico/

Anguita, E.; Cecchini, D. (21-11-2020) Balas, morteros y tanques: la brutal destrucción de tres casas ocupadas por Montoneros y los increíbles escondites que hallaron. *Diario Infobae. Sociedad.*
https://www.infobae.com/sociedad/2020/11/21/balas-morteros-y-tanques-la-brutal-destruccion-de-tres-casas-ocupadas-por-montoneros-y-los-increibles-escondites-que-hallaron/

Anguita, E.; Cecchini, D. (18-02-2021) Dos cargas de TNT para volar el avión presidencial y matar a Videla: el atentado del ERP que falló por dos increíbles episodios. *Diario Infobae. Sociedad.*
https://www.infobae.com/sociedad/2021/02/18/dos-cargas-de-tnt-para-volar-el-avion-presidencial-y-matar-a-videla-el-atentado-del-erp-que-fallo-por-dos-increibles-episodios/

Anguita, E.; Cecchini, D. (29-06-2021) A 55 años de la asunción de Onganía, el dictador que pretendía quedarse 20 años en el poder. *Infobae. Sociedad.*

https://www.infobae.com/sociedad/2021/06/29/a-55-anos-de-la-asuncion-de-ongania-el-dictador-que-pretendia-quedarse-20-anos-en-el-poder/

Anzorena, O. R. (1988) *Tiempo de violencia y utopía*. Buenos Aires. Editorial Contrapunto.
http://www.iunma.edu.ar/doc/MB/lic_historia_mat_bibliografico/Seminario%20Investigaci%C3%B3n%20I/Anzorena,%20Tiempo%20de%20violencia%20y%20utopia%20(1966-1976).pdf

Archivo Histórico de RTA (09-02-1978) Tercer aniversario del Operativo Independencia: palabras del presidente de facto Videla. Archivo Histórico de Radio y Televisión Argentina.
https://www.archivorta.com.ar/asset/videla-destaca-la-victoria-en-el-operativo-independencia-1978/

Armada (21-01-2013) Fruto de una mezcla de descuido, negligencia u olvido, quedó escorado y semihundido en Puerto Belgrano el otrora emblemático destructor Santísima Trinidad. *Tiempo Militar*.
https://www.tiempomilitar.com.ar/index.php/armada/825-fruto-de-una-mezcla-de-descuido-negligencia-u-olvido-se-hundio-en-puerto-belgrano-el-emblematico-destructor-santisima-trinidad

Azcona, J.M. (2014) La pasión revolucionaria y marxista: El caso de los montoneros en Argentina (1970-1976) Revista Electrónica Iberoamericana. Editada por el Centro de Estudios de Iberoamérica, de la Universidad Rey Juan Carlos y el Instituto Universitario de Estudios Internacionales y Europeos "Francisco de Vitoria", de la Universidad Carlos III de Madrid
https://www.urjc.es/images/ceib/revista_electronica/vol_8_2014_1/REIB_08_01_ARTICULO_04.pdf

Baczko, Bronislaw (2005) Los imaginarios sociales. Memorias y esperanzas colectivas. Buenos Aires. Nueva Visión.

Battaglia, M. (25-09-2023) Se cumplen 50 años del asesinato de José Ignacio Rucci, el crimen que alejó a Perón de la izquierda peronista. *Diario Perfil. Política*.
https://www.perfil.com/noticias/politica/50-aniversario-asesinato-jose-ignacio-rucci.phtml

Bisso, M.; Carnagui, J.L. (2005) Legislación sobre el terrorismo y posición de los partidos políticos en la Argentina de los años 60. La Plata. *Ponencia presentada en IV Jornadas de Sociología de la UNLP*.

Blaustein, E.; Zubieta, M. (2015) Diciamos ayer. La prensa argentina bajo el proceso. Ediciones Colihue.

Borini, R. (07-12-2021) Asesinato del General Cáceres Monié y esposa. Crónica del horror. *Prisionero en Argentina*.
https://prisioneroenargentina.com/asesinato-del-general-caceres-monie-y-esposa-cronica-del-horror/

Bosoer, F (30-06-2021) Vandor: un magnicidio que nadie quiso terminar

de esclarecer. *Diario Clarín*.
https://www.clarin.com/politica/vandor-magnicidio-nadie-quiso-terminar-esclarecer_0_r_JQh0PA2.html

Bruschtein, L. (20-08-2003) Liborio Justo. *Diario Página12*. https://www.pagina12.com.ar/diario/contratapa/13-24319-2003-08-20.html

Buchrucker, C. (1987) *Nacionalismo y Peronismo. La Argentina en la crisis ideológica mundial (1927 - 1955)* Buenos Aires. Sudamericana.

Bulla, G. (2006). Televisión Argentina en los 60: la consolidación de un negocio de largo alcance. En Mastrini, Guillermo (editor) *Mucho ruido, pocas leyes. Economía y políticas de comunicación en la Argentina (1920-2004)*. Buenos Aires. La Crujía.

BWN Patagonia. Historia, actividades del terrorismo en la República Argentina: atentados explosivos.
https://bolsonweb.com.ar/historia-actividades-del-terrorismo-en-la-republica-argentina-atentados-con-explosivos/

Cabaña, Á. (21-06-2019) La Revolución por encima de todo. *Diario Perfil. Opinión. Historia política*.
https://www.perfil.com/noticias/opinion/opinion-angel-cabana-la-revolucion-por-encima-de-todo.phtml

Carrá, J. (27-10-2015) Causa ESMA: morir dos veces a manos del terrorismo de Estado. *Infojus Noticias. Agencia Nacional de Noticias Jurídicas*.
http://www.infojusnoticias.gov.ar/nacionales/causa-esma-morir-dos-veces-a-manos-del-terrorismo-de-estado-10336.html

Carreras, J. (2003) La política armada. Una historia de los movimientos revolucionarios argentinos, desde los Uturuncos y el FRIP, hasta el ERP y Montoneros (1959-1976) Santiago del Estero. Argentina. Quipu Editorial.
https://cedinpe.unsam.edu.ar/sites/default/files/pdfs/carreras-movimientos_revolucionarios_en_la_argent.pdf

Causa ESMA. (Creada en el 2003) Escuela de Mecánica de la Armada (ESMA) s/delito de acción pública. Código de referencia CCJJ-AR-AR EJ CF14217/03. Juzgado en lo Criminal y Correccional Federal N°12 de la Capital Federal. Cámara Nacional de Apelaciones en lo Criminal y Correccional Federal de la Capital Federal. Juzgado+Nacional+en+lo+Criminal+y+Correccional+Federal causa n° 14217/03. Escuela Mecánica de la Armada s/ Delito de acción pública

Caviasca, G.M. (2014) El copamiento de Sanidad: La política militar del PRT-ERP y Montoneros. *Cuadernos de Marte. Año 5. Número 7. Julio – Diciembre. Dialmet*.

Cecchini, D. (19-07-2021) A 47 años de la muerte de Santucho: las tres hipótesis de cómo lo encontraron y el pacto de silencio sobre sus

restos. *Diario Infobae.*
https://www.infobae.com/historias/2023/07/19/a-47-anos-de-la-muerte-de-santucho-las-tres-hipotesis-de-como-lo-encontraron-y-el-pacto-de-silencio-sobre-sus-restos/

Cecchini, D. (04-12-2021) La falsa muerte en un "enfrentamiento" de la líder montonera más buscada por la dictadura. *Diario Infobae Sociedad.*
https://www.infobae.com/sociedad/2021/12/04/la-falsa-muerte-en-un-enfrentamiento-de-la-lider-montonera-mas-buscada-por-la-dictadura/

Cecchini, D. (29-07-2022) La Noche de los Bastones Largos: cuando la dictadura de Onganía quiso destruir la universidad a palazos. *Diario Infobae. Sociedad.*
https://www.infobae.com/sociedad/2022/07/29/la-noche-de-los-bastones-largos-cuando-la-dictadura-de-ongania-quiso-destruir-la-universidad-a-palazos/

Cecchini, D. (19-08-2022) El asalto al Policlínico Bancario: la primera operación guerrillera de la Argentina y el ridículo del comisario Meneses. *Diario Infobae. Sociedad.*
https://www.infobae.com/sociedad/2022/08/29/el-asalto-al-policlinico-bancario-la-primera-operacion-guerrillera-de-la-argentina-y-el-ridiculo-del-comisario-meneses/

Cecchini, D. (28-09-2022) El increíble Operativo Cóndor: el día que 18 jóvenes secuestraron un avión para tomar las Malvinas. *Diario Infobae. Sociedad.*
https://www.infobae.com/sociedad/2022/09/28/el-increible-operativo-condor-el-dia-que-18-jovenes-secuestraron-un-avion-para-tomar-las-malvinas/

Cecchini, D. (29-05-2023) Operación Pindapoy: el secuestro y la muerte del general Aramburu contado por los propios Montoneros. *Diario Infobae. Sociedad.*
https://www.infobae.com/sociedad/2023/05/29/operacion-pindapoy-el-secuestro-y-la-muerte-del-general-aramburu-contado-por-los-propios-montoneros/

Cecchini, D. (20-06-2023) A medio siglo de la masacre de Ezeiza: disparos a mansalva y la foto del hombre izado por los pelos al que todos creyeron muerto. *Diario Infobae. Sociedad.*
https://www.infobae.com/sociedad/2023/06/20/a-medio-siglo-de-la-masacre-de-ezeiza-disparos-a-mansalva-y-la-foto-del-hombre-izado-por-los-pelos-al-que-todos-creyeron-muerto/

Cecchini, D. (15-09-2023) Quién fue Sabino Navarro, el montonero cuyo nombre apareció en las granadas halladas en el incendio de Palermo. *Diario Infobae. Sociedad.*
https://www.infobae.com/sociedad/2023/09/15/quien-fue-sabino-navarro-el-montonero-cuyo-nombre-aparecio-en-las-granadas-

halladas-en-el-incendio-de-recoleta/

Cecchini, D. (23-12-2023) Monte Chingolo, el ataque más grande de la guerrilla argentina que hizo fracasar un infiltrado en el ERP. *Infobae. Sociedad.*
https://www.infobae.com/sociedad/2023/12/23/monte-chingolo-el-ataque-mas-grande-de-la-guerrilla-argentina-que-hizo-fracasar-un-infiltrado-en-el-erp/

Cecchini, D- (01-05-2024) "Imberbes, estúpidos": el largo proceso que desembocó en el alejamiento de Montoneros del peronismo. *Diario Infobae. Sociedad.*
https://www.infobae.com/sociedad/2024/05/01/imberbes-estupidos-el-largo-proceso-que-desemboco-en-el-alejamiento-de-montoneros-del-peronismo/

Cecchini (D. (20-08-2024) La Masacre de Fátima: cuando un grupo de tareas de la Policía Federal ejecutó a 30 detenidos y dinamitó sus cuerpos en un descampado. *Diario Infobae. Historias.*
https://www.infobae.com/historias/2024/08/20/la-masacre-de-fatima-cuando-un-grupo-de-tareas-de-la-policia-federal-ejecuto-a-30-detenidos-y-dinamito-sus-cuerpos-en-un-descampado/

CeDeMa. Org. (1970) Copamiento de la Comisaría 24 de Rosario. *Centro de Documentación de los Movimientos Armados.*
https://cedema.org/digital_items/3504

CeDeMa. Org. (1973) Operación Mercurio (Ajusticiamiento del almirante Hermes Quijada). *Centro de Documentación de los Movimientos Armados.*
https://cedema.org/digital_items/2169

CeDeMa.Org. (1973) Parte de guerra. Sobre el copamiento del Batallón 141 de Comunicaciones. *Centro de documentación de los movimientos armados (CeDeMa.org.) Colecciones. Archivo digital.*
https://cedema.org/digital_items/269

CeDeMa.Org. (1973) Acta de Unidad FAR y Montoneros. *Centro de Documentación de los Movimientos Armados.*
https://cedema.org/digital_items/228

CeDeMa. Org. (1974) Toma de Acheral. *Centro de Documentación de los Movimientos Armados.*
https://cedema.org/digital_items/280

CeDeMa. Org. (1974) Toma de Santa Lucía. *Centro de Documentación de los Movimientos Armados.*
https://cedema.org/digital_items/289

CeDeMa.Org. (13-04-1975) El combate de San Lorenzo. *Centro de Documentación de los Movimientos Armados.*
https://cedema.org/digital_items/300

CeDeMa.Org. (06-10-1975) Parte de Guerra Formosa. *Centro de*

Documentación de los Movimientos Armados.
https://cedema.org/digital_items/243

Confino, H. E. (2000) El fin de la lucha armada en Argentina. Montoneros y su segunda contraofensiva (1980) *Revista conflicto Social. Año 13. N° 24.*

Corigliano, F. (2007) Colapso estatal y política exterior: el caso de la Argentina (des)gobernada por Isabel Perón (1974-1976) ISEN \ UBA \ UTDT \ UdeSA. Revista SAAP. Vol 3, N°1.

Cornut, H. (2022) El Ejército Argentino frente al desafío de la anticipación estratégica (1958-1966) Buenos Aires. *Universidad de la Defensa Nacional*.
https://fe.undef.edu.ar/publicaciones/ojs3/index.php/casusbelli/article/view/53/92

Csipka, J.P. (29-08-2013) A 60 años del asalto al Policlínico Bancario. *Diario Página12*.
https://www.pagina12.com.ar/583164-a-60-anos-del-asalto-al-policlinico-bancario

De Beitia, A. (16-10-2021) El combate que selló el final del ERP en el monte. *La Prensa. Política*.
https://www.laprensa.com.ar/El-combate-que-sello-el-final-del-ERP-en-el-monte-507821.note.aspx

De Amézola, G. (1997) Lanusse o el arte de lo imposible. El lanzamiento del GAN (marzo-mayo de 1971) *Cuadernos del CISH*.
https://www.memoria.fahce.unlp.edu.ar/art_revistas/pr.2638/pr.2638.pdf

Declaración Pública de la Junta Nacional del MIR (23 de julio de 1964) *Biblioteca Nacional. Archivos y Colecciones Particulares*. Fondo del Centro de Estudios Nacionales, Caja 953-954,

Decreto-Ley 3.855 / 1955. Se declaran disueltos en todo el país los partidos peronistas masculinos y femeninos. https://www. argentina. gob.ar/noen

Decreto-Ley 4.161/56. Buenos Aires, 5 de marzo de 1956, B.O.: 9 de marzo de 1956. Tema: Partidos políticos prohibidos, peronismo, propaganda política. *Sistema Argentino de Información Jurídica*.
http://www.saij.gob.ar/legislacion/ley-nacional-4161.htm#

De Vedia, M. (02-08-2022) La contraofensiva: cómo fue la última operación de los Montoneros que reivindica Fernando Vaca Narvaja. *Diario La Nación. Política*.
https://www.lanacion.com.ar/politica/la-contraofensiva-como-fue-la-ultima-operacion-de-los-montoneros-que-reivindica-fernando-vaca-nid02082022/

Diario Clarín. Redacción (24-02-2017) *El sangriento golpe del grupo Tacuara. Diario Clarín. Policiales*.

https://www.clarin.com/policiales/sangriento-golpe-grupo-tacuara_0_B11GvIpJ0FI.html

Diario Cuarto. Salta a diario. Sociedad (06-02-2023) Orán | A 59 años de la caída de una guerrilla enviada por el Che Guevara a Salta. https://www.cuarto.com.ar/historia-jorge-ricardo-masetti-y-la-frustrada-guerrilla-del-che-guevara-en-la-selvas-de-oran/

Diario El Ciudadano (01-05-2024) A 50 años del día en que Perón tildó de "imberbes" a Montoneros en cadena nacional y en plena Plaza de Mayo. Provincia de Santa Fe, Rosario. *Diario El Ciudadano & la región.* https://www.elciudadanoweb.com/a-50-anos-del-dia-en-que-peron-tildo-de-imberbes-a-montoneros-en-cadena-nacional-y-en-plena-plaza-de-mayo/

Diario El País. EFE. (16-12-1976) Nueve muertos al hacer explosión una bomba en el Ministerio de Defensa. Diario El País. Internacional. https://elpais.com/diario/1976/12/17/internacional/219625210_850215.html

Diario Infobae (30-10-2017) Cordobazo: a 40 años de uno de los mayores estallidos sociales de la historia argentina. https://www.infobae.com/2009/05/29/451379-cordobazo-40-anos-uno-los-mayores-estallidos-sociales-la-historia-argentina/

Diario Infobae (05-01-2023) Fue la única mujer en la cúpula de Montoneros: su muerte fue tapa de los diarios, pero era mentira. *Diario Infobae. Leamos.* https://www.infobae.com/leamos/2023/01/05/fue-la-unica-mujer-en-la-cupula-de-montoneros-y-su-muerte-inventada-salio-en-la-tapa-de-los-diarios/

Diario La Nación. Política (22-06-1998) El regreso definitivo de Perón al país desató una batalla entre grupos del PJ https://www.lanacion.com.ar/politica/hace-25-anos-la-masacre-de-ezeiza-enlutaba-a-la-argentina-nid100886/

Diario La Nación (22-02-2001 / 20-06-2020) Por qué asesinaron a Elena Holmberg en 1978. *Diario La Nación. Política.* https://www.lanacion.com.ar/politica/por-que-asesinaron-a-elena-holmberg-en-1978-nid53314/?gad_source=1&gclid=CjwKCAjw6c63BhAiEiwAF0EH1BAWYEZy1DnU3TBIH6WN-n3tg2NWpWHG03QQS8AN_3EraC_EsrQH3RoClzYQAvD_BwE

Diario La Nación (02-08-2003 y 06-06-2020) A 25 años del ataque contra Lambruschini. *Diario La Nación. Política.* https://www.lanacion.com.ar/politica/a-25-anos-del-ataque-contra-lambruschini-nid516118/

Diario La Nación (01-08-2018 y 11-02-2021) A 40 años del asesinato de Paula Lambruschini, su hermana la recuerda con una carta. *Diario La Nación. Política.* https://www.lanacion.com.ar/politica/a-40-anos-del-asesinato-de-paula-lambruschini-su-hermana-la-recuerda-con-una-carta-nid2158172/

Diario La Nación (25-07-2020) El Operativo Independencia. *La Nación. Editorial.* https://www.lanacion.com.ar/editoriales/el-operativo-independencia-nid1522150/

Diario Norte (10-08-2019) El día que intentaron matar a Frondizi. https://www.diarionorte.com/182108-el-dia-que-intentaron -matar-a-frondizi-

Diaxdia (01-06-2023) Nuevo aniversario del copamiento Montonero en San Jerónimo Norte. *Diario Diaxdia. Regionales.* https://www.esperanzadiaxdia.com.ar/regionales/nuevo-aniversario-del-copamiento-montonero-en-san-jeronimo-norte.htm#:~:text=El%20copamiento%20de%20San%20Jer%C3%B3nimo,ya%20com%C3%BAn%20entrados%20los%2070s.

Díaz Bessone, R. (1996) *Guerra Revolucionaria en la Argentina 1959-1978.* Buenos Aires. 3° Ediciones Círculo Militar.

Duzdevich, A. (04-07-2021) Historias de la Resistencia Peronista las fabrica de bombas y el preso por salir a poner "caños". Buenos Aires. *Diario Infobae. Sociedad.* https://www.infobae.com/sociedad/2021/07/04/historias-de-la-resistencia-peronista-la-fabrica-de-bombas-y-el-preso-por-salir-a-poner-canos/

Duzdevich, A. (03-04-2022) Como se fue gestando el golpe del 24 de marzo de 1976. *Diario Punto uno. Salta. Argentina. Opinión.* https://diariopuntouno.ar/dp1_21/index.php/opinion/aldo-duzdevich/1628-como-se-fue-gestando-el-golpe-del-24-de-marzo-de-1976

Duzdevich, A. (02-05-2022) El último 1° de mayo de Perón: el día que echó a los Montoneros de la Plaza y los trató de imberbes y estúpidos. *Diario Infobae. Sociedad.* https://www.infobae.com/sociedad/2022/05/01/el-ultimo-1-de-mayo-de-peron-el-dia-que-echo-a-los-montoneros-de-la-plaza-y-los-trato-de-imberbes-y-estupidos/

El Historiador. Elena Holmberg, la mujer que sabía demasiado https://elhistoriador.com.ar/elena-holmberg-la-mujer-que-sabia-demasiado/

ElDoceTV (27-02-2024) Los Tesoros del Archivo: el secuestro y asesinato del cónsul de Estados Unidos https://eldoce.tv/politica/2024/02/27/los-tesoros-del-archivo-el-secuestro-y-asesinato-del-consul-de-estados-unidos/

Esquivada, G. (23-04-2019) Documentos secretos recientemente desclasificados revelan que la Policía asesinó a 30 personas en la Masacre de Fátima. *Diario Infobae.*
https://www.infobae.com/historia-argentina/2019/04/23/la-masacre-de-fatima-segun-la-cia-obra-de-la-policia-federal-y-causa-de-extremo-enojo-para-videla/

Esquivada, G. (27-04-2019) Documentos desclasificados sobre la muerte de Santucho reavivaron la hipótesis de la traición de un guerrillero. *Diario Infobae.*
https://www.infobae.com/sociedad/2019/04/27/documentos-desclasificados-sobre-la-muerte-de-santucho-reavivaron-la-hipotesis-de-la-traicion-de-un-guerrillero/

Esquivada, G. (11-06-2019) Documentos desclasificados: los frustrados atentados guerrilleros contra Videla y Rita Hayworth durante la dictadura. *Diario Infobae.*
https://www.infobae.com/historia-argentina/2019/06/11/documentos-desclasificados-los-frustrados-atentados-guerrilleros-contra-videla-y-rita-hayworth-durante-la-dictadura/

Esquivada, G. (16-07-2019) El gobierno cordobés le sacó la custodia, los montoneros lo secuestraron y la Casa Rosada lo dejó morir. *Diario Infobae.*
https://www.infobae.com/historia-argentina/2019/07/11/el-gobierno-cordobes-le-saco-la-custodia-los-montoneros-lo-secuestraron-y-la-casa-rosada-lo-dejo-morir/

Falcionelli, A. (1962). *Sociedad occidental y guerra revolucionaria.* Buenos Aires. Mandrágora Ediciones.

Fernández Meijide, G. (29-05-2020) A 50 años del asesinato de Aramburu: Montoneros y su sello indeleble en la violencia política. *Diario La Nación.*
https://www.lanacion.com.ar/politica/a-50-anos-del-asesinato-aramburu-montoneros-nid2368139/

Ferrer, A. (1980) *Crisis y alternativas de la política económica argentina.* Buenos Aires. Fondo de Cultura Económica.

Ferri, C. (27-09-2019) El asesinato de Frondizi, Troxler y Ortega Peña. *La Izquierda Diario. Historia Argentina.*
https://www.laizquierdadiario.com/El-asesinato-de-Frondizi-Troxler-y-Ortega-Pena

Figallo, B. (2005) El destierro de Perón en la España franquista. *X Jornadas Interescuelas/Departamentos de Historia que tuvieron lugar en Rosario en septiembre de 2005.*
https://repositorio.uca.edu.ar/bitstream/123456789/16359/1/destierro-peron.pdf

Finchelstein, F. (2008) *La Argentina Fascista. Los orígenes ideológicos de la dictadura*. Buenos Aires. Editorial Sudamericana.

Foresi, F. (2017) La represión en perspectiva transnacional. Las supuestas relaciones de la Triple A. Tandil. Argentina. Instituto de Estudios Históricos Sociales (IEHS). Anuario. https://ojs2.fch.unicen.edu.ar/ojs-3.1.0/index.php/anuario-ies/article/view/193

Gilardi, N. (08-08-2012) Elena Holmberg, el crimen que desnudó las internas de la dictadura. *Diario Infobae*. https://www.infobae.com/2012/08/08/663564-elena-holmberg-el-crimen-que-desnudo-las-internas-la-dictadura/

Gambini, H. (19-02-2007) Perón, creador de la Triple A. *Diario La Nación. Opinión*. https://www.lanacion.com.ar/opinion/peron-creador-de-la-triple-a-nid884744/

Garcia Lupo, R. (1963) Diálogo con los jóvenes fascistas. En: *La rebelión de los generales*. Ed Garcia Lupo. Buenos Aires. Editorial Jamcana.

Gordillo, M. (2007) Protesta, rebelión y movilización: de la resistencia a la lucha armada, 1955-1973. En: James, D. (2007) *Violencia, proscripción y autoritarismo: 1955-1976."* 3ª edición. Buenos Aires. Ed. Sudamericana. Capítulo VIII.

Guevara, M (2018) Una reconsideración sobre los debates historiográficos de la identidad nacional en Argentina (1930-1943) Córdoba. Argentina. *Revista de la Red de Intercátedras de Historia de América Latina Contemporánea*. Año 5, N° 9.

Galván, M.V. (2009) Discursos de los organismos de inteligencia argentinos sobre el *Movimiento Nacionalista Tacuara en el marco de la primera Guerra Fría. Antíteses*, vol. 2, n. 4. http://www.uel.br/revistas/uel/index.php/antiteses

Galván, M.V. (2012) El semanario Azul y Blanco y las transformaciones en los discursos y prácticas políticas del Nacionalismo de derecha durante la larga década del sesenta *Memoria Académica. VII Jornadas de Sociología de la UNLP. 5 al 7 de diciembre*. https://www.memoria.fahce.unlp.edu.ar/trab_eventos/ev.1962/ev.1962.pdf

Garcia Lupo, R. (1963) Diálogo con los jóvenes fascistas. En: *La rebelión de los generales*. Ed Garcia Lupo. Buenos Aires. Editorial Jamcana.

González, J.L. (29-05-2020) El segundo secuestro de Aramburu: el día que Montoneros robó su cadáver. Diario Noticias. Política. https://noticias.perfil.com/noticias/politica/el-segundo-secuestro-de-aramburu-el-dia-que-montoneros-robo-su-cadaver.phtml

González, M. (05-12-2023) A 40 años de la disolución definitiva de la Junta Militar. *Diario 0264noticias.com.ar. Interés General.* https://www.0264noticias.com.ar/noticias/2023/12/05/56106-a-40-anos-de-la-disolucion-definitiva-de-la-junta-militar

Guillen, B. (21-04-1970) Orden Cerrado. Revista Periscopio. Archivo histórico de revistas argentinas. https://ahira.com.ar/ejemplares/periscopio-n-33/

Guillispie, R. (1987) *Soldados de Perón. Los Montoneros.* Buenos Aires. Editorial Grijalbo.

Gutman, D. (04-01-2020) La reunión secreta entre Fidel Castro y el ERP: cuando recomendó no lanzar la guerrilla rural en Tucumán con Perón vivo, pero Santucho no le hizo caso. *Infobae. Sociedad.* https://www.infobae.com/sociedad/2020/01/04/la-reunion-secreta-entre-fidel-castro-y-el-erp-cuando-recomendo-no-lanzar-la-guerrilla-rural-en-tucuman-con-peron-vivo-pero-santucho-no-le-hizo-caso/

Gutman, D. (17-01-2020) Una cruz esvástica marcada en el pecho y la sombra de Eichmann: el estremecedor ataque a una joven judía. *Diario Infobae.* https://www.infobae.com/america/historia-america/2020/01/17/una-cruz-esvastica-marcada-en-el-pecho-y-la-sombra-de-eichmann-el-estremecedor-ataque-a-una-joven-judia/

Gutman, D. (29-02-2020) Por comunista y por judío: el brutal asesinato de Raúl Alterman acribillado por el grupo Tacuara. *Diario Infobae.* https://www.infobae.com/sociedad/2020/02/29/por-comunista-y-por-judio-el-brutal-asesinato-de-raul-alterman-acribillado-por-el-grupo-tacuara/

Gutman, D. (2003). *Tacuara. Historia de la primera guerrilla urbana argentina.* Buenos Aires. Ediciones B.

Historia. (Biografías) Cesar Augusto Guzzetti. Todo Argentina. https://www.todo-argentina.net/biografias-argentinas/cesar-guzzetti.php?id=1338

Isseta, G (03-08-2020) El día que las FAR tomaron Garín. *El Diario. Interés General.* Consulta a Isseta. https://www.eldiariodeescobar.com.ar/el-dia-que-las-far-tomaron-garin/

Lanusse, A.A. (1977) *Mi testimonio.* Buenos Aires. Editorial Lasserre.

Lanusse, L. (2005) *Montoneros. El mito de sus 12 fundadores.* Editorial Vergara. https://www.redalyc.org/pdf/184/18400718.pdf

Larraquy, M. (15-12-2018) La historia secreta del fallido plan guerrillero que derrumbó un edificio de siete pisos en Retiro y provocó 10 muertes. *Diario Infobae.* https://www.infobae.com/sociedad/2018/12/15/la-historia-secreta-del-fallido-plan-guerrillero-que-derrumbo-un-edificio-de-siete-pisos-en-retiro-y-provoco-10-muertes/

Larraquy, M. (23-08-2021) La venganza de los guerrilleros por los fusilamientos en Trelew: cómo se gestó el crimen del almirante Quijada. *Diario Infobae. Sociedad.*
https://www.infobae.com/tag/almirante-hermes-quijada/

Larraquy, M. (13-11-2021) Sangre y fuego en la 9 de Julio: el último atentado de Montoneros que marcó el final de la lucha armada. *Diario Infobae. Sociedad.*
https://www.infobae.com/sociedad/2021/11/13/sangre-y-fuego-en-la-9-de-julio-el-ultimo-atentado-de-montoneros-que-marco-el-final-de-la-lucha-armada/

López Cordero, M. (29-05-2015) Cordobazo: rebelión popular e insurrección urbana. *Consejo Nacional de Investigaciones Científicas y Técnicas (CONICET)*
https://www.conicet.gov.ar/cordobazo-rebelion-popular-e-insurreccion-urbana/

Löwy, M. (2007) *El marxismo en América Latina.* Santiago de Chile. Editorial LOM.
https://pensamientocriticoxxi.files.wordpress.com/2018/07/el-marxismo-en-america-latina.pdf

LT. (19-07-2024) La pista de la boleta del nebulizador y un infierno de balas en un departamento: el día que cayó Mario Roberto Santucho. *Diario Perfil. Actualidad.*
https://www.perfil.com/noticias/actualidad/la-pista-de-la-boleta-del-nebulizador-y-un-infierno-de-tiros-en-un-departamento-el-dia-que-cayo-mario-roberto-santucho.phtml

Manfroni, C. (17-11-2022) Los atentados del Mundial 78. *Diario La Nación. Opinión.*
https://www.lanacion.com.ar/opinion/los-atentados-del-mundial-78-nid17112022/

Marotte, J. P. (2008) Perón al poder, Cámpora a su casa: El interregno de Lastiri. V Jornadas de Sociología de la UNLP 10, 11 y 12 de diciembre de 2008. Facultad de Humanidades y Ciencias de la Educación (FAHCE) Universidad de La Plata.
https://www.memoria.fahce.unlp.edu.ar/trab_eventos/ev.6218/ev.6218.pdf

Martín, M. (25-03-2022) Rodolfo Walsh, el oficial de inteligencia Montonero, acribillado en San Juan y Entre Ríos. *Diario Perfil. Actualidad.*
https://www.perfil.com/noticias/actualidad/argentina-de-plomo-rodolfo-walsh-murio-acribillado-por-la-junta-militar-hace-45-anos.phtml

Martin, M. (22-08-2022) Así fue la Masacre de Trelew: fuga de guerrilleros, 16 fusilamientos y salvoconducto para 6. *Diario Perfil. Sociedad.*
https://www.perfil.com/noticias/sociedad/masacre-de-trelew-fuga-guerrilleros-16-fusilamientos-y-salvoconducto-para-6stro-y-salvador-

allende.phtml

Martínez Carricart, J. (02-08-2021) Vivir en el zoológico porteño. La fascinante historia de los hermanos Holmberg, que crecieron entre animales. *Diario La Nación.*
https://www.lanacion.com.ar/lifestyle/vivir-en-el-zoologico-porteno-la-fascinante-historia-de-los-hermanos-holmberg-que-crecieron-entre-nid02082021/

Matsushita, H. (1987) *Movimiento obrero argentino 1930-1954. Sus proyecciones en los orígenes del peronismo.* Buenos Aires. Siglo Veinte.

Merele, H.J. (2013) La "depuración ideológica" del peronismo en el Partido de General Sarmiento (Buenos Aires). Una aproximación a partir del caso de Antonio "Tito" Deleroni". Primeras Jornadas de Historia Reciente del Conurbano Norte y Noroeste. *Instituto de Desarrollo Urbano. Universidad Nacional de General Sarmiento.*
http://observatorioconurbano.ungs.edu.ar/Articulos%20y%20docume ntos/5-PONENCIA-MERELE.pdf

Ministerio de Capital Humano. Rodolfo Walsh, con la vigencia de siempre. *Cultura. Argentina.gob.ar*
https://www.argentina.gob.ar/noticias/rodolfo-walsh-con-la-vigencia-de-siempre-45-anos-despues

Ministerio de Justicia. Secretaría de Recursos Humanos (2010) *El bombardeo de Plaza de Mayo – 16 de junio de 1955.*
https://www.argentina.gob.ar/derechoshumanos/el-bombardeo-de-plaza-de-mayo-16-de-junio-de-1955

Miranda, S. (02-11-2020) Los Preparativos para el Ataque al Regimiento de Infantería de Monte 29.
https://www.infanteria.com.ar/los-preparativos-para-el-ataque-al-regimiento-de-infanteria-de-monte-29/

Miranda, S. (03-11-2020) El Ataque al Regimiento de Infantería de Monte 29 – Parte 2.
https://www.infanteria.com.ar/el-ataque-al-regimiento-de-infanteria-de-monte-29-parte-2/

Miranda, S. (04-11-2020) El Ataque al Regimiento de Infantería de Monte 29 – Parte 3.
https://www.infanteria.com.ar/el-ataque-al-regimiento-de-infanteria-de-monte-29-parte-3/

Murmis, M.; Portantiero, J. (1971) *Estudios sobre los orígenes del peronismo*, Buenos Aires. Siglo XXI.

Musacchio, A. (1992) *La Alemania nazi y la Argentina en los años '30: crisis económica, bilateralismo y grupos de interés.* Buenos Aires. Editorial Ciclos

Nava, A. (2008) El gobierno de Bidegain 1973-1974. Crónica de una caída anunciada. *V Jornadas de Sociología UNLP.*

https://sedici.unlp.edu.ar/bitstream/handle/10915/101770/El_gobierno
_de_Bidegain_1973-1974.6277.pdf-
PDFA.pdf?sequence=1&isAllowed=y

Nievas, F. (1999). Las tomas durante el gobierno de Cámpora. Ed. Mimeo.

Nievas, F. (2000) Cara y ceca. Las tomas de Medios de Difusión Masiva durante el gobierno de Cámpora. *Dossier: CICSO: Marxismo, Historia y Ciencias Sociales en la Argentina* en *Razón y Revolución* n°6. https://www.razonyrevolucion.org/textos/revryr/luchadeclases/ryr6Nie vas.pdf

Novick, S. (2008) Población y Estado en la Argentina (1930-1943). Análisis de los discursos de algunos actores sociales: industriales, militares, obreros y profesionales de la salud. En: *Estudios Demográficos y Urbanos*. El Colegio de México; Vol. 23, n° 2 (68)

Nuñez, J. (29-05-2021) El secuestro de Aramburu y la aparición de Montoneros. *Diario Perfil. Opinión*. https://www.perfil.com/noticias/opinion/jorge-nunez-el-secuestro-de-aramburu-y-la-aparicion-de-montoneros.phtml

Ñañez, G.D. Abraham Guillén. Los orígenes de la guerrilla peronista. 1955-1960. *Cuadernos de la memoria*. https://www.cedinpe.unsam.edu.ar/sites/default/files/pdfs/daniel_nane z_-_abraham_guillen.pdf

Ollier, M. (1986) *El fenómeno insurreccional y la cultura política*, Buenos Aires. Centro editor de América Latina.

Otero, P. (04-12-2019) A 55 años del "Operativo Retorno". *La Prensa. Política*. https://www.laprensa.com.ar/A-55-anos-del-Operativo-Retorno-483612.note.aspx

Ottavianelli, A.; Iocco, V (2012) La otra casa. Arte y memoria en una casa operativa. V Seminario Internacional. Políticas de la Memoria. http://conti.derhuman.jus.gov.ar/2012/10/6_seminario/mesa_32/iocco _ottavianelli_mesa_32.pdf

Padrón, J.M. (2007) Trabajadores, sindicatos y extrema derecha. El Movimiento Nacionalista Tacuara frente al movimiento obrero, Argentina (1955-1966) Tucumán. *XIª Jornadas Interescuelas*. Departamentos de Historia.

Pagden, A. (2011) *Mundos en guerra. 2500 años de conflicto entre Oriente y Occidente*. Barcelona. RBA Editores.

Peiró, C. (11-12-2016) Archivos secretos de la dictadura revelan su alto conocimiento de los planes de Montoneros. *Diario Infobae*. https://www.infobae.com/politica/2016/12/11/archivos-secretos-de-la-dictadura-revelan-su-alto-conocimiento-de-los-planes-de-montoneros/

Peiró, C. (04-08-2022) Contraofensiva montonera: los archivos secretos

que revelan hasta qué punto fue funcional a la represión. *Diario Infobae. Política.*
https://www.infobae.com/politica/2022/08/04/contraofensiva-montonera-los-archivos-secretos-que-revelan-hasta-que-punto-fue-funcional-a-la-represion/

Pepe, O. (09-04-2022) Los asesinatos de un general y un empresario que paralizaron al país. *Diario Clarín. Política.*
https://www.clarin.com/politica/asesinatos-general-empresario-paralizaron-pais_0_dqQsntDjFe.html

Perochena, C. (26-09-2021) Turbulencias: la gestión de Cámpora transcurrió en un clima de intensa agitación social y política. *Diario La Nación. Opinión.*
https://www.lanacion.com.ar/opinion/presidentes-en-la-tormenta-hector-campora-y-las-divisiones-del-peronismo-nid26092021/

Perón, J.D. Discurso del 31-08-1955. Desde el balcón de la Casa Rosada. https://www.educ.ar/recursos/129244/discurso-de-peron-del-31-de-agosto-de-1955. *Educ.ar. Portal. Sociedad del Estado.*

Pignatelli, A. (15-07-2022) La muerte de Mor Roig: el cobarde asesinato de Montoneros y el dolor sin deseos de venganza de su hija. *Diario Infobae. Sociedad.*
https://www.infobae.com/sociedad/2022/07/15/la-muerte-de-mor-roig-el-cobarde-asesinato-de-montoneros-y-el-dolor-sin-deseos-de-venganza-de-su-hija/#:~:text=El%2015%20de%20julio%20de,desempe%C3%B1%C3%B3%20como%20ministro%20del%20Interior.

Pignatelli, A. (16-06-2023) "El tirano ha muerto": el bombardeo para matar a Perón en Plaza de Mayo y un saldo atroz de víctimas. Diario *Infobae. Sociedad.*
https://www.infobae.com/sociedad/2023/06/16/el-tirano-ha-muerto-el-bombardeo-para-matar-a-peron-en-plaza-de-mayo-y-un-saldo-atroz-de-victimas/

Pignatelli, A. (28-05-2024) El violento combate de Manchalá: cuando 11 soldados y dos suboficiales se enfrentaron a un centenar de guerrilleros del ERP. *Diario Infobae. Sociedad.*
https://www.infobae.com/sociedad/2024/05/28/el-violento-combate-de-manchala-cuando-11-soldados-y-dos-suboficiales-se-enfrentaron-a-un-centenar-de-guerrilleros-del-erp/

Pinetta, S. (1986). *López Rega. El final de un brujo.* Buenos Aires. Abril.

Piscetta, J. (21-12-2021) "La Contraofensiva": el exilio y el final de Montoneros, desde una nueva mirada. *Diario Infobae. Cultura.*
https://www.infobae.com/cultura/2021/12/21/la-contraofensiva-el-exilio-y-el-final-de-montoneros-desde-una-nueva-mirada/

Ponte, M.C. (2017) La estrategia de los sabotajes en la Resistencia Peronista. *XVI Jornadas Interescuelas/Departamentos de Historia.*

Departamento de Historia. Facultad Humanidades. Universidad Nacional de Mar del Plata, Mar del Plata.
https:/ /cdsa. aacademica.org/000-019/526

Radio Libertad. (19-01-2019) A 45 años del criminal asalto del ERP al cuartel de Azul, primer gran golpe trotskista y preludio de una larga pesadilla. *Radio Libertad:107.5Mhz.*
http://libertadsannicolas.com.ar/45-anos-del-criminal-asalto-del-erp-al-cuartel-azul-primer-gran-golpe-trotskista-preludio-una-larga-pesadilla/

Raimundo, M. (1998) La política armada del peronismo: 1955-1966 *Cuadernos del CISH. Memoria Académica.* Facultad de Humanidades y Ciencias de la Educación. Universidad de La Plata.
https://www.memoria.fahce.unlp.edu.ar/art_revistas/pr.2717/pr.2717.pdf

Raimundo, M. (2000) Acerca de los orígenes del peronismo revolucionario. En Camarero, H.; Pozzi, P.; Schneider, A. *De la revolución libertadora al menemismo. Historia social y política argentina*- Buenos Aires. Ediciones Imago Mundi.

Rapoport, M. (1988) Los partidos de izquierda, el movimiento obrero y la política internacional (1930-1946) Buenos Aires. *Comité de Estudios de Asuntos Latinoamericanos (CEAL) (Conflictos y Procesos, 15).*

Reato, C. (04-03-2017) Formosa, 1975: cuando "El Negro" Luna y sus soldaditos vencieron a los montoneros. *Diario Infobae.*
https://www.infobae.com/politica/2017/03/04/formosa-1975-cuando-el-negro-luna-y-sus-soldaditos-vencieron-a-los-montoneros/

Reato, C. (12-10-2017) Cuando Montoneros secuestró y mató al cónsul de Estados Unidos. *Diario Infobae.*
https://www.infobae.com/2013/11/11/1522845-cuando-montoneros-secuestro-y-mato-al-consul-estados-unidos/

Reato, C. (22-12-2020) Montoneros y el ERP mataron más que ETA y en menos tiempo. *Diario La Nación. Opinión.*
https://www.lanacion.com.ar/opinion/montoneros-erp-mataron-mas-eta-menos-tiempo-nid2547514/

Reato, C. (11-04-2022) Cómo funcionaba el servicio de Inteligencia de Montoneros y la centralidad de Rodolfo Walsh en la Organización. *Diario Infobae. Sociedad.*
https://www.infobae.com/sociedad/2022/04/11/como-funcionaba-el-servicio-de-inteligencia-de-montoneros-y-la-centralidad-de-rodolfo-walsh-en-la-organizacion/

Reato, C. (12-09-2022) El coche bomba de Montoneros que estremeció el domingo rosarino y nunca nadie investigó: nueve policías y dos civiles muertos. *Infobae. Sociedad.*
https://www.infobae.com/sociedad/2022/09/12/el-coche-bomba-de-montoneros-que-estremecio-el-domingo-rosarino-y-nunca-nadie-

investigo-nueve-policias-y-dos-civiles-muertos/

Reato, C. (6-09-2023) Masacre en el comedor: cómo fue el atentado más sangriento de Montoneros que para la jueza Servini no es un acto de terrorismo. *Diario Infobae. Sociedad.* https://www.infobae.com/sociedad/2022/02/18/masacre-en-el-comedor-los-estremecedores-detalles-del-atentado-mas-sangriento-de-montoneros-del-que-nadie-habla/

Reato, C. (24-09-2023) Operación Traviata, cómo Montoneros mató a Rucci: 25 balas en el cuerpo para "tirarle un fiambre" a Perón. *Diario Infobae. Sociedad.* https://www.infobae.com/sociedad/2023/09/24/operacion-traviata-como-montoneros-mato-a-rucci-25-balas-en-el-cuerpo-para-tirarle-un-fiambre-a-peron/

Redacción Clarín (02/12/2014 / Actualizado al 08/12/2016) A 50 años del intento de retorno de Perón que se frustró en Río. *Diario Clarín. Política.* https://www.clarin.com/politica/peron-regreso-frustrado-50_anos_0_SkXersw5vml.html

Redacción Clarín (08-12-2016) El buque Santísima Trinidad, los montoneros y la Operación Algeciras. *Diario Clarín. Política.* https://www.clarin.com/politica/santisima-trinidad-montoneros-operacion-algeciras_0_SyQwVjojPXl.html

Redacción Clarín (actualizado al 24-02-2017) *El sangriento golpe del grupo Tacuara. Diario Clarín.* Policiales. https://www.clarin.com/policiales/sangriento-golpe-grupo-tacuara_0_B11GvIpJ0Fl.html

Redacción La Voz (03-09-2023) Un ataque de película. *Diario La. Voz.* Noticias. De Ceferino Reato. ¡Viva la sangre! Editorial Sudamericana. https://www.lavoz.com.ar/supletemas/un-ataque-de-pelicula/

Redacción Pilar a Diario (24-04-2019) Develan cables secretos de la CIA sobre la Masacre de Fátima. *Pilar a Diario. Política.* https://www.pilaradiario.com/politica/2019/4/24/develan-cables-secretos-sobre-masacre-ftima-92110.html

Roland, E. (2023) El rearme sin armas: Montoneros durante la reconstrucción democrática. Una mirada desde Córdoba. *Coordenadas, Revista de Historia Local y Regional, 11 (2).*

Ruffini, M. (2016) Poder y violencia en Argentina durante la década de 1960. La trama del atentado al ex presidente Arturo Frondizi. *Open Edition Journal.* https://journals.openedition.org/nuevomundo /69324

Ruiz Nuñez, H. (1986a). El poder de la logia P2: fragmentos de las cartas de Licio Gelli a López Rega. En *Humor*, mayo N° 173, Buenos Aires.

Ruiz Nuñez, H. (1986b). López Rega: Esplendor y decadencia. En *Humor*, mayo N° 173, Buenos Aires.

Salas, E. (1999) Cuando John William Cooke fue acusado de traicionar la revolución. En Mazzeo, M. (compilador) *Cooke de vuelta. El gran descartado de la historia argentina*. Buenos Aires. La Rosa Blindada.

Salas, E. (2006) *Uturuncos: El origen de la guerrilla peronista*. Buenos Aires. Editorial Biblos, 2006

Sánchez, G. (06-05-2023) Operación Cóndor: el primer avión secuestrado de la historia para izar la bandera argentina en las Malvinas. *Diario Clarín. Sociedad*.
https://www.clarin.com/sociedad/operacion-condor-primer-avion-secuestrado-historia-izar-bandera-argentina-malvinas_0_qA5uwBQZ7V.html

San Román, D. (20-07-2024) El Combate de Manchalá, un bastión de la guerrilla. *Diario La Prensa. Opinión*.
https://www.laprensa.com.ar/El-Combate-de-Manchala-un-bastion-de-la-guerrilla-502662.note.aspx

Schiaffino, E. (27-08-2020) A 40 años del derribo del Hércules. *El Sureño en la Web. Sociedad*.
https://www.surenio.com.ar/a-40-anos-del-derribo-del-hercules/

Senen González, S. (30-06-2019) La muerte de Vandor, un crimen que marcó a fuego al peronismo. *Diario Perfil*.
https://www.perfil.com/noticias/elobservador/la-muerte-de-vandor-un-crimen-que-marco-a-fuego-al-peronismo.phtml

Senén González, S.; Bosoer, F. (22-08-2020) José Alonso, un peronista asesinado por peronistas en nombre del peronismo. *Diario Perfil. Opinión*.
https://www.perfil.com/noticias/opinion/jose-alonso-un-peronista-asesinado-por-peronistas-en-nombre-del-peronismo.phtml

Serra, A. (19-01-2019) A 45 años del criminal asalto del ERP al cuartel de Azul, primer gran golpe trotskista y preludio de una larga pesadilla. *Diario Infobae*.
https://www.infobae.com/historia-argentina/2019/01/19/a-45-anos-del-criminal-asalto-del-erp-al-cuartel-de-azul-primer-gran-golpe-trotskista-y-preludio-de-una-larga-pesadilla/

Serra, A. (18-06-2020) Iba al colegio con la hija del jefe de policía, se hizo amiga y asesinó al militar colocando una bomba debajo de su cama. *Diario Infobae. Sociedad*.
https://www.infobae.com/sociedad/2020/06/18/iba-al-colegio-con-la-hija-del-jefe-de-policia-se-hizo-amiga-y-asesino-al-militar-colocando-una-bomba-debajo-de-su-cama/

Serrichio, S. (13-12-2023) El cable de la embajada de EEUU que hace 50 años denunció el secuestro del cuarto empresario norteamericano en la Argentina en un año. *Infobae. Sociedad*.
https://www.infobae.com/sociedad/2023/12/13/el-cable-de-la-embajada-de-eeuu-que-hace-50-anos-denuncio-el-secuestro-del-

cuarto-empresario-norteamericano-en-la-argentina-en-un-ano/

Shy, J.; Collier, T. (1992). La guerra revolucionaria. En: Paret, P. (coord.). *Creadores de la estrategia moderna. Desde Maquiavelo a la era nuclear.* Madrid: Ministerio de Defensa.

Silva D'Andrea, D. (07-11-2019) No lo dijo De Vido, sino Cámpora: "Ni un solo día de gobierno peronista con presos políticos". *Diario Perfil. Política.*
https://www.perfil.com/noticias/politica/no-lo-dijo-de-vido-sino-campora-ni-un-solo-dia-de-gobierno-peronista-con-presos-politicos.phtml

Stavale, M.; Stavale, S. (2022). "Peronistas y marxistas por la patria socialista". Anuario IEHS 37(1), 103- 122.
https://www.memoria.fahce.unlp.edu.ar/art_revistas/pr.16590/pr.1659 0.pd

Svampa, M. (2007) El populismo imposible y sus actores 1973-1976. En James, Daniel *Nueva historia argentina. 9: Violencia, proscripción y autoritarismo [1955-1976].* Buenos Aires. Sudamericana.

Terán, O. (1986): En busca de la ideología argentina. Buenos Aires. Catálogos.

Tiempo Militar (Armada) La Unión de Promociones informó sobre el fallecimiento, en presión, del ex canciller, vicealmirante (r) Oscar Antonio Montes. *Diario de la actualidad político castrense y Fuerzas de Seguridad.*
https://www.tiempomilitar.com.ar/index.php/armada?limit=2&start=40

Tortti, M.C. (2014) *La nueva izquierda argentina (1955-1976): socialismo, peronismo y revolución. Rosario. Editorial Prohistoria.*

Trucco Dalmas, A. (2022) Trelew en la historia. Buenos Aires. Políticas de la Memoria. Revista de Investigación. Cedinci.
https://ojs.politicasdelamemoria.cedinci.org/public/PM22html/PM22_T relew_en_la_historia.html

Urgente24 (21-01-2013) La fragata que sobrevivió a Montoneros, se hunde en su propio amarradero
https://urgente24.com/209871-la-fragata-que-sobrevivio-a-montoneros-se-hunde-en-su-propio-amarradero

Vidal, M. (01-03-2021) Cómo y por qué Perón fue el único presidente expulsado de la Iglesia. Opinión. *Infobae.*
https://www.infobae.com/opinion/2021/03/01/como-y-por-que-peron-fue-el-unico-presidente-expulsado-de-la-iglesia/

Weil, F. (1990) La industrialización argentina en los años 40". En Mario Rapoport (comp.) *Economía e historia.* Buenos Aires. Tesis.

Wille, G. (21-03-2024) El secuestro de Oberdan Sallustro. Su calvario en la "cárcel del pueblo" del ERP, las negociaciones y la liberación de sus asesinos. *Diario La Nación.*

https://www.lanacion.com.ar/lifestyle/el-secuestro-de-oberdan-sallustro-su-calvario-en-la-carcel-del-pueblo-del-erp-las-negociaciones-y-la-nid21032024/

Yofre, Juan Bautista (2006) *Nadie fue: crónica, documentos y testimonios de los últimos meses, los últimos días, las últimas horas de Isabel Perón en el poder.* Editorial Debolsillo.

Yofre, J.B. (2007) *Fuimos todos.* Editorial sudamericana.

Yofre, J.B. (2014). *Fue Cuba. La infiltración cubano – soviética que dio origen a la violencia subversiva en Latinoamérica.* Buenos Aires. *Sudamericana.*

Yofre, J.B. (04-02-2017) Isabel Perón: su vida desde los inicios en fotos y documentos nunca vistos. *Diario Infobae.*
https://www.infobae.com/sociedad/2017/02/04/isabel-peron-su-vida-desde-los-inicios-en-fotos-y-documentos-nunca-vistos/

Yofre, J.B. (24-03-2019) La historia secreta de cómo se gestó el golpe del 24 de marzo de 1976. *Diario Infobae.*
https://www.infobae.com/politica/2019/03/24/la-historia-secreta-de-como-se-gesto-el-golpe-del-24-de-marzo-de-1976/

Yofre, J.B. (28-02-2020) Cuando el ERP atacó al gobierno democrático e intentó ocupar el poder. *Diario Infobae. Sociedad.*
https://www.infobae.com/sociedad/2020/02/28/cuando-el-erp-ataco-al-gobierno-democratico-e-intento-ocupar-el-poder/

Yofre, J.B. (14-05-2020) Operativo Pindapoy: el asesinato de Aramburu, el rechazo de Perón y un encuentro a solas con Firmenich. *Diario Infobae. Sociedad.*
https://www.infobae.com/sociedad/2020/05/14/operativo-pindapoy-el-asesinato-de-aramburu-el-rechazo-de-peron-y-un-encuentro-a-solas-con-firmenich/

Yofre, J.B. (12-07-2020) Secuestro y asesinato de Oberdán Sallustro: por qué los autores y sus familiares fueron indemnizados con cifras millonarias. *Diario Infobae, Sociedad.*
https://www.infobae.com/sociedad/2020/07/12/secuestro-y-asesinato-de-oberdan-sallustro-por-que-los-autores-y-sus-familiares-fueron-indemnizados-con-cifras-millonarias/

Yofre, J.B. (13-12-2020) La intrigante historia de cómo infiltraron al ERP e hicieron fracasar el copamiento guerrillero al cuartel de Monte Chingolo en 1975. *Diario Infobae. Sociedad.*
https://www.infobae.com/sociedad/2020/12/13/la-intrigante-historia-de-como-infiltraron-al-erp-e-hicieron-fracasar-el-copamiento-guerrillero-al-cuartel-de-monte-chingolo-en-1975/

Yofre, J.B. (18-06-2021) El día que el ERP acribilló al capitán Viola y a su hija de tres años y las indemnizaciones que recibieron sus asesinos por parte del Estado. *Diario Infobae. Sociedad.*
https://www.infobae.com/sociedad/2021/06/18/el-dia-que-el-erp-

acribillo-al-capitan-viola-y-a-su-hija-de-tres-anos-y-las-indemnizacion-que-recibieron-sus-asesinos-por-parte-del-estado/

Yofre, J.B. (26-06-2022) Operación Mellizas: los secretos del secuestro de los hermanos Born y los 60 millones de dólares para Montoneros. *Diario Infobae. Sociedad.*
https://www.infobae.com/sociedad/2022/06/26/operacion-mellizas-los-secretos-del-secuestro-de-los-hermanos-born-y-los-60-millones-de-dolares-para-montoneros/

Yobre, J.B. (21-08-2022) Seis guerrilleros fugados a Chile, un embajador en medio del mar y un golpe a la relación entre Lanusse y Allende. *Diario Infobae. Sociedad.*
https://www.infobae.com/sociedad/2022/08/21/seis-guerrilleros-fugados-a-chile-un-embajador-en-medio-del-mar-y-un-golpe-a-la-relacion-entre-lanusse-y-allende/

Yofre, J.B. (01-11-2022) La bomba que mató a Alberto Villar, el comisario de la Policía Federal que Perón puso para "poner orden"- *Diario Infobae. Sociedad.*
https://www.infobae.com/sociedad/2022/11/01/la-bomba-que-mato-a-alberto-villar-el-comisario-de-la-policia-federal-que-peron-puso-para-poner-orden/

Yofre, J.B. (12-03-2023) A 50 años de Cámpora presidente y cómo Perón lo sacó 49 días después "porque abrió las cárceles e infiltró comunistas. *Diario Infobae. Sociedad.*
https://www.infobae.com/sociedad/2023/03/11/a-50-anos-de-campora-presidente-y-como-peron-lo-saco-49-dias-despues-porque-abrio-las-carceles-e-infiltro-comunistas/

Yofre, J.B. (10-04-2023) El día que el ERP asesinó al general Sánchez y evitó que presentara un durísimo informe contra Lanusse. *Infobae. Sociedad.*
https://www.infobae.com/sociedad/2023/04/10/el-dia-que-el-erp-asesino-al-general-sanchez-y-evito-que-presentara-un-durisimo-informe-contra-lanusse/

Yofre, J.B. (16-07-2023) El hallazgo del cadáver de Aramburu: 5 heridas de bala, la confesión de Montoneros y el misterio del noveno asesino. *Diario Infobae sociedad.*
https://www.infobae.com/sociedad/2023/07/16/el-hallazgo-del-cadaver-de-aramburu-5-heridas-de-bala-la-confesion-de-montoneros-y-el-misterio-del-noveno-asesino/

Yofre, J.B. (27-08-2023) A 27 años de la muerte de Lanusse: el "error más grave" que cometió y la persecución que sufrió de Videla. *Infobae. Sociedad.*
https://www.infobae.com/sociedad/2023/08/27/a-27-anos-de-la-muerte-de-lanusse-el-error-mas-grave-que-cometio-y-la-persecucion-que-sufrio-de-videla/

Yofre, J.B. (12-10-2023) La tercera asunción de Perón como presidente, entre la esperanza de la gente y los crímenes de Montoneros. *Infobae. Sociedad.*
https://www.infobae.com/sociedad/2023/10/12/la-tercera-asuncion-de-peron-como-presidente-entre-la-esperanza-de-la-gente-y-los-crimenes-de-montoneros/

Yofre, J.B. (07-07-2024) La primera reunión de gabinete de Isabel después de la muerte de Perón, la presencia de Balbín y la trampa de López Rega. Diario Infobae. Sociedad.
https://www.infobae.com/sociedad/2024/07/07/la-primera-reunion-de-gabinete-de-isabel-despues-de-la-muerte-de-peron-la-presencia-de-balbin-y-la-trampa-de-lopez-rega/

Zona Militar. (10-09-2007) Guerra Revolucionaria en la Argentina en los 70. Hechos de Violencia Perpetrados por los Subversivos. Desde la sociedad por la defensa.
https://www.zona-militar.com/foros/threads/guerra-revolucionaria-en-la-argentina-en-los-70.7608/

Zona Militar. (10-09-2007/2) Guerra Revolucionaria en la Argentina en los 70. Hechos de Violencia Perpetrados por los Subversivos. Desde la sociedad por la defensa.
https://www.zona-militar.com/foros/threads/guerra-revolucionaria-en-la-argentina-en-los-70.7608/page-2

Acerca del autor.

Dr. Luis Anunziato:

Es egresado de la Universidad de Buenos Aires, Doctor en Medicina y Docente Autorizado de esa misma casa de estudio. Se especializa en Medicina Legal y Medicina del Trabajo.

Tiene experiencia docente como Profesor Extraordinario Adjunto en la Facultad de Ciencias Jurídicas, en la Cátedra de Técnicas Forenses de la Universidad del Salvador. Docente en la Facultad de Medicina, Cátedra de Medicina Legal y Deontología Médica de la Universidad de Buenos Aires. Profesor Adjunto en la Facultad de Ciencias Jurídicas y Sociales, en la Cátedra de Medicina Legal en el Instituto Universitario de la Policía Federal Argentina.

Se ha desempeñado en las Comisiones Médicas de la Superintendencia de Riesgos del Trabajo. También ha dictado cursos de postgrado en la Universidad de Buenos Aires y en la Agremiación Médica de Lanús.

Como autor, cuenta con más de 30 trabajos publicados y ha presentado ponencias sobre temas de su especialidad en congresos nacionales e internacionales. Ha publicado libros y obtenido tres premios por su destacada actuación.

9 798230 045175